Afrikas Süden

Namibia · Botswana · Zimbabwe · Südafrika

Richtig Reisen

Achim Remde

DUMONT

Inhalt

Lebensraum südliches Afrika

Die Länder im Süden Afrikas

Serviceteil

Verzeichnis der Pläne und Karten

Lebensraum
südliches
Afrika

Tourismus ohne Grenzen

Einleitung

Plötzlich tut sich auf der gesamten Breite des Flusses – und das ist mehr als ein Kilometer – ein 100 m tiefer Abgrund auf, in den das Wasser wie ein riesiger Vorhang hinunterstürzt. Gischt stiebt auf und steigt wie Nebel, weithin sichtbar, empor. Die Fluten donnern und übertönen alle anderen Geräusche.

Beim Anblick der Victoria-Fälle kann niemand unbeeindruckt bleiben. Sie sind eines der überwältigendsten Naturschauspiele nicht nur Zimbabwes und Zambias, sondern des gesamten afrikanischen Kontinents. Selbst David Livingstone, der sie als erster Europäer entdeckte und sonst eher nüchtern, um nicht zu sagen strohtrocken berichtete, geriet bei ihrem Anblick in eine Art von Verzückungszustand, der ihn zu dem Vergleich bewog, dies sei ein Anblick, »wie Engel ihn im Fluge erleben«. »Die Fälle sind ganz einzigartig«, schrieb er, »der ganze Fluß verschwindet einfach in einem Spalt in der Erde«.

An den Victoria-Fällen stoßen nicht nur Botswana, Zimbabwe, Zambia und Namibia zusammen, sondern hier liegen auch mehrere der schönsten Wildreservate des südlichen Afrika nebeneinander, u. a. der Chobe-Nationalpark, der zu Botswana gehört und in das Okavango-Delta übergeht, und Zimbabwes Hwange-Nationalpark, der nicht weit vom Kariba-Stausee entfernt liegt, durch den die Grenze zwischen Zimbabwe und Zambia läuft. Trotz manchmal noch langwieriger und schwerfälliger Einreiseformalitäten ist grenzüberschreitender Tourismus hier längst zur Selbstverständlichkeit geworden. Verschiedene Reiseveranstalter bieten Kombinationen zwischen Victoria Falls, Chobe und Oka-

Überwältigendes Naturschauspiel: die Victoria-Fälle

Alle Highlights mit einer Reise

Für den besonders eiligen Touristen, der mit einer einzigen Reise alle Highlights des südlichen Afrika kombinieren will, bietet sich folgende Kombination an:

1. Namibia: Ankunft in Windhuk, Weiterflug in die **Etoscha-Pfanne** (s. S. 84) und/oder **Skelettküste/Kaokoveld** (s. S. 75/83)

2. Südafrika/Botswana: Weiterflug von Windhuk nach **Kapstadt** (s. S. 236), Aufenthalt und Rundfahrt Kaphalbinsel/Ausflüge in das Weinland (s. S. 250). Weiterflug über Johannesburg (und eventuell Gaborone) nach Maun, von dort aus ins **Okavango-Delta** (s. S. 119); mehrtägiger Aufenthalt (z.B. Moremi Wildlife Reserve)

3. Zimbabwe: Entweder per Flugzeug oder auf dem Landweg (mit Besichtigung des Chobe-Nationalpark) nach **Victoria Falls.** Von dort aus über Harare zurück nach Europa. Dieses Programm ist auch in umgekehrter Reihenfolge durchführbar und kann durch Einbeziehung der **Garden Route** (s. S. 251) und des **Kruger National Park** (s. S. 294); evtl. mit Aufenthalt in einer privaten Safari Lodge (s. S. 296) ergänzt werden.

Einleitung

13

vango an. Für Europäer und Amerikaner ist der lange Anflug seit jeher das größte Handicap. Das südliche Afrika ist so weit von Europa entfernt, daß der Anflug einen nicht unerheblichen Zeit- und Kostenfaktor darstellt. Deshalb liegt der Gedanke nahe, auf ein und derselben Reise die bedeutendsten Sehenswürdigkeiten zu kombinieren, auch wenn sie in verschiedenen Ländern liegen.

Mit fortschreitender Verbesserung sowohl der Verkehrswege als auch der politischen und wirtschaftlichen Beziehung der Länder untereinander hat der Tourismus im Süden Afrikas Auftrieb erhalten. Schon jetzt steht fest, daß der Caprivi-Zipfel in Namibia in Zukunft ins Zentrum des grenzüberschreitenden Tourismus rücken wird. Er verbindet eine Vielzahl von Sehenswürdigkeiten: im Westen die Etoscha-Pfanne und die Popa-Wasserfälle in Nordnamibia, im Osten den Chobe-Nationalpark und das Okavango-Delta Botswanas sowie die Victoria-Fälle und den Hwange-Nationalpark in Zimbabwe. Wegen ihres Wasserreichtums bietet die Region eine besonders üppige Tier- und Pflanzenwelt.

Vor allem aber ist eine Kombination von Südafrika, das auch touristisch das Schwergewicht der Region darstellt, mit anderen Besuchzielen im Süden Afrikas inzwischen völlig problemlos möglich. Die Zeiten, da man mit einem südafrikanischen Visum im Paß nicht nach Zimbabwe einreisen durfte, sind lange vorbei. Mit dem Ende der Apartheid in Südafrika und dem Antritt einer ge-

*Südafrikanische Luxushotels wie der Palace of Lost City gehören
zur internationalen Spitzenklasse*

mischtrassigen, allgemein gewählten Regierung ist die Kluft verschwunden, die das Land am Kap jahrzehntelang von den Nachbarstaaten getrennt hatte. Der Tourist kann nun ungetrübt von politischen Vorbehalten die Schönheit dieses Landes erleben, das wegen der Vielfalt seiner Attraktionen selbst während der Zeit der Isolation nicht über Mangel an Besuchern zu klagen hatte.

Zwar verfügen auch die Nachbarstaaten Namibia, Botswana und Zimbabwe über eine reiche Tierwelt, attraktive Landschaft und eine Vielzahl von Sehenswürdigkeiten. Doch Südafrika bietet das umfangreichste touristische Angebot und die beste touristische Infrastruktur. Während Südafrika weitgehend europäisch geprägt ist, bietet Botswana am ehesten unverfälschte afrikanische Wildnis. Dafür ist es auch das teuerste unter den Reiseländern des südlichen Afrika. Namibia ist in Gastronomie und Hotellerie allgemein eher

spartanisch – der Service in den staatlichen Camps ist manchmal geradezu eine Katastrophe –, während Zimbabwe in dieser Hinsicht als ausgesprochen gut und preiswert angesehen werden kann; dafür aber, was Organisation und Zuverlässigkeit der Verkehrsverbindungen angeht, einen unteren Platz einnimmt. Südafrika ist auch in der Qualität der Dienstleistungen – im Service und im Standard der Hotels und Restaurants – so hoch entwickelt, daß Besucher es spontan mit den USA vergleichen. Die südafrikanischen Luxus-Hotels und Lodges gehören international zur Spitzenklasse.

Die politische Gewalt, die vor den Wahlen 1994 viele Südafrika-Reisende abgeschreckt hat, spielt inzwischen außer in der südafrikanischen Provinz Kwazulu Natal keine nennenswerte Rolle mehr. Ein Problem in den südafrikanischen Großstädten ist allerdings weiterhin die Kriminalität, durch die vor allem Johannesburg in Verruf geraten ist. Doch ohnehin machen viele Touristen einen Bogen um Johannesburg. Manche verlassen nicht einmal den Flughafen, sondern steigen nur in ein anderes Flugzeug um.

Es gibt inzwischen zahlreiche Fluggesellschaften, die von Europa aus direkt Kapstadt anfliegen. Kapstadt, im südafrikanischen Sommer Sitz von Parlament und Regierung, gilt zu Recht als schönste Stadt Südafrikas.

Landschaften und Klima

Die Landschaftsformen

Der Süden Afrikas bietet eine atemberaubende Fülle von landschaftlichen Attraktionen. In ihrer Unberührtheit großartig sind die Namib-Wüste und das Kaokoveld in Namibia. Das Okavango-Delta in Botswana stellt eine fließende Verbindung von Wasser und Land dar und ist durch den Gegensatz zwischen Wüste und üppiger Vegetation einzigartig auf der Welt. Auch Südafrika ist landschaftlich ausgesprochen reizvoll. Zimbabwes Landschaft ist in den Matobo-Bergen und den Eastern Highlands außergewöhnlich abwechslungsreich.

Great Escarpment: Das südliche Afrika ist wie eine große Schüssel – in der Mitte ein großes Binnenplateau, an den Rändern Erhebungen. Dieses Binnenplateau ist die südliche Fortsetzung der großen afrikanischen Hochebene, die sich 5000 km weiter nördlich aus der Sahara erhebt. Es füllt halbkreisförmig den größten Teil des Subkontinents aus, und seine Höhe variiert zwischen eindrucksvollen 3400 m in den Maluti-Bergen Lesothos und 600 m in der Kalahari-Wüste. An drei Seiten fällt es zum Meer hin zu einem schmalen Küstenstreifen steil ab. Diese Steilstufe - Great Escarpment genannt – beginnt im Nordosten in Zimbabwes östlichem Hoch-

land und erstreckt sich über die Drakensberge Südafrikas, um sich dann für eine Weile in der Ebene zu verlieren. Dabei läßt sie Platz für die wichtigen Verkehrsverbindungen zwischen Kapstadt und Johannesburg. Im Namaqualand und Namibia steigt sie dann wieder an.

Blütenpracht in der Kleinen Karoo/Südafrika

Die große Steilstufe entstand vor 600 Mio. Jahren, als der ursprünglich zusammenhängende Kontinent Afrika in zwei Hälften zerrissen wurde. In Ostafrika bildete sich das Great Rift Valley, der große ostafrikanische Grabenbruch. Der Spalt setzte sich südlich nach Zimbabwe fort (wo er Great Dyke genannt wird), trat schließlich in Südafrika im nördlichen Transvaal unter der Erde, wo er sich mit glühendem flüssigem Gestein füllte und einen unterirdischen See bildete, der nördlich von Pretoria zum Stillstand kam und dort mit ungeheurem Druck die gebirgige Oberfläche sprengte. Nur deren Ränder blieben stehen; die Mitte sackte ab. Auf diese Weise entstand die ›Schüssel‹ – eine riesige Hochebene mit ansteigenden Rändern. Die Hochebene im Landesinneren heißt in Südafrika **Highveld,** ein überwiegend baumloses Grasland, das zwischen 1000 und 1700 m hoch liegt.

Auch in Zimbabwe ist geographisch das ca. 650 km lange und 80 km breite Zentralplateau beherrschend, die graswachsene Ebene mit wenigen Bäumen (Highveld), die auf beiden Seiten durch ein **Mittelveld** begrenzt wird, das zwischen 600 und 1200 m hoch liegt. Das heiße und trockene **Lowveld** (oder Bushveld), das unterhalb 600 m liegt, umfaßt einen Streifen am Zambezi und das Gebiet zwischen dem Limpopo und dem Sabie, der aus dem Highveld nach Südosten fließt. An der Ostgrenze bilden hohe Berge in einer Länge von 350 km die Grenze, darunter im Norden der mit 2592 m höchste Berg Zimbabwes, der Inyangani.

Wüsten und Steppen: Die Ostküste des südlichen Afrika wird klimatisch durch den warmen Agulhas-Strom geprägt, die Westküste durch den kalten, fischreichen Benguela-Strom. Im Westen des Subkontinents liegen Regionen mit spärlicher Vegetation: An Südafrikas Namaqualand schließt sich südlich die Halbwüste Karoo an, im Norden die Namib-Wüste, im Westen die **Kalahari,**

*Eine der lebens-
feindlichsten
Wüsten der Welt ist
die Namib (hier in
der Nähe des
Sossusvlei)*

die Botswana geographisch prägt; mo-
notone Wüstensteppe, die zwei Drittel
des Landes bedeckt. Auf ihren bis zu 12 m
hohen Dünen findet sich nur spärliche
Dornbuschvegetation. Typisch für das
Landschaftsbild der Kalahari sind die
rundlichen Salzpfannen, in denen sich
periodisch Wasser sammelt, das jedoch
für Mensch und Tier ungenießbar ist.

Der Osten Botswanas ist durch nied-
rige Felsenhügel geprägt, der Norden
durch das Okavango-Delta. Im übrigen
ist Botswana flach, eine Ebene, soweit
das Auge reicht, unterbrochen nur im
Nordwesten durch die Tsodilo Hills, im
Südwesten von roten Dünen und, in der
Region der Hauptstadt Gaborone, entlang der Grenze zu Südafrika durch Hügel, die zwischen Ramotswa und Lobatse mit 1489 m die höchste Erhebung
des Landes bilden.

In Namibia stammt der größte Teil
des Landes aus der ältesten Zeit der Erdgeschichte, dem Präkambrium. Infolge
der spärlichen Vegetation liegt das prä-
kambrische Gestein an manchen Stellen
offen an der Oberfläche – ein faszinie-
render Anblick, der Geologie auch für
den Laien zu einem aufregenden Erlebnis macht. Namibia besteht bis auf einen kleinen Teil im äußersten Norden
praktisch nur aus Wüste. Es ist ein weites, karges, oft eintöniges Land, in dem
Wüste mit Halbwüste und Felslandschaft wechselt. Im Westen grenzt Namibia auf einer Länge von über 1000 km
an das Meer, das hier durch den von der
Antarktis her fließenden Benguela-
Strom besonders kalt ist – mit der Folge,
daß sich auf dem 100 km breiten Küstenstreifen eine Nebelwüste gebildet
hat: die **Namib.**

Zur Hälfte besteht Namibia aus Ebenen, die jedoch in verschiedenen Höhen
liegen. So ist der Norden verhältnismäßig niedrig. Im Zentrum des Landes liegt

eine **Hochebene** in 1600 bis 1800 m Höhe, aus der Inselberge in allen möglichen Formen – Pyramiden, Kuppeln, Kegel und Tafelberge – herausragen. Die Hochebene fällt nach Westen zur Namib-Wüste hin steil ab, im Osten dagegen geht sie sanft abfallend in die Kalahari-Wüste über. Zu dieser gehört geologisch auch die Etoscha-Pfanne.

Klima

Die Jahreszeiten sind im südlichen Afrika den europäischen entgegengesetzt: Wenn in Europa Sommer herrscht, ist im südlichen Afrika Winter, obwohl auch der Winter dort durchweg mildere Temperaturen und mehr Sonnenschein aufweist als der europäische Sommer. Unabhängig davon spielt die jeweilige Höhenlage eine große Rolle: So herrscht an Zimbabwes Kariba-See meist ausgesprochene Hitze, während es in den Eastern Highlands selbst im Sommer der südlichen Hemisphäre angenehm frisch ist. In Südafrika ist die Westküste wegen des Benguela-Stroms merklich kühler als die Ostküste, so daß

in Kapstadt Mittelmeerklima herrscht, während Durban zumindest im Sommer tropisch schwül ist.

Grundsätzlich kann das südliche Afrika nach der Zeit der Niederschläge in drei Regionen unterteilt werden: **Winterregen** herrscht im südlichen Zipfel, besonders in Kapstadt. Hingegen sind die Niederschläge an der Süd- und Ostküste über **das ganze Jahr** verteilt. Im Inneren des Subkontinents schließlich, auf dem Zentralplateau und in den östlichen Höhenlagen, regnet es vorwiegend im **Sommer,** meist in Form von Gewittern. Die Regen fallen jedoch sehr unregelmäßig, und die Menge der durchschnittlichen Niederschläge ist fast immer gering. Darüber hinaus nimmt die Regenmenge von Ost nach West kontinuierlich ab.

Wegen seiner Höhenlage ist das Landesinnere verhältnismäßig angenehm. Die Nächte können jedoch empfindlich kalt werden. Die Luftfeuchtigkeit ist gering. Es ist selten bewölkt. Meist scheint hier die Sonne. Nur im Sommer, also von November bis Februar, kommt es, in der Regel am Spätnachmittag, zu Niederschlägen in Form von Gewittern.

Pflanzen- und Tierwelt

Vegetation

Der Reichtum an Pflanzenarten, eine Besonderheit des südlichen Afrikas, macht es zu einem Mekka für Botaniker. Allein in Südafrika beträgt die Anzahl der blühenden Pflanzenarten ca. 16 000 (zum Vergleich: England hat 1500), darunter rund 730 Bäume und 3000 sogenannte Sukkulenten (wasserspeichernde Pflanzen), von denen der **Köcherbaum** (Aloe dichotoma), das Wahrzeichen Namibias, eine der bizarrsten und bekanntesten ist.

Die Pflanze kann bis zu 8 m hoch werden. Sie saugt Wasser aus dem Boden auf und speichert es in den Blättern. Ihre Blüten sind leuchtend gelb, aus ihren Ästen pflegen die Buschmänner Pfeilköcher herzustellen. Der größte Wald von Köcherbäumen ist im Süden Namibias zu besichtigen. Ebenfalls weit verbreitet sind **Aloe** und **Euphorbien.**

Zu den Sukkulenten gehört auch der Affenbrotbaum, **Baobab,** der, auch in Ost- und Westafrika verbreitet, Jahrtausende alt wird und mit seinem riesigen Stamm und seiner charakteristischen blätterlosen Silhouette ebenso wie die Akazien und der Fieber- und Marulabaum der afrikanischen Savannenlandschaft ihr typisches Aussehen verleiht.

Die Akazie kommt in zahlreichen Variationen vor, meist sowohl als Baum als auch als Strauch: Der **Süßdorn** (Acacia karoo), ein großer ausladender Baum mit bis zu 18 cm langen, weißen glänzenden Dornen, der bis zu 12 m hoch wird, ist im südlichen Afrika am meisten verbreitet. Die dunkelbraune Rinde wird gerne zum Gerben verwendet; sie gibt dem Leder eine rötliche Farbe. Die **Hakendornakazie** ist die dornenreichste und kann in der Kameldornsavanne der

Affenbrotbaum, ein typischer Bewohner der afrikanischen Savannen

zentralen Kalahari für Mensch und Tier undurchdringliche Dickichte bilden. Die **Schirmakazie,** die wegen der Form ihrer Früchte auch Ringelhülsenakazie genannt wird, ist der typische Baum der Galeriewälder, die sich an Wasserläufen bilden.

Der **Kameldorn** ist der Baum der Namib-Wüste, weil er besonders lange Wurzeln hat und sich vom Grundwasser nährt. Der **Mopanebaum,** der jede andere Pflanzenart verdrängt, ist besonders im Norden Botswanas häufig. Sein Holz ist so hart, daß es selbst Termiten widersteht. Er klappt seine schmetterlingsförmigen Blätter zum Schutz gegen Verdunstung mittags zu. Von seinen Blättern lebt der Mopane-Wurm, der in Säcken gesammelt wird und getrocknet, geröstet oder gebraten als Delikatesse gilt. Der **Marulabaum,** der manchen Stämmen heilig ist, zeichnet sich dagegen durch besonders weiches Holz aus, das gerne für Schüsseln und Teller verwandt wird.

Baumsavanne

Die typische Baumsavanne – wie sie etwa den Norden Namibias prägt – ist durch dichten Baum- und Buschbestand geprägt. Die Vegetation wird im Übergang zur Wüste hin spärlicher. Im Nordosten Namibias wachsen häufig auch große wilde Feigenbäume sowie Palmen und Affenbrotbäume und viele Akazienarten, im Nordwesten lichte **Mopane-Wälder,** in der Landesmitte Dornbäume und -büsche wie der **Kameldorn,** der auch Giraffenakazie (Giraffe heißt auf Afrikaans ›Kamelperd‹) genannt wird, sowie der **Anabaum** (lat. Acacia albida, eng. white oder winter thorn), der in der Nama-Sprache ›Anab‹ heißt. Er hat weiße Äste und Dornen, kann in Flußnähe 20-30 m hoch werden und ist somit die größte Akazienart des südlichen Afrika.

Wüsten und Halbwüsten

In den Halbwüsten und Wüsten im Südwesten und Süden Namibias wachsen Dornbüsche, Gräser und die Aloe. Bäume und Büsche sind in den Wüsten und Steppen auf schmale Streifen an den Flußläufen beschränkt, die meist nur in der Regenzeit Wasser führen. Nach Regenschauern, auch wenn sie nur sehr kurz sind, verwandeln sich karge Wüsten und Halbwüsten in gelb, violett und blau blühende Blumenteppiche.

In dem einzigartigen Wechselklima der Namib-Wüste gedeiht die **Welwitschia mirabilis,** deren Stamm bis 3 m tief in die Erde reicht und für deren Wasserzufuhr der Nachttau oder Nebel ausreicht. Sie wird angeblich 2000 Jahre alt. Durch ihre lederartigen Blätter hat sie sich der Wüste angepaßt.

Die zahlreichen **Flechtenarten** Namibias, von denen viele noch nicht einmal beschrieben und bestimmt sind, gelten unter Biologen als einzigartig auf der Welt. Da sie bei hoher Luftfeuchtigkeit besonders gut gedeihen, ist die Nebelwüste der Namib für sie der ideale Standort. Als typische Pflanze der Na-

Ausschließlich in der Namib-Wüste gedeiht Welwitschia mirabilis

Ebenfalls typische Namib-Bewohner sind die Köcherbäume

mib-Wüste gilt, neben dem Köcherbaum, die **Nara** (Akanthusicyos horri-
das), eine Kürbisart, die lange Wurzeln
und melonenartige Früchte hat. Fast
ausschließlich im Süden Namibias, am
Ufer des Oranje, wächst der **Elefanten-
rüssel** (Pachypodium namaquamum).

Feuchtere Regionen

Die **Ilala-Palme** mit ihren fächerförmi-
gen Zweigen wächst in den feuchteren
niedrig gelegenen Regionen im Osten
Südafrikas und am Okavango, die eine
verhältnismäßig dichte Vegetation aufweisen. Diese Landschaften sind meist
auch durch den **Marula-** und **Mopane-
Baum**, die **Dornakazie**, den **Affenbrot-**
und den **Fieberbaum** geprägt.

Küstenregionen

Die Küstenregionen mit ganzjährigem
Regen waren früher mit dichtem Wald
bedeckt, dessen vereinzelte Überreste
heute unter Naturschutz stehen, so ein
ca. 180 km langer und ca. 16 km breiter
Streifen an der Südküste Südafrikas, wo
heute noch vereinzelt **Iron-, Yellow-** und
Stinkwood-Bäume vorkommen. Sie
sind besonders wertvoll für den Möbel-
bau und aus ihren edlen Hölzern sind die
schönsten südafrikanischen Antiquitäten gefertigt. Diese Bäume zählen zu
den Nadelholzgewächsen und stehen inzwischen unter Naturschutz. An der Küste von Natal wachsen sogar Palmen
und Mangroven.

Die im Frühjahr blau blühende **Jaca-
randa** – ein importierter Baum – findet
sich in vielen südafrikanischen Städten,
besonders in Pretoria, und häufig in
Form von Alleen. Auch die **Bougainvil-
lea**, der **Flametree** (Glockenblüten-
baum) und der hier heimisch gewordene **Flamboyant** (Flammenbaum) tragen häufig zur Verschönerung der
Städte bei.

Die für Südafrika typische Blume ist
die **Protea,** die sich hier – und sonst nir-

gendwo auf der Welt – in zahlreichen Arten findet. Die meisten Arten blühen in den kühleren Monaten.

Tierwelt

Im Unterschied zu vielen Ländern Afrikas, in denen der typische Wildbestand verschwunden oder gefährdet ist, nimmt Südafrika im Wildschutz eine Pionierrolle ein. Während in Kenya und anderen ostafrikanischen Staaten der Elefantenbestand bedroht ist und deshalb von hier aus das Verbot des Elfenbeinhandels propagiert wurde, haben Südafrika und andere Staaten im Süden einen Überbestand an Elefanten. Deshalb sprechen sie sich für die Freigabe des Elfenbeinhandels aus. Auch das seltene Breitmaulnashorn *(wide mouth,* irrtümlich mit white übersetzt und deshalb als weißes Nashorn bezeichnet) findet sich im Umfolozi-Park sozusagen auf Schritt und Tritt. Die Leoparden von Londolozi, einem privaten Wildpark am Rande des Kruger-Nationalparks, sind weltberühmt.

Südafrika: Der Kruger-Nationalpark, vor allem aber die zahlreichen angrenzenden privaten Wildparks, bieten, verhältnismäßig leicht zugänglich, das ganze Spektrum der afrikanischen Tierwelt. Allein 900 Vogelarten machen Südafrika zu einem Paradies für Ornithologen. Zahlreich sind auch die Straußenfarmen; sie entstanden Anfang dieses Jahrhunderts, als in Europa und USA die langen Schwanzfedern in Mode kamen und Höchstpreise erzielten. Eine Besichtigung steht fast immer auf dem Programm.

Namibias Etoscha-Pfanne ist wegen ihres Wildreichtums berühmt. Hier findet sich die typische Tierwelt der Savanne: Elefanten, Löwen, Nashörner, Leoparden, Hyänen, Schakale, Gnus und Giraffen sind hier zu sehen. Im ganzen Land sind Oryx-Antilope, Zebras, Kudus, Gnus und Springbock anzutreffen. Am 5. April 1978 wurde in Damaraland der – soweit bekannt – größte Elefant geschossen: Er war 4,42 m hoch, hatte relativ kleine Stoßzähne und wurde liebevoll »Bismarck« genannt.

In der Namib lebt eine Fülle von Kleintieren. Doch sind in der nördlichen Namib auch Großtiere anzutreffen: Elefanten, Nashörner, Giraffen, Antilopen und Strauße. Sie kennen die wenigen Wasserstellen. An der Küste finden sich Seehund-Kolonien. Der planktonreiche Benguela-Strom vor der Küste ist besonders fischreich.

Botswana: In der Trockenzeit zieht sich das Wild in den Norden zurück, wo im Okavango-Delta, am Ngami-See und den ganzjährig fließenden Flüssen ständige Weidegründe bestehen. Der Ngami-See gilt, wenn er Wasser hat, als vogelreichste Region Afrikas, ebenso die Makgadikgadi- und die Sua-Pfanne. Auch Okavango-Delta und Chobe-Tal im Norden und Limpopo-Tal im Osten sind wegen ihres Vogelreichtums – Flamingos, Pelikane, Enten – berühmt.

Das Okavango-Delta stellt mit seinem Wasserreichtum und seiner üppigen Vegetation für Tiere ein wahres Paradies dar. Elefanten, Löwen, Büffel sind hier überall anzutreffen. Typisch für das Okavango sind die Tsessebe- und die Lechwe-Antilope, die vorwiegend im Wasser- und Sumpfgelände vorkommt. Besonders scheu ist die Sitatunga, eine Sumpfantilope, die sich tagsüber im Papyrusdickicht versteckt, oft bis zur Nasenspitze im Wasser, und nur morgens und abends zum Äsen Festland betritt. Auch der schwarz-weiß gefiederte Fischadler jagt im Wasser und baut sein Nest auf Bäumen, die in der Nähe stehen.

Elefant

Wiegenden Schrittes und rüsselschwingend bewegt er sich durch die Büsche: Der Anblick des afrikanischen Elefanten läßt das Herz höher schlagen. Er ist nicht ungefährlich. Gelegentlich greift er Autos an, so daß man den Motor laufen lassen sollte. Der afrikanische Elefant, größer als der indische, erreicht 3,50 bis 4 m Schulterhöhe. Er ist jedoch erst mit 25 Jahren ausgewachsen und wird bis zu 70 Jahre alt. Die Nahrung besteht aus Laub, saftiger Baumrinde, Wurzeln und Gras. Das Tier frißt mindestens 16 Stunden am Tag und nimmt dabei ca. 500 kg Nahrung und 350 l Wasser zu sich. Elefanten baden gerne, sowohl im Wasser als auch im Schlamm oder Staub, wobei sie sich gegenseitig mit ihren Rüsseln bespritzen. Sie schlafen sowohl im Liegen als auch im Stehen. Mit ihren großen Ohren fächern sie

sich Kühlung zu. Im Laufe seines Lebens verbraucht ein Elefant siebenmal die Zähne, die zum Verzehr des Grünfutters große Mahlflächen aufweisen. Dann wachsen sie nicht mehr nach, und er muß verhungern.

Der Bulle ist deutlich größer als die Weibchen; er erreicht im Durchschnitt 4 m Schulterhöhe und ein Gewicht von ca. 6000 kg. Der Rüssel ist entwicklungsgeschichtlich eine Verschmelzung von Nase und Oberlippe, die Stoßzähne sind die aus dem Oberkiefer herauswachsenden Schneidezähne. Die Bullen leben einzeln und kommen nur zur Paarung mit den Kühen zusammen, die ihrerseits in Herden mit den Jungtieren leben.

Der von Kenya durchgesetzte weltweite Elfenbeinboykott, der angesichts der Bedrohung der Elefanten durch Wilderer in Ostafrika seine Berechtigung hatte, führt im südlichen Afrika zu einem dramatischen Verlust der Einnahmen. Hier ist die Zahl der Elefanten so groß, daß sie durch kontrollierten Abschuß (culling) niedrig gehalten werden muß. Die aus dem Verkauf des Elfenbeins resultierenden Einnahmen wurden hier meist in den den Naturschutz investiert. Diese Gelder fehlen nun. Zu Recht kritisieren die Länder im Süden Afrikas, daß sich der Elfenbeinboykott bei ihnen auf den Bestand an Elefanten sogar negativ auswirkt. Südafrika hat heute einen Bestand von 9300 Elefanten; für mehr ist kein Platz. Der Zuwachs muß daher abgeschossen werden, wie auch in Deutschland Rotwild zum Abschuß freigegeben wird, um Wald und Bäume zu schützen. Kenya und andere Länder Ostafrikas, wo oft sogar hohe und höchste Regierungsstellen mit den Wilderern gemeinsame Sache machen, haben die Bedrohung ihres Elefantenbestandes selbst zu verantworten.

Nashorn

Wegen seines wertvollen Hornes bevorzugtes Objekt von Wilderern, war das Nashorn schon weitgehend ausgerottet. Dank strenger Schutzbestimmungen und -vorkehrungen ist sein Bestand heute gesichert, in Südafrika und Namibia nimmt er sogar zu. In Südafrika, wo

Elefantenherde im Okavango-Delta

einst nur noch eine Handvoll weißer Nashörner existierten, gibt es heute wieder 5300. In Zimbabwe dagegen, das bis vor kurzem noch den größten Bestand hatte, ist durch syndikatsmäßig betriebene und von höchster Stelle gedeckte Wilderei die Zahl der Tiere von 3000 im Jahre 1980 auf 100–200 gesunken, obwohl dort inzwischen ein Schießbefehl gegen Wilderer in Kraft ist.

Das Nashorn hat einen guten Geruchs- und Gehörsinn, aber ein schlechtes Sehvermögen. Im Süden Afrikas kommen zwei Unterarten vor, das sogenannte weiße oder Breitmaul-Nashorn und das Spitzmaulnashorn. Während es 1970 in ganz Afrika noch 65 000 Spitzmaulnashörner gab, sind es heute nur noch 2400. In den aneinandergrenzenden Wild-Parks von Hluhluwe und Umfolozi in der südafrikanischen Provinz Natal lebt ein Viertel aller afrikanischen Nashörner, ca. 200 weitere in den nahegelegenen Parks von Mkuzi und Phinda. Weiße Nashörner sind gesellig und treten in Gruppen von 2–10 Tieren auf, während schwarze Nashörner Einzelgänger sind.

Groß- und Kleinkatzen

Der **Löwe**, der König der Tiere, ist eine Riesenkatze, fast 3 m lang. Er jagt bei Nacht. Löwen sind die einzige Katzenart, die Rudel von bis zu 30 Tieren bildet. Löwen können aus dem Stand bis zu 12 m weit springen. Sie fressen von ihrer Beute zuerst die Eingeweide und arbeiten sich dann langsam vom Hinterteil zum Kopf hin vor. Der **Leopard** ist ein Einzelgänger. Er kann gut klettern und auch schwimmen. Er jagt bei Nacht und frißt besonders gern Affen.

In der Eleganz seiner Bewegung unübertroffen ist der **Gepard** *(cheetah)*. Er schleicht sich an seine Beute bis auf ca. 100 m heran und jagt sie dann mit außerordentlicher Geschwindigkeit. Dabei ist er bis zu 120 km schnell und macht bis zu 7 m weite Sprünge. Er ist jedoch kein Kämpfer: Wenn er auf zu starken Widerstand stößt, läßt er ab. Geparden brauchen einen riesigen Einzugsbereich. Sie sind seit ältesten Zeiten vom Menschen für die Jagd abgerichtet worden.

Neben den bekannten Großkatzen gibt es eine Vielzahl von mittelgroßen und kleinen **Katzenarten,** die weniger bekannt sind: die wilde Katze oder Falbkatze, die Schwarzfußkatze *(black-footed cat)*, den Serval *(serval)*, die Zibetkatze *(civet)*, den Wüstenluchs *(caracal)* und die Ginsterkatze *(genet)*.

Hunde- und Fuchsarten

Der **wilde Hund** *(wild* oder auch *hunting dog)* ist ausgesprochen selten. Er hetzt seine Beute bis zur Erschöpfung und zerfleischt sie dann. Dabei hat er eine außergewöhnlich gut funktionierende Jagdtechnik im Rudel entwickelt, wie wilde Hunde überhaupt ein sehr

ausgeprägtes Sozialverhalten aufweisen. Sie halten zusammen und stehen einander bei. Hyänen sind in ihrer Kraft dem Löwen durchaus ebenbürtig. Es gibt zwei Arten von Hyänen: Die **Flekken-** oder **Tüpfelhyäne** *(spotted hyaena)*, die meist paar- oder gruppenweise auftritt, ist im Gegensatz zur **braunen Hyäne** *(brown hyaena)* kein reiner Aasfresser, sondern macht auch Jagd. Sie zerreißt ihre Opfer oft bei lebendigem Leibe und frißt sie mit Haut und Haaren. Selbst die größten Knochen werden zerbissen und verschlungen.

An **Fuchsarten** kommen im südlichen Afrika vor: Der Kapfuchs *(cape fox)* und Löffelhund *(bat-eared fox)*, an **Schakalen** der Streifenschakal *(side striped jackal)* und der Schabrackenschakal *(black-backed jackal)*, dessen Rücken durch eine Schabracke von schwarzweißen Haaren markiert ist. Der Schakal trägt mit seinem langgezogenen lauten Bellen, das in ein Heulen übergeht, zur nächtlichen Geräuschkulisse des Bushveld bei. Er jagt am liebsten nachts und in der Dämmerung und frißt sowohl Aas als auch Heuschrecken, Ratten und Mäuse, außerdem Wurzeln und Knollen.

Herdentiere

Die afrikanische Savanne ist noch immer Heimat riesiger Tierherden, zu denen vor allem Antilopen zählen (s. u.). Auch der **Büffel** tritt fast immer in Herden auf, häufig von mehreren Tausend. Er gilt als gefährlich und hinterhältig, weil er bevorzugt von hinten angreift. Verwundete und ausgestoßene Bullen sind besonders aggressiv.

Auch **Giraffen** leben in Herden, nur ältere Bullen sind Einzelgänger. Die Tiere bewegen sich meist langsam. Sie können ihre langen Beine mit den schweren Hufen als tödliche Waffe einsetzen. **Weißschwanz-** *(black wildebeest)* und **Streifen-Gnus** *(blue wildebeest)* kommen fast nur in Herden vor. Das Streifen-Gnu tritt oft zusammen mit Zebras und Wasserböcken auf. Es frißt Kurzgräser, während Zebras und andere Gnus die längeren Gräser bevorzugen. Das **Zebra** ist als Steppenzebra am häufigsten. Es lebt in Gruppen von ca. sechs Stuten, die unter Führung eines Hengstes stehen. Das Bergzebra ist weitaus seltener und hat in der Musterung des Fells einen braunen Zwischenstreifen.

Zebras und Giraffen an der Tränke im Etoscha-Nationalpark

Die wichtigsten Antilopenarten

In großen gemischten Tierherden treten vor allem die verschiedenen Antilopenarten auf. Das zartgliedrige und großäugige **Impala** oder Schwarzfersenantilope ist eine der zahlenstärksten und verbreitetsten Antilopenarten. Der Bock hat Hörner, das Weibchen nicht. Impalas treten meist in großen Herden auf. Nähert sich ein Raubtier, so scheint in der Herde das Chaos auszubrechen: Die Tiere springen hoch in die Luft und nach allen Seiten. In Wirklichkeit dient dieses panikartige Verhalten dazu, den Angreifer zu verwirren – es ist ihm unmöglich, in dem Durcheinander das als Beute ausgewählte Tier im Auge zu behalten.

Der **Springbock** ist in den trockeneren Regionen des Südwestens so häufig wie das Impala in den feuchteren des Südostens: Er tritt in großen Herden auf, oft zusammen mit anderen Tieren. Er kann bis zu 90 km/h schnell laufen und bis zu 15 m weit springen. Charakteristisch sind Luftsprünge, bei denen das Tier sekundenlang in der Luft zu stehen scheint. Sie geschehen häufig auch aus reinem Übermut.

Das **Kudu** ist nach der **Elen-Antilope,** die im Schultermaß 1,70 m erreicht, die größte Antilopenart. Es hat ein helles, graubraunes Fell und weiße Querstreifen. Das Männchen ist an seinem korkenzieherartigen Gehörn leicht zu erkennen. Das Kudu hält sich tagsüber meist im dichten Buschwerk auf. Es sieht nicht gut, hört und riecht dafür aber um so besser. Es lebt in kleinen Herden von selten mehr als zehn Tieren. Dabei kommen auf ein männliches im Durchschnitt fünf weibliche Tiere. Männliche Kudus sind auch als Einzelgänger oder in Junggesellengruppen unterwegs. Drittgrößte Antilopenart ist die **Pferdeantilope,** für die die kurzen Hörner und langen Ohren typisch sind.

Der **Wasserbock,** der an einem weißen Ring um den Schwanz zu erkennen ist, lebt in kleinen Trupps und, da er täglich trinken muß, in der Nähe eines Gewässers. Dorthin flüchtet er sich auch bei Gefahr. Nur der Bulle trägt Hörner.

Aus der Fülle der verschiedenen Antilopenarten seien noch genannt: Der **Riedbock** *(reedbuck)* steht vorzugsweise in schilf- *(reed)* bestandenen Flußbetten. Der **Buschbock** ist im dichten Busch und in Wassernähe zu Hause. Er trägt einen weißen Kragen und ist im Unterschied zu den meisten anderen Antilopenarten sehr angriffslustig. **Bles-** und **Bontebok** tragen eine weiße Blesse im Gesicht und haben ein verhältnismäßig ›buntes‹ Fell. Der Blesbok ist kleiner und heller und auch weiter verbreitet als der Bontebok. Die **Tsessebe-Antilope** ist eng mit dem Blesbok verwandt und hat ein dunkles, rotbraunes Fell. Die rotbraune **Lechwe-Antilope,** die wie eine Mischung aus Impala und Wasserbock

aussieht, ist sehr scheu. Sie findet sich in Sumpfgebieten und Lagunen, vor allem in den Okavango-Sümpfen. Die **Kuhantilope** *(red hartebeest)* trägt eine schwarze Färbung im Gesicht und hat ein helles gelb-braunes Fell. Die **Rappen-** oder **Sable-Antilope** ist an der Oberseite schwarz und unten weiß und trägt ein großes, eindrucksvolles, nach hinten gebogenes Gehörn.

Die **Oryx-Antilope,** auch Gems- oder Spießbock genannt, ist das Wappentier Namibias. Sie gilt als angriffslustig, kann lange Zeit ohne Wasser auskommen, Hitze gut ertragen und findet sich daher in ausgesprochen trockenen Regionen. Die vorderen Hufe sind größer als die hinteren, was im losen Dünensand von Vorteil ist. Sie fällt durch lange, gerade spießähnliche Hörner, die über einen Meter lang werden, und schwarzweiße Markierungen im rotbraunen Fell auf. Oryx-Antilopen weiden in kleinen Herden bis zu ca. 12 Tieren. Männliche

Impalas gehören zu den verbreitetsten Antilopenarten

Tiere sind dagegen auch oft Einzelgänger.

Bei der **Nyala-Antilope** unterscheiden sich Männchen und Weibchen grundlegend: Der Bock trägt im Gegensatz zum weiblichen Tier ein Gehörn, hat eine Art Halsbart, der sich zwischen den Beinen über die gesamte Länge des Körpers fortsetzt, und ein graues Fell, während das weibliche Tier eine rotbraune Fellfärbung aufweist. Beide haben weiße Querstreifen und orangefarbene Socken.

Besonders klein sind folgende Antilopenarten: der **Duiker,** den es als Rotducker *(red duiker)* und Kronenducker *(grey duiker)* gibt, das Oribi oder Bleichböckchen, Steinböckchen *(steenbok),* Greisböckchen *(grysbok)* und Klippspringer.

Weitere häufige Tierarten

Das **Flußpferd** lebt in Herden. Tagsüber steht es im Wasser, und meist schauen nur Augen und Ohren heraus. Bis zu fünf Minuten kann es ganz unter Wasser bleiben. Nachts kommt es zum Grasen an Land, wobei es sich trotz seines Gewichts schnell und behende bewegt. Obwohl es ein reiner Pflanzenfresser ist, sollte man eine Begegnung zu Fuß vermeiden, vor allem nie zwischen Flußpferd und Wasser stehen: Ein Flußpferd, das zum Wasser strebt, überrennt alles.

Das **Krokodil,** das größte aller Reptilien und eine der ältesten Tierarten der Erde, ist an den meisten Flüssen und Seen des südlichen Afrika verbreitet und kann dem Menschen in hohem Maße gefährlich werden. Es kann stundenlang regungslos, scheinbar schlafend, am Ufer liegen, und doch mit überraschender Schnelligkeit ein Opfer angreifen.

Paviane *(baboons)* sind Allesfresser, die sehr aufdringlich, ja aggressiv werden können, und in den Wildreservaten Besucher häufig dadurch ärgern, daß sie von Terrassen und durch offenstehende Fenster und Türen alles stehlen, was nicht niet- und nagelfest ist. Sie sind tagsüber herdenweise auf Nahrungssuche unterwegs und weisen ein hohes Maß an Sozialverhalten auf.

Das **Warzenschwein** *(warthog)* wird etwa 70 cm hoch und trägt am Kopf Hauthöcker und eine Mähne. Seine Hauer werden bis zu 40 cm lang. Es lebt in Familiengruppen. Auf der Flucht steht der Schwanz steil in die Höhe. Es ruht nachts und mittags in einer Erdhöhle.

Höchst possierlich anzusehen sind **Kleintiere** wie die Buschhörnchen *(squirrel),* das Kap-Erdhörnchen *(ground squirrel),* das Erdmännchen *(suricate),* der Klippschliefer *(dassie)* und das Nachtäffchen *(bushbaby).*

Ethnische Gruppen im Süden Afrikas

Die San

Als die eigentlichen Ureinwohner des südlichen Afrika gelten die San oder Buschmänner. Heute ist die Kalahari Botswanas und Namibias ihre letzte Heimat, wo sie seit über 10 000 Jahren ansässig sind. Aus allen anderen Regionen sind sie vertrieben worden, und in den 30er Jahren dieses Jahrhunderts fürchtete man sogar, daß sie ganz aussterben würden. Doch inzwischen vermehrt sich ihre Zahl wieder.

Die San sind ähnlich wie die Pygmäen Zentralafrikas, mit denen sie vieles gemeinsam haben, nur ca. 1,50 m groß. Ihre Haut ist goldgelb. Sie sieht pergamentartig aus und ist von Falten durchzogen, glättet sich aber bei reichlicher Nahrung. Sie haben hochstehende Wangenknochen sowie ausgeprägte Oberschenkel und Hinterteile, die als Fettspeicher für Notzeiten dienen. Die Sprache der San besteht aus Schnalzlauten in verschiedenen Tonhöhen.

Sie leben in kleinen Gruppen zwischen 2–3 Familien und ca. 120 Personen, wobei jede Gruppe ihr eigenes Territorium hat. Sie achten darauf, nicht im Nachbarterritorium zu jagen und zu sammeln, besuchen sich aber gegenseitig während der Regenzeit, wenn Nahrung im Überfluß vorhanden ist.

Die zweite Frau eines Mannes ist gewöhnlich die Schwester der ersten Frau. Die Männer sind Jäger, die mit vergifteten Pfeilen und Bogen jagen, die Frauen Sammler.

Einst waren die San hervorragende Felsmaler, doch haben sie diese Fertigkeit inzwischen verloren. Sie erzählen aber noch immer ihre alten Legenden. Sie tanzen gerne und machen Musik auf Instrumenten, die sie selbst herstellen. Der Tanz hat bei ihnen rituelle Bedeutung und läßt sie manchmal in einen Trancezustand verfallen.

Die San möchten Neid und Zwietracht vermeiden und kennen deshalb kein persönliches Eigentum. Auch die Jagdbeute wird unter ihnen aufgeteilt. Sie glauben daran, daß sie den Ärger der Gottheit erregen, wenn sie die Natur mißbrauchen. Deshalb nehmen sie nie mehr von ihr, als sie benötigen. Sie jagen nur so viel Wild, wie sie essen können, und leben in erster Linie von Pflanzen. Ihre Ausdauer ist sagenhaft; so wird von San berichtet, die auf der Jagd 30 km ununterbrochen laufen. Um in der Trockenzeit zu überleben, füllen sie Straußeneier mit Wasser und vergraben sie im Sand. Nur ein hohles Röhrchen ragt aus der Erde, durch das das Wasser wie durch einen Trinkhalm gesogen wird. Sie erkennen auch an der Vegetation, wo Wasser unter der Erde ist, und saugen es mit Schilfrohren ab.

Die San wurden in Namibia durch die später einwandernden Bantustämme in die Wüsten – Namib und Kalahari – abgedrängt. Nachdem ab 1950 ihre traditionellen Jagdgebiete zu Naturparks erklärt worden waren, schuf die südafrikanische Regierung 1970 im Nordosten das Reservat Buschmannland, wo heute 30 000 San in qualvoller Enge – gemessen an ihren traditionellen Lebensgewohnheiten – leben. Nur noch ungefähr 2000 pflegen die althergebrachte Lebensweise, die anderen arbeiten als Farmarbeiter. 9000 San fanden zur Zeit der südafrikanischen Besatzung ein Auskommen in der südafrikanischen Armee, die ein eigenes Buschmann-Bataillon aufgestellt hatte und sich die außerordentlichen Fähigkeiten der San als Fährtenleser zunutze machte. Nach dem Abzug der Südafrikaner hat sich die Situation des Volkes dramatisch verschlechtert.

Die Khoikhoi

Mit den San verwandt sind die Khoikhoi, die aus den Weidegebieten der nördlichen Kalahari stammen, und gemeinsam mit den San als Khoisan bezeichnet werden. Sie sind jedoch größer als die San und betrieben früher im Unterschied zu diesen Viehzucht. Sie waren Nomaden, die in transportablen Hütten lebten und Langhornrinder und Fettschwanzschafe besaßen. Von den frühen weißen Siedlern wurden sie Hottentotten genannt. Auch sie sind im südlichen Afrika seit der Steinzeit ansässig, wurden aber weitgehend ausgerottet.

Ihre Nachfahren leben unter dem Namen **Nama** in der Kapregion Südafrikas, wo sie sich zum Teil mit weißen Siedlern vermischt haben, und im Süden Namibias. Typisch für die Nama-Sprache sind Klick- und Schnalzlaute.

Die **Damara,** die wie die San Ureinwohner Namibias sind, standen oft in den Diensten der Herero und Hottentotten, weil sie Eisen und Kupfer schmelzen und schmieden konnten.

Die dunkelhäutigeren Nguni-sprechenden Bantu-Völker, die die überwiegende Mehrheit der Bevölkerung im Süden Afrikas ausmachen, sind wesentlich später als die San eingewandert. Sie sind heute zum Teil über verschiedene Staaten zerstreut. Zu den Bantu gehören Tswana, Sotho, Pedi, Ndebele, Venda, Zulu, Ovambo, Herero und Kavango.

Kleiner Sotho-Hirte in den Malutibergen

Die Tswana

Die Tswana wanderten im 14. Jh. von Nordosten nach Südafrika ein, wo sie sich im Hochland in der Nähe von Johannesburg niederließen. Anfang des 19. Jh. wurden sie von den Zulu bedrängt. Deshalb begaben sie sich bereitwillig unter die Schutzherrschaft der Europäer und kämpften sogar mit den Voortrekkern, einer Vorhut der holländischen Siedler, gegen die Ndebele.

Heute zählen die Tswana insgesamt ca. 5 Mio. Menschen, von denen die meisten in Südafrika leben (etwa ein Zehntel der Gesamtbevölkerung). Auf Botswana entfallen ca. 1,2 Mio., das entspricht ca. 90 % der Gesamtbevölkerung des Landes. Sie gliedern sich in acht Hauptstämme, die wiederum in 59 verschiedene Gruppen zerfallen.

In Sprache und Lebensart unterscheiden sie sich kaum von den **Sotho,** die die Bevölkerung des Königreichs Lesotho bilden, aber ebenfalls in noch größerer Zahl in Südafrika leben.

Als Urahn der Tswana gilt Masilo, der Urenkel Mogales. Masilo hatte nach der Überlieferung zwei Söhne: Mohurutshe und Malope. Die drei wichtigsten Tswana-Gruppen, die in Botswana jeweils über eine eigene Hauptstadt verfügen, sind: Die **Kwena** in Molepolole, die **Ngwato** in Serowe und die **Ngwaketse** in Kanye.

Die Tswana sind überwiegend Viehzüchter und leben in großen Dörfern, die in Viertel, *dikgotla,* zerfallen. Jedes Viertel hat einen eigenen Versammlungsplatz, den *kgotla.* Innerhalb der Viertel wiederum gibt es die Großfamilien, in denen die Menschen zusammenleben.

Für ihre Initiationsriten bemalen die Sotho-Mädchen ihren Körper mit Asche

Dies alles ergibt eine klar gegliederte hierarchische Struktur, an deren Spitze ein Herrscher (Chief) steht.

Früher hatte jede Tswana-Gruppe einen eigenen Chief, und es war Pflicht für alle Stammesangehörigen, im Dorf ihres Führers zu leben. In den eng beieinanderliegenden Familiengehöften lebten bis zu 20 000 Menschen zusammen. Die Herrschaft der Chiefs hatte trotz ihres absoluten Charakters demokratische Züge; es galt das Prinzip: »Ein Chief ist nur durch den Stamm Herrscher.« Als Kontrollorgan fungierte traditionell ein Ältestenrat.

Privates Grundeigentum war bei den Tswana nicht bekannt, es galt nur Nießbrauch. So konnte, wenn jemand sein Land verließ, ein anderer den Chief bitten, es ihm zur Nutzung zu überlassen. Die höchste Stellung in der Gesellschaft nahmen diejenigen Tswana ein, die Vieh besaßen. Danach kamen die Tswana ohne Vieh, darunter die anderen Stämme und schließlich ganz unten die San. Vieh in Form von Rindern war bei den Tswana Eckpfeiler des wirtschaftlichen Lebens und Symbol des Reichtums, und so hatten ihre Herrscher immer große Herden. Das Rind dient zum Beispiel auch zur Bezahlung des Brautpreises. Es erscheint heute im Wappen Botswanas.

Die Sprache der Tswana heißt Setswana. Sie wird heute in Botswana in der Schule bis zur vierten Klasse gelehrt. Während Englisch die offizielle Sprache ist, auch im Parlament, wird Setswana von 90 % der Bevölkerung verstanden. Das Volk der Tswana als Gesamtheit heißt Batswana, ein einzelner Tswana Motswana.

Die **Pedi,** die im zentralen Bergland von Transvaal leben, sind mit den Sotho und Tswana verwandt und stehen diesen in ihren Sitten und Gebräuchen

nahe. Zu den Nguni-Völkern gehören auch die **Swazi** (s. S. 298 ff.).

Die Ndebele

Vor über dreieinhalb Jahrhunderten ließ sich eine Gruppe von Nguni, die auf der Wanderung an der südöstlichen Küste nach Transvaal war, unter Führung eines Mannes namens Musi, in der Region des heutigen Pretoria nieder. Die Sotho des Highveld nannten sie maTebele (= Flüchtlinge). Die Wirren des 19. Jh. überstanden die Ndebele, indem sie zurückgezogen im Busch lebten. Sie waren so arm, daß die kriegerischen Zulu sie ungeschoren ließen.

Obwohl in Südafrika von Sothos umgeben, haben die Ndebele eine eigene kulturelle Identität, die sich vor allem in der Farbenpracht von Kleidung und Wohnung zeigt. Beides ist Sache der Frauen, die die berühmten farbenprächtigen, geometrisch gemusterten Wandmalereien mit ihren Fingern auftragen. Die Kleidung der Frauen ist überreich mit bunten Perlen bestickt. Einige Kleidungsstücke können vom Körper nicht entfernt werden, z. B. tragen die Frauen schwere zusammengeschmiedete Ringe um Hals und Fußgelenke.

Die Venda: Eine Gruppe der Ndebele wanderte Anfang des 18. Jh. aus der Gegend des heutigen Zimbabwe in die Region südlich des Limpopo bis zu einem Gebirgszug, den sie in ihrer Sprache Venda, Ort der Freude, nannten. Sie glauben, daß in dem dortigen See der Gott der Fruchtbarkeit in Form einer Riesenschlange lebt, der jedes Jahr ein Mädchen als Opfer verlangt. Im Domba-Tanz ahmen Mädchen die Schlangenbewegungen nach. Die Venda haben schon früh aufwendige Steingebäude und -mauern errichtet, deren Überreste an

Berühmt sind die geometrischen Wandmalereien der Ndebele-Frauen Südafrikas

vielen Stellen noch heute zu besichtigen sind.

Die Zulu

Die mit ca. 8 Mio. größte ethnische Gruppe Südafrikas gilt als besonders kriegerisches und traditionsbewußtes Volk. Beides läuft hier auf dasselbe hinaus, denn die Tradition ist vor allem kriegerisch geprägt: Die althergebrachten Waffen sind gleichzeitig Kulturgegenstände und wurden von Angehörigen der Inkatha-Bewegung auch als tödliche Waffen gegen den rivalisierenden ANC eingesetzt.

Die Zulu waren ursprünglich ein unbedeutender Stamm, bis Anfang des 19. Jh. ihr Führer Shaka (geb. 1787) als unehelicher Sohn eines Zulu-Chiefs sie zur bedeutendsten Militärmacht des südlichen Afrika machte, indem er die benachbarten Völker unterwarf und die zahlreichen Stämme zur Zulu-Nation vereinigte. Shaka wurde 1828 ermordet von seinem Halbbruder Dingane, der die Macht übernahm. Das Zulu-Reich konnte sich noch bis gegen Ende des 19. Jh. halten, wenn auch geschwächt durch die Niederlage gegen die weißen Siedler in der Schlacht am Blutfluß (16. Dezember 1838). Der besiegte Dingane mußte nach Swaziland fliehen, wo er seinerseits Opfer eines Mordanschlags wurde. Nachfolger wurde ein anderer Shaka-Halbbruder, Mpande, der sich mit den Voortrekkern zu arrangieren verstand. Sein Sohn Ketshwayo, der 1872 den Thron bestieg, war der letzte unabhängige König der Zulu. Durch eine Politik unerfüllbarer Forderungen trieben ihn die Briten so weit, daß er ihnen 1879 den Krieg erklärte. Sie nahmen ihn

Inkatha

Politik und Kultur sind in der Inkatha-Bewegung des aus königlichem Geblüt stammenden Zulu-Führers und früheren Chefministers von KwaZulu, Chief Gatsha Buthelezi, eine enge Verbindung eingegangen, die dieser für seine politischen Zwecke geschickt zu nutzen versteht. So war das Tragen von traditionellen Speeren und Äxten, von Buthelezi als Kultgegenstände bezeichnet, heftig umstritten. Speere, Äxte und Schilder aus Rinderhaut gelten bei ihnen als traditionelle Kultgegen-

stände – und haben sich doch in der Provinz KwaZulu Natal bei Kämpfen zwischen der Zulu-Bewegung Inkatha und dem von Xhosa dominierten Afrikanischen Nationalkongreß als mörderische Waffen erwiesen, denen zahlreiche Menschen zum Opfer fielen.

Die offiziell rein kulturell ausgerichtete Inkatha-Bewegung stellt gleichzeitig die wesentliche Basis für die Inkatha Freedom Party dar, die aber inzwischen wie jede andere Partei auch Angehörigen anderer Völker und Rassen offensteht.

gefangen und annektierten 1887 das Zulu-Reich. Ob und inwieweit das traditionelle Königtum, das bei den Zulu eine große Rolle spielt, in der südafrikanischen Innenpolitik von Bedeutung sein wird, muß sich noch erweisen. Zur Zeit hat Zulu-König Goodwill Zwelithini weniger politisches Gewicht als sein Onkel Chief Gatsha Buthelezi, der die von Zulu dominierte Inkatha-Partei anführt und den Posten des Innenministers wahrnimmt.

Die Xhosa

Die Xhosa siedeln traditionell in der Region von Trans- und Ciskei, die unter dem Apartheid-System zu ihren Homelands erklärt wurde. Dorthin sind sie von

Norden kommend Anfang des 19. Jh. eingewandert, ungefähr gleichzeitig mit den britischen Siedlern, die 1820 in Port Elizabeth landeten und von der britischen Kolonialregierung im Landesinneren Farmen zugeteilt erhielten. Zu ihrer Sprache gehören drei verschiedene Klick-Laute, die sie aus der Sprache der San und Khoikhoi, der südafrikanischen Ureinwohner, übernommen haben.

Ein Clan umfaßt mehrere Gruppen, die von einem Chief, *inkosi,* geführt werden. Die Xhosa sehen Land als gemeinsames Eigentum an, wie es überhaupt bei ihnen Sitte ist, alles zu teilen. Die Xhosa sind polygam. Nach der Tradition ist der Mann Krieger, Jäger und Viehzüchter, die Frau bestellt das Land. Der Status der Frau ist an ihrer Haartracht zu erkennen. So hat die frisch verheiratete eine andere Haartracht als die, die bereits ihr erstes Kind geboren hat. Eine Frau darf auch erst dann Pfeife rauchen, wenn sie verheiratet ist.

Die Ovambo

Mit ca. 50 % der Bevölkerung sind die Ovambo die größte Volksgruppe in Namibia. Sie wanderten ab Mitte des 16. Jh. von Osten nach Namibia ein und leben heute im dicht besiedelten Norden entlang der Grenze zu Angola. Bei ihnen betreiben in der Regel die Frauen Ackerbau, die Männer Viehzucht. Grundnahrungsmittel ist Hirse.

Die Ovambo blieben noch lange Zeit, nachdem sich im Süden bereits die deutsche Kolonialmacht etabliert hatte, sich selbst überlassen. Erst die Südafrikaner nutzten sie als Arbeitskräfte, vor allem für Minen. Zehntausende wurden damals als Kontraktarbeiter in Zentral- und Südnamibia eingesetzt. Daraus resultiert der Widerstand der Ovambo gegen die südafrikanische Herrschaft. Sie bildeten den Kern der Befreiungsbewegung Swapo.

Die Herero

Auch die Herero, deren Zahl sich heute auf ungefähr 100 000 beläuft, kamen vor ca. 300 Jahren aus den Savannen Ostafrikas in den Südwesten Afrikas, das heutige Namibia. Sie sind im Gegensatz zu den Ovambo Halbnomaden. Neben der Rinderzucht bauen sie Feldfrüchte an.

Eine Gruppe von ihnen, die **Himba**, zog ins unwegsame Kaokoland. Ihre Zahl beträgt heute noch ca. 8000. Sie wohnen in kuppelförmigen Pontoks und kleiden sich mit einem Schurz aus Leder,

Alter Ovambo-Mann in Karibib/Namibia

*Auf dem großen Herero-Treffen
in Okahandja*

den ein prächtiger metallbeschlagener Gürtel hält. Die Frauen tragen einen kronenartigen Haarschmuck, die Männer meist eine schwarze Kappe. Die Himba reiben ihren Körper zum Schutz gegen Sonne und Wind mit Fett und roter Erde ein (s. a. S. 83).

Die Kavango

Wie die Ovambo betreiben auch die Kavango traditionell Ackerbau mit ergänzender Rinderhaltung. Sie siedeln an der Grenze zu Angola und unterhalten enge Beziehungen dorthin, so daß durch ständigen Zustrom von Bürgerkriegsflüchtlingen ihre Zahl auf über 100 000 angeschwollen ist. Der Chief hat bei ihnen eine bedeutende, fast sakrale Stellung. Berühmt und beliebt bei Touristen sind ihre schönen Schnitzarbeiten.

Die Weißen

Zu den Ethnien im südlichen Afrika gehören auch Menschen weißer Hautfarbe, die bereits im 17. Jh. als Siedler nach Südafrika kamen und sich in der Folgezeit auch in Namibia, Botswana und Zimbabwe niederließen.

In Südafrika, wo ca. 5 Mio. Weiße leben (ca. 13 % der Gesamtbevölkerung) unterscheidet man zwischen Afrikaanern und englischsprachigen. Etwas mehr als die Hälfte der Weißen sind hier afrikaanssprachig, d. h. sie führen ihren Ursprung auf die Niederlassung der holländischen Ost-Indien-Gesellschaft zurück, die Jan van Riebeeck 1652 gegründet hatte. Ihr ethnischer Ursprung ist in etwa mit 40 % Holländern, 40 % Deutschen, 7 % Franzosen und 7 % Engländern sowie Schotten zu veranschlagen.

Ca. 40 % der südafrikanischen Weißen sind englischsprachig. Darüber hinaus leben heute noch ca. 600 000 Portugiesen, 150 000 Deutschstämmige und 100 000 Juden in Südafrika.

In Zimbabwe sind von den ursprünglich 280 000 Weißen überwiegend britischen Ursprungs nur noch ca. 70 000 verblieben. Sie treten politisch nicht mehr in Erscheinung.

sich vorwiegend um Soldaten im Ruhestand und pensionierte Beamte, die hier mit Hilfe der Regierung billig Land erwerben konnten. Ihre Zahl wurde durch die Rücksiedlung von Buren aus Angola verstärkt, die sich der portugiesischen Herrschaft entziehen wollten.

Besonders prägend sind in Namibia auch die ungefähr 25 000 Deutschstämmigen, von denen ca. 15 000 noch einen deutschen Paß haben. Sie sind teils Nachkommen von Soldaten, Beamten und Farmern der Kolonialzeit, teils Einwanderer aus den Krisenzeiten nach den beiden Weltkriegen. Schließlich gibt es eine starke Gruppe englischsprachiger Weißer sowie Portugiesen aus Angola. Letztere sind vor allem dafür bekannt, daß sie in ländlichen Regionen Lebensmittelläden als Familienunternehmen betreiben.

Die Farbigen

Die Existenz von ca. 3,5 Mio. Mischlingen Südafrikas beweist, daß für die weitgehend frauenlose weiße Siedlergesellschaft vor Einführung der Apartheid sexuelle Beziehungen zu anderen Ethnien an der Tagesordnung waren. In Südafrika vermischten sich die einheimischen Schwarzen mit den aus Holland eingewanderten Weißen (Afrikaanern) und den von ihnen als Sklaven importierten Malaien. Die Mischlinge sind ganz und gar von der Kultur der Afrikaaner geprägt und sprechen auch ihre Sprache. Mehr braune als weiße Südafrikaner sprechen Afrikaans. Sie sind in Südafrika gegenüber den über 30 Mio. Schwarzen ebenso eine Minderheit wie die 5 Mio. Weißen und die eine Million Inder. Ebenso wie diese fürchten sie sich vor der erdrückenden schwarzen Mehrheit. Doch ebenso wie die Schwarzen

Unter den ca. 100 000 Weißen Namibias sind die Buren oder Afrikaaner zahlenmäßig am stärksten. Schon in den 70er Jahren des 19. Jh. hatten sich Trekburen in Namibia in der Region von Grootfontein als Farmer niedergelassen. Als die Deutschen kamen, fanden sie Afrikaans als Sprache bereits landesweit vor – der deutsche Gouverneur von Francois korrespondierte mit Hendrik Witbooi auf Holländisch.

Eine zweite Welle von Buren kam 1915, als Namibia südafrikanisches Mandatsgebiet wurde. Dabei handelte es

Afrikas weiße Farmer

Die weißen Farmer in Zimbabwe, Namibia und Südafrika leben mit dem Risiko der Enteignung. Landlose schwarze Kleinbauern sollen auf ihrem Grund und Boden angesiedelt werden. Doch in Zimbabwe hat die Regierung 72 Farmen, die früher Weißen gehört hatten, still und heimlich Prominenten aus Partei und Armee überlassen.

Wenn Ian MacAffee nach dem Frühstück auf die überdachte Terrasse seines Farmhauses tritt, ruht sein Blick auf den Tabakpflanzungen, die unmittelbar hinter dem Gatter beginnen und bis zum Horizont reichen. Es ist sein Land, grün und fruchtbar! Dann reißt er sich los. Die Arbeit drängt. Farmer zu sein, bedeutet harte Arbeit, auch für einen Weißen in Afrika. Doch Ian MacAffee liebt das Land, das er als seine Heimat betrachtet. Hier ist er aufgewachsen, hat als Kind mit den Kindern der schwarzen Arbeiter die Gegend erkundet. Er hat die Farm von seinem Vater geerbt und der wiederum von seinem Großvater, der Anfang des Jahrhunderts aus Schottland als Siedler in die damalige Kolonie Rhodesien kam.

Als Rhodesien 1980 nach langem Guerillakrieg unabhängig wurde, war es für ihn keine Frage: er blieb und wurde Zimbabwer. Der schwarze Präsident Robert Mugabe, der als Marxist galt, war nicht gerade sein Lieblingskandidat. Doch – so dachte MacAffee im Stillen – er war intelligent und

schien den Sozialismus, den zu preisen er nicht müde wurde, nicht praktizieren zu wollen. Gelegentlich hatte MacAffee Ärger mit den örtlichen Bonzen der regierenden ZANU-PF-Partei, die sich wichtig taten, meist aber nur etwas für sich selbst herausschlagen wollten. Damit mußte man leben! Schlimmer war es da schon, daß er oft monatelang mit der Bürokratie um Devisenzuteilungen kämpfen mußte. Er lebte nicht mehr so komfortabel wie vor der Unabhängigkeit, und es war auch schwieriger, den ordnungsgemäßen Betrieb der Farm aufrechtzuerhalten.

Selbst das nahm er in Kauf. Er sah ein, daß für die Regierung die Lage schwierig war. Arbeitslosigkeit und Wohnungsnot sind in Zimbabwe groß und werden bei einem Bevölkerungswachstum von ca. 30% ständig größer. Vor diesem Hintergrund standen die weißen Großfarmer, zu denen MacAffee gehörte, relativ gut da. Die Produktion lief praktisch unverändert auf vollen Touren. Sie erwirtschafteten 40% aller Devisenerlöse. Sie waren die Eckpfeiler der Volkswirtschaft. Mugabe schien das zu wissen.

Bis Anfang der 90er Jahre die Regierung verkündete, sie wolle die Hälfte des kommerziellen Farmlandes erwerben, um sie an schwarze Kleinfarmer zu verteilen. Dabei solle es über die Höhe des Preises keine Diskussionen geben. Mit anderen Worten: Der Staat setzt den Preis einseitig fest. Eine gerichtliche Überprüfung ist nicht zulässig. Die Großfarmer liefen Sturm. Sie sahen das als eine Art von Enteignung an.

Auch in Südafrika hat die Landfrage eine erregte Diskussion ausgelöst. Der ›Land Act‹ von 1913, durch den die schwarze Bevölkerung praktisch vom Grundbesitz ausgeschlossen war, ist aufgehoben. Schwarze Farmer können auch Land erwerben. Aber den meisten fehlt das Geld, so daß sich die existierenden Besitzverhältnisse vorerst nicht drastisch verändern werden. Das im November 1994 unterzeichnete Gesetz zur Rückerstattung der Landrechte gibt jedem, der auf Grund des Land Act von 1913 vom eigenen Boden vertrieben wurde, Anspruch auf Rückerstattung oder Entschädigung. Betroffen sind schätzungsweise 700 000 Schwarze, die von ihrem Grund und Boden vertrieben wurden, sowie weitere 120 000

Familien, die in den 60er und 70er Jahren aus Städten in Townships umgesiedelt wurden. Präsident Mandela hat dabei jedoch erklärt, daß Landbesitzer nicht den Verlust ihres Eigentums zu befürchten hätten. Nur das im Eigentum des Staates befindliche Land – und das ist das meiste – sei zurückzugeben. Für beschlagnahmtes Privatland müsse der Staat eine Entschädigung bezahlen.

Auch in Namibia besitzen die Weißen, eine Minderheit von ungefähr 6 %, darunter auch viele Deutschstämmige, meist Groß- und Jagdfarmer, über die Hälfte des Bodens.

In allen drei Ländern waren die Befreiungsbewegungen der schwarzen Mehrheit, in Zimbabwe und Namibia die heutigen Regierungsparteien, ursprünglich unter sozialistischen Vorzeichen mit Landreformen im Programm angetreten. Doch nach dem spektakulären Niedergang der Mehr-

Weißer Farmer in der Karoo/Südafrika

heit der unabhängigen schwarzafrikanischen Staaten und dem weltweiten Scheitern des Sozialismus sind sie vorsichtig geworden. Die Erfahrung hat tatsächlich gezeigt, daß ›Umverteilung des nationalen Reichtums‹ dem Reichtum erst einmal den Garaus macht, vor allem aber ausländische Investoren verprellt, die Afrika händeringend sucht. So läuft der Trend in Angola und Mosambik, die beide nach der Unabhängigkeit radikal verstaatlicht hatten, heute in die entgegengesetzte Richtung: Man wäre eigentlich froh, wenn Weiße zurückkehren und die durch Bürgerkrieg und Sozialismus zerstörten Farmen wieder bewirtschaften würden.

Im übrigen gibt es keine Garantie dafür, daß die enteigneten Farmen in die richtigen Hände geraten. 1994 fanden unabhängige Zeitungen heraus, daß die Regierung von Zimbabwe 72 Farmen, die früher Weißen gehört hatten und enteignet worden waren, um auf ihnen landlose Kleinbauern anzusiedeln, still und heimlich prominenten Schwarzen überlassen hatte. Die Liste der Namen las sich wie das ›Who is Who‹ von Zimbabwe: Sie reichte vom Chef der Luftwaffe bis zum Erziehungsminister, der in seiner früheren Eigenschaft als Landwirtschaftsminister die umstrittene Gesetzgebung gegen alle Widerstände durchgesetzt hatte.

und die Inder haben die Mischlinge unter der Rassendiskriminierung der herrschenden Weißen gelitten. Viele von ihnen haben sich schon früh der wichtigsten schwarzen Befreiungsbewegung, dem African National Congress (ANC), angeschlossen. Als de Klerks Vorgänger Botha ihnen schließlich beschränkte politische Rechte einräumte, war es »zu wenig und zu spät«.

Die **Rehobother Baster** in Namibia, die Kinder aus Ehen zwischen weißen Grenzfarmern oder Handwerkern und Khoikhoi-Frauen, sind afrikaanssprachig und christlich erzogen. Sie arbeiten, wie ihre Väter, als Bauern und Handwerker, teilen also mit den weißen Afrikaanern Sprache, Religion und Kultur. 1868 verließen sie unter der Führung des deutschen Missionars Heidmann und ihres eigenen Führers, Hermanus van Wyk, die britische Kapprovinz und pachteten 1870 von den Nama das Gebiet um die verlassene Missionsstation

Rehoboth, das sie später käuflich erwerben. Dort schufen sie ihren eigenen Staat im Staate, mit eigener Gesetzgebung und eigenem Parlament. Er bestand auch während der deutschen Kolonialzeit fort. Sogar unter südafrikanischer Herrschaft hatten die Rehobother Baster eine Art begrenzter Autonomie. Bezeichnend für ihre Gesellschaft ist ein starker Gegensatz zwischen einer Oberschicht, die als Nachkommen der frühen Einwanderer in Politik und Wirtschaft den Ton angeben, und einer in den Außenbezirken lebenden Arbeiterklasse.

Fast 90 % der ca. 3,4 Mio. Farbigen Südafrikas leben in der Kapprovinz. Sie sind – reichlich willkürlich zusammengefaßt – teils Mischlinge von Schwarzen und Weißen **(Griqua)**, teils sogenannte **Kap-Malaien.** In Bookap, dem Malaienviertel Kapstadts, wo noch heute die 1797 gegründete Moschee zu besichtigen ist, erhält der Besucher einen Eindruck von ihrer eigenständigen islami-

Indische Frauen am Strand von Durban/Südafrika

schen Kultur. Die Kap-Malaien kamen kurz nach der Ankunft der ersten Siedler aus den Niederlanden (1652) als Handwerker, Musiker, Kutscher und Köchinnen. Mit der Ankunft Scheich Josephs aus Java und seiner Imame im Jahre 1694 begann eine Blüte des Islam in Südafrika. Josephs Grab in Macassar bei Faure (nahe Kapstadt) ist heute ein Wallfahrtsort.

Die Asiaten

In Südafrika sind damit in erster Linie die Inder gemeint. Diese gehen zu drei Viertel auf die 1860 als Gastarbeiter für die Zuckerrohrplantagen nach Natal geholten Inder zurück, die Hindus waren. Hinzu kamen später die sogenannten Passage-Inder, hauptsächlich Moslems, die ihre Überfahrt selbst bezahlten und sich in Südafrika als Geschäftsleute niederließen. Sie stellen heute ca. 20 % der südafrikanischen Inder.

Südafrikas Inder leben vor allem in der Provinz Natal, wo es Städte gibt, die zu 70–80 % von Indern bewohnt sind. Auch Chinesen wurden Anfang des 20. Jh. wegen des Arbeitskräftemangels als Minenarbeiter rekrutiert, später aber größtenteils wieder nach China zurückgeschickt. Seit 1920 sind viele Geschäftsleute aus China eingewandert.

Geschichte

Auf den altägyptischen Karten des Ptolomäus ist die Südküste Afrikas kurz unterhalb des Äquators eingezeichnet. Von der Existenz des gesamten südlichen Drittels des riesigen Kontinents wußte man nichts. Erst im 10. Jh. berichtete der arabische Reiseschriftsteller Al Masudi von einer Hafenstadt Sofala im heutigen Mosambik, von der aus Gold und Elfenbein exportiert werde.

Im 15. Jh. entsandte der portugiesische König Heinrich der Seefahrer Schiffe zur Erkundung neuer Handelsrouten. Sie segelten im Laufe der Jahre die Westküste Afrikas immer weiter entlang und errichteten jeweils am südlichsten Punkt ihrer Reise eine Säule. Bartholomeu Diaz entdeckte 1487 als erster die südlichste Spitze Afrikas, die er Kap der Stürme nannte. Er drang bis in die Region des heutigen Port Elizabeth vor.

Missionare und Kaufleute aus Europa, die in den kommenden Jahrhunderten ins südliche Afrika segelten, blieben meist an der Küste. 1652 richteten die Holländer eine Versorgungsstation am Kap ein, die ihnen als Zwischenstopp auf dem Weg nach Indien diente. Erst Mitte des 19. Jh. drang der schottische Arzt und Missionar David Livingstone von Kuruman, heute im Nordwesten Südafrikas gelegen, tief ins Innere Afrikas vor, wohin kurz zuvor bereits Richard Burton und John Hannings Speke, zwei Offiziere der indischen Armee, auf der Suche nach den Quellen des Nil gelangt waren. 1871 fand der amerikanische Journalist Henry Morton Stanley, der sich später selbst ganz der Erforschung Afrikas widmete, den verschollenen Livingstone in Ujiji im heutigen Tanzania. Ebenfalls aufgebrochen, um Livingstone zu suchen, reiste der Marineoffizier Henry Lovett Cameron nach Westen bis an die angolanische Küste, die er südlich des Kongo erreichte.

Auf die Forscher, Missionare und Kaufleute folgten die europäischen Soldaten und die weißen Siedler, denen der Süden Afrikas, und hier wiederum vor allem das heutige Südafrika, als der attraktivste Teil des Kontinents galt. Die Geschichte Südafrikas hat seit Beginn der weißen Besiedlung die Entwicklung des gesamten Subkontinents maßgeblich bestimmt. Die weiße Herrschaft hat im südlichen Afrika – mit Ausnahme Botswanas, Lesothos und Swazilands – länger gedauert als in den anderen Regionen des Kontinents, und dabei spielt es sicherlich eine Rolle, daß die Weißen als Siedler – das heißt: auf Dauer – gekommen waren.

Nur ungern und widerstrebend verließen sie das Land. Mosambik und Angola wurden erst spät und nach langem und blutigem Krieg unabhängig. Der Kampf für die Unabhängigkeit ging nahtlos in einen Bürgerkrieg über. Noch später folgte Zimbabwe und wiederum später Namibia, das lange Zeit praktisch südafrikanische Provinz war. Als letztes afrikanisches Land hat Südafrika Ende April 1994 allgemeine Wahlen erlebt.

Wirtschaftsraum südliches Afrika

Das südliche Afrika ist besonders reich mit Rohstoffen ausgestattet. Ihre wirtschaftliche Erschließung erfolgte im Gefolge des britischen Imperialismus seit Ende des 19. Jh., beginnend mit der Ausbeutung der Diamanten- und Goldminen im Norden Südafrikas. Der Einfluß der großen südafrikanischen Minenimperien erstreckte sich jedoch mit der Zeit weit über die Grenzen Südafrikas hinaus; sie erschlossen auch die Rohstoffvorkommen der Nachbarländer, in denen südafrikanische Firmen auch vielfach investierten. Andererseits kamen als billige Arbeitskräfte auch Schwarze aus den Nachbarländern in die Minengebiete Südafrikas; ihre Einkünfte stellen eine der wichtigsten Einnahmequellen ihrer Heimatländer dar.

Das benachbarte Botswana ist aufgrund seines Diamantenreichtums eines der reichsten Länder Afrikas, und Zimbabwe hat trotz der grassierenden Korruption und Mißwirtschaft der Regierung noch viel von seiner wirtschaftlichen Dynamik behalten.

Vom wirtschaftlichen Potential her überragt Südafrika haushoch alle anderen afrikanischen Länder: Es kommt für ungefähr 40% der gesamten Industrieproduktion des Kontinents auf und ist weltweit wichtigster Gold-, Platin- und Chromproduzent. Sein Aktienmarkt stand 1995 vom Kapitalumfang her weltweit an 11. Stelle.

Um die wirtschaftliche Abhängigkeit von Südafrika, das zu jener Zeit wegen seiner Apartheidpolitik international verfemt war, zu überwinden, gründeten Angola, Botswana, Lesotho, Malawi, Mosambik, Zambia, Swaziland, Tanzania und Zimbabwe 1980 die SADCC (Southern African Development Coordination Conference), die sich 1992 in SADEC (Southern African Development Community) umbenannte. Seit August

Südafrikas Wirtschaftsbetriebe ziehen zahlreiche Arbeitskräfte aus den Nachbarländern an; hier Minenarbeiter aus Lesotho

Zuviel Entwicklungshilfe

In Zimbabwe beklagte ein westlicher Botschafter, daß die Regierung in schamloser Weise in die eigene Tasche wirtschafte. Trotzdem erhält Zimbabwe von seinem Land beträchtliche Entwicklungshilfe. »Sonst müßten wir überall einstellen«, meint der Diplomat lakonisch.

Die von westlichen Entwicklungshilfegebern nach dem Untergang der Sowjetunion (und dem damit verbundenen Ende des Wettlaufs der Systeme) verkündete neue Ära, in der mit der Unterstützung von Diktatoren endgültig Schluß sein sollte, ist still und heimlich im Sande verlaufen. Daß nach dem Ende des Ost-West-Konflikts Entwicklungshilfe effizienter würde, wird von Entwicklungspolitikern zwar gerne behauptet, hat sich aber bisher nicht bewahrheitet. Selbst in Deutschland, wo infolge der lange unterschätzten Kosten der deutschen Einigung ein heilsamer Sparzwang entstanden ist, geht nach wie vor mehr als ein Drittel der gesamten Entwicklungshilfe nach Afrika, wo kaum ein Regime Unterstützung verdient.

In den neuen afrikanischen Demokratien haben die neuen ›demokratischen‹ Politiker es genauso eilig, sich die eigenen Taschen zu füllen, wie früher die Diktatoren. Wollte man mit der Forderung nach Demokratie und wirtschaftlicher Effektivität wirklich Ernst machen, müßte man die Entwicklungshilfe in Afrika praktisch überall einstellen.

Aber es gibt in den Staaten der westlichen Welt – die einzigen, die Entwicklungshilfe gewähren – eine sehr starke Lobby, die ihre Kräfte aufbietet, um zu verhindern, daß Entwicklungshilfe eingeschränkt oder eingestellt wird. »In Deutschland allein sind ungefähr 300 000 Menschen direkt oder indirekt in der Entwicklungshilfe tätig«, meint der frühere CDU-Abgeordnete und Parlamentarische Staatssekretär im Entwicklungshilfeministerium Volkmar Köhler, ein ausgewiesener Kenner der internationalen Entwicklungshilfeszene. »Und die wollen auch leben!« Bei einer Verminderung oder gar Einstellung der Entwicklungshilfe würden nicht nur sie, sondern auch Hunderttausende von Auslandsexperten – allein in Afrika ca. 100 000 – ihre Arbeitsplätze verlieren. Eine Vielzahl von Stiftungen, Hilfsorganisationen, Instituten, und anderen Institutionen müßten ihre Pforten schließen oder Personal abbauen, angefangen bei der Gesellschaft für Technische Zusammenarbeit (GTZ) in Eschborn bei Frankfurt, die allein nach Afrika über 800 Entwicklungsexperten – Mindesteinkommen: 15 000 DM monatlich – entsendet, bis zum Deutschen Entwicklungsdienst (DED), der eine Art von bezahltem Abenteuerurlaub in Entwicklungsländer vermittelt.

Um die Situation vollends zu verkomplizieren: In vielen Entwicklungsländern ist zur Zeit ein gewaltiger Wirtschaftsboom im Gange. Private

Geldgeber wetteifern miteinander, um ihr Geld in Ost- und Südostasien zu investieren, wo marktwirtschaftliche, kapitalistische Rahmenbedingungen einen Siegeszug antreten. Dies ist eine Entwicklung, die ausschließlich von privater Hand getragen wird. Entwicklungshilfe spielt dabei praktisch keine Rolle, ja sie ist sogar kontraproduktiv, weil sie die Eigenanstrengung bremst.

Aber Entwicklungshelfer gehen in ihrem Drang, sich selbst zu erhalten, sogar soweit, afrikanische Regierungen in ihren Fehlern zu bestärken. So wird in mehr oder weniger regelmäßigen Abständen die These von der ungerechten Weltwirtschaftsordnung und den zu niedrigen Rohstoffpreisen, die schon vor Jahren in der Mottenkiste der nachweislich falschen Theorien gelandet war, neu präsentiert. Für Afrikas unfähige und korrupte Politklasse sind das willkommene Entlastungsmanöver. Doch die Länder Asiens und Südamerikas haben gezeigt, daß man sich mit der existierenden Weltwirtschaftsordnung und den angeblich ungerechten Rohstoffpreisen prächtig entwickeln kann.

1995 ist auch der Inselstaat Mauritius Mitglied.

SADCC und SADEC waren seit ihrer Gründung bevorzugte Empfänger westlicher Entwicklungshilfe. Nach der Amtsübernahme der ersten von allen Rassen gewählten Regierung ist auch Südafrika SADEC-Mitglied geworden und in den Kreis der Entwicklungshilfe-Empfänger aufgenommen. Wegen seines verhältnismäßig hohen wirtschaftlichen Entwicklungsgrades hat Südafrika wesentlich bessere Entwicklungschancen als die anderen afrikanischen Staaten. Diese wiederum erhoffen sich von der südafrikanischen Wirtschaft eine Art Lokomotivfunktion in dem Sinne, daß Südafrikas wirtschaftliche Dynamik auf sie ausstrahlen und ihre wirtschaftliche Entwicklung positiv beeinflussen solle. Südafrikas eigene Probleme sind jedoch so groß, daß es derartige Erwartungen kaum wird erfüllen können. Zudem sind einige SADEC-Länder – Angola, Mosambik, Tanzania – politisch und wirtschaftlich derart zerrüttet, daß so bald keine Gesundung in Aussicht ist.

Windgetriebene Wasserpumpe an einer alten Mine

Die Länder
im Süden
Afrikas

Namibia

Landeskunde im Schnelldurchgang: Namibia

Fläche: 824 292 km^2
Einwohner ca. 1,6 Mio.
Hauptstadt: Windhuk
Amtssprache: Englisch
Währung: Namibia-Dollar (N$) sowie
der südafrikanische Rand
Zeit: Windhuk MEZ plus eine Stunde

Geographie: Namibia ist ein Wüstenland, – groß und menschenleer. Es bietet klare Luft, die meiste Zeit des Jahres wenig Regen und angenehme Temperaturen. Die Namib-Wüste erstreckt sich an der Küste über die gesamte Länge des Landes. Sie weist eine faszinierende Landschaft auf. Sanddünen wechseln sich mit felsigem Urgestein ab. Geologische Schichten aus der Frühgeschichte der Erde treten unvermittelt an die Oberfläche. Die Vegetation ist meist spärlich, doch in vielfacher Hinsicht einzigartig: Nur hier finden sich die Welwitschia-Pflanze, die mit ihren lederartigen Blättern praktisch ohne Wasser auskommt und Jahrtausende alt wird, und der Köcherbaum, der in Namibia in seltener Üppigkeit und Massierung wächst. Die Etoscha-Pfanne im Norden zeichnet sich durch besonderen Wildreichtum, vor allem durch zahlreiche Elefanten aus.

Geschichte: Die deutsche Kolonialzeit hat eine starke Prägung hinterlassen, die besonders in Windhuk, Swakopmund und Lüderitz in Gebäuden aus der Zeit der Jahrhundertwende ihren Niederschlag findet. Auch ist in keinem anderen afrikanischen Land die deutsche Sprache noch so verbreitet. Nach dem Ersten Weltkrieg wurde Namibia von Südafrika verwaltet. Zeitweise galt es sogar als südafrikanische Provinz. Die Unabhängigkeit Namibias war jahrzehntelang Thema von Konferenzen der Vereinten Nationen, die die Befreiungsbewegung SWAPO als die einzig wahre Vertreterin des namibischen Volkes ansahen und Südafrika wegen illegaler Besetzung des südwestafrikanischen Landes immer wieder zu verurteilen pflegten. Doch im benachbarten Angola war ein Stellvertreterkrieg im Gange: Die Sowjetunion unterstützte mit Hilfe kubanischer Truppen die dortige Regierung, die USA und Südafrika die Rebellen. Erst als im Gefolge der Entspannungspolitik Gorbatschows die Kubaner Angola verließen, wurde der Weg zu Namibias Unabhängigkeit frei, die es als letztes afrikanisches Land 1990 erlangte.

Staat und Politik: Die SWAPO gewann die ersten freien Wahlen und konnte ihre Mehrheit in den zweiten Wahlen 1994 bis über zwei Drittel der Stimmen ausbauen. Seitdem sind Nepotismus und Mißwirtschaft auf dem Vormarsch. Die Opposition ist bedeutungslos.

Wirtschaft: Wirtschaftlich ist Namibia eine Provinz Südafrikas – so abhängig ist es noch immer vom großen Nachbarn. Mehr als zwei Drittel der Bevölkerung leben von der Landwirtschaft. Eine der wichtigsten Einnahmequellen Namibias war früher die Bergbau-Industrie. Seit dem Verfall der Preise für Uranoxyd und Kupfer und dem damit verbundenen Niedergang der Minen von Rössing und Tsumeb beruht dieser Sektor fast nur noch auf Diamanten. Größter Arbeitgeber des Landes ist die namibische Tochtergesellschaft des südafrikanischen de Beers-Konzerns, an der die namibische Regierung inzwischen zur Hälfte beteiligt ist. Fischerei-Industrie und Tourismus (ca. 20 % des Bruttoinlandsprodukts) sind die wachstumsträchtigsten Wirtschaftssektoren. Namibia verfügt über einen der reichsten Fischgründe der Welt. Wichtigste Handelspartner sind Südafrika, Großbritannien und Deutschland. Die Hälfte des landwirtschaftlich nutzbaren Bodens gehört der weißen Minderheit, die aber nur 6 % der Bevölkerung ausmacht. Die Regierung hat nunmehr Ausländern den Erwerb von Farmland untersagt. Die Arbeitslosenquote liegt bei über 40 %.

Bevölkerung und Sprachen: Nach Schätzungen beträgt die Einwohnerzahl 1,5 Mio. Menschen. Die durchschnittliche Bevölkerungsdichte liegt bei 1,9 Menschen pro km^2, von denen die überwiegende Mehrheit im Norden des Landes lebt. Die wenigen Menschen teilen sich in ein Dutzend Sprach- und Völkergruppen (darunter ca. 50 % Ovambo, 9 % Kavango, je 7 % Herero und Damara), deren Verschiedenartigkeit zur Zeit der südafrikanischen Regierung durch das Apartheidsystem so betont wurde, daß eine multikulturelle Gesellschaft auch heute noch in weiter Ferne liegt. Ein aussterbendes Volk sind die Himba (noch ca. 5000 Angehörige). Verbreitete Sprachen: Englisch ist offizielle Landessprache, ebenso verbreitet sind Afrikaans und Deutsch.

Religion: Überwiegend christliche Konfessionen, ca. 20 % Naturreligionen.

Klima und Reisezeit: Im Sommer, also November bis März, regnet es häufig in Namibia (sog. große Regenzeit: Februar/März). In die heißen Sommermonate – um Weihnachten – fällt auch die namibische Ferienzeit. Als beste Reisezeit für das Land als ganzes gelten Mai und Juni. Den Skeleton Coast Park besucht man am besten zwischen Dezember und April; dann ist es dort weniger kalt als das übrige Jahr und die Zahl der Besucher geringer. Im Norden reist man am besten von Juni bis Oktober, wenn nach der Regenzeit das Klima trokken, aber nicht zu heiß ist. Empfehlenswert für die Etoscha-Pfanne sind März bis Mai, also der südliche Herbst, wenn die Vegetation lichter wird und die Tiere leichter zu beobachten sind. Für das Gebiet südlich von Windhuk bieten sich der europäische Frühling und Herbst an.

Geschichte

Ab 5000 v. Chr. ist die Anwesenheit von San und Damara in der Region des heutigen Namibia bezeugt. Als erster Europäer kamen **portugiesische Seefahrer,** die an der Küste Steinkreuze errichteten, so 1486 Diogo Cao am Cape Cross und 1488 Bartolomeu Diaz bei Angra Pequena, dem späteren Lüderitzbucht. Im 16. Jh. wanderten Bantu-Völker aus Ost- und Zentralafrika in den Norden ein; im 17. Jh. kamen norwegische Walfischfänger nach Walvis Bay.

Bereits Mitte des 17. Jh. zogen die **Herero** nach Süden, wo sie auf die in entgegengesetzter Richtung wandernden **Nama** stießen. Spannungen waren die Folge. Gleichzeitig drangen **europäische Händler** auf einer Handelsroute von der Küste her den Swakop entlang ins Landesinnere vor. Händler aus dem Kapland kamen damals bis Keetmanshoop. 1761 unternahm die Kapregierung eine Expedition ins Namaland in Südnamibia. Im Gefolge der Händler kamen die **Missionare.** 1805 ließ die Londoner Mission sich in Warmbad im Namaland nieder, 1814 in Bethanien. Die ersten deutschen Missionare kamen 1842.

1820–30 wanderten die Nama unter ihrem Chief Jan Jonker Afrikaner und Captain Kido Witbooi aus dem Kapland nach Namibia ein. Da im Norden des Landes eine Dürre herrschte, verlagerte sich der Siedlungsraum der Herero weiter nach Süden. Um 1850 entdeckten Europäer Kupfer im mittleren Namibia bei Rehoboth und am Swakop. Aus dieser Zeit datieren die ersten Bergbaukonzessionen britischer Unternehmen.

Zunehmend fühlten sich die europäischen Händler und Missionare durch den sich verschärfenden Konflikt zwischen Herero und Nama bedroht, und so baten sie 1863 Großbritannien und Deutschland um Schutz. In Deutschland entwickelte **Bismarck** jedoch nur sehr widerwillig eine Kolonialpolitik. Erst mit der Gründung des Deutschen Reiches 1871 wuchs das Interesse an Kolonien, getragen von dem Wunsch, mit anderen europäischen Staaten gleichzuziehen.

1878 annektierte Großbritannien Walvis Bay aus Furcht vor deutschem Machtzuwachs. 1883 landete die Brigg des Bremer Kaufmanns **Adolf Lüderitz** in Angra Pequena. An Bord war Heinrich Vogelsang, der im Auftrag von Lüderitz Land erwarb. 1884 wurde die Erwerbung von Lüderitz dem Schutz des Deutschen Reiches unterstellt, um – wie es hieß – neue Absatzmärkte für die wachsende deutsche Industrie zu schaffen und Existenzmöglichkeiten für die vielen

Adolf Lüderitz (1834)

Arbeitslosen in Deutschland zu finden. Südwestafrika wurde **deutsches Schutzgebiet.** Die neu gegründete deutsche Kolonialgesellschaft für Südwestafrika holte 1885 deutsche Siedler ins Land und verkaufte und verpachtete Farmland. Sitz der deutschen Verwaltung, die auf kleine Teile der Küste und des Hochlands beschränkt blieb, wurde unter der Leitung von Dr. Heinrich Göring der Ort Otjimbingwe, seit dem frühen 19. Jh. der wichtigste Missions- und Handelsplatz. Nach dem Konzept Bismarcks sollten die afrikanischen Kolonien von privater Hand bewirtschaftet werden, und so ließ er nur drei Beamte nach Südwestafrika entsenden. Doch angesichts ständiger Angriffe von Nama und Herero forderte Göring deutsche Schutztruppen an. Diese begannen 1889 unter ihrem ersten Befehlshaber Curt von Francois, die Völker Zentral- und Südnamibias zu unterwerfen.

Der Nama-Führer Hendrik Witbooi

1890 schwand mit der Entlassung Bismarcks die Zurückhaltung in der Kolonialpolitik. Bismarcks Nachfolger **Leo Graf von Caprivi** verfolgte einen ausgesprochen expansiven Kurs. Zwischen 1897 und 1900 bauten die Deutschen die Eisenbahnlinie von Windhuk nach Swakopmund.

Am 12. Januar 1904 brach, für die Deutschen völlig überraschend, der **Herero-Aufstand** in Okahandja aus, dem 123 weiße Farmer und Händler zum Opfer fielen. Sie wurden auf Befehl des Herero-Chief Samuel Maherero auf ihren Farmen erschlagen, die Häuser geplündert und in Brand gesteckt, das Vieh gestohlen. Frauen und Kinder wurden verschont. Die deutsche Regierung antwortete mit der Entsendung des entschlossenen, aber äußerst rücksichtslosen Generals von Trotha. Er löste als Befehlshaber der deutschen Truppen Major Leutwein ab, der 1894 Nachfolger von Curt von Francois geworden war und sich immer verhandlungsbereit gezeigt hatte. Trotha, der im Juli das Kommando übernahm, wurde nunmehr eine volle Division unterstellt.

Lange erschien der Ausgang des Kampfes zwischen Deutschen und Herero ungewiß. Erst am 11. August 1904, als die deutschen Soldaten die Herero am Waterberg stellten, wendet sich das Kriegsglück gegen die Herero. Sie mußten mit einem Teil ihrer Habe nach Osten in das Sandveld ausweichen, setzten jedoch auf ihrem Rückzug die Steppe in Brand und vergifteten die wenigen Wasserstellen, indem sie Tierkadaver hineinwarfen. Deshalb kam eine Verfolgung für die Deutschen nicht in Frage. Der einzige Fluchtweg der Herero führte in das endlose Wüstengebiet, in dem ein Drittel des Volkes, über 50 000 Menschen, umkam.

Im Süden des Landes begannen die Nama kurz danach einen guerilla-arti-

Karakulschafe

Die Karakulzucht, nahezu ein Jahrhundert lang eine lukrative Einnahmequelle für die Farmer im trockenen Süden Namibias, stammt ursprünglich aus Buchara in Zentralasien. Dort erkannte der Pelzhändler Paul Albert Thorer ihr wirtschaftliches Potential und begann 1907, die Schafe in die deutschen Kolonien zu exportieren.

Die Lämmer werden innerhalb von 24 Stunden nach der Geburt geschlachtet. Karakulfelle aus Namibia heißen im Handel Swakara-Persianer – im Unterschied zu den Buchara-Persianern – und gelten als beste Qualitätsstufe. Die Felle sind in den letzten Jahren aus der Mode gekommen und im Preis stark gesunken.

gen Buschkrieg gegen die Deutschen, der von 1904–07 dauerte. In seinem Verlauf kam ein Großteil der Nama zu Tode, darunter auch ihr Führer **Hendrik Witbooi.** Auf deutscher Seite waren von 1904–1907 2000 Soldaten gefallen. Nach der Unterwerfung der Nama führten die Deutschen Aufenthaltskontrolle, Paßpflicht und Arbeitszwang ein.

Im Vergleich mit Togo, Kamerun und Deutsch-Ostafrika galt Südwest aber weiterhin als wirtschaftlich uninteressant. Das änderte sich schlagartig, als 1907 der deutsche Bahnmeister und Amateurgeologe August Stauch von ei-

nem Untergebenen einen Stein erhielt, den dieser bei den Erdarbeiten für die Eisenbahnlinie von Lüderitz nach Aus im Sand gefunden hatte. Stauch rieb ihn an seiner Armbanduhr und wundert sich, daß auf dem Glas Kratzer entstanden. Es war ein Diamant. Eine systematische Prospektion, wie Stauch sie mit Unterstützung der Eisenbahngesellschaft daraufhin einleitete, ergab riesige **Diamantenvorkommen** in der Namib-Wüste und an der Küste.

Es waren die reichsten Diamantenfelder der Welt. Um sie zu erschließen, bauten die Deutschen die Eisenbahn von Lüderitz nach Keetmanshoop und 1911 eine Verlängerung bis Windhuk. Die Diamantenfunde sowie der weitere Ausbau der Tsumeb-Minen (der bereits 1902 begonnen hatte), brachten Wohlstand ins Land und die Einführung des **Karakullamms** (1907) tat ein übriges.

1915, ein Jahr nach Ausbruch des **Ersten Weltkriegs,** marschierten südafrikanische Truppen in Südwestafrika ein. Am 9. Juli 1915 mußten die deutschen Schutztruppen in Khorab bei Tsumeb kapitulieren. Das kaiserliche Deutschland, das als Nachzügler in den Kreis der Kolonialmächte getreten war, mußte als erster aus diesem Kreis wieder ausscheiden, gerade als Südwestafrika wirtschaftlich interessant geworden war.

Nach dem Waffenstillstand am 11. November 1918 mußte die Hälfte der deutschen Bevölkerung in Namibia das Land verlassen. Im Vertrag von Versailles (1919) wurde Deutschland mit dem Verlust aller Kolonien bestraft. 1920 kaufte die Consolidated Diamond Mines of South West Africa die Interessen der vielen kleinen Prospektoren auf und sicherte sich für 50 Jahre die exklusiven Rechte über das ganze Gebiet, die heutige Diamond Area No. 1. Auch die deutschen Diamantkonzessionen wurden in der Consolidated Diamond Mines (CDM), einer anglo-amerikanischen Gesellschaft, zusammengefaßt, die später in der südafrikanischen de Beers-Gruppe aufging. Die Otavi-Minen und Eisenbahngesellschaften mit den Kupfergruben von Tsumeb kamen nach dem Zweiten Weltkrieg als Feindeseigentum in US-amerikanische Hände.

Auf Grund des Versailler Vertrages wurde Namibia der **Südafrikanischen Union** als Mandatsgebiet übertragen. Südafrika gliederte sich in der Folgezeit Namibia de facto als fünfte Provinz ein. Viele Buren aus Südafrika ließen sich in Namibia nieder. Als die UNO, die Nachfolgerin des Völkerbundes, Südafrika 1946 aufforderte, Namibia unter internationale Aufsicht zu stellen, begann der Dauerkonflikt zwischen Südafrika und der UNO, der erst mit der Unabhängigkeit Namibias im Jahre 1990 endet.

Praktisch ein Teil Südafrikas, erhielt Namibia von der südafrikanischen Regierung das System der **Apartheid** verordnet. 1959 wurde das Farbigenviertel im Zentrum von Windhuk, die ›Old Location‹, dem Erdboden gleichgemacht und die Schwarzen weit außerhalb der Stadt in Katutura (wörtlich: »dort, wo wir nicht hinwollen«) angesiedelt. 1966 führt die südafrikanische Regierung auch in Namibia das Reservate-System, entsprechend den ›Homelands‹ im eigenen Land, ein. Die UNO entzog Südafrika das Mandat. Doch die südafrikanische Regierung kümmerte das wenig.

Aus dem Widerstand gegen das Apartheid-System hatten einige Ovambo 1957 den Ovamboland Peoples' Congress in Kapstadt gegründet, der die Befreiung Namibias als Teil der Befreiung Südafrikas zum Ziel hatte. Doch unter dem Eindruck der Zerstörung der Old Location in Windhuk beschloß diese Organisation, einen eigenen Weg zu gehen, mit dem Ziel eines unabhängigen Staates Namibia. Ihr Führer Sam Nujoma, ein Eisenbahnarbeiter, gründete am 19. April 1960 im Exil die South West African Peoples' Organization **(Swapo)** mit dem provisorischen Hauptquartier Daressalam (Tanzania), die den bewaffneten Freiheitskampf für ein unabhängiges Namibia beschloß. Sie erhielt aufgrund eines Kooperationsabkommens, das sie 1962 mit angolanischen Befreiungsbewegungen schloß, Basen in Angola, von denen sie Guerilla-Überfälle nach Nordnamibia startete. Am 26. August 1966 kam es in Ongulumbashe im

Ovamboland zum ersten Zusammenstoß mit der südafrikanischen Polizei. Dieser Tag sollte später als Namibia Day nationaler Feiertag werden.

Der UNO-Sicherheitsrat erklärte den bewaffneten **Freiheitskampf** der Swapo 1969 ausdrücklich für rechtmäßig; der Internationale Gerichtshof verurteilte 1970/71 die Präsenz Südafrikas in Namibia. Die Unabhängigkeit Namibias blieb aber weiterhin blockiert, weil im Süden Afrikas eine politische Patt-Situation vorlag: In Namibias nördlichem Nachbarland Angola standen sich in einem Bürgerkrieg die kommunistische Regierung, unterstützt von der Sowjetunion und kubanischen Söldnern, und antikommunistische Guerilleros, von den USA und zeitweise Südafrika unterstützt, gegenüber. Die Präsenz der Kubaner war den USA ein Dorn im Auge, und für Südafrika war die Vorstellung unerträglich, daß die erklärtermaßen kommunistische Swapo in Windhuk die Regierung eines unabhängigen Namibia stellen könnte.

1978 proklamierte die UNO ihre Resolution 435, die einen Friedensplan festschrieb. Sie blieb zunächst wie bis dahin alle UNO-Aktionen bezüglich Namibias ohne Folgen. Namibias Unabhängigkeit schien weiterhin hoffnungslos blockiert. Als 1982 die Übergangsregierung zurücktrat, weil Südafrika sich zu stark in die Regierung Namibias einmischte, übernahm der südafrikanische Generaladministrator in Windhuk wieder die Alleinherrschaft, wie bereits zehn Jahre zuvor.

In der zweiten Hälfte der 80er Jahre veränderten sich plötzlich die Machtverhältnisse der in West und Ost gespaltenen Welt vor dem Hintergrund von Glasnost und Perestroika. Unter der Leitung des amerikanischen Afrika-Beauftragten Chester Crocker begannen 1988 Verhandlungen zwischen den USA, der Sowjetunion, Südafrika, Kuba und Angola, die in der Vereinbarung eines Waffenstillstands, freier Wahlen und des schrittweisen Abzuges der kubanischen Söldner aus Angola gipfelten. Der ebenfalls vereinbarte Zeitplan für die **Unabhängigkeit Namibias,** die nach den ersten Wahlen 1990 zustande kam, war eine Art Abfallprodukt dieser Angola-Regelung. Die Wahlen in Namibia führten zum Sieg der Swapo, die 57 % der Stimmen erhielt, und zur Unabhängigkeit. Bei den zweiten Wahlen, 1994, errang Swapo-Präsident Sam Nujoma, der vielfach als Vater der Nation angesehen wird, sogar eine absolute Mehrheit.

Seitdem nehmen Korruption und Mißwirtschaft rapide zu. Unerfahrene Parteifunktionäre der Swapo, fast ausschließlich Ovambo, besetzen Schlüsselstellungen. Trotz Dürre und knapper Haushaltslage hat die Regierung zwei teure Düsenflugzeuge für eigene Zwecke

erworben. Wie sich später herausgestellt hat, wurden sogar ausländische Dürrehilfsgelder benutzt, um auf Farmen von Ministern und hohen Swapo-Funktionären Wasserlöcher zu bohren. Selbst wenn derartige Verfehlungen ans Licht kommen, bleiben Konsequenzen aus.

Der Kult um die Person des Präsidenten, der seit Anfang 1995 auch das Polizeiressort innehat, nimmt groteske Züge an. Er wird bei jedem Auftritt in der Öffentlichkeit von Dutzenden von Polizeifahrzeugen mit heulenden Sirenen begleitet.

Namibia heute

Namibia und die Deutschen

Den weißen Farmern im Süden des Landes geht es finanziell nicht gut – die Dürrejahre der Vergangenheit haben Spu-

ren hinterlassen. Einige können sich nur dadurch über Wasser halten, daß sie Zimmer an Touristen vermieten. Doch sonst können die in Namibia lebenden Weißen, deren Zahl sich auf ca. 100 000 – darunter 25 000 Deutsche und Deutschsprachige – beläuft, nicht klagen. Sie haben in ihrem Lebensstandard, der im allgemeinen wesentlich über dem der schwarzen Bevölkerung liegt, auch nach der Unabhängigkeit kaum Abstriche machen müssen.

31 Jahre deutsche Herrschaft – von 1884–1915 – haben offenbar genügt, dem südwestafrikanischen Wüstenstaat wie nirgendwo sonst im Ausland den Stempel des Deutschtums aufzuprägen. In keinem anderen fremden Land spielen Deutsche in der Wirtschaft und Politik eine so bedeutende Rolle. Zwar heißt in Windhuk die Kaiserstraße jetzt Independence Avenue und die Leutweinstraße Robert-Mugabe-Avenue. Auch verschwinden die wilhelminischen Giebeldächer, die so unverkennbar an die deutsche Kolonialzeit erinnern, an vielen Stellen im Schatten moderner Hochhäuser und Einkaufszentren. Doch die meisten Straßen haben ihre deutschen Namen beibehalten, und auch sonst scheint sich in Namibia seit der Unabhängigkeit im Jahre 1990 wenig verändert zu haben. Kaffee und Kuchen nach deutscher Sitte gibt es noch immer überall, und viele der schwarzen Kellner nehmen die Bestellung in fließendem Deutsch auf.

Dabei sind die sogenannten Namibia-Deutschen ein besonderer Menschenschlag. Ihre Weltanschauung kommt im ›Südwester-Lied‹ zum Ausdruck, das

1990: Auf Wandgemälden drücken die Menschen ihre Freude über die Unabhängigkeit aus (hier ein Bild aus Windhuk)

Sehnsucht nach Berlin: Deutsche Schule in Windhuk

nach der Melodie des ›Panzerliedes‹ gesungen wird: »Hart wie Kameldornholz ist unser Land und trocken sind seine Riviere.« Die Strophen enden mit dem Refrain: »Wir lieben Südwest!«

Es gibt in Windhuk Deutsche, die sich mit glänzenden Augen daran erinnern, daß noch nach der Unabhängigkeit das ›Südwester-Lied‹ nach öffentlichen Rugby-Spielen im Stadion von Tausenden von Zuschauern, darunter auch vielen schwarzen Namibiern, spontan angestimmt wurde. Ein deutscher Farmer, der die namibische Staatsangehörigkeit angenommen hat, charakterisiert seine Volksgenossen vorsichtig so: »Sicher ist mehr als die Hälfte von ihnen konservativ. Diese zerfallen wiederum zur Hälfte in solche, die Kaiser Wilhelm wiederhaben möchten – darunter sind auch viele Adelige –, und eine andere Hälfte, die Hitlers Geburtstag feiert.«

Die sogenannte Reichskriegsflagge, die in den meisten Ländern der Bundes-republik Deutschland inzwischen verboten ist, weil sie bei Aufzügen von Neonazis verwandt wird, erfreut sich in Namibia großer Beliebtheit. Sie findet sich auf Tassen mit der Aufschrift »Deutsch-Südwest«, auf Brieftaschen, Autoaufklebern und anderen Devotionalien und Souvenirs auch in Verbindung mit dem Vermerk »Deutsches Schutzgebiet«. »Sie ist Teil unserer Geschichte«, sagt ein schwarzer Namibier, der Swapo-Mitglied ist.

Die überwiegende Mehrheit der Namibia-Deutschen steht der regierenden Swapo, die sich von der Befreiungsbewegung zur politischen Partei verwandelt hat, kritisch gegenüber, vor allem, seit sie in den zweiten Wahlen 1994 eine absolute Mehrheit errungen hat, die sie zu Änderungen der sehr freiheitlich bestimmten Verfassung berechtigt. Einige geben sogar offen zu, daß sie von schwarzer Mehrheitsherrschaft grundsätzlich nichts halten, in Namibia sowenig wie in Südafrika. Auf ihren Autos sieht man gelegentlich die Aufkleber »Black is beautiful, but white is white!« So haben denn auch viele Swapo-Vertreter zu ihren weißen Mitbürgern ein zwiespältiges Verhältnis: »Sie wollen sich nicht einbringen. Sie stehen der Regierung zurückhaltend gegenüber«, klagt ein Beamter und kritisiert, daß die meisten Weißen den öffentlichen Auftritten von Präsident Nujoma fernblieben, manche aber auch in seiner Anwesenheit »Nieder mit Swapo!« riefen.

Unter den Deutschen wiederum hat es beträchtliche Unruhe erzeugt, daß sie gezwungen waren, sich zwischen deutscher und namibischer Staatsangehörigkeit zu entscheiden. Eine beträchtliche Zahl von ihnen sah sich plötzlich Schwierigkeiten bei der Verlängerung ihrer Aufenthaltsgenehmigung ausgesetzt. Sie vermuten, daß die Regierung mit Schikanen politische Gegner loswerden wolle.

Die Zuversicht der meisten Namibia-Deutschen ist zwar ungebrochen, und die meisten von ihnen haben sich in Deutschland oder anderswo eine Rückfallposition aufgebaut. Es gibt aber immer wieder neue, die sich gegen Ende ihres Lebens einen Traum erfüllen, indem sie sich in Namibia als Farmer niederlassen! Manche entschließen sich sogar, unter Verzicht auf die deutsche die namibische Staatsangehörigkeit zu erwerben. »Wenn es hier schiefgeht, komme ich als Asylbewerber nach Deutschland«, meint einer von ihnen lachend.

Tourismus

Der Tourismus ist zusammen mit der Fischereiindustrie der am raschesten wachsende Wirtschaftssektor. Namibias starke Prägung durch Deutschland hat dazu beigetragen, daß es als Reiseland vor allem bei deutschsprachigen

Das Touristencamp Namutomi im Etoscha-Park

Sand potatoes

Eine Köstlichkeit, die im Mai in Windhuk angeboten wird, ist die Kalaharitrüffel, auf englisch ›sand potato‹. Sie ist eine echte Trüffel und daher auch teuer, wenn auch längst nicht so teuer wie die europäischen Sorten. Vom Aussehen her erinnert sie an eine schlappe Kartoffel; sie mißt in der Regel 6–8 cm im Durchmesser und hat eine weiche, braune Haut, die leicht rissig wird. Man serviert sie gekocht.

Touristen beliebt ist. Nirgendwo sonst in Afrika, ja in der Welt, kann man sich außerhalb des deutschsprachigen Raumes so leicht in deutscher Sprache verständigen. Trotzdem kommt das Gros der ausländischen Touristen aus Südafrika.

Zwar sind Straßen- und Telefonnetz in gutem Zustand. Im Vergleich mit dem benachbarten Südafrika liegt das allgemeine Niveau in Hotellerie und Gastronomie aber niedriger. In Anbetracht der weiten Entfernungen ist die Zahl der Hotels sehr gering, und selbst die Qualität der besseren entspricht nur der der unteren Mittelklasse in Südafrika. Noch niedriger liegt die Qualität der Gastronomie. Der deutschen Kost, die mancher deutsche Tourist zunächst freudig begrüßt, kann er schnell überdrüssig werden. Denn was die deutschen Hotelmanager und -eigentümer in Namibia als deutsche Küche anpreisen, ist das, was in Deutschland vor 20 oder 30 Jahren üblich war: kleinbürgerliche Küche mit schwerer, fettiger Kost und braunen Mehlsoßen.

Kritik müssen sich auch die staatlich geführten Camps der Etoscha-Pfanne, Okaukuejo, Namutomi und Halali, gefallen lassen. Sie sind bekannt für ihren schlechten Service und die mangelnde Sorgfalt bezüglich der Sicherheitsvorkehrungen – so gelangten etwa im Jahr 1993, um ein besonders krasses Beispiel zu nennen, eines Nachts auf ungeklärte Weise Löwen in ein umzäuntes Camp und töteten einen Besucher. Namibias Tourismusverwaltung weiß sehr wohl, daß private Betreiber aufgrund des persönlichen finanziellen Risikos für wesentlich mehr Sicherheit und Servicequalität sorgen würden, und hat die Etoscha-Camps zur Privatisierung ausgeschrieben. Die Auflage jedoch, daß keiner der vielen Angestellten entlassen werden darf, läßt bis jetzt jeden Privatunternehmer zurückschrecken.

Eine Besonderheit sind die zahlreichen Gästefarmen. Vor dem Hintergrund des Tourismusbooms, des Verfalls der Karakulfellpreise und der lang anhaltenden letzten Dürre haben sich viele Farmer entschlossen, zahlende Gäste aufzunehmen. Im Süden ist dies sogar für einige Farmer zur wesentlichen, existenzsichernden Einnahmequelle geworden.

Routen und Reiseziele

Im Einklang mit der bestehenden Infrastruktur – in vielen abgelegenen Regionen, gibt es bis jetzt kein Hotel – sind zwei Rundkurse üblich, einer für den Norden – Swakopmund und Etoscha-Pfanne – und einer für den Süden – Fish River Canyon, Lüderitz und eventuell auch Sesriem und Sossusvlei. Skelettküste und Kaokoveld sind meist Gegenstand spezieller Fly-in- oder Geländewagen-Safaris.

Windhuk

Die Landeshauptstadt Windhuk (S. 319), mit ihrem internationalen, 40 km östlich gelegenen Flughafen, Eingangstor zu Namibia, ist für die meisten Touristen nur Durchgangsstation. Die Stadt zählt zwischen 150 000 und 200 000 Einwohner, wobei die genaue Zahl wegen des starken Zustroms durch Landflucht nicht genau zu ermitteln ist. Aufgrund der geographischen Lage in 1700 m Höhe ist es in Windhuk das ganze Jahr über klimatisch angenehm. Die umliegenden Gebirge halten den Wind ab oder mildern ihn zumindest.

Windhuk hat den Charakter einer deutschen Kleinstadt, die aus einer Idylle geweckt wurde und etwas aus den Fugen geraten ist. Städtebauliche Sünden wie die riesigen Parkplätze direkt im Zentrum sind nicht zu übersehen. Die größte Attraktion der Stadt besteht in zahlreichen Gebäuden aus der Kolonialzeit, die meist vom Anfang des 20. Jh. stammen. Sie sind leider in der Vergangenheit stark dezimiert, dann aber um so liebevoller restauriert worden.

Hauptstraße ist die Independence Avenue, die bis kurz nach der Unabhängigkeit Kaiserstraße hieß. Das eigentliche Zentrum liegt rechts und links dieser Verkehrsader, etwa auf der Höhe zwischen Rathaus (City Hall) **1**, mit der **Curt-von-Francois-Statue,** die zum 75-jährigen Geburtstag der Stadt Windhuk am 19. Oktober 1965 errichtet wurde, und der John-Meinert-Straße. Ungefähr in der Mitte zwischen diesen beiden Punkten liegt ein kleiner Park **2**, von dem sich ein schöner Blick auf drei alte Fassaden aus der deutschen Kolonialzeit bietet: rechts das **Erkrath-Gebäude** von 1910, daneben das **Haus Gathemann** von 1913, benannt nach Heinrich Gathemann, einem Bürgermeister von Windhuk. Es weist ein besonders steiles Dach auf, wie es sonst nur in schneereichen Regionen vorkommt. Daneben sieht man das **Kronprinzen-Haus** von 1902.

Im Park selbst steht ein Kriegerdenkmal in Form eines Obelisken, der von einem Adler gekrönt ist. Es dient dem Gedenken an die im Kampf gegen den Nama-Führer Hendrik Witbooi gefallenen Angehörigen der deutschen Schutztruppe.

Von der Independence Avenue geht in Höhe des Uhrenturms eine moderne Einkaufspassage ab, Post Mall Street, zu der auch der alte und sehr gekonnt renovierte Kaiserkrone-Komplex mit einem Café/Restaurant (abends italienisch) gehört. Die Post Mall Street ist eine Fußgängerzone. Sie überquert den Mandume Ndomufayo Drive und mündet in das Wernhill Park Shopping Centre **3**, in dem sich die besten Läden der Stadt befinden.

Die aus der deutschen Kolonialzeit stammenden Gebäude prägen Windhuk noch immer mehr als alles andere. Sie sind über die ganze Stadt verstreut: Die

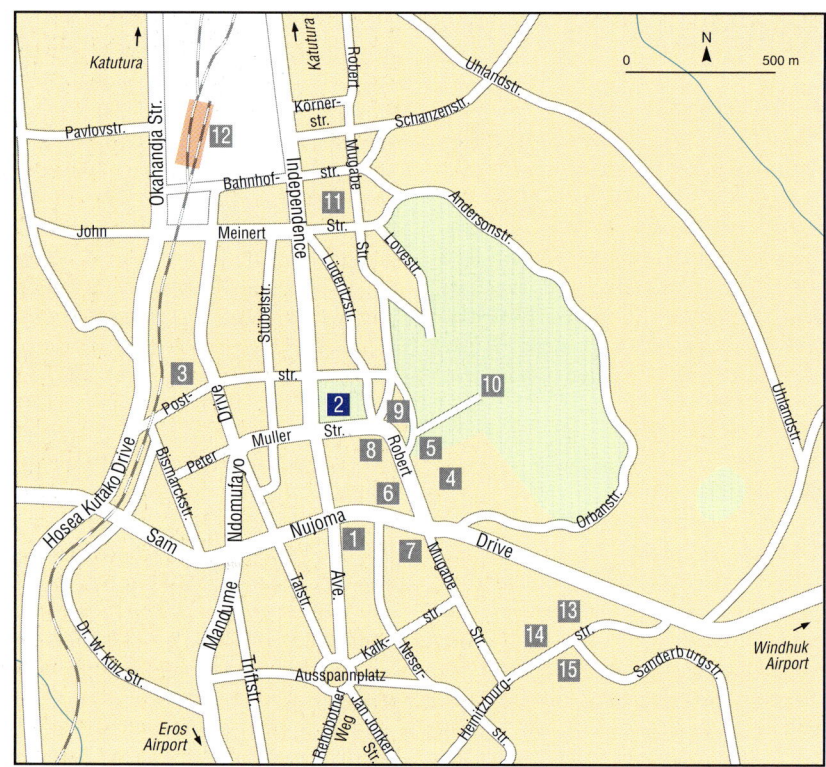

Plan von Windhuk *1 Rathaus 2 Park 3 Shopping Centre 4 Alte Feste 5 Reiter-denkmal 6 Kais. Realschule 7 Offiziersheim 8 Estorff-Haus 9 Christuskirche 10 sog. Tintenpalast 11 Turnhalle 12 Bahnhof 13 Schwerinsburg 14 Heinitzburg 15 Sanderburg*

Alte Feste von 1890 **4**, vom Park aus im Fußmarsch bergauf erreichbar, ist das älteste erhaltene Gebäude in Windhuk. Hier ist die Historische Abteilung des Staatsmuseums untergebracht, das die Zeit von der Ankunft der ersten Missionare bis zum Ende der deutschen Kolonialzeit und die unter UNO-Aufsicht stattfindenden Wahlen von 1990 dokumentiert. Unmittelbar an der alten Feste steht das **Reiterdenkmal 5**, das 1912 an Kaisers Geburtstag enthüllt wurde. Es ehrt die deutschen Gefallenen der Nama- und Herero-Kriege von 1903–07. Gegenüber liegen die **Kaiserliche Real-**schule von 1907–08 **6** und das **Offi-ziersheim** von 1906–07 **7**.

Das etwa unterhalb liegende **Ludwig-von-Estorff-Haus 8**, 1891 errichtet und benannt nach dem dort residierenden Kommandeur der Schutztruppe, enthält heute eine Bibliothek und Africana-Sammlung. Daneben erhebt sich am Hang liegend und weithin sichtbar die **Christuskirche 9**, 1907–10 aus örtlichem Sandstein als Dank für den Sieg über die Nama und Herero vom Architekten Gottfried Redecker errichtet. Wie in den Kirchen in Lüderitz und Swakopmund sind die Glasfenster am Altar von

Post Mall Street (rechts)
Independence Avenue (unten)

Kaiser Wilhelm und die Bibel von seiner Frau Augusta gestiftet.

Ein weiteres besonders schönes Beispiel kolonialer Architektur ist der oberhalb der alten Feste liegende **Tintenpalast** 🔟, 1912–13 als Verwaltungsgebäude für die deutsche Kolonialregierung von Gottlieb Redecker errichtet und sehr einfach und funktional gehalten. Er dient auch heute noch der Verwaltung. Zurück ins Zentrum geht es in einen großen Bogen über die Lovestraße und die Robert Mugabe Avenue und danach links in die Bahnhofstraße. Hier befindet sich die **Turnhalle** 🔟 von 1903 (Architekt: Otto Busch), in der am 1. September 1975 die erste Sitzung der verfassunggebenden Konferenz (›Turnhallen-Konferenz‹) stattfand, sowie das reizvolle **Bahnhofsgebäude** 🔟, dessen Mittel- und Südflügel von 1912 datieren; der Nordflügel wurde 1929 hinzugefügt.

Wer Zeit hat, kann von der Christuskirche aus die Robert Mugabe Avenue entlang stadtauswärts gehen und die etwas außerhalb des Zentrums liegenden drei bewohnten Burgen besichtigen: die

Schwerinsburg 13 von 1910, die **Heinitzburg** 14 von 1914, die heute ein Hotel ist, und die **Sanderburg** 15 von 1917. Alle drei wurden vom Architekten Sander nach dem Vorbild von Burgen am Mittelrhein errichtet.

Was Soweto für Johannesburg, ist **Katutura** für Windhuk: die aus Apartheidzeiten stammende Wohnstadt der Schwarzen. Sie zählt ca. 80 000 Bewohner und liegt 7 km nördlich der Innenstadt. Im Apartheidsystem wurden die Wohnviertel auch innerhalb von Katutura nach ethnischer Zugehörigkeit aufgeteilt. Alle Städte in Namibia sind nach diesem Prinzip gegliedert; bis es sich ändert, werden Generationen vergehen.

Ausflug: Der **Daan-Viljoen-Wildpark,** 21 km westlich der Stadt im Khomas-Hochland 1800–2000 m hoch gelegen, hat keine Raubtiere, aber Gnus und Kudus zu bieten. Am Stausee ist ein Touristenlager und ein Campingplatz. Im rundhügeligen, landschaftlich reizvollen Khomas-Hochland, das nordwestlich von Windhuk liegt, hat die Farmwirtschaft wegen des guten Höhenklimas bereits Ende des 19. Jh. begonnen. Schon in der näheren Umgebung von Windhuk finden sich Gästefarmen mit Wild.

Von Windhuk nach Swakopmund (360 km)

Für die Fahrt von Windhuk durch die Namib-Wüste zur Küste bieten sich, abgesehen von der geteerten Nationalstraße über Usakos noch mehrere Schotterstraßen, auf denen die Fahrt zur Küste jeweils ca. 7 Stunden dauert. Die schönste Tour, die Gamsberg-Route, führt von **Windhuk** 1 aus nach Südwesten durch das Khomas-Hochland und steigt auf 2000 m Höhe, bis sie nach 165 km den **Gamsberg-Paß** 2 erreicht. Unter-

Damm und Rastlager im Daan-Viljoen-Park bei Windhuk

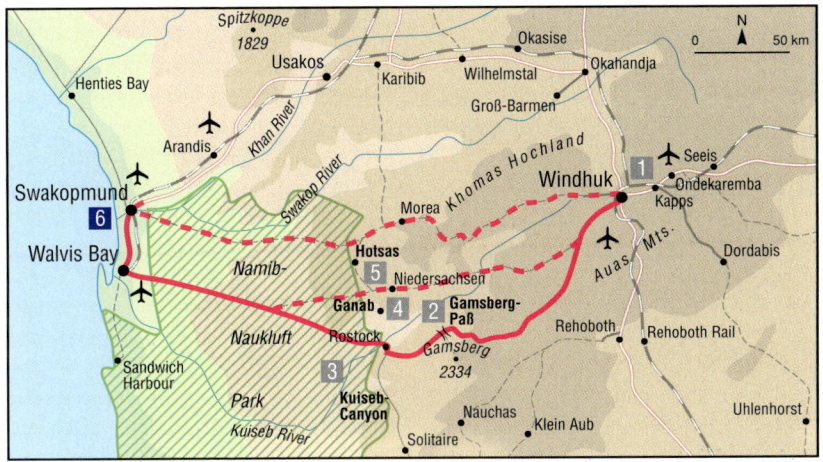

Von Windhuk nach Swakopmund

wegs bieten sich spektakuläre Blicke auf das über 2000 m hohe Gamsberg-Massiv. Danach geht der Weg in die Namib-Wüste hinab. Schon bald hinter dem Paß tut sich ein überwältigendes Panorama der Wüstenflächen und ihrer Inselgebirge auf. Nach der Einfahrt in den Namib-Naukluft-Park bietet sich 6 km von der Hauptstraße ein Aussichtspunkt über den **Kuiseb-Canyon** 3 . Etwas abseits der Straße, die sodann durch typische Wüstenlandschaft führt, liegen die Wasserstellen von Ganab 4 und Hotsas 5 , wo man mit etwas Glück Bergzebras sowie Oryx- und Springbock-Antilopen sehen kann. Über Walvis Bay erreicht man die Stadt Swakopmund 6

Swakopmund, Namibias Sommerfrische

Swakopmund ■ (S. 318), an der Mündung des Swakop gelegen, hat ungefähr 17 000 Einwohner. Der eiskalte Benguela-Strom, der von der Antarktis kommend an der Küste entlangfließt und

auch verhindert, daß Regen von der Küste ins Landesinnere zieht (Regen zieht nie von der Kälte in die Hitze!), sorgt hier für angenehm kühles Klima und Nebel. Sein sprichwörtlicher Fischreichtum erklärt die riesigen Robbenkolonien und die Millionen von Seevögeln, die sich an der Küste versammeln. Deren reichlich vorhandener Kot übrigens wird in Swakopmund zur Herstellung von Guano-Naturdünger genutzt. Nördlich der Stadt wird in künstlich angelegten Pfannen Salz gewonnen.

Das Klima in Swakopmund ist in den Sommermonaten von November bis März tagsüber mild, die Nächte sind kühl und erfrischend. Im Winter zwischen April und September kann die Wassertemperatur jedoch auf nur 13 °C absinken. Aus diesem Grunde hat Swakopmund ein Hallenbad mit Schiebedach. Parkanlagen und eine Strandpromenade, historische Gebäude aus der Kolonialzeit im Stadtkern zwischen der See, dem Trockental des Swakop und der Eisenbahn vermitteln den Eindruck einer deutschen Kleinstadt.

Plan von Swakopmund *1 Eiserne Landungsbrücke 2 Leuchtturm 3 Alte Mole 4 Sommerresidenz des Präsidenten 5 Ev.-luth. Kirche 6 Alte Schule 7 Alte Post 8 Ehemaliges Krankenhaus 9 Alter Bahnhof 10 Altes Amtsgericht 11 Woermann-Haus 12 Hohenzollernhaus 13 Prinzessin-Rupprecht-Heim*

Die ersten 40 deutschen Siedler waren am 23. August 1893 unter dem Schutz von 120 Soldaten der Schutztruppe an Land gegangen. 1894 nahm die Reederei Woermann den regelmäßigen Frachtverkehr zwischen Hamburg und Swakopmund auf. Mit dem Bau einer Schmalspurbahn durch die Namib gewann Swakopmund weiter an Bedeutung. Während der deutschen Kolonialzeit war Swakopmund die wichtigste Hafenstadt, da Walvis Bay zu Südafrika gehörte. Heute spielt Swakopmund praktisch nur noch als Schul-, Rentner- und Fremdenverkehrsort eine Rolle. Es ist aufgrund seines Klimas das beliebteste Seebad Namibias. Höhepunkt der Saison sind die Monate Dezember und

Januar. Zu dieser Zeit finden Reitturniere und Segelregatten, Bierfeste und andere Festivitäten statt. Die Stadt quillt dann vor allem von Besuchern aus Windhuk über, die während der landesweiten Ferienzeit der Hitze des Sommers entfliehen wollen.

Wahrzeichen der Stadt ist die **eiserne Landungsbrücke** ▊. Sie stammt von 1914 und ersetzte eine Mole, die von den Deutschen als künstlicher Wellenbrecher errichtet worden war, weil es wegen der häufigen Stürme und Nebelbänke sehr schwierig war, Passagiere und Fracht von den Schiffen an Land zu bringen. Aus der Blütezeit der Stadt sind zahlreiche Gebäude erhalten, so insbesondere der **Leuchtturm** ▊ (1903–11) gegenüber der **alten Mole** , der trotz der Versandung des Hafens noch in Betrieb ist. Die Bucht, in der er steht, ist heute ein beliebter Badeplatz. In der Nähe des Leuchtturms findet sich ein kleines Museum zur Ortsgeschichte, das auch die Pflanzen- und Tierwelt der Küste und Namib-Wüste erläutert. Wenige Schritte entfernt liegen die **Sommerresidenz des Präsidenten** 🄴, ein schönes altes Gebäude aus dem Jahr 1905, das zu Beginn der deutschen Kolonialzeit das Bezirksgericht beherbergte, und das **Marinedenkmal.** In der Poststraße bis zur **Evangelisch-lutherischen Kirchen** von 1911 🄵, reihen sich viele historische Bauten aneinander, dar-

unter die **alte Schule** 🄶, die **alte Post** 🄷, das ehemalige **Krankenhaus** 🄸. Der alte **Bahnhof** 🄹, der früher als der schönste Afrikas galt, ist leider durch den Überbau eines modernen Einkaufszentrums seines Charmes weitgehend beraubt worden.

Sehenswert sind auch das alte **Amtsgericht** 🄺 an der Ecke Garnison- und Bahnhofstraße, 1908 gebaut, und das **Woermann-Haus** 🄻 von 1894. Das **Hohenzollernhaus** 🄼, Ecke Moltke-/Brückenstraße, war ursprünglich ein Hotel, das **Prinzessin-Rupprecht-Heim** 🄽 in der Lazarettstraße (errichtet 1902, heute eine Pension) ursprünglich ein Krankenhaus.

Der Leuchtturm gegenüber der alten Mole

Von Swakopmund zum Sossusvlei

Sowohl Swakopmund als auch Walvis Bay eignen sich gut für Ausflüge in die Namib-Wüste. In beiden Städten gibt es viele Reiseveranstalter, die auf ein- oder mehrtägige Bustouren spezialisiert sind.

Die hier vorgeschlagene Tour kann auch mit dem eigenen Wagen durchgeführt werden. Allerdings besteht für die Übernachtung in Sesriem Anmelde- und Reservierungspflicht (Touristenbüro in Windhuk oder Swakopmund). Allradantrieb ist empfehlenswert, wenngleich nur ab dem Parkplatz 5 km vor dem Sossusvlei vorgeschrieben. Wer die Strecke vom Parkplatz aus zu Fuß zurücklegen will, sollte früh aufbrechen, um die Tageshitze zu meiden. Seit 1994 gibt es am Soussuvlei ein komfortables Hotel, die Sossusvlei Karos Lodge (Reservierung und Shuttle-Service S. 318).

Der Weg führt von **Swakopmund** **1** zunächst über Walvis Bay nach Osten Richtung Rostock und biegt nach etwa 180 km südlich nach **Solitaire** **2** ab. Dort gibt es eine Tankstelle. Nach weiteren 75 km Richtung Süden zweigt rechts eine – gekennzeichnete – Piste ab, auf der man nach 80 km **Sesriem** **3** erreicht. Vom dortigen Zeltplatz (mit Tankstelle) aus kann man die Tagestouren zum Sesriem Canyon oder zum Sossusvlei (ca. 50 km, Piste) unternehmen.

Die im Naukluft-Gebirge entspringenden und in die Namib fließenden Flüsse entwickeln nach starkem Regen eine gewaltige Erosionskraft. So kommt es, daß der Tsauchab bei Sesriem eine anfangs nur zwei, später fünf Meter breite Schlucht von ca. 30 m Tiefe in den Namib-Rand gegraben hat, den **Sesriem-Canyon** **4**. Im Schutz der Schlucht und in der Feuchte des Flußbetts hat sich inmitten der Wüste Vegetation gebildet, die Vögel und Wild anlockt.

Der Tsauchab, der bei Sesriem aus dem Gebirge tritt, erreicht nur selten das **Sossusvlei** **5**, das – ein grandioser

Von Swakopmund zum Sossusvlei

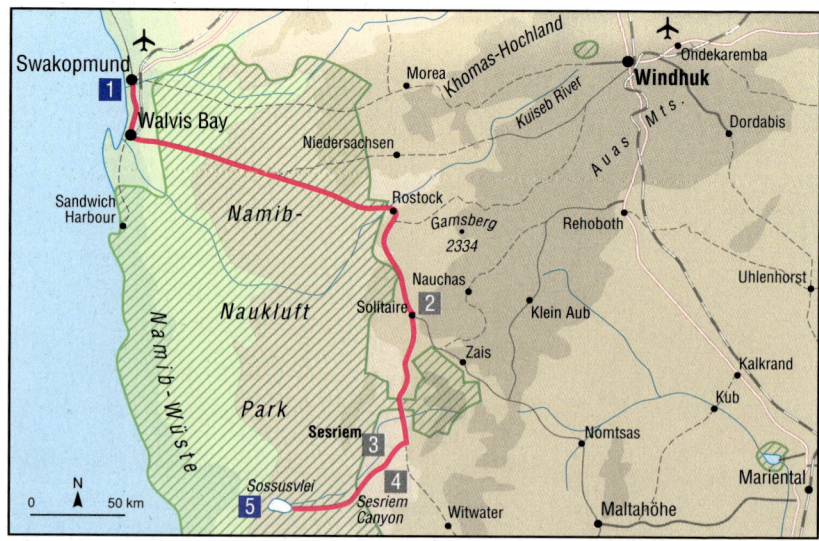

Die Namib-Wüste

Nichts prägt Namibias Landschaft so wie die Namib-Wüste. Sie erstreckt sich entlang der Küste über eine Länge von ca. 2000 km und reicht zwischen 80 und 160 km ins Landesinnere. Die Namib weist eine Vielfalt von reizvol-

an: Hitze und ultraviolettes Licht durchdringen den Nebel. Die heiße Luft hebt ihn auf, nach Sonnenuntergang kommt er wieder.

Typisch für die Flora der Namib und einzigartig auf der Welt ist die **Welwitschia-Pflanze,** die an einigen

len Landschaften auf und ist im Vergleich mit anderen Wüsten gut erschlossen; die südlichsten 320 km sind jedoch Diamanten-Sperrgebiet.

Charakteristisch für die Namib ist das Nebeneinander von Meer und Wüste: Die erhitzte Luft der Wüste stößt auf die Kaltluft, die mit den überwiegend westlichen Winden vom Meer aufs Land kommt. Kalter, salziger, oft undurchdringlicher Nebel bildet sich als Folge. Er wandert nachts, wenn die Wüste kalt ist, landeinwärts und bedeckt den Boden. Mit dem Morgengrauen fängt der Kampf zwischen Sonne und Nebel täglich neu

Stellen der Wüste konzentriert vorkommt. Sie ist nach dem österreichischen Botaniker Weltwitsch benannt, der sie 1859 beschrieb und klassifizierte. Die Pflanze ist gewissermaßen ein lebendes Fossil – viele Exemplare sollen 500–600 Jahre, in Einzelfällen sogar 2000 Jahre alt sein. Sie deckt ihren Feuchtigkeitsbedarf über ihre langen, olivgrünen, lederartigen Blätter, deren Enden meist vom Wüstenwind zerfranst sind. An ihnen kondensiert in der Nacht Feuchtigkeit und tropft in den Boden, wo sie über ein feines, nur ca. 1 m tief reichendes Wurzelsystem aufgenommen wird.

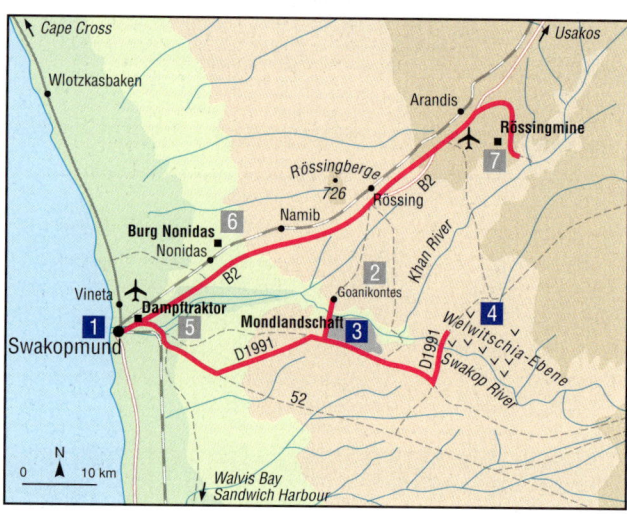

Weißer als ▷
weiß leuchten
die Salzberge
von Walvis Bay

Die Umgebung
von Swakop-
mund

Anblick – inmitten der bis 300 m hohen rötlichen Namib-Dünen liegt. Doch wenn dies geschieht, bildet sich in der abflußlosen Sossusvlei-Pfanne eine Wasserfläche, die Antilopen und andere Tiere anlockt. Ringsum herrscht absolute Stille. Wer sich die Mühe macht, eine Düne zu ersteigen, wird durch ein phantastisches Panorama belohnt. Die Dünen türmen sich wie riesige Sandberge auf, und zwischen ihnen liegen andere Vleis, Pfannen, in denen meist nur vor Jahrzehnten einmal für kurze Zeit Wasser gestanden hat.

Andere Ausflüge von Swakopmund

Nach Osten: Eine etwa einstündige Autofahrt führt von **Swakopmund 1** über die D1991 nach Osten zur Welwitschia-Ebene (behördliche Genehmigung des Touristenbüros in Swakopmund oder Windhuk erforderlich). Nach ca. 40 km führt ein Abstecher nach links zur Namib-Oase **Goanikontes 2**. Zu-

rück auf der D1991, kommt man durch die vom Regen ausgewaschenen Talhänge des Swakop, ein Gebiet, das aus naheliegenden Gründen **Mondlandschaft 3** heißt. Wenige Kilometer weiter östlich beginnt die **Welwitschia-Ebene 4**, eine eindrucksvolle Ansammlung dieser erstaunlichen Pflanze, die nur in der Namib-Wüste vorkommt.

Nach Nordosten: Auf der geteerten Hauptstraße von Swakopmund in Richtung Usakos – Windhuk steht nach wenigen Kilometern am Straßenrand ein alter Dampftraktor aus dem Jahre 1896, **Martin Luther 5** genannt, weil auch er wie der große Reformator sagen könnte: Hier stehe ich, ich kann nicht anders. Er brach zusammen, kurze Zeit nachdem er aus Deutschland eingeführt worden war, und wurde nicht repariert, weil er sich wegen des hohen Wasserverbrauchs als untauglich für den Einsatz in dieser Region erwiesen hatte.

Hoch über dem Trockenbett des Swakop liegt 12 km von Swakopmund die **Burg Nonidas 6**, ein ehemaliges deut-

sches Fort, das heute als Burghotel und Café-Restaurant dient. 50 km nordöstlich von Swakopmund liegt die **Rössingmine** 7, die größte Tagebau-Uranmine der Welt. Besichtigung ist nach vorheriger Anmeldung möglich; Tel. (06 41) 59 22 51. Das riesige Loch, aus dem uranerzhaltiges Gestein gefördert wird, ist 2 km lang und 1 km breit sowie bis zu 250 m tief. Immer wieder gab es kontroverse Diskussionen über die radioaktive Belastung, die von den über 500 Mio. Tonnen Abfall ausgehen soll. Die Produktion ist wegen des Preisverfalls für Uranerz rückläufig. Die Mine führt in großem Stil Entlassungen durch.

Im Süden: Etwa 35 km von Swakopmund entfernt liegt **Walvis Bay** (S. 319), wichtigste Hafenstadt und ›Industrieoase‹ in der Wüste. Die Bucht wurde 1487 vom portugiesischen Seefahrer Bartholomeu Diaz auf seiner Reise um Afrika entdeckt. Im 19. Jh. suchten viele Schiffe die Walfischbucht auf, um an den nahe gelegenen Kuiseb-Brunnen ihre Trinkwasservorräte aufzufrischen.

Touristisch ist die Lagune eine Attraktion. Von der Uferpromenade können Vögel beobachtet werden. Über 30 verschiedene Arten und über 50 000 Flamingos sollen hier anzutreffen sein. In den nördlichen Außenbezirken der Stadt ist ein Vogelschutzgebiet. Künstliche Inseln, die den Vögeln als Ruhe- und Nistplatz dienen, werden zur Gewinnung von Guano benutzt. Jährlich werden 900 t Vogelkot als Guano-Naturdünger exportiert.

Etwa 50 km südlich von Walvis Bay liegt **Sandwich Harbour,** eine natürliche Lagune. Sie ist nur mit einer amtlichen Erlaubnis (Permit, erhältlich bei Tankstellen in Walvis Bay und beim Touristikbüro in Swakopmund) zu besuchen: außerdem benötigt man einen Gelände-

wagen. Die Bucht ist heute versandet und bietet wegen des von den Dünen her einsickernden Süßwassers Vögeln geradezu ideale Lebensbedingungen. Neben Vogelliebhabern sind es vor allem auch Angler, die hier auf ihre Kosten kommen.

Im Norden: Ungefähr 120 km nördlich von Swakopmund liegt **Kreuzkap (Cape Cross),** heute über die Küstenstraße zu erreichen. Hier errichtete 1486 der portugiesische Seefahrer Diego Cao ein Kreuz als Beweis für die Inbesitznahme des Gebiets für die portugiesische Krone. Heute ist dort eine Nachbildung zu besichtigen. In unmittelbarer Nähe der Stelle bevölkert eine Kolonie von weit über 100 000 **Zwergpelzrobben** die felsige Küste. Der Reichtum des Benguela-Stromes an Garnelen, Langusten und Weißfisch bietet den Robben so ideale Lebensbedingungen, daß sie sich enorm vermehren und durch ihre Zahl bereits den gesamten Fischbestand nördlich von Swakopmund bedrohen.

Namibia ist heute das einzige Land, das trotz aller Proteste an der kommerziellen Verwertung von Robben festhält. Die Regierung setzt jedes Jahr Quoten für die Tötung von Robben und Jungtieren fest. Sie werden mit Knüppeln erschlagen. Die Verwertung erfolgt in einer 75 Jahre alten Fabrik, die unmittelbar neben dem Robbenreservat liegt. Verwertet werden sowohl das Fell als auch das Fleisch. Der Penis des Robbenbullen wird in Ostasien als Aphrodisiakum benutzt und erzielt deshalb einen hohen Preis.

Von Kreuzkap sind es noch einmal 80 km bis zum **Skeleton Coast Park,** der allerdings weitaus bequemer mit einer Fly-in-Safari, wie sie in Windhuk und Swakopmund angeboten werden, zu erreichen ist.

Die Skelettküste

Die Zahl der Angler, die mit ihren endlos langen Ruten am Strand stehen und der in 50 m Höhe vorbeifliegenden Cessna zuwinken, wird geringer, je weiter wir der Küstenlinie entlang nach Norden fliegen. Bald erscheint der Strand menschenleer. Nur alle paar Dutzend Kilometer liegt ein gestrandetes Schiff darauf, bis an die Masten im Sand begraben. Der Strand ist nur wenige Meter breit; dann beginnt zum Innern des Landes hin sogleich das endlose Dünenmeer.

Wir sind auf dem Flug von Swakopmund zur Skeleton Coast, eine der unwirtlichsten Regionen der Welt. Das erleben wir am nächsten Tag weiter nördlich an Kap Frio hautnah, wo uns ein eiskalter Wind um die Ohren pfeift. Schon der Blick auf das Wasser läßt den Betrachter schaudern. Schaumgekrönt, sturmgepeitscht, sieht es so glasig aus wie Eis und ist in der Tat auch eisig kalt – bis zu 10 °C kälter als auf offener See. Hier fließt der Benguela-Strom. Die kältere Luft kondensiert an der Küste; es bildet sich Nebel, aber es regnet praktisch nie – vielleicht einmal in zehn Jahren, und wenn es regnet, kommt der Regen nicht vom Atlantik, sondern quer über den gesamten afrikanischen Kontinent vom Pazifik her!

Vor allem nachts, wenn auch über dem Lande die Luft kühl ist, bewegen sich die dichten Nebelbänke oft bis zu 50 km weit landeinwärts, mit der Folge, daß dort eine Pflanzen- und Tierwelt entsteht, die auf der Welt einmalig ist. Der tägliche Wechsel von heiß und kalt hat auch an den Granit-, Gneis- und Basaltfelsen tiefe Spuren hinterlassen. Skurrile steinerne Gebilde sind entstanden. Tiefe schattige Canyons wechseln ab mit grauweißen Geröllebenen, sanftwelligen goldfarbenen Dünen, weiß glitzernden Salzpfannen und spiegelglatten, schwarzgrauen Granitfelsen, vom Wind und Sand abgeschliffen.

Die Küste ist äußerst gefährlich. Im Nebel des Benguela-Stroms sind unzählige Schiffe gestrandet. Unterirdische Felsen und Klippen bedrohen die Schiffe, hohe Brandung und tückische Gegenströmungen machen Manöver riskant. Wer als Schiffbrüchiger dem Tode durch Ertrinken entronnen war und das vermeintlich rettende Land erreichte, sah sich einer endlosen Wüste ausgesetzt und vom Tod durch Verdursten bedroht.

Die menschlichen Skelette sind begraben. Doch Tierskelette liegen noch reichlich herum: Gestrandete Wale, verendete oder von Schakalen gefressene Robben. Bei Kap Frio haben sie ihre Kolonie. Hier liegen Tausende und Abertausende am Strand. Ihr heiseres Gebell wird vom Wind durch die kalte neblige Luft getragen. Im Hintergrund streunen Schakale, in der Hoffnung auf leichte Beute. Sie fressen kranke und schwache Tiere oder ein verendetes Jungtier. Eine ausgewachsene Robbe anzugreifen, sind sie zu schwach.

Phantastisch geformte und gefärbte Steine bedecken den Strand. Namibia ist reich an Edel- und Halbedelsteinen. Sie dürfen nicht mitgenommen werden, ebenso wie die großen Mengen von geschliffenem und gebleichtem, phantastisch geformtem Treibholz und alle möglichen vom Meer angeschwemmten Gegenstände: verrostete Tonnen, alte Flaschen, Glühbirnen, Schwimmer von Fischernetzen. Hier gilt ein absolutes Veränderungsverbot. Die Skelettküste, zwischen dem kalten Benguela-Strom und dem Kaokoland gelegen, ist seit 1963 Naturreservat. Es umfaßt vom unteren Ugab bis zum Kunene, dem Grenzfluß zu Angola, auf einer Länge von 500 km und Tiefe von 30 bis 40 km das gesamte nördliche Drittel der namibischen Küste. Der südlich des Hoanib-Tals gelegene Teil kann nur mit Erlaubnis der Naturschutzbehörde

besucht werden, der nördliche ist gar Fly-in-Safaris vorbehalten.

So ist es gelungen, die ökologisch sehr empfindliche Region noch weitgehend unberührt zu erhalten. Das macht ihren Reiz aus, der sich dem Besucher erst bei näherem Hinsehen erschließt. Jeder Stein, jedes Stück Treibholz, ja jede vom Schiff geworfene und an Land geschwemmte Flasche oder Glühbirne ist in die Natur integriert, in Sand gebettet, vom Wind geformt. Wind und Sand sind die integrierenden Kräfte, denen im Laufe der Zeit kein Stoff widerstehen kann. Sie haben die Landschaft geprägt, Dünen von 100 und mehr Metern Höhe gebildet, schöne wellenförmige Muster geprägt und ein harmonisches Universum geschaffen, in dem alles seinen Platz gefunden hat.

Ist es nicht unvermeidlich, daß hier jede Art des Tourismus, und sei er

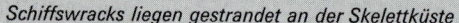

Schiffswracks liegen gestrandet an der Skelettküste

noch so sanft, irreparable Schäden verursacht? Man muß sich auskennen! Die Reifenspur eines Geländewagens kann in den weichen, windumspielten Sanddünen in einer halben Stunde verweht sein, in den härteren, von schwärzlichem Felskies überzogenen aber vier Jahrzehnte lang wie eine häßliche Narbe sichtbar bleiben. Deshalb gilt für Autofahrten grundsätzlich: Immer auf der Piste, immer in der alten Spur bleiben!

Nicht nur, daß die auf den ersten Blick so eintönige Wüste sich bei näherem Kennenlernen als ungeahnt farbenprächtig, vielfältig und abwechslungsreich herausstellt. Die geschärften Sinne nehmen auch das Leben der Wüste viel intensiver wahr. Und Leben hat sie mehr als jede andere Wüste! Kein anderes Dünengebiet der Welt kann eine so vielfältige Fauna aufweisen: Oryxantilopen und Springböcke, Schabrackenschakale und Hyänen laufen am Strand entlang, Zebras und Giraffen stehen in den Flußtälern, ja – und das ist wirklich einmalig – sogar Elefanten, Nashörner und Löwen sollen mit etwas Geduld an der Skelettküste und im angrenzenden Kaoko- und Damaraland zu finden sein.

Die Wüste lebt: Unterirdische Wasserlöcher, die wenig unterhalb der Oberfläche liegen, werden von Elefanten und Gemsböcken aufgegraben, die oft 60 km am Tag zurücklegen, um hier ihren Durst zu löschen. In den Trockenflußtälern, die manchmal von haushohen, wie riesige Schlösser anmutenden Lehmverwitterungen gesäumt sind, finden sich kleine Quellen, die es mitten in der Wüste grünen lassen. Ihr Wasser ist allerdings – ebenso wie das in den Flußtälern nach den seltenen Regen – häufig brackig.

Der Anblick der Tiere in dieser unberührten, kargen und ungewohnten Umgebung wirkt ungleich stärker als in einem gewöhnlichen Habitat. Auch der Normaltourist, der allenfalls fünf Tage bleibt, kann sehen, wie Oryxe und Springböcke über die Dünen laufen und Giraffen in den Flußtälern wandern. Doch um Elefanten in der Wüste zu sehen, muß man schon viel, viel länger bleiben.

Von Swakopmund in die Etoscha-Pfanne (600 km)

Von Swakopmund **1** führt die Teerstraße B 2 über **Usakos** **2** (S. 319) nach Karibib. Usakos, ursprünglich nicht mehr als ein Haltepunkt an der von den Deutschen errichteten Eisenbahnlinie, verfügt noch über einige Gebäude aus der deutschen Zeit, z. B. das Rathaus und den Bahnhof. Nördlich der Stadt liegen die Erongo-Berge mit ihren Felszeichnungen: besonders erwähnenswert die Philipp-Höhle, die einen einstündigen Anmarsch zu Fuß erfordert. Sie ist nach dem Entdecker, einem früheren Besitzer der Farm Ameib, benannt. Ameib ist heute eine Gästefarm, 32 km von Usakos entfernt und über eine Schotterstraße zu erreichen.

Von Usakos aus bietet sich ein Ausflug zur 1759 m hohen Spitzkoppe **3** an, sozusagen Namibias Matterhorn, dessen Massiv als Inselgebirge markant

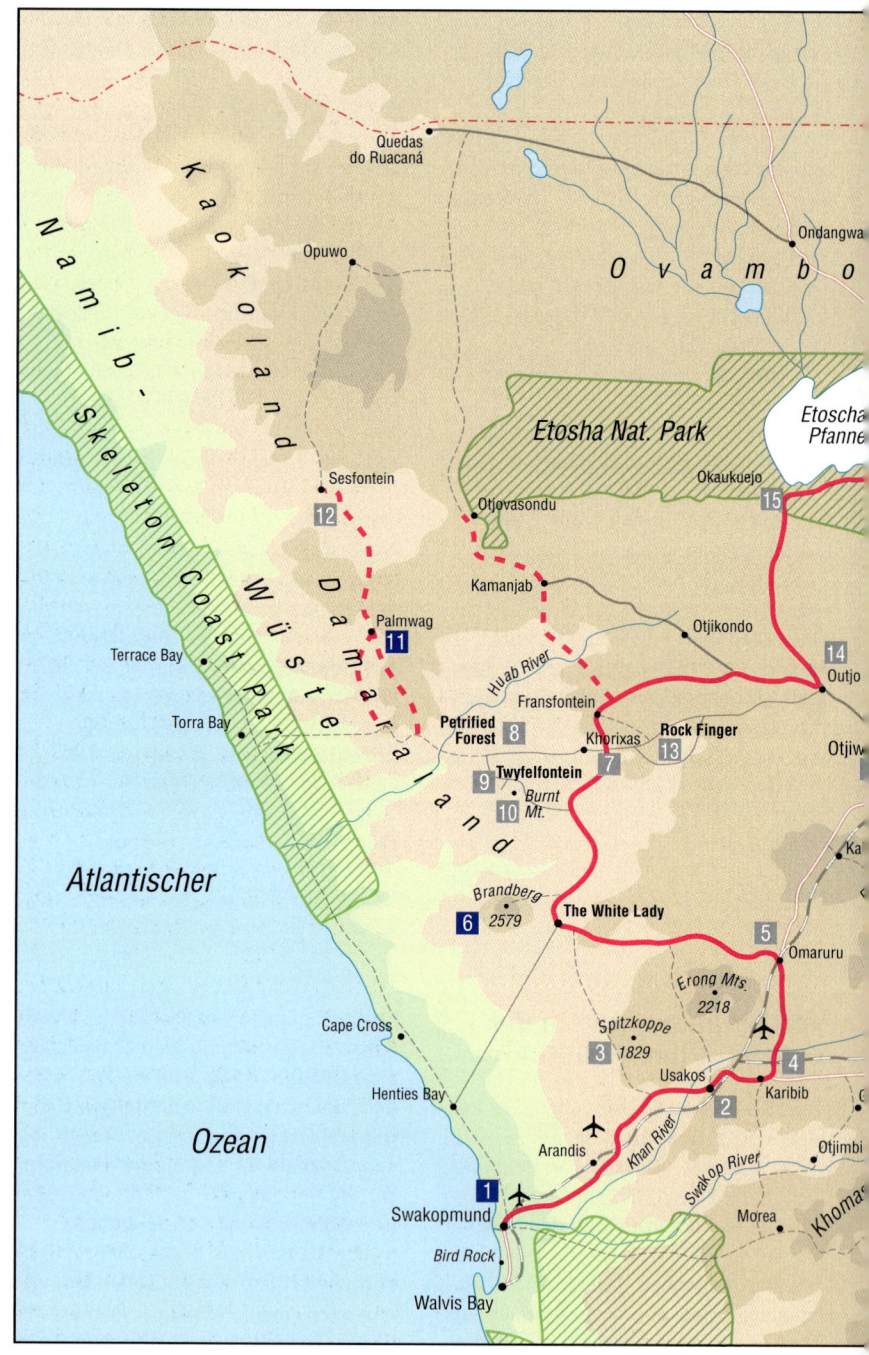

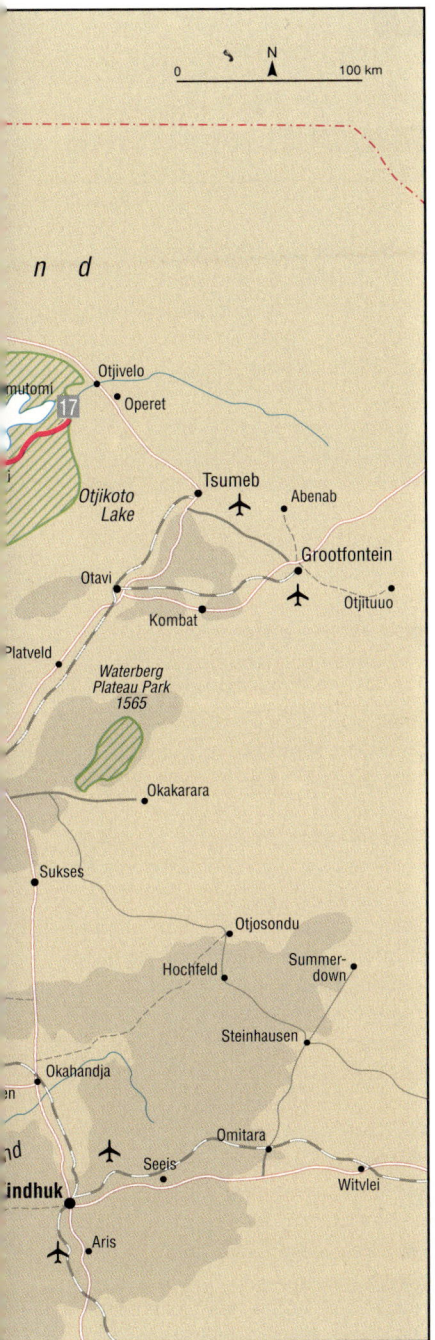

aus dem Hochland herausragt. Auch **Karibib** 4 (S. 316) hat schöne alte Gebäude aus deutscher Zeit: den Bahnhof, das Roesemann-Haus, beide im Jahr 1900 erbaut, die Christuskirche, 1910 mit Karibib-Marmor errichtet, einem marmorartigen Gestein, das in der Stadt verarbeitet wird.

Kurz hinter Karibib biegt man auf die C 33 nach Omaruru ein. **Omaruru** 5 (S. 317) – der Name bedeutet ›bittere Milch‹ und kommt daher, daß die Milch der hier weidenden Kühe einen bitteren Geschmack aufweist – wurde von den Deutschen 1894 als militärischer Außenposten eingerichtet und 1904 von den Herero belagert. Dabei kamen Tausende von Herero und 123 Deutsche zu Tode. Unter Führung von Hauptmann Viktor Franke gelang jedoch der Durchbruch. Zum Gedenken wurde 1907 der Franke-Turm errichtet, der in der Nähe des Hotels Staebe zu besichtigen ist.

Die Fahrt führt nun an den Erongo-Bergen, längst erloschenen Vulkanen, vorbei nach Uis, einer Zinnmine, von wo es nur wenige Kilometer auf einer guten Straße zum **Brandberg-Massiv** 6 sind, zu dem die höchsten Berge der Region, so der ca. 2600 m hohe Königstein, gehören. Die Höhen sind mit Halbwüstenvegetation – Euphorbien und Köcherbäumen – bewachsen. Man steigt über die Tsisab-Schlucht in das Massiv ein; der Aufstieg bis zur Maack-Höhle nimmt 30–60 Minuten in Anspruch.

Hier hat der deutsche Landvermesser Reinhard Maack 1918 unter einem Felsüberhang Felszeichnungen entdeckt, darunter die, die **Weiße Dame** genannt wird, eine ca. 40 cm hohe Figur, die Pfeil und Bogen in der Hand hält. Heute ist man der Auffassung, daß es sich dabei

Felsmalereien im südlichen Afrika

Verteilt an unzähligen Orten im Süden Afrikas finden sich Felsmalereien prähistorischen Ursprungs. Allein in Zimbabwe soll es 25 000, davon 2000 öffentlich gezählte, Plätze geben, meist aus der Erdkruste hervorgedrückte Granitblöcke. Die besten und bekanntesten Malereien in Zimbabwe finden sich in und um den Matobo-Nationalpark in der Nähe Bulawayos, in Botswana sind die der Tsodilo Hills westlich von

Felsmalerei bei Twyvelfontein

Shakawe ebenso berühmt wie die White Lady des Brandbergs in Namibia. Weitere wichtige Fundstellen gibt es in der Kapprovinz und den Drakensbergen in Südafrika, sowie in Twyvelfontein in Namibia.

Manche der Felsmalereien sind 10 000 Jahre alt, andere jünger als 500 Jahre. Die Datierung ist nicht einfach: Eine direkte Altersbestimmung der Farbpigmente oder des Malmediums, etwa mittels Carbonmethode, erfordert eine komplizierte physikalisch-chemische Analyse, die noch nicht vorgenommen wurde. Zudem müßten Farbproben von den Malereien entnommen werden, was diese beschädigen würde. Deshalb wird die Datierung indirekt an Ablagerungen oder Funden bei den Felsmalereien, wie etwa Knochen oder Werkzeugen, festgemacht. Die Plätze, an denen die Malereien zu finden sind, waren keine isolierten Kunststätten, sondern Wohn- und Lebensumfeld der Menschen.

Über die Felsmalereien gibt es eine Vielzahl unterschiedlicher Meinungen, Forschungen und Spekulationen. Es gilt als sicher, daß die große Mehrzahl der Malereien von San gefertigt wurden, lediglich einige relativ junge Zeichnungen werden Bantuvölkern zugerechnet. Die San sind die Ureinwohner des südlichen Afrika, die dort ca. 10 000 Jahre vor unserer Zeitrechnung das Spätsteinzeitalter erreichten, als Jäger und Sammler in Kleingruppen lebten und diese Lebensweise bis vor wenigen Jahren beibehielten.

Hinsichtlich der verwendeten Farbpigmente gehen viele Forschungen davon aus, daß zerstoßene und gemahlene Steine wie Eisenoxide für die überwiegend erdfarbenen Rot-,

Braun- und Ockertöne verwendet wurden, aber auch Pigmente aus Pflanzenstoffen oder Blut werden für möglich gehalten. Schwarze Farbe wurde wahrscheinlich aus Holzkohle gewonnen, Weiß aus gemahlenem Quarz- oder Kalkgestein. Die Zusammensetzung des Malmediums ist ungewisser, möglicherweise wurden Tierfette, Blut, Eiweiß oder Honig als Bindemittel für die Farbpigmente verwendet, oder auch Mischungen davon. Auch hier ergibt sich die Schwierigkeit bei der Bestimmung der genauen Zusammensetzung der Farben aus der Notwendigkeit einer Probenentnahme, der damit verbundenen Beschädigung und der Komplizität der chemischen Analyse.

Die Malereien unterscheiden sich nicht nur von Land zu Land, sondern manchmal sogar an einem Ort. Einesteils ist das in der Individualität der Künstler begründet, andererseits an dem unterschiedlichen Alter der Figuren. An manchen Wänden finden sich zwischen Malereien älteren Datums andere aus jüngerer Zeit. Aber es bestehen auch große Unterschiede hinsichtlich Malstil und dargestellten Szenen oder Figuren. Die wohl ältesten Zeichnungen bestehen aus einfarbigen, flächigen Silhouetten von Tieren, manche mit zwei Beinen (Vorder- und Hinterbein), manche vierbeinig, manche ansatzweise perspektivisch. Spätere Figuren bestehen aus einer vorgezeichneten Umrißlinie, welche mit einer oder mehreren Farben ausgefüllt, oder gar mit Weiß gehöht ist. Neben den verschiedenen Maltechniken gibt es eine Bandbreite von Darstellungen unterschiedlicher Proportionen und Größe, mehr oder weniger detailliert mit Händen, Werkzeug oder Kleidung ausgeführt.

Es reicht nicht aus, individuelles Können oder Zeitepochen als Erklärung der Malstile anzuführen, für die Intentionen der Künstler gibt es eine Vielzahl von Interpretationsmöglichkeiten; die interessanteste Frage ist sicherlich die nach ihrer Motivation. Ausgehen können wir davon, daß die Künstler fest in ihr soziales Gefüge eingebunden waren, ihre Kunst nicht isoliert betrieben und auch als Jäger und Sammler tätig waren.

Die Bilder bestehen fast ausschließlich aus dargestellten menschlichen Figuren oder Tieren, oder Szenen mehrerer Figuren oder Tiere, oder Mischungen beider. Manchmal scheinen Tier und Mensch zu Fabelwesen vermischt zu sein, manche Darstellungen vermuten wir als abstrakt. Viele Theorien gehen davon aus, daß es sich um religiöse Bilder im weitesten Sinne handelt, aber eine eindeutige Zuordnung ist nicht möglich. Sicher ist lediglich, daß die Felsmalereien nur vor ihrem kulturellen Hintergrund verstanden werden können und daß auch unsere Interpretationen zu europäischen prähistorischen Felsmalereien keine Erklärungsgrundlage bieten können.

Die Felsbilder des südlichen Afrika entspringen künstlerischen Traditionen. Und selbst wenn die Malereien deutliche Verwandtschaften aufweisen, so sind Schlußfolgerungen eines Gebietes doch nicht zwangsläufig auf andere Gebiete übertragbar.

Das Phänomen der Felsmalerei wird auch weiterhin faszinierend und für die Wissenschaft interessant sein, sowohl aus künstlerischen Gesichtspunkten, als auch wegen der offenen Fragen.

Ramon Leyendecker

Unterwegs im Kaokoveld

um einen Mann handelt, dessen Körper mit weißem Ton bemalt ist, wie bei den Himba und Herero als Jagdzauber üblich. Die Auswertung der Felsbilder erfolgt durch die Universität Köln.

Zurück auf der von Uis kommenden C 35 führt der Weg durch das Tal des Ugab nach **Khorixas** 7 (S. 316), dem Verwaltungszentrum für das Damaraland, das sich als Basis für zahlreiche Ausflüge anbietet.

Die C 39 führt Richtung Skelettküste zu einer ganzen Reihe von Attraktionen: Der **Versteinerte Wald** 8, der mitten in der Dornsavanne des Damaralandes liegt, stellt ein einmaliges Zeugnis vorzeitlicher Epochen, ja ein Dokument der Erdgeschichte dar: Es handelt sich um den Rest eines von Wassermassen zerstörten und fortgeschwemmten Waldes aus dem Erdaltertum, ca. 300 Mio. Jahre alt. Die Baumstämme waren durch Sand luftdicht abgedeckt, so daß sie nicht vermoderten und sich im Laufe der

Jahrtausende durch Einwirkung von Kieselsäure buchstäblich zu Stein verwandelten. Der größte von ihnen ist 30 m lang und 6 m dick.

Twyfelfontein 9, die ›zweifelhafte Quelle‹, so genannt, weil ihr Vorhandensein von der Ergiebigkeit der saisonalen Regen abhing, gilt als Afrikas reichste Fundstelle von Felsbildern. Unter Führung eines Einheimischen kann der Besucher Felsgravierungen – Tiere und abstrakte Figuren – besichtigen. Je nach Wunsch beschränkt er sich dabei auf die nähergelegenen (30 Minuten) oder sucht auch die entfernteren auf (2–3 Stunden).

Der **Verbrannte Berg** 10, 12 km von Twyfelfontein, weist mit seinen rötlichen und violetten Gesteinsschichten besonders in der Abendsonne ein Farbspiel auf, das den Eindruck erweckt, der Berg habe gebrannt. In der Nähe ist ein kleines Felstal, das **Tal der Orgelpfeifen,** wo die vom Temperaturunterschied zwi-

Kaokoveld, das Land der Ovahimba

Mit dem Hintergrund der kahlen, rotbraunen Hügellandschaft nimmt sich der kleine, grüne Baum wie ein bizarres Kunstwerk aus, in dessen Gesamtkomposition sich die Gerippe der winzigen Rundhütten einfügen. Sie bestehen aus Ästen und sind nachts zum Schutz gegen Kälte und Eindringlinge mit den Decken und Ziegenfellen behangen, die tagsüber zur Kleidung gehören. Kalebassen mit Deckeln aus kunstvoll geformtem getrockneten Leder, grasgeflochtene Körbe – das ist die Welt der Ovahimba im Kaokoveld. Hier sind Wege und Pisten nicht beschildert und so unzugänglich, daß zum Befahren Vierradantrieb erforderlich ist. Es gibt keine Tankstellen und keine Läden, geschweige denn Restaurants und Hotels.

Die Frauen tragen die Brüste frei. Sie reiben ihre Körper mit einer Butter ein, die mit rotem Pulver aus eisenhaltigem Gestein und stark aromatisierten Kräutern vermischt ist. Das schützt vor Insekten und intensiver Sonne. Die Männer benutzen schwarz gefärbtes Fett. Um ihre Heiratsfähigkeit anzuzeigen, tragen die Mädchen vom 16. Lebensjahr an ein kleines verziertes Fell auf dem Kopf, das wie ein Krönchen aussieht, und flechten ihr Haar in langen Zöpfen. Fellriemen, Eisenperlen, Ketten mit kleinen Lappen aus Rinderohren, schwere Kupferringe an Armen und Beinen dienen als Schmuck.

Die Ovahimba sind eine Gruppe aus dem Volk der Herero, die als Nomaden in einem entlegenen Teil Namibias in ihrer Kultur verblieben sind, während die Mehrheit des Volkes sich in ihrer Kleidung schon vor über 100 Jahren dem europäischen Einfluß angepaßt hat. Die viktorianische Tracht, die die Herero-Frauen heute in afrikanischer Verfremdung tragen, stammt von den Frauen der weißen Missionare, die zu Beginn der Kolonialzeit in Namibia auftauchten und der heimischen Mode gewissermaßen den Weg bereiteten.

Die Ovahimba haben sich ihre Kultur bewahrt. Sie sind Nomaden geblieben und ziehen – den Massai in Kenya und den Fulani in Westafrika gleich – mit Rindern, Ziegen, Schafen und Maultieren auf der Suche nach immer neuen Weidegründen umher. Den meist autoritären Regierungen sind solche Nomaden ein Dorn im Auge, weil sie nur schwer unter Kontrolle zu halten sind. Regierungsbeamte blicken auf sie herab und setzen sie vielfältigen Schikanen aus.

Hauptort des Kaokovelds ist Opuvo, das vor der Unabhängigkeit wirtschaftlich besonders von der Präsenz der südafrikanischen Armee profitierte. Seit der Unabhängigkeit Namibias und dem Abzug der südafrikanischen Truppen verfällt der Ort, und viele Männer wandern nach Windhuk ab. So sagen Landeskenner den baldigen Untergang der Himba-Kultur voraus.

schen Tag und Nacht hervorgerufene Verwitterung den Basalt zu kantigen Säulen geformt hat, die in der Tat an Orgelpfeifen erinnern.

Wer noch Zeit hat, kann von Khorixas nordöstlich ins **Damaraland** vorstoßen, das durch große Tafelberge, Kuppeln und Kegel geprägt ist, indem er der Straße C 39 Richtung Skelettküste folgt und nach 42 km rechts Richtung Palmwag-Sesfontein abbiegt. Hinter Palmwag ist allerdings ein Wagen mit Vierradantrieb empfehlenswert. Palmwag **11** (S. 317), wo mitten in der Wüste Palmen wachsen, ist eine malerische Oase am Uniab River. Eine Art Vorposten der Zivilisation am Rande des Kaokoveldes stellt die Palmwag-Lodge mit ihren schilfgedeckten Hütten dar.

Sesfontein **12** hat ein altes deutsches Fort. Von hier aus ist es nicht mehr weit in das Kaokoland und zur Skelettküste (S. 75 ff.). Statt im Geländewagen anzureisen, wählen die meisten Touristen allerdings für diese Touren den zeitsparenden und bequemeren Weg einer Fly-in-Safari von Windhuk oder Swakopmund aus.

Zurück zur Route: Die C 39 von Khorixas nach **Outjo** (S. 317) **14** (ca. 130 km) führt wieder durch das Ugabtal mit seinen von der Hitze gebackenen Steinterrassen aus Kalkkonglomerat, die zum Teil 35 m hoch sind. Ein kleiner Umweg (rechts von der Straße ab) gibt Gelegenheit zur Besichtigung der **Fingerklippe** **13**, einer 35 m hohen Felserosion.

Von Outjo folgt man der C 38 in den **Etoscha-Park** **18** (S. 315), wo man sich zu Pirschfahrten mindestens zwei Tage Zeit nehmen sollte. Nach einem Aufenthalt in den südlich der eigentlichen Pfanne gelegenen Camps Okaukuejo **15**, in das die Straße von Outjo führt, Halali **16** und Namutomi **17** bietet sich die Rückfahrt über die B 1 nach Tsumeb an.

Die Etoscha-Pfanne

Die Höhepunkte kommen mit Einbruch der Dämmerung und Dunkelheit. Dann schaltet sich automatisch die Flutlichtanlage an. Doch Vorstellungen finden rund um die Uhr statt. Die Zuschauerreihe – hier sitzt man immer in der ersten Reihe, denn es gibt nur eine – ist mal stark, mal schwach oder gar nicht besetzt. Doch wenn ein Hauptdarsteller auftritt, spricht es sich rund. Dann kommen aus den Tiefen des Camps mehr und mehr Gäste leise herbeigehuscht. Sie sitzen im Halbrund, durch eine halbhohe Mauer von der Bühne getrennt, unterhalten sich in gedämpftem Ton und bewegen sich langsam und vorsichtig, hastige Bewegungen geflissentlich vermeidend. Am rechten äußersten Rand des Halbkreises ist eine kleine Tribüne errichtet. Wer fotografieren will, kann sich hier die beste Höhe und damit den idealen Einfallswinkel suchen.

Der Ort: die Wasserstelle im Okaukuejo-Safari-Camp in der Etoscha-Pfanne im Norden Namibias. Hauptdarsteller sind Afrikas große Tiere: Löwe, Nashorn, Leopard, Elefant, Hyäne. Büffel gibt es hier nicht; dazu ist es zu trocken. Alle Antilopen, aber auch Giraffen und Schakale gelten als Nebendarsteller, weil sie so häufig sind. Am Südrand der Etoscha-Pfanne liegen die drei großen Safari-Camps im Abstand von jeweils ca. 70 km: Okaukuejo, Halali, Namutomi, und inzwischen hat jedes von ihnen eine beleuchtete Wasserstelle; denn die ist ein echter Hit: So bequem kann man sonst kaum so viele Tiere beobachten.

1851 kamen die Forscher Sir Francis Galton und Charles John Andersson als erste Europäer in die Etoscha-Pfanne. Sie waren von dem außerordentlichen Tierreichtum überwältigt. Schon 1907 machte der deutsche Gouverneur von

Lindequist die Pfanne zum Naturschutzgebiet. Heute ist der Etoscha-Park mit 23 000 km² etwas größer als Hessen. Das Herz ist die trockene, silbrigweiß glänzende Salztonebene, eine Grassavanne, die in Trocken- und Dornbuschsavanne übergeht. Sie war vor Millionen Jahren ein Binnensee, der vom Kunene, heute der Grenzfluß zwischen Namibia und Angola, gespeist wurde. Als dieser seinen Lauf änderte, trocknete der See aus. Etoscha heißt ›Ort des trockenen Wassers‹.

Riesige Herden Springböcke und Zebras, Kudus, Impalas und Oryx-Antilopen wandern hier umher. In der Zeit von April bis Oktober sammeln sich Tausende von Tieren an den ca. 40 Wasserstellen. In der Regenzeit ziehen sie sich etwas tiefer in den Busch zurück, da Wasser dann überall reichlich vorhanden ist. Aber auch im Dezember oder Januar sind Elefantenherden von 80 bis 90 Tieren keine Seltenheit.

Wenn auf der südlichen Halbkugel Winter herrscht, zwischen Mai und September, ist hier die beste Besuchszeit. Die Temperaturen liegen dann bei 25–30 °C und die Savanne wirkt kahl wie ein Winterwald. Es gibt keinen Regen. Das Wild konzentriert sich an den Wasserstellen und ist gut sichtbar. Im Sommer, zwischen Dezember und April, zugleich Regenzeit, liegen die Tagestemperaturen im Durchschnitt bei 35°. Doch nicht selten wird es über 40 °C heiß.

Namutomi, liebevoll und sehr gekonnt restauriert und mit einem kleinen Museum verbunden, ist ein ehemaliges deutsches Fort, in dem 1904 während der Kolonialzeit sieben Angehörige der deutschen Schutztruppe einen Tag lang den Angriff von 500 Ovambo abwehrten. In der nächsten Nacht konnten sie dann entkommen, Verstärkung besorgen und das Fort zurückerobern. Es war aber bereits weitgehend zerstört. Die deutschen Kolonialherren bauten es grö-

Elefanten bei der Tränke in der Etoscha-Pfanne

ßer und schöner wieder auf. Noch lange nach ihrem Abgang, bis 1950, diente es als Polizeiposten.

Abstecher in das Ovamboland: Der Normaltourist wird selten über die Etoscha-Pfanne hinaus nach Norden vordringen, es sei denn, daß er im Rahmen einer Skelettküsten-Safari den Kunene besucht. Abgesehen von den Ruacana-Fällen gibt es im Ovamboland auch kaum eigentliche Touristenattraktionen. Doch es ist die am dichtesten besiedelte Region Namibias! Hier, z. B. in den Städten **Oshakati** (S. 317) und **Ondangwa**, wird, wie eigentlich sonst nur bei einem Besuch in Katutura, offenbar, was man als Tourist in der weißen Welt der Städte, Hotels, Gästefarmen und Reiseveranstalter sonst leicht vergessen kann: daß Namibia ein afrikanisches Land ist.

Von Ondangwa zu den 123 m tiefen Ruacana-Wasserfällen an der angolanischen Grenze sind es ca. 220 km. Kurz vorher bietet sich von der Höhe ein herrlicher Blick ins Kunenetal. In der Region wachsen viele Baobabs, die oft Jahrtausende alt werden und mit ihrem kahlen, mächtigen Geäst die Silhouette beherrschen. Da das Wasser für ein Kraftwerk genutzt wird, bleibt für den Wasserfall häufig kaum noch etwas übrig.

Von der Etoscha-Pfanne nach Windhuk (540 km)

18 km von Tsumeb liegt an der Straße der ›versunkene‹ **Otjikoto-See** ◼1, in dem die deutsche Schutztruppe bei ihrem Rückzug vor den südafrikanischen Streitkräften ihre Waffen versenkte, 8 km weiter der Guinas-See, ebenfalls ein ›versunkener‹ See mit einzigartigen Fischen. Die Seen sind dadurch entstanden, daß die Decken unterirdischer Höh-

len einstürzten, und die so entstandenen Schlote sich mit Wasser füllten.

Das Bergbaustädtchen **Tsumeb** ◼2 (S. 318) hat die größte Bleimine der Welt. Es wurde wegen seines Mineralienreichtums schon früh über 560 km an die Eisenbahn zur Küste angeschlossen. Mehr als 200 Minerale – Kupfer, Blei, Zink, Kadmium, Germanium und Silber – werden hier gefunden. In dem kleinen Museum sind Exponate zur Geschichte der Stadt und des Landes ausgestellt. Sehenswert sind auch das Verwaltungsgebäude der Minengesellschaft von 1910 sowie die von 1913 stammende Barbarakirche.

Wer Interesse hat, den größten Meteoriten der Welt zu sehen, kann einen Abstecher in das 60 km entfernte **Grootfontein** ◼3 (S. 315) machen. 18 km von Grootfontein liegt auf der Hoba-Farm ◼4 der 1920 entdeckte Meteorit, der 54 422 kg wiegt. Er besteht aus Eisen und Nickel. Grootfontein, (›große Quelle‹), 1907 gegründet, ist ein schattiges, farbenfrohes Städtchen mit vielen Jacaranda-Bäumen. Das alte Fort beherbergt heute ein Museum. Auf dem alten Friedhof an der Straße nach Rundu sind Gräber von Soldaten der deutschen Schutztruppe und frühen Siedlern zu sehen, die sogenannten Dorstlandtrekker – Buren aus Transvaal, die durch die Durststrecken der Kalahari nach Angola gezogen waren. Sie ließen sich 1885, nach der Übernahme Angolas durch die Portugiesen, im Gebiet um Grootfontein nieder und gründeten dort die Republik Upingtonia, die zwei Jahre später in das deutsche Schutzgebiet eingegliedert wurde.

Abstecher in den Caprivi-Zipfel (S. 315): Grootfontein ist Ausgangspunkt für eine Fahrt in den Caprivi-Zipfel. Die Anfahrt erfolgt über **Rundu** (S. 317), die

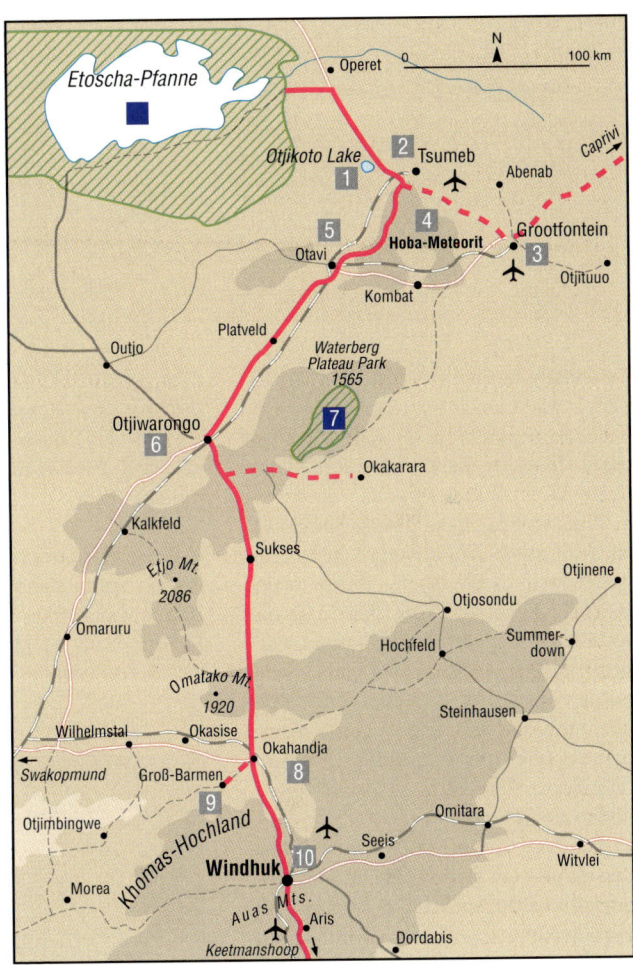

Von der Etoscha-Pfanne nach Windhuk

einzige Stadt im Kavango-Land. Sie hat sich Mitte der 30er Jahre aus einem Camp entwickelt. 15 km von Mahango am Okavango bei Bagani Bridge ist ein Rastlager in **Popa Falls,** wo die gleichnamigen Wasserfälle zu besichtigen sind.

Der Caprivi-Zipfel Namibias, 400 km lang und zwischen 30 und 95 km breit, eine Art Wurmfortsatz am Nordostende Namibias, ist eine Laune der Kolonialgeschichte. Um für Deutsch-Südwestafrika einen Zugang zum Zambezi zu erhalten, tauschte der deutsche Reichskanzler Leo Graf von Caprivi (1831–99), der erste Nachfolger Otto von Bismarcks, das Gebiet im sogenannten Helgoland-Sansibar-Vertrag von 1. Juli 1890 von den Briten ein. Von der Lage eher weitgehend isoliert, führte das Gebiet jahrzehntelang ein Eigenleben. Es gewann strategische Bedeutung, als die namibische Unabhängigkeitsbewegung Swapo in den 60er Jahren im angrenzenden Angola ihre Basen bezog und

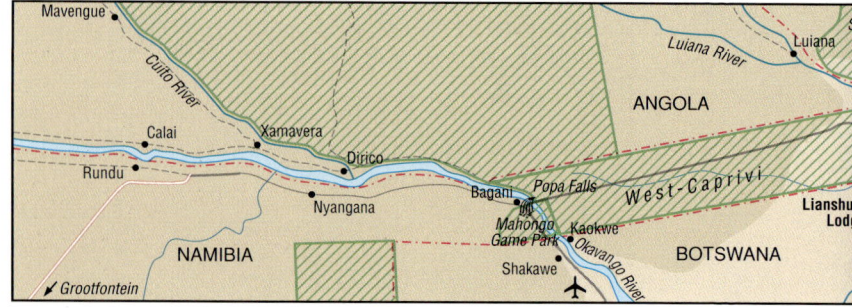

die südafrikanische Armee im Caprivi-Zipfel Militärlager einrichtete, die u. a. auch der Ausbildung der angolanischen Unita-Rebellen dienten, die ihre Basis ebenfalls im Süden Angolas hatten.

Die Militärbasen sind zerfallen. Heute ist der Caprivi-Zipfel wegen seiner Unberührtheit und seines Wasserreichtums ein Juwel der Natur, das durch die Vielfältigkeit seiner Landschaftsformen besticht. Die Flußläufe sind von Galeriewäldern gesäumt. Aus sumpfigen Ebenen ragen Schilf- und Papyrus-Inseln heraus. Mit Gras bestandene Trockenflußtäler ziehen sich zwischen Sanddünen dahin.

Der Fluß Chobe oder Kwando teilt den Streifen in eine westliche und eine östliche Hälfte; im Osten bildet der Zambezi die Grenze zu Zambia. **Katima Mulilo** ■ (S. 316) heißt die Grenzstadt nahe dem Ende des Zipfels am Zambesi. Hier, im Einzugsbereich des botswanischen Chobe-Nationalparks, wachsen riesige Bäume, und es gibt viel Wild. In der Regenzeit ist die Region im allgemeinen nur mit Vierradantrieb befahrbar.

Für einen komfortableren Aufenthalt im östlichen Caprivi empfiehlt sich in den **Linyanti-Sümpfen** – ›Namibias Okavango‹ – die 150 km westlich von Katima Mulilo gelegene Lianshulu Lodge. Sie verfügt über einen eigenen Airstrip, ist aber auch mit Namib Air (Flug nach

Katima Mulilo) und Auto erreichbar (Anfahrt über Rundu-Bagani). Sie liegt am Ufer des Kwando im Mudumu National Park, 55 km nördlich des Mamile National Park.

Auf der Hauptroute von der Etoscha-Pfanne nach Windhuk führt nun die Straße weiter über Tsumeb nach **Otavi** **5**, das 1896 als Militärposten gegründet wurde und im Schatten der über

◁ *Abstecher zum Caprivi-Zipfel*

Landschaft am Waterberg-Plateau (unten)

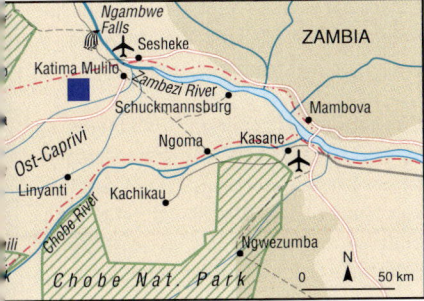

2000 m hohen dichtbewachsenen Otavi-Berge liegt. Die Ebene ist fruchtbar und mineralreich (Kadmium, Germanium, Blei, Zink). 2 km nördlich von Otavi erinnert der Khorab-Gedenkstein daran, daß hier die deutsche Schutztruppe am 9. Juli 1915 den Waffenstillstand mit den südafrikanischen Streitkräften vereinbarte.

Die gute Straße macht es möglich, die verbliebenen 365 km bis Windhuk in wenigen Stunden zu bewältigen. Das 115 km von Otavi entfernte **Otjiwarongo** 6 (S. 317) hatte sich nach dem Bau der Eisenbahn von Swakopmund nach Tsumeb zu einem Bahn- und Straßenknotenpunkt entwickelt. Die Region ist gutes Farmland. Vor allem haben sich hier auch viele Deutsche als Farmer niedergelassen.

Von Otjiwarongo kann man einen Abstecher nach Osten zum 70 km entfernten **Waterberg-Plateau** 7 machen, einer flachen waldbewachsenen Kuppe, die um ca. 300 m die Umgebung überragt und eine natürliche Festung von 48 km Länge und 8–16 km Breite bildet. (Von Windhuk aus ist es in ca. drei Stunden Autofahrt zu erreichen.) Es ist sowohl

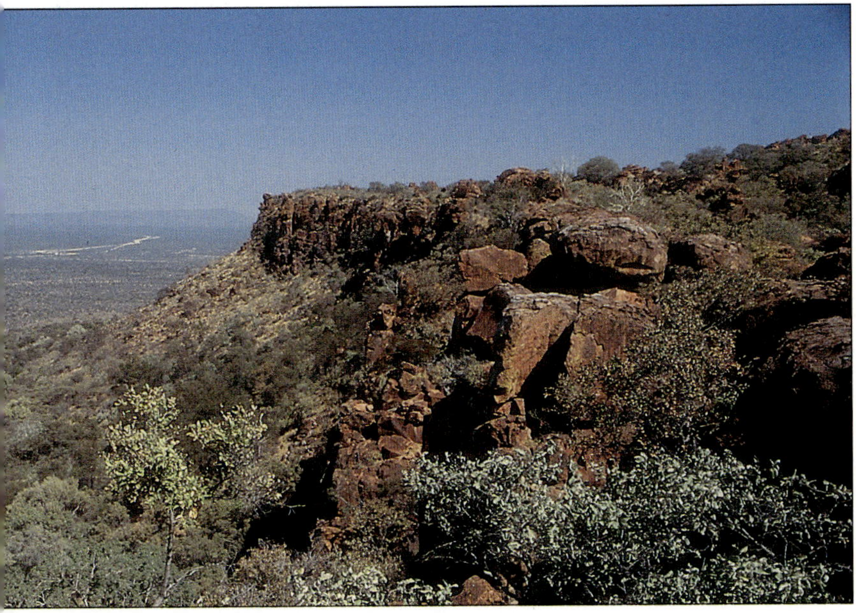

geschichtsträchtiger Boden als auch ein vegetations- und tierreicher Naturpark. Steile Routen führen durch die Felstürme auf das Plateau, das an manchen Stellen gut 70 m tief steil abfällt.

In der Schlacht am Waterberg wurden die Herero-Krieger von der deutschen Schutztruppe am 11. August 1904 entscheidend geschlagen (s. S. 55). Der Friedhof legt davon noch heute beredtes Zeugnis ab. Die alte Polizeistation ist in ein Restaurant, Café, Museum und Konferenzzentrum verwandelt. In Okarakuwisa auf der nördlichen Seite sind Felsmalereien zu besichtigen. An den Quellen an der südöstlichen Seite hat sich eine einzigartig üppige Vegetation gebildet, die einen enormen Wildreichtum mit sich bringt: Nashörner, Büffel, Eland-, Sable-, Pferde- und Rappenantilopen, Kudus, Leoparden und Geparden. Hinzu kommt eine überreiche Vogelwelt, zu der die einzige Kapgeier-Kolonie Namibias gehört. Es gibt Wanderwege.

Der nächste Ort an der Hauptroute ist **Okahandja** 8 (Herero: *oKahandja* = kleiner, breiter Fluß, so genannt wegen seines breiten, weißsandigen Flußbetts), von Hügeln und Bergen umgeben, ein bedeutendes land- und viehwirtschaftliches Zentrum. Darüber hinaus ist es die Stadt der Herero, in der die meisten ihrer Chiefs begraben liegen. 1850 gründete die Rheinische Mission hier eine Station inmitten der großen Kameldorn-Bäume des Flußtals. Missionshaus und Missionskirche stehen noch heute.

Neben dem ehemaligen Herrscherkral liegen die Gräber von Maherero (gest. 1890), Samuel Maharero (gest. 1923) und Friedrich Maharero (gest. 1952) sowie einige hundert Meter ent-

Abstecher zum Kalahari Gemsbok Park

Die Anfahrt zum **Kalahari Gemsbok National Park** 8 (S. 316), der zu Botswana und Südafrika gehört, ist von Namibia aus nicht mehr möglich. Der Park ist nicht mehr von Mata Mata zugänglich. Man muß nunmehr von Namibia aus über Südafrika fahren. Der kürzeste Weg geht von Karrasburg Richtung Nordosten über den Grenzübergang bei Rietfontein und am Molopo Rivier, das dort die Grenze zu Botswana bildet, entlang bis Twee Rivieren, wo die Einfahrt ist. Unproblematischer ist die Zufahrt über die Teerstraße nach Upington und von dort aus nach Norden.

Im Park sind große Herden von Gnus und Antilopen, Spring- und Gemsböcken sowie Elen- und Duiker-Antilopen zu sehen. In ihrem Gefolge tauchen die Raubtiere auf: Löwe, Leopard, Wilder Hund, Hyäne und Schakal. Der Hintergrund der roten und weißen Sanddünen bietet für den Betrachter eine weitaus malerischere Kulisse als eine normale Savannenlandschaft.

Nach Lüderitz

91

fernt auf dem alten Missionsgelände die von Hosea Kutako (gest. 1970) und Clemens Kapuuo (gest. 1978). Um ein Zeichen der Versöhnung zu setzen, haben die Missionare hierhin auch das Grab des Nama-Herrschers Jonker Afrikaner (gest. 1861) verlegt. Die Gräber der Maharero sind von einem Park umgeben. Hier treffen sich die Herero jedes Jahr im August.

Das in der Nähe gelegene Thermalbad **Groß-Barmen** 9 , in der frühen Kolonialzeit Otjikango, wurde 1844 als eine der ersten Stationen der Rheinischen Mission gegründet. Es besitzt eine bis 65 °C heiße Thermalquelle mit einem hohen Gehalt an Fluoriden und Sulfiden, die für Kuren gegen Rheuma empfohlen wird. Der Ort ist Zentrum eines Naherholungsgebiets.

Von Okahandja sind es noch 64 km auf guter Straße nach Windhuk 10.

Von Windhuk nach Lüderitz (860 km)

Die B1 führt von Windhuk 1 nach Süden vorbei an den Auas-Bergen durch flache Savannenlandschaft nach **Rehoboth** 2 (S. 317), 87 km südlich von Windhuk. Der Ort wurde 1844 als Station der Rheinischen Mission gegründet. 1870 siedelten sich hier die Baster unter ihrem Führer Hermanus von Wyk an. Sie sind Mischlinge zwischen Europäern

Namibia

92

und Hottentotten und stammen aus der Kapregion des heutigen Südafrika. Von dort aus wanderten sie nach Norden. Sehenswert ist hier das Museum in der Residenz des ersten Postmeisters, 1903 errichtet.

Kurz vor Mariental zweigt eine Abfahrt zum **Hardap-Stausee** 3 ab, dem größten des Landes, der mit einem Natur- und Erholungsgebiet verbunden ist. In dem Wildpark sind Antilopen, Strauße und zahlreiche Vogelarten zu beobachten. **Mariental** 4 (S. 317), 261 km südlich von Windhuk und 221 km nördlich von Keetmanshoop, liegt 1100 m hoch. Hier erstand 1890 als erster Siedler ein gewisser Hermann Brandt eine Farm vom Nama-Chief Hendrik Witbooi und nannte sie zu Ehren seiner Frau Anna-Maria Mahler Mariental.

Zwischen Mariental und Keetmanshoop ragt aus der endlosen Weite der Steppe der 1586 m hohe, erloschene **Brukkaros-Vulkan** 5 auf; er dominiert die Landschaft. Wer ihn besuchen will, biegt von der B1 rechts Richtung Berseba ab, einer von den Rheinischen Missionaren gegründeten Station, und biegt nach 36 km kurz vor Beserba wiederum auf die D3904 Richtung Brukkaros ein. Nach 12 km muß man den Wagen stehen lassen; von hier aus führt ein halbstündiger Fußweg in den Krater über den südlichen Rand. Bis an den westlichen Rand geht man gut eine Stunde. Dafür belohnt ein herrlicher Blick auf die umliegende Ebene. Im Krater wachsen zahlreiche Köcherbäume.

14 km nordwestlich von Keetmanshoop ist auf der Gariganus-Farm der berühmte **Köcherbaumwald** 7 zu besichtigen – eine einzigartige, natürlich gewachsene Ansammlung von 250–

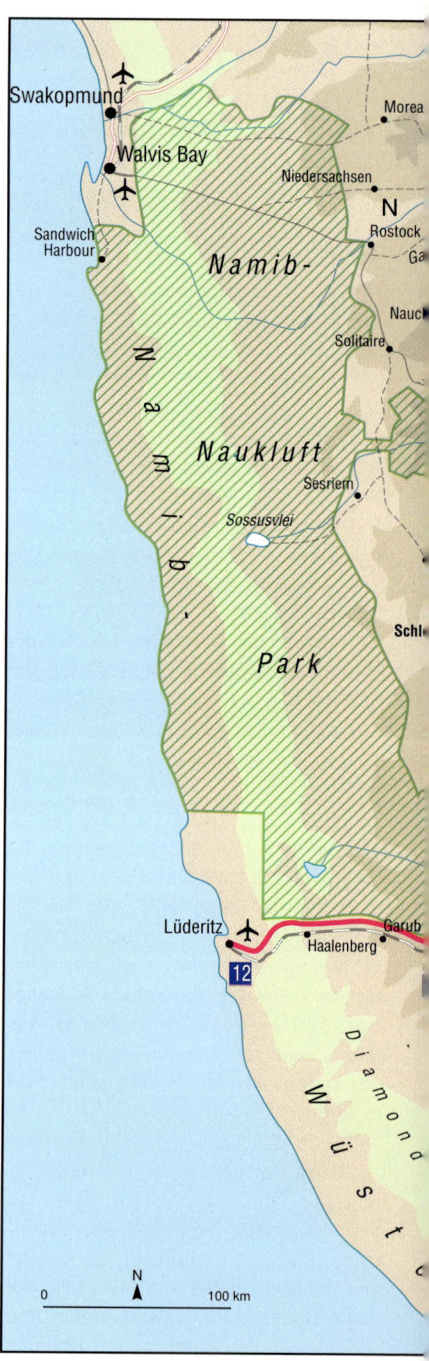

300 Köcherbäumen, die meist 200–300 Jahre alt sind. Der Köcherbaum heißt so, weil die San die Äste des Baumes aushöhlten, um sie als Köcher zu benutzen, daher engl.: Quivertree. Er ist in Wahrheit kein Baum, sondern eine Aloe, die bis zu 8 m hoch wird. Die Spezies kommt nur zwischen dem Namaqaland im nordwestlichen Kapland und dem Brandberg vor; sie blüht zwischen Juni und Juli mit leuchtend gelben Blüten. Der lateinische Name Aloe Dichotoma bezieht sich auf die gegabelten Äste. Der Köcherbaumwald im Licht der auf- oder untergehenden Sonne ist ein beliebtes Fotomotiv.

Keetmanshoop 6, S. 316 (›Keetmans Hoffnung‹), Verkehrs- und Verwaltungszentrum eines ausgedehnten Farmgebiets, wurde nach Johann Keetman benannt, einem deutschen Unternehmer, der Vorsitzender der Rheinischen Missionsgesellschaft war und die finanziellen Mittel dafür bereitstellte, daß diese hier 1866 eine Missionsstation einrichtete. Aus dieser Zeit ist noch die Kirche (Klipkerk = Steinkirche) von 1895 zu besichtigen, die heute Museum zur regionalen Landeskunde ist. Schön sind auch die alte Post, 1910 gebaut vom Regierungsarchitekten Gottlieb Redekker, das Schützenhaus von 1907 in der Gibeonstreet sowie das alte Krankenhaus, das Johanniter-Haus, von 1913.

Abstecher Fish River Canyon: Von Keetmanshoop empfiehlt sich ein Ausflug zum Fischfluß-Canyon, wenn in der heißen Jahreszeit die Rastlager im Canyon geschlossen sind. Die einfache Strecke von Keetmanshoop bis Ai-Ais beträgt 245 km. Weil die Mittagstemperaturen

Das Tal des Fish River bildet den zweitgrößten Canyon der Welt

im Sommer 40° und mehr erreichen, sollte man früh aufbrechen. Am nördlichen Zugang zum Canyon liegt ein Camp.

Der Anblick des **Fish River Canyon** 9 verschlägt dem Betrachter den Atem: Landschaft im Urzustand! Soweit das Auge reicht, Felsen, und in diese Felslandschaft hat sich der Fischfluß, der 600 km weiter nordöstlich entspringt, auf einer Länge von 160 km eingegraben und so eine eindrucksvolle Kulisse gestaltet. Das Panorama, das sich von den Aussichtspunkten eröffnet, dürfte auf der Welt kaum seinesgleichen haben. Zwischen 457 und 549 m tief und bis zu 27 km breit ist die Schlucht und damit nach dem Grand Canyon die größte der Welt.

Der Fluß führt meist nur nach Regenfällen Wasser. Am östlichen Rand des Canyons führt eine ca. 25 km lange Straße zu mehreren Aussichtspunkten. Ein Wanderweg durch das Flußbett beginnt am wichtigsten Aussichtspunkt und führt über eine Strecke von 90 km bis Ai-Ais. Jährlich begeben sich Tausende von Wanderern auf diesen Trail, der 86 km lang ist und 4–5 Tage dauert. Der Weg ist – ebenso wie das Rastlager in Ai-Ais – im Sommer wegen der Hitze geschlossen und nur zwischen dem 1. Mai und 31. August geöffnet. Er muß vorher – unter Vorlage eines Gesundheitszeugnisses – gebucht werden; wegen des starken Andrangs empfiehlt es sich, dies mindestens ein Jahr im voraus zu tun.

In **Ai-Ais** 10, S. 315 (›Feuerwasser‹ in der Nama-Sprache) am Südende des Canyons gibt es heiße Quellen, die gut gegen Rheuma sein sollen. Auch sie sind nur von Mitte März bis Ende Oktober zugänglich.

Von Keetmanshoop geht die Fahrt quer durch die Namib-Wüste nach **Aus** 11 (S. 315), wo ein Gedenkstein daran erinnert, daß hier nach der Kapitulation der Schutztruppe die Deutschen interniert wurden. Die Ruinen des Lagers sind noch zu besichtigen. In Aus zweigt die C13 über Helmeringhausen nach Maltahöhe ab, das sich als Basis für einen Besuch von Schloß Duwisib und Sesriem sowie Sossusvlei (S. 317) empfiehlt.

Von Aus sind es nur noch 130 km nach Lüderitz 12. In der Region um **Garub** gilt es aufzupassen: Hier sind meist von der Straße aus die Wildpferde der Namib-Wüste zu sehen. Ihre Zahl beträgt ungefähr 150. Über ihre Herkunft gibt es verschiedene Theorien. So heißt es, daß es Nachkommen aus der Pferdezucht von Wolffs auf Schloß Duwisib seien. Andere wiederum meinen, sie stammten von argentinischen Pferden ab, die sich von einem an der Küste gekenterten Schiff hätten schwimmend an Land retten können. Feststeht, daß sie sich perfekt an das trockene Klima angepaßt haben. Sie trinken in der Trockenzeit nur alle fünf Tage. In Garub ist für sie eine Tränke eingerichtet.

Lüderitz – zwischen Wüste und Meer

Lüderitz ■ (S. 316) liegt malerisch am Südende der Lüderitz-Bucht zwischen blankem Felsen und kahler Wüste. Es ist ebenso wie Swakopmund von der deutschen Kolonialzeit geprägt und eine sehenswerte Rarität in Afrika. Doch anders als in Swakopmund, das als Seebad eine neue wirtschaftlich gesicherte Existenz gefunden hat, hat Lüderitz es nicht geschafft, sich wirtschaftlich zu erholen, seit es seine Bedeutung als Hafen verloren hat. Lüderitz hat heute unge-

fähr 6000 Einwohner, darunter ca. 400 Deutsche.

Auf seiner Fahrt nach Süden war der Portugiese Bartolomeu Diaz der erste Weiße, der mit seinem Schiff in der Bucht von Lüderitz vor Anker ging – Weihnachten 1487. Auf der Rückfahrt errichtete er am 25. Juli 1488 an dieser Stelle – deshalb Diaz Point genannt – ein Steinkreuz. 1988 wurde anstelle des Originals, das in Südafrika im Museum steht, eine Replik aufgestellt.

Die älteste deutsche Stadt in Namibia ist nach dem Bremer Kaufmann Adolf Lüderitz benannt, der hier im Oktober 1883 eintraf und drei Jahre später ums Leben kam, nachdem er alle Warnungen in den Wind geschlagen und in einem kleinen Schiff von der Mündung des Oranje Lüderitz zu erreichen versucht hatte. Lüderitz hatte, wohl in der Annahme, daß früher oder später auch für Deutschland die Stunde schlagen würde, ebenso wie die anderen europäischen Mächte Kolonien zu erwerben, die Angra Pequena genannte Bucht, die zwar über den einzigen Naturhafen Namibias, dafür aber kein Wasser verfügt, Anfang 1883 von den Nama gekauft. Sehr schnell zeigte sich, daß ihn seine Ahnung nicht getrogen hatte. Schon im April 1884 erklärte das Deutsche Reich auf sein Drängen hin die deutsche Souveränität über die Bucht und schloß wenige Monate später einen Schutzvertrag mit den Nama.

Mit der Entdeckung von Diamanten im Jahre 1908 kamen für Lüderitz und insbesondere das nahegelegene Kolmanskop goldene Jahre. Die Holz- und Wellblech-Bauten wurden durch massive Steingebäude im Stil der deutschen Gründerjahre ersetzt – Geld genug war vorhanden. Doch schon 1920 setzte der Niedergang ein, als die Diamantengesellschaft weiter südlich nach Oranje-

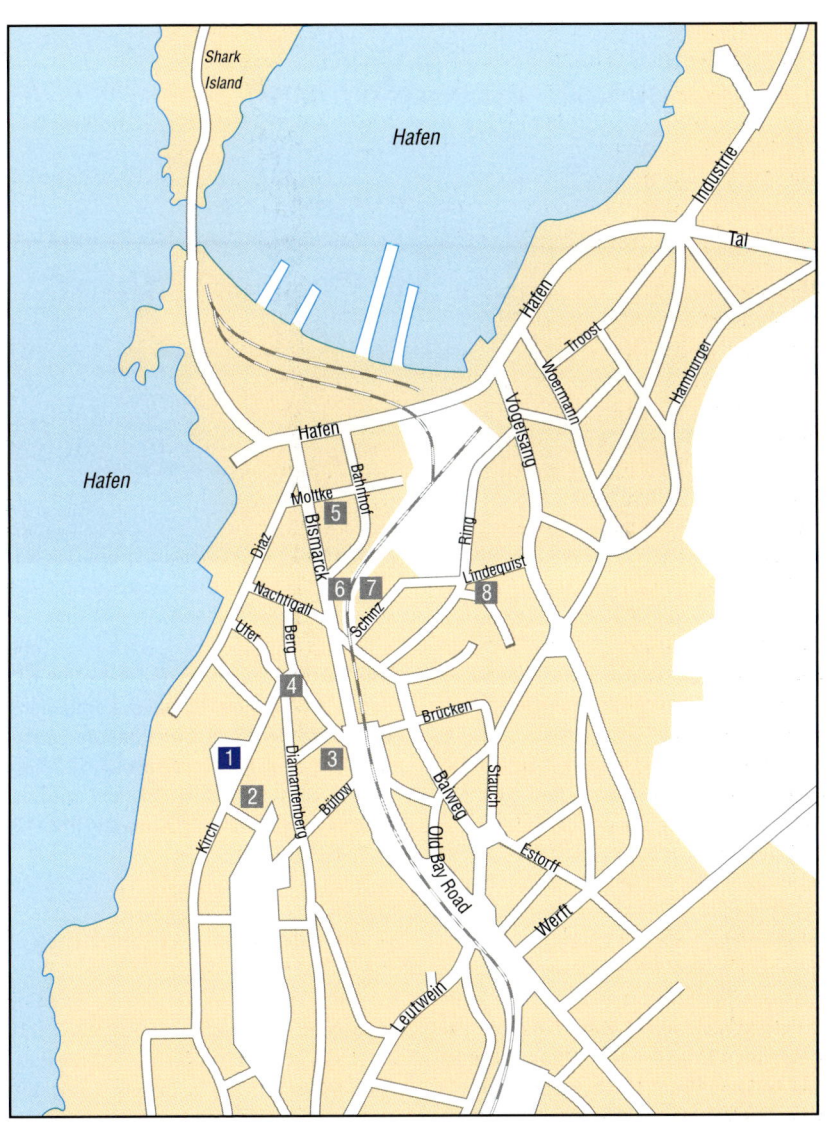

Plan von Lüderitz: *1 Felsenkirche   2 Goerke-Haus   3 Krabbenhöft & Lampe-Haus 4 Kreplin-Haus   5 Deutsche Afrika-Bank   6 Bahnhof   7 Altes Postamt   8 Turnhalle*

mund zog und die Fischindustrie sich nach Walvis Bay verlagerte. Seine Bedeutung als Hafenstadt hatte Lüderitz schon mit dem Verlust der deutschen Kolonialherrschaft eingebüßt, da die anstelle der Deutschen regierenden Südafrikaner ihren Tiefsee-Hafen Walvis Bay naturgemäß vorzogen, zumal Lüderitz eine kostenaufwendige Vertiefung des Hafenbeckens erfordert hätte.

Blick vom Diamantberg über Lüderitz und die Lüderitz-Bucht

Die Schürfgebiete liegen verlassen da, viele Geschäfte und Häuser stehen leer. Fremdenverkehr und Krabbenfischerei sind heute wichtige Einnahmequellen; die Fangsaison geht von November bis April.

Vom Diamantberg oberhalb der **Felsenkirche** 1, 1911/12 errichtet, bietet sich ein schöner Blick auf die Stadt. Das **Goerke-Haus** 2, nahe der Felsenkirche gelegen, wurde 1909 als Residenz des hiesigen Vertreters der Woermann-Linie errichtet, die durch den Transport der deutschen Truppen nach Südwestafrika viel Geld verdient hatte. Es dient heute der Diamantengesellschaft CDM als Gästehaus. Von den zahlreichen Gebäuden im Stil der deutschen Gründerjahre sind zu nennen: das **Krabbenhöft & Lampe-Gebäude** 3, 1909–10 von Friedrich Kramer erbaut; das **Kreplin-Haus** von 1909 4, die **Deutsche Afrika-Bank** 5, 1907 von den Brüdern Bause erbaut, mit Glockenturm und Giebel im

Stil der Renaissance; der **Bahnhof** 6, der verschiedene Baustile kombiniert, 1914 vom Regierungsarchitekten Lohse vollendet; das **alte Postamt** 7, 1908 errichtet; die **Turnhalle** 8, ein großes rechteckiges Gebäude, das von 1912–13 datiert.

Ausflüge in die Umgebung

Lüderitz ist von malerischen Buchten umgeben, z. B. **Radford Bay** 1, nach dem ersten weißen Siedler David Radford benannt, der in Lüderitz Trockenfisch und Haileberöl an die nach Süden fahrenden Schiffe verkaufte und bei den nach Norden fahrenden Schiffen Straußenfedern gegen frisches Wasser tauschte; **Second Lagoon** 2, in der Austern gezüchtet werden. Die **Griffith Bay** 3 bietet einen schönen Blick auf die Stadt über die Lagune. In der **Sturmvogelbucht** 4 finden sich Überreste einer deutschen Walfangstation. Ein lohnender Aussichtspunkt ist auch der alte Leuchtturm auf Shark Island **5**, von hier überblickt man die Stadt und die gesamte Lüderitz-Bucht. Nördlich der Stadt liegt **Agate Beach** **6** mit einem langen Sandstrand.

Die größte Attraktion ist jedoch die 8 km östlich von Lüderitz schon mitten in der Wüste gelegene Geisterstadt **Kolmanskop** **7** (nur genehmigte Führungen; S. 316), die auf dem Höhepunkt des Diamantenbooms errichtet wurde. Ihre leerstehenden, im Wüstenklima aber erstaunlich gut erhaltenen Gebäude geben dem Besucher eine Vorstellung vom Reichtum der früheren Bewohner, die es sich ohne Rücksicht auf Kosten erlauben konnten, alles aus

Europa zu importieren, was sie brauchten, um so zu leben, wie höhere Angestellte damals in Deutschland zu leben pflegten. Dazu gehörten Eis und Champagner, Kegelabende, Theater- und Ballettaufführungen im geräumigen Kasino, das heute soweit restauriert ist, daß es wieder für ähnliche Veranstaltungen gemietet werden kann.

In der Blütezeit lebten in Kolmanskop mehr als 1000 Menschen, 300 Deutsche mit 40 Kindern und 800 Ovambo-Arbeiter. Gärten zierten die Häuser, von denen die meisten zwischen 1908 und 1910 entstanden. Das Wasser kam zunächst per Schiff aus Kapstadt, später wurde es mit Hilfe von Entsalzungsanlagen gewonnen. Eine 28 km lange Pipeline von Elisabethbucht versorgte die Minen.

Die Umgebung von Lüderitz

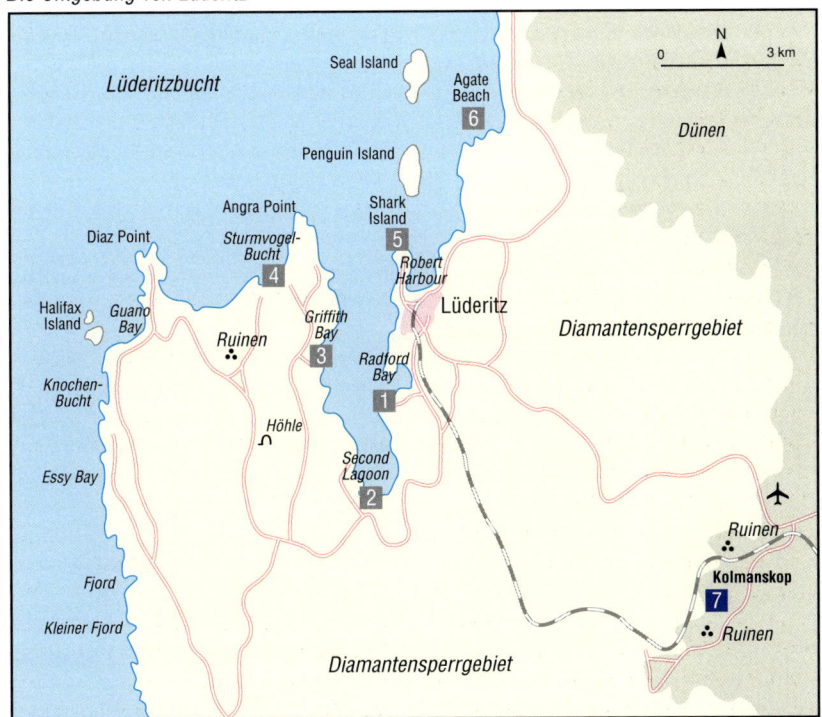

Die Entdeckung der Diamanten

Als der Oberbahnmeister August Stauch 1907 nach Deutsch-Südwest kam, um bei der deutschen Kolonialeisenbahn seinen Dienst zu verrichten, ahnte niemand, am wenigsten er selbst, was bald geschehen würde. Stauchs Aufgabe bestand darin, mit Hilfe seiner Arbeiter die Bahngleise zwischen Aus und Lüderitzbucht von Sand freizuhalten – angesichts der ständigen Verwehungen kein leichtes Unterfangen. Er war ein Mann, der sich für alles und jedes interessierte. So brachten ihm die Arbeiter auch alles Mögliche, vor allem aber interessante Steine und Mineralien aus der Namib-Wüste. Eines Tages brachten sie ihm einen Stein, der außerordentlich hart war: ein Diamant! Stauch beschaffte sich eine Schürfgenehmigung, löste einen Diamentenboom aus und wurde Millionär. In den ersten sechs Jahren kam aus der Region von Lüderitz ein Fünftel der Weltförderung jener Zeit.

Ebenso rasch, wie er gekommen war, verschwand der Boom wieder. Die Gründe dafür sind vielfältig: Die Weltwirtschaftskrise von 1929 brachte einen Preisverfall auf dem Diamantenmarkt. Ein Jahr zuvor waren an der Mündung des Oranje 250 km südlich von Lüderitz neue, sechsmal größere Vorkommen entdeckt worden. 1938 wurde Kolmanskop stillgelegt. Die CDM hatte noch bis 1943 ihr Hauptquartier in Kolmanskop. 1950 schließlich wurden alle Arbeiten eingestellt.

Von Lüderitz nach Windhuk

Von Lüderitz nach Windhuk (750 km)

Auf der Rückfahrt nach Windhuk empfiehlt sich ein Besuch von Schloß Duwisib. Zurück von Lüderitz **1** fährt man wieder über Aus **2**, wo die Straße nach Helmeringhausen **3** abzweigt. Von dort sind es ca. 100 km über eine Nebenstraße nach Schloß Duwisib **4**

Maltahöhe **5** (S. 317), 1900 gegründet und benannt nach Malta von Burgsdorff, der Frau des damaligen Kommandeurs der Garnison der deutschen Schutztruppe in Gibeon, ist ein Zentrum der Karakulzucht. Viele der umliegenden Farmen nehmen auch Gäste auf. Von Maltahöhe geht die Route weiter nach Nordosten und mündet in Kalkranol auf die B1 ein, die nach Windhuk **6** führt.

Schloß Duwisib:
Der Baron und die Millionärin

Aus rotbraunem Sandstein zeigt sich ein Schloß in der Ferne. In Europa wäre das nichts Besonderes, doch wir befinden uns in Namibia, 350 km von der Hauptstadt Windhuk und 72 km südwestlich vom kleinen Ort Maltahöhe entfernt, am Rande der Namib-Wüste. In der Mitte der Frontfassade erhebt sich ein Turm mit einer spitzbögigen Eingangstür. Durch eine Vorhalle gelangt man in den Rittersaal, auch Palas genannt. Über ihm liegt eine Galerie, die auf romanischen Säulen und Bögen ruht. Fenster, auch sie im romanischen Stil gehalten, spenden ein angenehm diffuses Oberlicht.

Der Bau von 1908 stellt im Grundriß ein geschlossenes Viereck mit Innenhof und Außenmauer dar. Er ist im Stil der Wilhelminischen Neoromantik mit aus Gotik und Renaissance entlehnten Elementen gehalten, wie er vom deutschen Kaiser Wilhelm II. zum Reichsstil erhoben worden war. Bauherr war ein deutscher Hauptmann, Hans-Heinrich von Wolf. Wolf, aus sächsischem Adel stammend und 1873 in Dresden geboren, hatte sich beim Ausbruch des Nama-Aufstands als Freiwilliger gemeldet und war seit 1904 Hauptmann der Schutztruppe der Kolonie Südwestafrika. Nach Niederschlagung des Aufstandes

nahm er unbezahlten Heimaturlaub und heiratete in Dresden Miss Jayta Humphrey, Stieftochter des dortigen amerikanischen Konsuls und sehr vermögend. Das frisch vermählte Ehepaar kam Mitte 1907 nach Windhuk. Der Pferdeliebhaber und -kenner wollte Pferdezüchter werden und sah sich nach einer geeigneten Farm um. Man empfahl ihm die Region von Maltahöhe, die gutes Farmland umfaßt.

Das Schloß, 1909 fertiggestellt, hat 22 Zimmer, die U-förmig um den Innenhof angeordnet sind. Im heißen südwestafrikanischen Sommer sind die Räume angenehm kühl, im Winter aber ausgesprochen kalt, was die eingebauten offenen Kamine erklärt. Außer dem roten Sandstein, der aus einem nahen Steinbruch stammt, mußte das gesamte Baumaterial aus Deutschland nach Lüderitz importiert werden und von dort mit Ochsenwagen über 640 km, die Hälfte davon durch die Namib-Wüste, transportiert werden. Möbel und Bilder stammten aus Europa, von wo auch zu den Bauarbeiten Handwerker angereist waren. Wolf wurde zum Mitglied des Landesrats der Kolonie gewählt. Noch vor 30 Jahren sprachen die Farmer der Region von der Großzügigkeit, Gastfreundschaft und Hilfsbereitschaft des ›Barons‹ und der ›Millionärin‹.

1914 trat Wolf mit Frau und einem Herrn von Dewitz eine Reise nach England an, um dort einen Vollbluthengst zu kaufen. Auf dem Schiff erreichte die drei die Nachricht vom Ausbruch des Weltkrieges. Das Schiff änderte daraufhin den Kurs und lief einen südamerikanischen Hafen an, in dem die drei allerdings interniert wurden und nur durch Bestechung wieder freikamen. Auf einem neutralen Schiff gelangten sie nach Europa. Doch was tun, um durch die Blockade nach Deutschland zu gelangen? In Vigo geben die beiden Herren vor, das Schiff zu verlassen, in Wirklichkeit aber bleiben sie an Bord: Jayta von Wolf versteckt ihren Mann in ihrer Kabine unter dem Bett und Dewitz in der Besenkammer.

Das Schiff läuft zunächst englische und französische Häfen an; in Schweden, vielleicht auch in Dänemark, steigen Wolf und Dewitz dann aus. Von dort aus erreichen sie Deutschland, wo Wolf sich sofort an die Front meldet. Er fällt am 4. September 1916 in der Schlacht an der Somme.

Jayta, die bis zum Zweiten Weltkrieg am Tegernsee lebte und dann in die Schweiz übersiedelte, soll auf Fragen nach ihrer kurzen Ehe mit Wolf geantwortet haben: »Ein interessantes Experiment!«

Botswana

Landeskunde im Schnelldurchgang: Botswana

Fläche: 582 000 km^2
Einwohner: ca. 1,4 Mio.
Hauptstadt: Gaborone
Amtssprache: Setswana sowie
andere Bantu-Sprachen
Währung: Pula (P)
Zeit: Gaborone MEZ plus eine Stunde

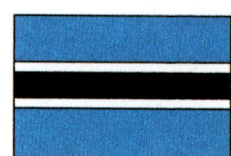

Geographie: Das Land nördlich von Südafrika ist ungefähr so groß wie Frankreich und liegt im Durchschnitt 900 m hoch. Sein Reiz besteht in der Unberührtheit; die meisten Regionen sind so unzugänglich, daß sie sich ihre natürliche Wildheit bewahrt haben. Neun Zehntel des Landes sind mit Steppe und Savanne bedeckt. In der Kalahari-Wüste beherrschen Dornakazien das Bild, während im feuchteren Norden und Nordosten Mopane-Baumsavannen und Miombo-Trockenwälder häufig sind. Das Okavango-Delta im Norden besteht aus Überschwemmungssumpfland und -grasfluren um Feuchtgebiete; hinzu kommen Salzpfannen, die sich in der Regenzeit mit Wasser füllen und dem Wild als Tränke dienen.

Geschichte: Die ursprünglichen Bewohner sind San; erst im 16. Jh. wanderten Tswana ein. Anfang des 19. Jh. kamen weiße Händler und Missionare. 1841 ließ sich der Missionar und spätere Forschungsreisende David Livingstone westlich von Gaborone nieder.

1868 kam es zu Auseinandersetzungen zwischen Buren, Tswana und der englischen Kolonialverwaltung mit Sitz in Kapstadt. Die Burenrepublik Transvaal dehnte sich nach Westen aus und bedrohte damit das britische Interesse an einer Nord-Süd-Verbindung vom Kap nach Kairo. Britische Missionare drängten die Tswana, bei den Briten Schutz zu suchen: 1884–90 wurde stufenweise ein Großteil des Landes unter dem Namen Bechuanaland britisches Protektorat; der Süden fiel 1895 an Südafrika, wo er bis heute verblieben ist. 1966 wurde Botswana unabhängig.

Staat und Politik: Vor dem Hintergrund der von politischen Konflikten und wirtschaftlichem Niedergang geprägten Szene Afrikas steht Botswana relativ gut da: Es hat ein demokratisches System nach englischem Vorbild und ist vergleichsweise wohlhabend. Es war zunächst die konservative Politik Sir Seretse Khamas, der Botswana eine gute Entwicklung verdankte. Er verstand es, sich aus dem Kampf gegen die weißen Regierungen in Südafrika und Zimbabwe herauszuhalten, ohne die afrikanischen Bruderstaaten vor den Kopf zu stoßen, und garantierte den weißen Farmern in Botswana ihr Eigentum. Dies trug wesentlich zu einem stabilen Investitionsklima bei. Aber die Macht der Botswana

Democratic Party (BDP), die seit der Unabhängigkeit im Jahre 1966 ununterbrochen die Regierung stellt, ist inzwischen so fest etabliert, daß sie praktisch einer Alleinherrschaft gleichkommt. So ist es nicht verwunderlich, daß sich in der Partei Abnutzungserscheinungen bemerkbar machen. Die politische Klasse und die Beamtenschaft sind für Korruption in nicht unerheblichem Maße anfällig geworden. 20 % der Bevölkerung – eine verwobene Schicht aus Politikern, Landbesitzern, Beamten und Wirtschaftsvertretern – teilen sich fast den gesamten Reichtum.

Wirtschaft: Die Entdeckung von Diamanten im Jahr 1967 führte zu einem wirtschaftlichen Boom; aus dem armen Viehzüchterland wurde im Lauf der 70er Jahre ein Staat, dessen Pro-Kopf-Einkommen zu den höchsten Afrikas zählt. Weshalb Botswana trotzdem mit Entwicklungshilfe geradezu überschüttet wird, ist nur dadurch zu erklären, daß das Land wegen seiner angenehmen Lebensverhältnisse und seiner touristischen Attraktionen bei Entwicklungshelfern und -experten besonders beliebt ist (s. S. 46/7).

Für einen Massentourismus ist das Land zu teuer, die touristische Infrastruktur ist wenig ausgebaut. Haupthandelspartner sind EU-Staaten.

Bevölkerung und Sprachen: Die Bevölkerungsdichte beträgt im Durchschnitt nur 2 Einwohner pro km^2; von den ca. 1,4 Mio. Menschen wohnen 80 % im Osten am Limpopo, während die Kalahari fast unbewohnt ist. Trotz des hohen Durchschnittseinkommens ist die Hälfte der ländlichen Bevölkerung sehr arm. Die Bevölkerung ist für afrikanische Verhältnisse ungewöhnlich homogen; etwa 90 % sind Tswana; der Rest verteilt sich auf Kalanga (ein Shona-Volk), Kgalagadi, ca. 35 000 Buschmänner, von denen nur noch ca. 4000 als Jäger und Sammler leben, während die meisten als Viehtreiber arbeiten, und einige tausend Inder und Europäer mit botswanischer Staatsangehörigkeit. Die Umgangssprache ist auch gleichzeitig Amtssprache – Setswana; daneben werden auch andere Bantu-Sprachen und Englisch gesprochen.

Religion: Überwiegend Naturreligionen, ca. 30 % Christen, v. a. Protestanten; außerdem wenige Moslems und Hindu.

Klima und Reisezeit: Botswana ist ein trockenes Land, in dem Wasser eine Kostbarkeit darstellt. Im Winter, von Mai bis September, ist es meist sonnig, trocken und diesig (kältester Monat: Juli mit durchschnittlich 22 °C); morgens und abends wird es kühl (ca. 4–14 °C). Der Sommer dauert von Oktober bis April; im Januar wird es bis zu 45 °C heiß (Durchschnittstemperatur: 33 °C). Die beste Gelegenheit zur Wildbeobachtung hat man während der Trockenzeit, also zwischen Mai und September, wenn die Vegetation licht und die Pisten nicht vom Regen aufgeweicht sind. Rechtzeitige Buchung empfiehlt sich während der südafrikanischen Feiertage und Schulferien.

Geschichte

Die **San** leben in der Region des heutigen Botswana seit ca. 10 000 Jahren, aber die Besiedlung durch Menschen ist schon für Jahrtausende vorher bezeugt. Im 4. Jh. v. Chr. wanderten viehzüchtende **Shona-Clans** aus Zimbabwe ein; im 1. Jh. n. Chr. bildeten sich viehzüchtende Gemeinschaften südlich des Motloutse. Ungefähr um das Jahr 1000 entstanden in Botswana Königreiche, die in ihrer Struktur denen in Zimbabwe ähnelten. Im 16. Jh. wanderten **Tswana** unter dem legendären Chief Masilo von Nordosten her ein; sie verbanden sich mit den Shona.

Um 1820, zu einer Zeit, als noch riesige Wildherden die Kalahari bevölkerten, kamen die ersten weißen Händler mit Gewehren, Perlen und Brandy. Anfang des 19. Jh. führte die Bevölkerungszunahme zu Wanderungen im südlichen Afrika. In den 40er Jahren begann auch die christliche Missionierung – 1841 ließ sich **David Livingstone,** bei den Kwena am Kolobeng westlich von Gaborone nieder. Weiter nördlich besuchte der Tswana-Häuptlingssohn Khama, der mit dem Beinamen ›der Große‹ in die Geschichte einging, die Missionarsschule und wurde ein gläubiger Christ. Khama wurde 1872 Chief der Ngwato.

1868 kam es zu Auseinandersetzungen zwischen **Buren,** Tswana und der englischen Kolonialverwaltung, die ihren Sitz in Kapstadt hatte. Die Buren dehnten ihre Republik Transvaal nach Westen hin aus und bedrohten damit das britische Interesse an einer Nord-Süd-Verbindung vom Kap nach Kairo. Deshalb drängten britische Missionare die Tswana, bei den Briten Schutz vor den Buren zu suchen. 1884 wurde die südliche Hälfte der Region des heutigen Botswana unter dem Namen Bechuanaland **britisches Protektorat** mit der Hauptstadt Mafeking, dem heutigen Mafikeng. Die Besiedlung durch Weiße blieb jedoch auf Regionen um Ghanzi sowie entlang der Grenze zu Transvaal und Zimbabwe beschränkt. 1885 wurde das Protektorat bis zum 22. Breitengrad erweitert, 1890 bis zum Zambezi. Der Süden fiel 1895 an Südafrika, wo er bis heute verblieben ist.

Zwischen 1930 und 1960 war Botswana nicht viel mehr als ein Reservoir Südafrikas für billige Arbeitskräfte. Ein Viertel aller Männer arbeiteten damals in **Südafrika** und waren ständig abwesend. Am 30. September 1966 wurde Botswana unter dem Präsidenten **Sir Seretse Khama** unabhängig, einem Enkel Khamas III., der zuvor von der britischen Kolonialmacht des Ngwato-Thrones für verlustig erklärt und für sechs Jahre verbannt worden war, weil er es gewagt hatte, eine weiße Frau zu heiraten. Er starb 1980. Sein Nachfolger ist Dr. Quett Masire, der bis dahin Vizepräsident und Sir Seretses rechte Hand gewesen war.

Botswana heute

Wirtschaft

Botswana ist nach Rußland der größte Diamantenförderer der Welt. Mit der Entdeckung von Diamanten in Orapa (heute die zweitgrößte Mine der Welt) im Jahre 1967 begann für das Land sogleich nach der Unabhängigkeit eine Periode ungewöhnlich starken Wirtschaftswachs-

Die Tswana sind traditionell Viehzüchter

tums mit jährlichen Steigerungsraten von durchschnittlich 13 %. Üppige Einnahmen aus Diamanten- und Mineralvorkommen haben Botswana während der ersten 25 Jahre zu einem der reichsten Länder Afrikas gemacht. Auch die reichste Diamantenmine der Welt, Jwaneng, liegt in Botswana. Diamanten erwirtschaften 40 % des Bruttosozialprodukts und 80 % der Exporterlöse. Die Diamantengesellschaft Debswana gehört allerdings nur zur Hälfte dem Staat, zur anderen Hälfte der südafrikanischen Firma de Beers Centenary.

Neben den Diamanten führt Botswana auch noch Kupfer und Nickel aus. (8 % der Exporterlöse) sowie Rindfleisch (4 %). Die Tswana sind traditionell Viehzüchter. Es gibt doppelt so viel Rinder wie Einwohner. Botswana ist mit der Europäischen Gemeinschaft assoziiert, die auf Grund der Präferenzregelungen im Rahmen des Abkommens mit den Staaten Afrikas, der Karibik und des pazifischen Raumes für Rindfleisch aus Botswana ein Vielfaches des Weltmarktpreises zahlt.

Seit Anfang der 90er Jahre ist jedoch eine wirtschaftliche Trendwende eingetragen. Die Diamantenpreise sind gefallen und die Entwicklungshilfe, zu deren bevorzugten Empfängern Botswana gehörte, weil es den Entwicklungsexperten und -helfern besonders angenehme Lebensverhältnisse bot, ist weltweit zurückgegangen. Und seit in Südafrika die Zeiten der Apartheid vorbei sind, übt der viel größere und höher entwickelte Nachbar eine Art Sogwirkung aus: Viele Firmen wandern nach Johannesburg ab. Diese Probleme manifestieren sich in der Inflationsrate, die bei 15 % liegt.

Bevölkerung

Der weitaus größte Teil der Bevölkerung gehört dem Volk der Tswana an (s. Ein-

Herero-Frau im Süden Botswanas

führung, S. 33 f.). An anderen Völker-schaften sind in Botswana insbeson-dere vertreten: die Kalanga, in der Re-gion um Francistown, eine Gruppe des vorwiegend im heutigen Zimbabwe sie-delnden Shona-Volkes; die Kgalagadi (eine Sammelbezeichnung für verschie-dene Gruppen, die am Rande der Kala-hari leben); 35 000 San, von denen nur noch ca. 4000 als Jäger und Sammler leben, sowie eine kleine Gruppe der vor-wiegend in Namibia lebenden Herero. Im übrigen gibt es einige tausend Inder und Europäer, die die botswanische Staatsangehörigkeit haben.

Neben der traditionellen Aristokratie hatte sich schon kurz vor der Unabhän-gigkeit eine Schicht von reichen Vieh-züchtern gebildet, die von Stammes-strukturen weitgehend unabhängig war. Sie wurde im politischen und wirtschaft-lichen Leben immer stärker tonange-bend. Der Viehreichtum, der inzwischen zu Überweidungsschäden geführt hat, ist in der Bevölkerung sehr ungleich-mäßig verteilt – 50 % der 3 Mio. Rinder gehören ganzen 5 % der Bevölkerung, während die Hälfte der Landbevölke-rung ausgesprochen arm ist und über-haupt kein Vieh besitzt. Noch immer arbeiten viele von ihnen als Wander-arbeiter in den Minen Südafrikas.

Nachdem seit Anfang der 90er Jahre die Wirtschaftswunderjahre in Botswa-na vorüber sind, die Bevölkerung schnel-ler als die Zahl der Arbeitsplätze wächst, die Arbeitslosigkeit inzwischen bei ca. 35 % liegt und der Verstädterungsgrad zunimmt, zeichnen sich erste soziale Konflikte ab. Das relativ hohe Durch-schnittseinkommen (1992 = 2790 US$) ist in der sozialen Wirklichkeit extrem ungleichmäßig verteilt: Mehr als zwei

Drittel der Bevölkerung sind ausgesprochen arm, während 20 % der Bevölkerung – eine verwobene Schicht, bestehend aus Politikern, Landbesitzern, Beamten und Wirtschaftsvertretern – sich fast den gesamten nationalen Reichtum teilen.

Tourismus

Zwar reisten bereits im 19. Jh. Großwildjäger aus der ganzen Welt nach Ngamiland in Nord-Botswana – der Handel mit Elfenbein, Tierhäuten und Federn stand damals in voller Blüte –, doch erst 1960 wurde Botswana als Touristenziel entdeckt. Vor allem der Chobe-Nationalpark und Teile des Okavango-Deltas werden in der Saison sehr stark besucht. Das Land zählt knapp 900 000 Übernachtungen jährlich, doch wird es auf mittlere Sicht kein Ziel des Massentou-

rismus werden – denn einerseits ist die touristische Infrastruktur noch nicht weit entwickelt und zum anderen ist Botswana ein verhältnismäßig teures Reiseland.

Schon als die Regierung Anfang der 80er Jahre damit begann, Weideflächen ohne Rücksicht auf die Einzugsgebiete des Wildes einzuzäunen – eine Maßnahme, die vor allem den Interessen der reichen Viehbesitzer diente –, und sich daraufhin ganze Antilopenherden in den Drahtzäunen verfingen und einen kläglichen Tod starben, liefen Umweltschützer weltweit gegen die Errichtung der sogenannten Todeszäune Sturm und forderten statt dessen die Verringerung des Viehbestandes – sehr zum Ärger der botswanischen Regierungsamtsinhaber, die alle nebenberuflich Viehzüchter sind.

Noch größer war die Entrüstung der Umweltschützer, als bekannt wurde, daß die Regierung das in der regenar-

Wanderung im Okavango-Delta

Die besten Zeiten
für die Wildbeobachtung

Generell ist die beste Reisezeit die Trockenzeit von Ende April bis September, weil dann die Pisten gut befahrbar, die Temperaturen erträglich sind und der Laubfall die Sicht auf das Wild freigibt. Zwischen Juni und Ende September ist auch das Oberflächenwasser bereits zum größten Teil verdunstet, so daß das Wild sich an den Wasserstellen sammelt und dort gut zu beobachten ist. Die Nächte sind zu dieser Zeit kühl. Es regnet nicht, und die Tage sind nicht unerträglich heiß. Ab Oktober werden die Nächte warm, die Tage heiß. Auch diese Zeit ist zur Wildsafari geeignet, weil die Tiere sich an den Tränken konzentrieren.

Im einzelnen gilt: Im **Chobe-Nationalpark** kann man das Wild ganzjährig beobachten, am besten aber von Mai bis Oktober. Das **Moremi-Wildreservat** ist auch ganzjährig zu empfehlen, am schönsten ist es jedoch in der Zeit von November bis Mai, in

regenreichen Jahren auch Mai bis Oktober. Dabei ist jedoch zu bedenken, daß im Dezember und Januar die Straßen durch Regen häufig unbefahrbar sind. Das **Okavango-Delta** bietet sich zur Wildbeobachtung besonders in der Zeit von Juli bis Oktober an. August ist die ideale Zeit, weil Pflanzen- und Tierwelt nach dem Wasserhöchststand am attraktivsten sind. Die beste Reisezeit für die **Makgadikgadi-Pfanne** ist von Juni bis September/Oktober. In der **Nxai-Pfanne** sammeln sich in der Regenzeit große Gnu-, Zebra- und Antilopen-Herden. Die **Kalahari** sollte zwischen Mai und Anfang September (Winter und Frühling) besucht werden. Sonst ist sie zu heiß. Für die Khutse Game Reserve liegt die beste Zeit zwischen August (Winterende) und Ende September, wenn die Pfannen nach den ersten Regen mit Blumen bedeckt sind. Ende August verteilen sich die großen Herden.

---

men Region so kostbare Wasser des Okavango kommerziell nutzen wollte. Sie plante ein Dammprojekt, um Wasser für landwirtschaftliche Zwecke aus dem Delta zu entnehmen. Immerhin hatten die Proteste zur Folge, daß das Projekt vorerst zurückgestellt wurde. Die Sua Pan, ein Teil der Makgadikgadi-Salz-

pfanne, die bei besonders hohem Wasserstand auch saisonal vom Okavango überflutet und dann von riesigen Antilopenherden und Vogelschwärmen bevölkert wurde, ist durch eine Anlage zur Gewinnung von Soda und Salz aber bereits weitgehend in ein 700 km^2 großes Industrierevier verwandelt worden. Das 500-

Mio.-Dollar-Projekt, das die Regierung zusammen mit südafrikanischen Firmen betreibt, soll 10% der Deviseneinnahmen Botswanas erwirtschaften.

Im Namen der wirtschaftlichen Entwicklung – das hat sich auch in anderen Teilen Afrikas und der Welt gezeigt – ist vielfach ökologischer Ruin betrieben worden, ohne daß die Hoffnungen auf Prosperität sich je erfüllt hätten. Alles in allem bleibt zu hoffen, daß Botswanas Regierung integer und sensibel genug ist, um diesen Erfahrungen Rechnung zu tragen und einzusehen, daß Tourismus ein seriöser und auch ein wichtiger Wirtschaftsfaktor ist, dessen Voraussetzungen es auch zu erhalten und zu pflegen gilt.

Routen und Reiseziele

Gaborone und Umgebung

Gaborone 1 (S. 328) ca. 140 000 Einwohner, nur wenige Kilometer von der südafrikanischen Grenze entfernt, war bis zur Unabhängigkeit ein Dorf. Die Stadt wurde dann als Hauptstadt auf dem Reißbrett geplant und ist wenig attraktiv. Der Name geht zurück auf Kgosi Gaborone, einen Chief der Tlokwa. Gaborone ist zweigeteilt durch The Mall, Fußgängerzone und Shopping Centre des Zentrums. Sehenswert ist das National Museum, das die traditionellen Lebensformen der Menschen in Botswana darstellt. Im nahen Manyana sind San-Malereien unbestimmten Alters zu besichtigen, am Kolobeng die Überreste der Missionsstation Livingstones.

Ausflüge von Gaborone aus

Ramotswa 2, im Einzugsbereich von Gaborone gelegen, ist traditionelle Hauptstadt der Lete, eines Nguni-Stammes, der in den Tswana aufgegangen und von ihnen nicht mehr zu unterscheiden ist.

Nach **Kanye** 3 (S. 329) sind es 105 km von Gaborone. Der Ort, von den Ngawaketse auf einem Hochplateau erbaut, ist die älteste und zweitgrößte Stadt nach Serowe. Sie zerfällt in zwei Teile; auf den Hügeln liegt das traditionelle afrikanische Dorf mit der Kgotla, dem zentralen Treffpunkt, und den umliegenden Rondavels, deren Höfe mit Lehmmustern verziert sind. Am Fuß der Hügel breitet sich die Neustadt mit Schulen, Geschäften und Verwaltungsgebäuden aus. Chief Makaba I. hatte die Stadt bereits 1790 mit Mauern bewehren lassen, um Angreifer aus dem Norden abzuhalten. Bis 1850, als die Buren die Stadt zerstörten, war Kanye nicht viel mehr als ein befestigter Lagerplatz. Denn die Ngwaketse pflegten bis dahin eine nomadisierende Lebensweise und brachen nach altem Brauch mehrmals im Jahr mit ihren Herden auf.

Molepolole 4 (S. 330), 52 km westlich von Gaborone auf einem Hügel gelegen, verfügt über ein sehenswertes Museum. Der Ort wurde im 16. Jh. von den Kgwatlheng gegründet und war später Hauptstadt der Kwena. Noch heute ist hier sehr schön die traditionelle Bauweise der Tswana zu sehen, die Steinmauern bauten – wenn Steine verfügbar waren – um die Familiengehöfte voneinander abzugrenzen.

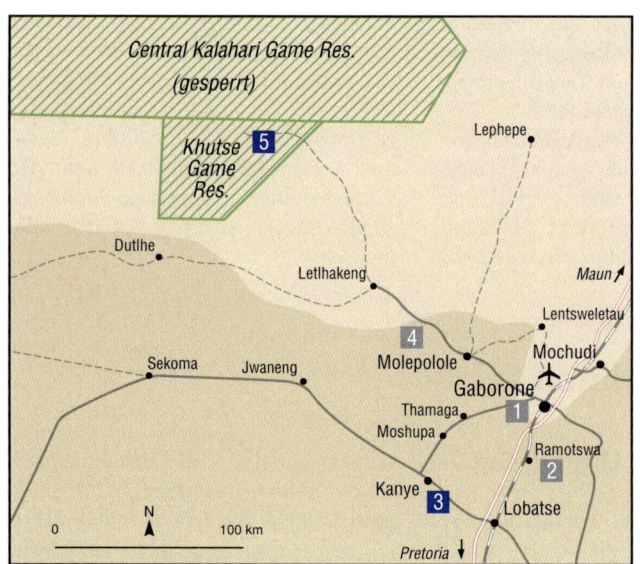

*Ausflüge von
Gaborone*

Khutse und Central Kalahari Game Reserve: Das **Khutse-Wildreservat** 5 nordwestlich von Gaborone liegt nur etwa sechs Stunden Autofahrt (230 km) von der Hauptstadt entfernt und ist damit der nächstgelegene Wildpark. Nach den Sommerregen wandern die Herden auf der Suche nach Gras und Wasser durch die Steppe: Giraffen, Gnus, Springböcke. Sie werden begleitet von Löwen, Geparden, Hyänen und Wildhunden. Die Khutse-Pfanne, eine von mehreren aneinander gereihten Salzpfannen, ist im Gegensatz zu anderen Salzpfannen das ganze Jahr über zugänglich. Der Park ist von buschbestandenen Dünenzügen geprägt. Wild, vor allem Spring- und Gemsböcke, findet sich bei oder in den Pfannen. Khutse ist auch vor allem berühmt wegen seines Vogellebens. Der Park verfügt über ein Lager (ohne Wasser) mit ortskundigen Führern in der Nähe der Galabadino-Pfanne. Besucher müssen Verpflegung, Benzin und Trinkwasser mitbringen. Das **Central Kalaha-** **ri-Wildreservat** ist für die Öffentlichkeit gesperrt.

Von Gaborone nach Maun (930 km)

Der Norden ist die größte Attraktion und das eigentliche Tourismuszentrum Botswanas. Wer das Land bereist, wird früher oder später in Maun landen – jenseits des Ortes beginnt das Okavango-Delta.

Mochudi 2, 25 km nördlich von Gaborone 1, entstand 1871, als die Kgatla aus Transvaal nach Botswana übersiedelten. Der Name geht auf einen Häuptling der Kgatla zurück, Chief Motshodi. Ein Hauch von Geschichte umweht die Stadt: Um die Kgotla, den Marktplatz im Zentrum, liegen viele alte Häuser mit Grasdächern, die weit über die Wände hinausragen, und auf diese Weise Rundum-Verandas bilden. Wie auch in den Dörfern der Nachbarschaft

Dorf in der Kalahari

sind die Hofeingänge mit geometrischen Mustern in schwarz-weiß geschmückt. Im Ort selbst stehen zwei Baobab-Bäume, die als die am weitesten südlich gelegenen gelten. Das Phuthadikobo-Museum erzählt die Geschichte der Kgatla.

Serowe **3** (S. 332), seit 1902 Hauptstadt der Ngwato, liegt landschaftlich malerisch 50 km westlich der Straße von Gaborone nach Francistown und kann als schönes Beispiel einer traditionellen Tswana-Ortschaft gelten: Die Hütten gehen fächerförmig von der Kgotla aus. Auf dem Hügel liegt der Begräbnisplatz der Herrscherfamilie Khama, die mit Sir Seretse Khama den ersten Präsidenten Botswanas gestellt hat. Hier starb auch Seretses Großvater, Khama III., 1902 im Alter von 93 Jahren. Auf seinem Grab im Zentrum steht eine Duiker-Statue zu seinen Ehren.

Abstecher zum Tuli-Block **4**: Etwa 100 km nördlich von Serowe verläßt

man in Seruli die Hauptroute und fährt nach Osten. In dieser an Südafrika grenzenden Region wird die Landschaft außerordentlich malerisch. Felsen, vom Wind geschliffen, erheben sich hoch über die Täler, in die sich die Flüsse tief eingegraben haben. Hier sind eine Reihe von Wildfarmen entstanden, die sich zur größten privaten Wildparkregion im südlichen Afrika zusammenfügen: Der nach dem Fluß Tuli in Zimbabwe benannte, aus mehreren Farmen bestehende Tuli-Block und das **Mashatu-Wildreservat** **5** (S. 332). Die Region beherbergt die größte Elefantenpopulation im südlichen Afrika. Auch für archäologisch interessierte Besucher ist sie eine Fundgrube. Überreste von niedrigen Mauern und Terrassen lassen den Schluß zu, daß das Flußbett seit dem 7. Jh. besiedelt war. **Selebi-Phikwe** **6** (S. 332), durch die Kupfer-Nickel-Mine und dazugehörige Schmelzanlage geprägt, ist durch Linienflüge mit Johannesburg verbunden. Im Zentrum liegt das Shopping

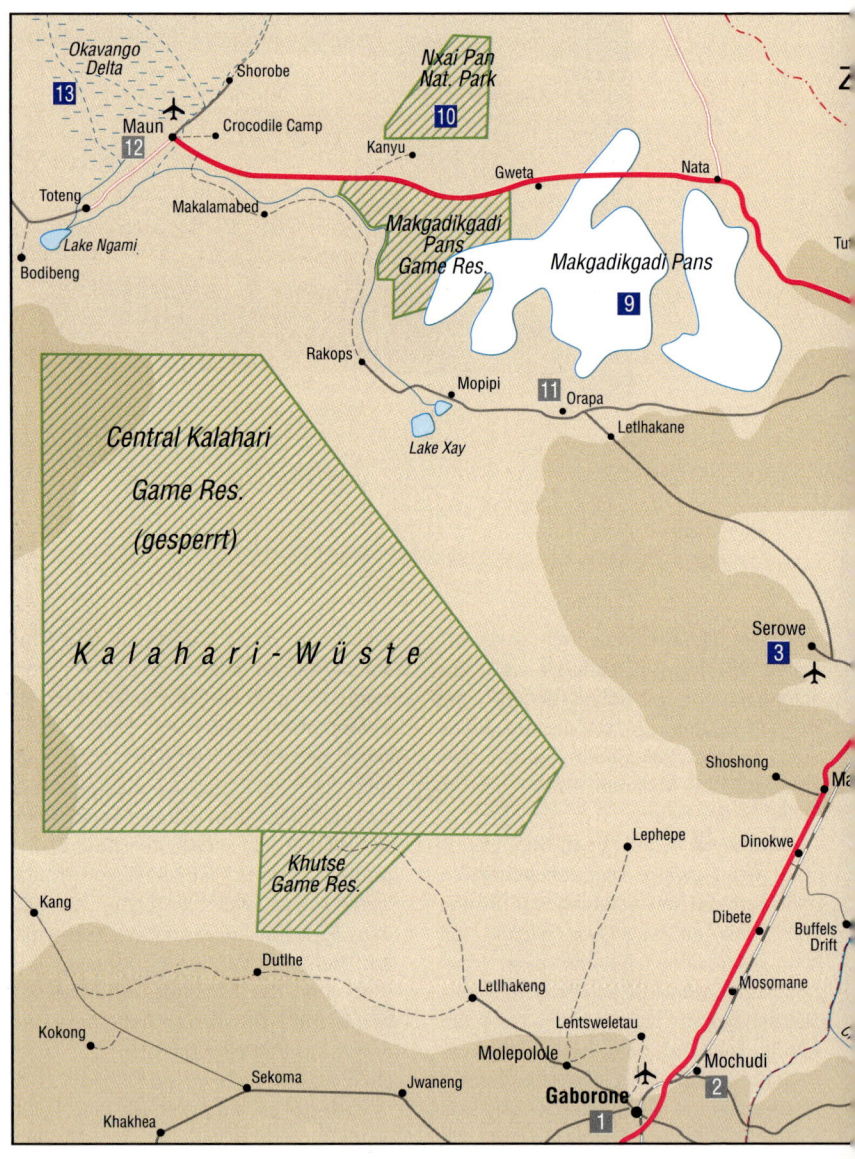

Centre The Mall, in der Nähe davon ein Park.

Bobonong 7 ist vor allem durch seine Umgebung reizvoll. 15 km nördlich liegen die **Lepokole Hills,** die südliche Verlängerung der Matobo Hills in Zimbabwe. Sie wirken mit ihren großen Granitfelsen, die bis zu 100 m hoch sind, sehr malerisch. Manche sind aufeinander getürmt, andere aneinander gelehnt,

Der nächste größere Ort an der Hauptroute ist **Francistown** 8 (S. 328), ca. 60 000 Einwohner, Hauptstadt des Tati-Distrikts. Er wurde 1869 auf dem Höhepunkt des Goldrauschs nach Daniel Francis benannt, einem englischen Prospektor und Händler. 1866 war ein englischer Jäger, Henry Hartley, hier bei der Verfolgung eines angeschossenen Elefanten auf eine verlassene Goldmine gestoßen. Daraufhin lud er den deutschen Forschungsreisenden Karl Mauch ein, der noch weitere Minen längs des Tati-Flusses entdeckte. Als Mauch mit einem Stück goldhaltigen Gesteins nach Potchefstrom reiste, löste er ein Goldfieber aus, das Schürfer aus England, Wales, Neuseeland und Australien anzog. Mitte der 70er Jahre des vorigen Jahrhunderts wurden die meisten Minen schon wieder geschlossen, weil sie unwirtschaftlich waren, die letzte war jedoch noch bis 1945 in Betrieb. Heute ist Francistown, umgeben von Abraumhalden und stillgelegten Fördertürmen, vor allem ein Industriezentrum mit Leder- und Textilproduktion. Großwildjäger können sich hier ihre Trophäen präparieren und versenden lassen.

Von Francistown aus geht die Route weiter nach Nordwesten und erreicht über Nata zwei Salzpfannen, die beide nur mit Geländewagen zu befahren sind. Die **Makgadikgadi-Pfanne** 9 , die größte Salzpfanne der Welt, liegt südlich der Straße auf halbem Wege zwischen Francistown und Maun. Sie ist von unbeschilderten Pisten durchzogen. Vollkommen flach und weiß, bietet sie vom Flugzeug aus den Anblick einer unendlichen vegetationslosen Weite in kühlen Farben, die von Grau bis Violett

so daß sie Tore zu bilden scheinen. Überreste von alten Schmelzanlagen deuten auf frühere Eisenerzfunde. Steinmauern wie in Zimbabwe und Felsmalereien sind Relikte vergangener Kulturen.

*Flamingos in der Makgadikgadi-Pfanne, der
größten Salzpfanne der Welt*

reichen. Nur die Ränder zeigen eine spärliche Vegetation. Wenn nach einer guten Regenzeit das Wasser vom Okavango her einströmt, steht die ganze Pfanne zentimetertief unter Wasser. In den angrenzenden Ebenen kann man dann Herden von 10 000 Stück Wild und mehr sehen. Vor dem weißen Hintergrund bieten die Tiere einen grandiosen Anblick.

Nicht nur das Wild ist hier die Attraktion, sondern die einfache Schönheit der Landschaft. Das Grasland scheint endlos zu sein. In den Senken hat sich Humuserde gesammelt, in der Bäume wachsen. So sind Inseln üppigerer Vegetation entstanden. Im Morgenlicht sind ferne Bergkuppen zu sehen. Zwischen November und April reichen die Wildherden manchmal von Horizont bis Horizont. Hier soll es die größten Gemsbok-Herden der Welt geben. Während der Regenzeit setzt eine Nordwanderung der Herden in Richtung Nxai-Pfanne ein. Sehenswert ist auch die felsige Insel Kubu-Island mit ihren bizarren Baobabs und Steinwallruinen. Nach Süden schließen sich zwei kleinere Inseln und das Dorf Mosu an.

Die Nxai-Pfanne **10** (S. 330), ca. 35 km nordwestlich der Nata-Maun-Straße, zu der eine Abzweigung 170 km von Nata und 135 km von Maun abgeht, ist viel kleiner als die Makgadikgadi-Pfanne. Auch hier ist die beste Besuchszeit während der Regenzeit von Dezember bis März, wenn sich das Wild auf dem offenen Grasland versammelt. Außerhalb des eigentlichen Nationalparks und südlich davon steht eine Gruppe von großen Baobabs, die 1862 von dem

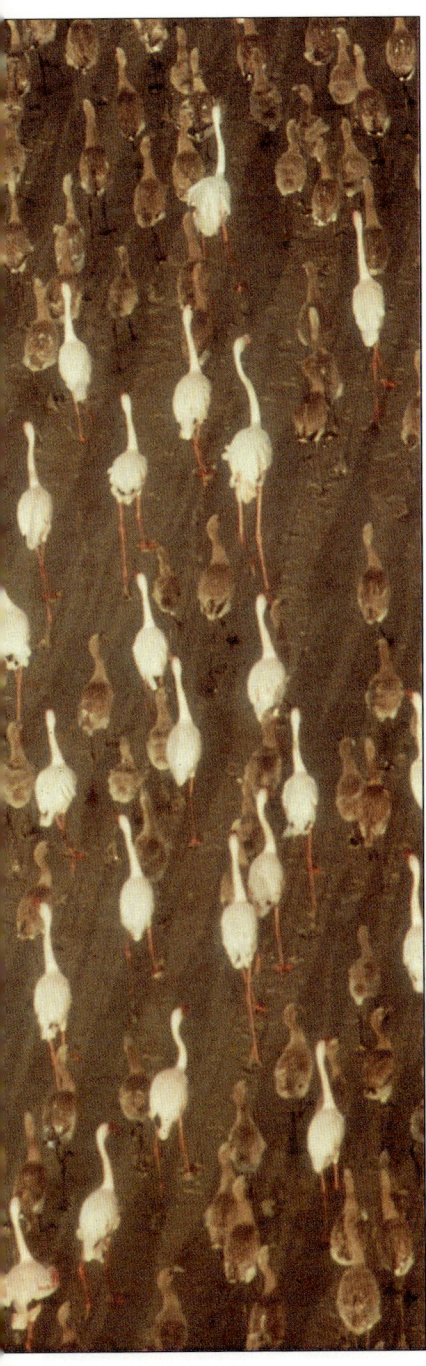

englischen Maler Thomas Baines gemalt wurden und bis heute keine wesentlichen Veränderungen aufweisen.

Südlich der Makgadikgadi-Pfanne liegt der für die Öffentlichkeit gesperrte Ort **Orapa** 🔟: Hier befindet sich die zweitgrößte Diamanten-Mine der Welt. Als de Beers sie 1967 entdeckte, gab es beträchtliche Aufregung. Die Ausbeutung konnte erst beginnen, nachdem eine Straße nach dem 200 km entfernten Francistown, ebenso ein Kraftwerk und vor allem eine Wasserleitung von der Mopipi-Pfanne aus gebaut worden waren. 1971 lief die Ausbeutung an. Gefördert werden meist weniger wertvolle Industriediamanten.

Der Norden ist das eigentliche Tourismuszentrum Botswanas. **Maun** 🔢 (S. 330), im Grunde nicht mehr als ein staubiges Dorf, ist Tor zum **Okavango-Delta** 🔢 (S. 330) und Ausgangspunkt für den gesamten Tourismus im Norden. Maun selbst war ursprünglich ein Handelsposten und Basis für weiße Jäger.

Der Norden: Okavango, Moremi und Chobe

Okavango, Sensation zwischen Land und Wasser

Der Wasserstand des Okavango ▪ bestimmt die Jahreszeiten im Delta. Wenn zwischen Januar und März in Angola die Regen einsetzen, dauert es zwei Monate, bis der Okavango im Norden Botswanas zu einem 300 m breiten und 3 m tiefen Fluß anschwillt und die verstärkte Wasserführung den südlichen Teil des Deltas erreicht hat, das zwischen Mai und August den höchsten, zwischen September und März den niedrigsten Wasserstand aufweist. Die Flut wird durch schwimmende Papyrus-inseln gebremst und in zahllosen Seen gestaut, bevor sie das Südende des Deltas erreicht. Die wasserreichste Zeit fällt im vom Sahel-Klima geprägten Botswana größtenteils mit der Trockenzeit zusammen, die von Ende April bis September dauert. Das oft unvermittelte Nebeneinander von wüstenartiger Trockenheit und tropischer Feuchtigkeit macht den besonderen Reiz des Deltas aus. Der Okavango ist ein Fluß, der in der Wüste versickert. Er verläuft in einem Gewirr von Sümpfen, Seen und Lagunen, das sich obendrein von Jahr zu Jahr verändert. Doch ehe er verschwindet, hat er ein Paradies geschaffen. Wenn sein Wasser anschwillt, sich in abertausend Arme verfächernd in der Kalahari ausbreitet und ein riesiges Gebiet überschwemmt, setzt eine für das sonst dürregeplagte Afrika überaus üppige Vegetation ein, und mit ihr kommen die Tiere.

Das ausgedehnte Feuchtbiotop – über 16 000 km² – ist für Afrikas Tierwelt, die hier von weither zusammenströmt, ein Schlaraffenland. In den Niederungen wächst das Gras hoch, grün und saftig. Es bietet riesigen Zebra-, Antilopen- und Gnuherden die bevorzugte Nahrung. Büffel, Wasserböcke, rötlichbraune Lechwe – und die seltenen Sumpfantilopen (Sitatunga) ziehen die besonders feuchten Flächen vor, und dort, wo die Fluten sich sammeln und seichte Tümpel bilden, stehen die Flußpferde, tagsüber träge fast ganz unter Wasser, um sich abends behende an Land zu begeben und in der Nacht genüßlich zu fressen.

Warzenschweine hausen in Erdlöchern oder sind familienweise unterwegs. Giraffen wandern in Zeitlupe durch die Baumsavanne. Außer Rhinos, die selten auffindbar sind, ist alles versammelt, was der Kontinent an Tieren beherbergt.

Land und Wasser sind hier eine schwer trennbare Verbindung eingegangen. Je weiter man flußaufwärts nach

Abendstimmung im Okavango-Delta

Norden kommt, um so deutlicher dominiert das Wasser. Im permanenten Flußdelta wuchern Papyrusdschungel, und die Flußläufe verändern sich. Sie wandern. Häufig bilden Termitenbauten, phantastische Gebilde, die gelegentlich 3 m hoch sind und so selbst den höchsten Wasserstand überragen, den Kern einer Erhebung, die sich zu einer Insel höherer Vegetation entwickelt. Hier können Bäume das ganze Jahr hindurch wachsen und imposante Dimensionen erreichen. In ihrem Schatten siedeln sich andere Pflanzen an.

Üppigkeit, Vielfalt und Unberührtheit machen den Reiz der Landschaft aus. Weite offene Ebenen wechseln mit lauschigen alten Wäldern, riesige Flächen seichten Wassers mit Dornbüschen und sandiger Steppe. Die markanten Silhouetten jahrtausendealter Baobabs, mächtige, meist blattlose Gebilde, sind in der flachen Landschaft weithin sichtbar.

Hier sterben Bäume auf natürliche Weise. Die Schirmakazie vertrocknet und zerfällt auf dem Boden zu Staub. Tierlosung und verfaulendes Holz verschwinden spurlos. Löwen schlagen Gazellen, Hyänen fressen die Knochen. Der Kreislauf der Natur vollzieht sich ungestört. So müssen die ersten weißen Forschungsreisenden und Entdecker den Kontinent vorgefunden haben. Die Beschreibungen der Reisen von Mungo Park und Heinrich Barth durch Westafrika und die dazugehörigen zeitgenössischen Stiche decken sich erstaunlich gut mit dem Bild, das diese Landschaft unverändert präsentiert, während Westafrika heute kaum noch die Reize der Landschaft und Tierwelt bietet.

Selbst die hier lebende Bevölkerung ist im Okavango-Delta nie wirklich seßhaft geworden. Wegen der Verbreitung der Tsetse-Fliege konnte die Region weidewirtschaftlich nie genutzt werden.

Menschen sind Fremdkörper in dieser Umgebung, wenngleich ihre hochrädrigen Geländewagen sich, Elefanten gleich, auch abseits der wenigen und durchweg unbefestigten Wege mühelos durch den Busch arbeiten.

Moremi Wildlife Reserve

Moremi ■, am Ostrand des Okavango-Deltas gelegen, gilt als schönstes Wildreservat im südlichen Afrika. Hier ist der Anblick großer Herden von Wild garantiert. Meist sind fast alle Tiere zu sehen: Leopard, Löwe, Elefant, Elen, Kudu, Büffel, Zebra, Impala. Hinzu kommen die seltene Sitatunga- und die Lechwe-Antilope. Das Reservat umfaßt mehr als 1000 km^2 Fläche mit grasreichem Flutland, palmenbestandenen Inseln, gewundenen Wasserläufen mit Papyrus- und schilfbewachsenen Ufern, Urwald und seerosenbedeckten Lagunen.

Besorgt über die zunehmende Ausbreitung des Jagdtourismus, hatte die Witwe des Tswana-Chiefs Moremi III., Pulane Moremi, 1961 auf ihrem eigenen Land dieses Reservat geschaffen, dessen Management inzwischen beim staatlichen Department of Wildlife und National Parks liegt. Moremi hat nur unbefestigte Pisten. Für den Besuch sind im allgemeinen Führer erforderlich. Man kann aber auch im eigenen Wagen die Straße am Wasser entlang fahren. Die hierzu erforderlichen genauen Karten sind beim Department of Survey and Land in Gaborone erhältlich. Das Reservat ist während der Regenzeit geschlossen, da nur in der Trockenzeit von Mai bis November geländegängige Fahrzeuge passieren können. Für kleine Maschinen ist eine Flugpiste vorhanden. Schon die Straße von Maun nach Moremi erfordert Vierradantrieb.

Sanfter Tourismus
im Okavango-Delta

Bis auf 50 m kommen die Löwen nachts ans Camp heran und jagen den Touristen, die, nur durch eine dünne Zeltwand von der Wildnis getrennt, aus leichtem Schlaf aufschrecken und verunsichert lauschen, einen Schauer über den Rücken.

Die Zelte und Hütten des auf Chief's Island gelegenen Mombo-Camp – insgesamt 16 Betten, durchaus komfortabel mit Badezimmer ›en suite‹ und heißem und kaltem Wasser – sind nur aus der Luft nach 40minütigem Charterflug von Maun zugänglich und bilden eine Art Außenposten der westlichen Zivilisation, die dann auch abends genüßlich zelebriert wird. Ein nostalgischer Hauch vergangener Großwildjäger-Zeiten ersteht, wenn Gäste aus aller Herren Länder – Italiener, Engländer, Australier und natürlich Deutsche – sich an der Bar zum Aperitif versammeln, um anschließend in der offenen Boma gemeinsam zu Abend zu essen.

Wie Außenposten der westlichen Zivilisation . . .

Nach Wild jedoch hält man auf dem Speisezettel vergeblich Ausschau – in Mombo wird seit langem nicht mehr gejagt. Die Entwicklung von der Jagd- zur Fotosafari bleibt nicht stehen. Noch benutzen die Safari-Anbieter schwere Landcruiser und schnelle Motorboote, doch die Tage der schweren Fahrzeuge sind gezählt: Der umweltschonenden und körperertüchtigenden Walking-Safari, dem Wandern, gehört in Afrika die Zukunft. Mombo soll Basis für mehr-

tägige Fußwanderungen werden. Unter Führung eines erfahrenen und bewaffneten Rangers will man mehrtägige Wanderungen – Safaris zu Fuß – veranstalten, in kleinen Gruppen, von Lager zu Lager. Koch oder Köchin sind immer dabei. Ähnliches gibt es schon im nördlichen Nachbarland Zimbabwe.

Vollends als Pionier fühlt sich der Tourist gut zehn Flugminuten weiter nördlich auf Jedibe-Island. Hier liegt das einzige Camp im Zentrum des permanenten Deltas. Bis vor kurzem Anglern und Vogelliebhabern vorbehalten, hat ›Wilderness Safaris‹, ein privates Tourismusunternehmen, das außer Jedibe Camp auch Mombo Lodge und weitere ähnliche Camps in Zimbabwe und Namibia betreibt, auch hier nun den allgemeinen Tourismus lanciert. Pirschfahrten zu Land finden in Jedibe nicht statt. Denn das Wasser überwiegt bei weitem. Die riesigen Grünflächen, die man vom Flugzeug aus sehen konnte, stellen sich aus der Froschperspektive als sanft fließende Gewässer dar, in denen dichtes Papyrus- und Schilfdickicht wächst. Seerosenbestandene Teiche wiederum entpuppen sich als so seicht, daß selbst flache Motorboote nicht passieren könnten. So ist das Programm durchaus beschränkt: Ausflug im Motorboot zur Fütterung eines Seeadlers, Picknick auf einer Insel mit einem 3000jährigen Baobab. Auch in Jedibe gibt es auf manchen Inseln dichte Wälder mit schönem alten Baumbestand. Von der scheuen, seltenen Sumpfantilope Sitatunga bekommt man meist nur die breithufigen Spuren zu sehen; dafür um so mehr

Krokodile und Hippos, Seeadler, Kormorane und Hunderte anderer Vogelarten. Für Ornithologen und Angler ist Jedibe tatsächlich ein Paradies. Der Nicht-Angler und Nicht-Vogelliebhaber wendet sich spätestens am dritten Tage der Muße, dem Gespräch oder der Lektüre zu.

Das Touristenprogramm verdient allerdings auch Kritik – denn das Ökosystem des Okavango scheint auf Jedibe fragiler, leichter verletzbar als im nichtständigen Flußdelta. Mit Motorbooten durch die von Papyrus gesäumten Flußläufe zu brausen, Seeadler zu füttern, ist angesichts der Unberührtheit der Natur ein Sakrileg. Vielmehr ist der Mokoro, der Einbaum, das einzige angebrachte Verkehrsmittel. Lautlos und praktisch ohne Tiefgang wird er von einer Art Gondoliere mit einem langen Holzstock vorangeschoben und durchteilt auch dann noch das dichteste Dickicht, wenn man sich schon hoffnungslos in der Sackgasse glaubt und unter dem Kiel kaum noch Wasser ist.

... wirken die gemütlichen Camps im Okavango-Delta

Tswana-Frau in den Tsodilo Hills

Tsodilo Hills

Ein entlegenes Reiseziel sind die Tsodilo Hills  am nordwestlichen Ende des Okavango-Deltas, ca. 50 km südlich von Shakawe. Man erreicht sie am leichtesten mit dem Flugzeug. Ihr Anblick läßt den Besucher ins Schwärmen geraten: – je nach Lichteinwirkung sind die Granitfelsen grau oder sanftgelb, gesprenkelt mit Purpur und rot, honiggelb oder rosa. 385 m hoch erheben sie sich aus der unendlichen Ebene und bilden eine 20 km lange, festungsartige Steilstufe. Es handelt sich um vier Hügel, von denen der große traditionell als männlich, der weiter nördlich gelegene als weiblich und der kleine im Norden als Kind bezeichnet wird.

Die Hügel galten den San als heilig; sie sind berühmt für ihre Malereien, über 2000 an der Zahl und an über 250 verschiedenen Stellen. Die ältesten, schätzungsweise 4000 Jahre alt, stellen Tiersilhouetten, zunächst mit zwei, später mit vier Beinen dar. Später werden ganze Herden dargestellt. Die neue-

ren zeigen Männer bei der Jagd. Die ganz späten stellen Rinder dar. Heute leben zwar noch San in der Nähe, doch sie malen nicht mehr und scheinen auch nicht die Techniken ihrer Vorfahren zu kennen. Führer finden sich im Dorf beim männlichen Hügel. Noch näher am Hügel liegt ein San-Lager.

Chobe National Park

Der Chobe, der unter anderem Namen im angolanischen Hochland entspringt, ist ein Nebenfluß des Zambezi. Vom Oberlauf des Chobe, dem Linyanti, fließt je nach Regenmenge der **Savuti-Kanal** ■ über 100 km weit in die **Mababe-Senke** ■ und bildet am Einlauf einen Sumpf. Fest steht, daß der Savuti-Kanal in den Jahren 1850–80 regelmäßig geflossen ist und dann austrocknete. Seit Mitte der 50er Jahre fließt er in regenreichen Jahren wieder. Der Savuti ist für seine Löwen berühmt.

Kasane ■ (S. 329), die über 1000 km von Gaborone entfernte Verwaltungshauptstadt des Chobe-Distrikts, ist Ausgangspunkt für den Besuch des Chobe-Nationalparks. Der Ort im Vierländereck Botswana, Zimbabwe, Zambia und Namibia ist nur etwa eine Stunde Fahrt vom Flughafen Victoria Falls in Zimbabwe entfernt. Neuerdings verfügt auch er über eine geteerte Landebahn und wird im Liniendienst über Maun von Air Botswana angeflogen. Die Lodges in Kasane bieten im allgemeinen Flußfahrten an.

Die beste Besuchszeit liegt zwischen April und November, wenn die Tiere sich am Fluß und den Wasserstellen konzentrieren. Am interessantesten sind die ersten 50 km von Kasane aus längs des Flusses. Wenn man Glück hat, kann man an einem einzigen Nachmittag alles, was es an Wild gibt, beim Trinken am Fluß beobachten. Der Chobe-Buschbock ist nur hier anzutreffen.

Im Unterschied zu den Mopane-Wäldern im Moremi-Park bieten sich dem Auge hier weite Savannengebiete dar. Große Herden von Elefanten und Büffeln, ferner Tsessebe, Wasserbock, Elen, Sable, Giraffen und Rhinos und manchmal auch die seltene Puku-Antilope sind zu sehen. Die offenen Ufer geben besonders gut den Blick auf das Wild frei. Berühmt sind die Chobe-Elefanten, die am späten Nachmittag ans Wasser kommen und dann im rötlichen Abendlicht ein ideales Fotomotiv abgeben. Doch Vorsicht! Es sind häufig Elefantenkühe mit Jungen, die leicht erregbar sind und durchaus aggressiv werden können.

Mit wachsender Entfernung vom Flußufer ändert sich die Landschaft von Wald zu Busch. Im Süden des Parks liegen die Pfannen und Sümpfe der Mababe-Senke; ca. 50 km südlich von Kasane herrschen Mopane-Wälder vor. Im Südwesten dominiert der Kalahari-Trokkenbusch.

Vom Okavango zurück in den Süden

Die meisten Besucher des Okavango-Deltas kommen und gehen im Flugzeug. Wer sich im Auto fortbewegt, sollte einen Geländewagen benutzen, wie er auch für den Besuch der Gcwihaba Caverns erforderlich ist. Die Höhlen, in ihrer Einsamkeit und Unberührtheit faszinierend, sind kaum weniger abgelegen als die Tsodilo-Hügel. Um sie zu erreichen, biegt man auf der Straße von **Maun** **1** nach Ghanzi in **Toteng** **2** Richtung **Sebitwa** **3** ab und fährt von dort aus nördlich bis **Tsau** **4**. Die folgenden 150 km Piste sind zwar ausge-

schildert, gehen aber quer durch den Busch. Nach ca. 150 km führt die Piste unvermittelt abwärts in ein offenes Tal. Noch ehe man den tiefsten Punkt des Tales erreicht, folgt man einer Abbiegung nach links, die nach weiteren 35 km zu den **Gcwihaba-Höhlen** **5** führt.

Gcwihaba bedeutet ›das Loch der Hyäne‹ in der Sprache der hier ansässigen Qung. Mitte der 30er Jahre zeigten sie die Höhlen dem in Ghanzi ansässigen Farmer Martinus Drotsky; daher sind sie auch als Drotsky-Höhlen bekannt. Sie liegen in einem endlosen Dünenfeld. Die Höhlen selbst haben zwei Eingänge, die ca. 300 m voneinander entfernt sind. Der westliche Eingang führt bergab durch eine Serie von Höhlen zu einem großen unterirdischen Raum. Von einem Eingang zum anderen zu gelangen, ist nicht einfach, weil es viele Sackgassen und schwierige Passagen gibt. Die Höhlen waren erkennbar mehrfach überflutet. Auch Erdbeben haben ihre Spuren hinterlassen. Die Gegend ist unbewohnt; Besucher müssen Wasser und Beleuchtung mitnehmen (Fackeln).

Wer von Toteng aus der Hauptstraße nach Ghanzi folgt, passiert rechter Hand den **Ngami-See** **6**. Als David Livingstone den mythenumwobenen See 1849 als erster Europäer erreichte, war dieser 240 km breit, und es wimmelte dort von Wild. Heute ist er allenfalls noch 65 km lang und 16 km breit und trocknet von Jahr zu Jahr weiter aus. Die Fische können im Schlamm die Trokkenzeit bis zum Eintritt der Regenzeit überdauern. Die Viehzucht ist auch bis hierhin vorgedrungen und hat das Wild bereits weitgehend verdrängt. Doch der Ngami-See ist noch immer ein Vogelparadies, in dem es von Flamingos und Pelikanen nur so wimmelt. Er lebt vom Wasser des Okavango-Deltas.

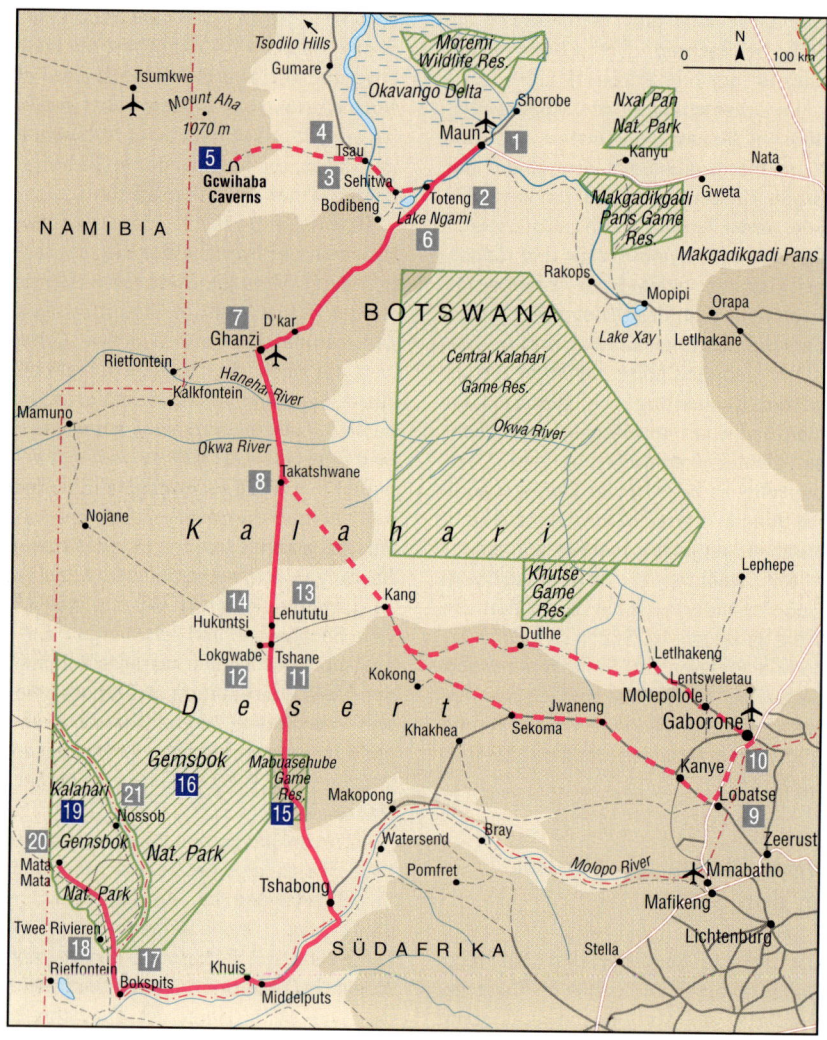

Vom Okavango zurück in den Süden

Ganzi **7** (S. 329) ist auf der langen Reise von Lobatse nach Namibia und von Tshabong nach Ngamiland ein Kreuzpunkt in der Wüste. Ursprünglich von Khoikhoi bewohnt, ist es heute Zentrum für die insgesamt 190 Viehzüchter der Region, größtenteils Englisch und Afrikaans sprechende Weiße, die ihren wirtschaftlichen Erfolg den reichlichen Grundwasservorräten verdanken. Die ersten weißen Siedler waren schon 1874 gekommen. Die Nachfahren von Hendrik van Zyl besitzen noch heute die Farm No. 1 in Ghanzi. Bei der Einrichtung des Protektorats sah Cecil Rhodes in der Ansiedlung von Weißen in Ghanzi die

Chance, einen Puffer gegen den deutschen Expansionismus in Namibia zu schaffen, und so schickte er im Jahr 1898 37 weiße Familien hierhin. Bei Ghanzicrafts, zwischen dem Kalahari Arms Hotel und der Post, gibt es schöne Handarbeiten der San.

In **Takatshwane** 8 gabelt sich die Straße nach Süden: Geradeaus geht es nach Tshane und durch das Mabuasehube-Wildreservat nach Tshabong und von dort westlich über Bokspits nach Südafrika. Wer nach Gaborone will, fährt links über Kang und dann entweder über Molepolole weiter oder über Jwaneng (S. 329) und Kanye. Auf dieser Route kommt man ca. 70 km südlich von Gaborone durch **Lobatse** 9 (S. 329). Die Stadt ist Sitz des High Court und mit einem großen Schlachthof und einer Fleischkonservenfabrik ein Zentrum der Viehwirtschaft. Von allen Teilen des Landes wird hier das Vieh angetrieben. So besteht auch ein Viehtrail von Ghanzi über 500 km. Im ›Tiro ya Diatla‹-Handicraft-Centre befindet sich eine Teppichmanufaktur.

Der Südwesten Botswanas

Tshane 11 und die umliegenden Ortschaften lohnen einen Besuch. In Tshane ist es das Anfang dieses Jahrhunderts erbaute Gebäude der Polizeistation, das besichtigungswert ist. In **Lokgwabe** 12, 11 km südwestlich gelegen, haben die Khoikhoi, die 1904 im Aufstand gegen die deutsche Kolonialherrschaft in Namibia gekämpft und dann den Schutz der Briten gesucht haben, eine neue Heimat gefunden. Nördlich von Tshane liegt **Lehututu** 13, früher ein geschäftiges Handelszentrum. Der alte Laden ist noch heute in Betrieb.

Hukuntsi 14 ist das Verwaltungszentrum der Region.

Knapp 100 km südlich von Tshane beginnt das **Mabuasehube Game Reserve** 15. Besonders häufig ist hier die Oryx-Antilope anzutreffen, deren Hörner so scharf sind, daß sogar Löwen sie fürchten. Hier ist auch die Heimat der berühmten schwarzmähnigen Kalahari-Löwen. Während der Regenzeit von Oktober bis April wandern große Gnu-, Gemsbok-, Springbock- und Elen-Antilopen-Herden durch das Wildreservat und in ihrem Gefolge alle Arten von heimischen Raubtieren. Verpflegung, Benzin und Wasser sind mitzubringen.

Der **Gemsbok National Park** 16, der sich anschließt, ist eine einmalige Naturlandschaft. In der Regenzeit von November bis April präsentieren sich rote Dünen und grüne Akazien als Hintergrund für prächtige Fotomotive. Gemsbok, Gnu, Elen, Springbock, Löwe, Hyäne, Gepard und Schakal geben sich hier ein Stelldichein. Der Park grenzt an den südafrikanischen **Kalahari Gemsbok National Park** 19 (S. 316). Zugang nach Botswana ist auch durch diesen möglich, ebenso wie die Infrastruktur des südafrikanischen Teils auch von Botswana aus genutzt werden kann. Die beste Zeit für einen Besuch liegt zwischen Mai und September, ab Oktober wird es sehr heiß. Im südafrikanischen Teil finden sich drei Camps: **Twee Rivieren** 18, **Mata Mata** 20 und **Nossob** 21, mit Bungalows und Zeltplätzen. Weihnachten und Ostern sind diese in der Regel ausgebucht. Im botswanischen Teil gibt es keine Camps.

Bokspits 17 in der äußersten südwestlichen Ecke Botswanas hat große rötliche Dünen. Der Name geht auf einen Mann namens Bok zurück, der hier einen Brunnen *(pit)* grub. Heute ist Bokspits Zentrum der Karakulzucht.

Zimbabwe

Landeskunde im Schnelldurchgang: Zimbabwe

Fläche: 390 759 km^2
Einwohner: ca. 11 Mio.
Hauptstadt: Harare
Amtssprache: Englisch
Währung: Zimbabwe-Dollar (Z$)
Zeit: Harare MEZ plus eine Stunde

Geographie: Zimbabwe liegt im Südosten Afrikas zwischen den Flüssen Limpopo im Süden und Zambezi, dem viertgrößten Fluß Afrikas, im Norden. Der Zambezi bildet im äußersten Westen des Landes einen der großartigsten Wasserfälle der Welt, die Victoria-Fälle. Quer durch die Mitte des Landes verläuft von Nordosten nach Südwesten ein ca. 650 km langes und 80 km breites Zentralplateau, das Highveld, das an beiden Seiten von einem Middleveld begrenzt wird. Im Nordosten bildet eine Bergkette mit Höhen bis zu 2500 m die Grenze zu Mosambik.

Geschichte: Sichtbares Symbol der langen Geschichte des Landes sind die Steinbauten von Great Zimbabwe südlich von Masvingo, die aus dem 9. Jh. n. Chr. stammen. Ende des 19. Jh. geriet Zimbabwe in den Strudel des britischen Kolonialismus. Der Politiker und Finanzmagnat Cecil Rhodes schloß mit dem Ndebele-König Lobengula einen Vertrag, der als Basis für die spätere Kolonisierung diente. Als Mitte der 60er Jahre immer mehr afrikanische Länder unabhängig wurden, verweigerte der Regierungschef Ian Smith der schwarzen Mehrheit weiterhin das Wahlrecht und erklärte einseitig die Unabhängigkeit von Großbritannien unter einer weißen Minderheitsregierung. Erst Ende der 70er Jahre verständigte er sich unter dem Druck der Weltöffentlichkeit und eines fortschreitenden Guerillakrieges mit den Befreiungsbewegungen. In den ersten allgemeinen Wahlen gewann 1980 der Führer der ZANU-PF-Partei, Robert Mugabe, 60 % der Stimmen und wurde Regierungschef des unabhängigen Zimbabwe.

Politik: Als Zimbabwe sich 1980, später als die Mehrheit der anderen afrikanischen Staaten, aber lange vor Namibia (1990) und Südafrika (1994), aus weißer Vorherrschaft löste, galt es als Modell für friedliche Koexistenz zwischen Schwarz und Weiß. Inzwischen hat dieses Modell an Glanz verloren: Obwohl von den 270 000 weißen Staatsbürgern nur noch weniger als ein Viertel im Lande leben, sind sie dem Präsidenten, der ein überzeugter Marxist ist, ein Dorn im Auge, weil sie noch immer das beste Land besitzen und in der Wirtschaft den Ton angeben. Trotz des geltenden Mehrparteiensystems hat die ZANU-PF-Partei des Präsidenten ein Machtmonopol (»Zanukratie«), das Partei- und Regierungsfunktionäre zu ihrem persönlichen Vorteil ausnutzen. Deshalb ist seit der Unabhängigkeit eine Verschlechterung des politischen und wirtschaftlichen Klimas zu verzeichnen.

Wirtschaft: Vier Fünftel der Bevölkerung sind direkt oder indirekt in der Landwirtschaft tätig. Rückgrat der Wirtschaft sind die – überwiegend weißen – Großfarmer. Tabak kommt für ein Fünftel der Agrarexporte auf; Baumwolle ist der zweitwichtigste Devisenbringer. Mais ist Grundnahrungsmittel. Wirtschaftlich bedeutend ist auch der Minensektor. Zimbabwe hat auch einen für afrikanische Verhältnisse weit entwickelten Industriesektor. Die Arbeitslosigkeit beträgt 50 %, die Inflation liegt bei über 20 %.

Zimbabwe hat ein bedeutendes touristisches Potential, das allmählich mobilisiert wird. So ist der Tourismus nach der Landwirtschaft und dem Minensektor der inzwischen größte Devisenbringer. Dennoch ist die Touristikindustrie wegen der starken Beteiligung staatlicher Stellen international nicht wettbewerbsfähig. Die meisten Reisenden kommen aus Südafrika und Großbritannien.

Bevölkerung und Sprachen: Die knapp 11 Mio. Einwohner ergeben auf die Fläche bezogen eine Bevölkerungsdichte von 28 pro km^2. Die Bevölkerung ist für afrikanische Verhältnisse recht homogen; ungefähr zwei Drittel der Menschen sind Shona (meist zu den Untergruppen Karanga und Kalanga gehörig); etwa ein Fünftel Ndebele, und ca. 5 % gehören afrikanischen Minderheits-Ethnien an, wie den Tonga im Nordwesten oder den Vendao und Hlengwe im Südwesten und Osten. Die restlichen 1,5 % sind Weiße, Asiaten und einige wenige Farbige. Sprachen: Außer der Amtssprache Englisch gibt es Fanagalo (eine kreolische Sprache) und Bantu-Sprachen wie Shona und Ndebele.

Religion: Überwiegend Naturreligionen; ca. 45 % Christen verschiedener Riten, wenige Moslems, Orthodoxe und Juden.

Klima und Reisezeit: Das für Mitteleuropäer angenehme Klima macht Reisen in Zimbabwe fast das ganze Jahr über attraktiv. In den meisten Teilen des Landes mildert die Höhe die tropischen Temperaturen, die in diesen Breiten üblich sind. Oktober ist der heißeste Monat (bis 32 °C). In den folgenden Sommermonaten wird die Hitze (bis 30 °C) durch Regenfälle gemildert. Die Regenzeit dauert von November bis April. Der Winter reicht von Mai bis August. Juni und Juli sind mit immerhin noch 21 °C Maximaltemperaturen die kühlsten Monate.

Kunst: Die Steinskulpturen der Shona haben eine lange Tradition. In Harare und Bulawayo finden sich Galerien, in denen zeitgenössische Künstler ihre Werke anbieten. Originelle Holzskulpturen schafft Zephania Tshuma.

Geschichte

Als ursprüngliche Bewohner des Plateaus zwischen Limpopo und Zambezi gelten die San, die hier seit 40 000 Jahren ansässig sind, während die größeren und dunkleren Bantu erst vor ca. 2500 Jahren einwanderten. Sie haben schließlich – wohl um die Zeitenwende – die San unterworfen und weitgehend vertrieben.

Vom 8. Jh. an entstand südlich von Masvingo, einer Region mit ungewöhnlich gemäßigtem Klima, **Great Zimbabwe**, ein kulturelles und politisches Zentrum der Bantuvölker. Kennzeichnend waren Steinbauten, für die man das Material aus den Granitfelsen der umliegenden Hügel holte und die Dzimbahwe, Steinhäuser, genannt wurden. Die Blütezeit dieser Kultur lag zwischen 1050 und 1450. Damals lebten in Great Zimbabwe ungefähr 10 000 Menschen; es war Sitz der Karanga-Dynastie und Hauptstadt eines Königreiches, das vom Zambezi bis zum Limpopo, vom heutigen Botswana bis Mosambik reichte und über Ostafrika Handel mit Arabien, Indien und China trieb. Dabei wurden Gold und Elfenbein gegen Tuche, Perlen und Porzellan getauscht.

Die Architektur diente dem Ruhm der Dynastie, nicht der Verteidigung. Die Ursachen des plötzlichen Niedergangs bleiben rätselhaft. Fest steht, daß Great Zimbabwe praktisch über Nacht unbedeutend wurde, obwohl hier noch weitere drei Jahrhunderte lang Menschen, wenn auch in geringer Zahl, lebten.

Anfang des 15. Jh. bildete sich nördlich des Zambezi das Reich der **Tonga und Tavara**, das in der Nähe reicher Salz- und Eisenerzvorkommen errichtet und von einem Monomotapa (›Herr der Minen‹) geführt wurde. In der Region südlich von Bulawayo entstand im 16. Jh. eine Dynastie mit der Hauptstadt Khame, die, wie die heutigen Ruinen erkennen lassen, in der Tradition von Great Zimbabwe stand.

Die von Osten her vordringenden **Portugiesen** wurden in mehreren Schlachten zwischen 1684 und 1695 von der Changamire-Dynastie des Rozvi (›Zerstörer‹)-Reiches geschlagen, das sich bis fast Mitte des 19. Jh. behaupten konnte. Vom Osten her fiel Anfang des 19. Jh. Soshangane in Manyakaland ein (heute Manicaland) und unterwarf die südöstlichen Shona.

Als um die gleiche Zeit die Nguni-Völker unter ihrem Führer Shaka Zulu in Bewegung gerieten, hatte dies auch tiefgreifende Auswirkungen auf Zimbabwe. Zulu unterwarfen 1834 in Manyanga die Rozvi, und einer ihrer Führer **Mzilikazi**, erbaute die Stadt Inyani in der Nähe von Bulawayo. Seine Leute wurden von anderen Stämmen **Matabele,** Männer der langen Schilde, genannt. Zur gleichen Zeit begann die christliche **Missionierung** in Zimbabwe, deren bedeutendster Vertreter Robert Moffat war – er war 30 Jahre lang Berater und Freund von Mzilikazi und wurde Schwiegervater von Livingstone.

Lobengula, der Sohn des Mzilikazi, wurde 1870 Führer der Ndebele. Seine neugewonnene Macht nutzte er dazu, um mit seinen Feinden abzurechnen – in einer blutigen Schlacht kamen 350 Angehörige der Ndebele-Aristokratie zu Tode. Indem sich Lobengula jedoch seiner Feinde entledigte, zerstörte er gleichzeitig die Machtbasis des Ndebele-Volkes, denn die Aristokratie hatte das militärische Rückgrat dargestellt. In der kommenden Auseinandersetzung

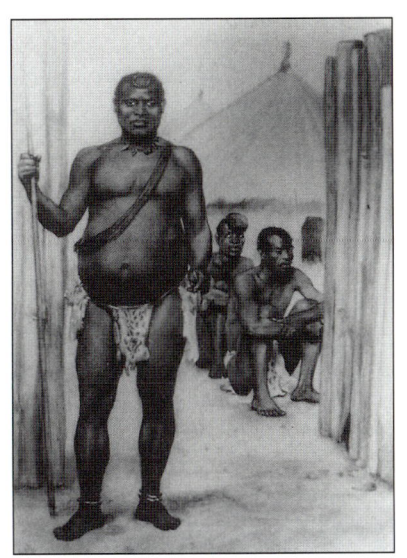

Der Ndebele-Herrscher Lobengula

mit dem britischen Kolonialismus, verkörpert durch den britisch-südafrikanischen Politiker und Finanzmagnaten **Cecil Rhodes,** der Afrika vom Kap bis nach Kairo hin der britischen Krone einverleiben wollte und nichts mehr als eine Vorherrschaft der Buren fürchtete, sollte sich das bitter rächen.

1872 gründete Lobengula Bulawayo. 1888 entsandte Cecil Rhodes Unterhändler, um einen Vertrag mit Lobengula zu schließen. Am 30. Oktober übertrug dieser Rhodes exklusiv alle Schürfrechte gegen Zahlung von 100 Pfund monatlich sowie die Übergabe von 1000 Gewehren, 100 000 Patronen und einem Kanonenboot für Patrouillenfahrten auf dem Zambezi, das im übrigen nie geliefert wurde. Es hätte auch keinen Unterschied gemacht – Lobengula hatte mit diesem Vertrag die Basis seiner Herrschaft aufgegeben. Rhodes hatte seine vertraglichen Rechte in die British South African Company (BSAC) eingebracht, die von England mit Truppen unterstützt wurde. 1889/90 besetzte Rhodes das Land, in das von nun an ungehindert weiße **Siedler und Goldsucher** aus Südafrika einströmten. 1890 gründeten sie am Harare-Berg eine Stadt und nannten sie nach dem britischen Premierminister Salisbury (das heutige Harare); ab 1895 hieß das ganze Land Rhodesien.

Lobengula fühlte sich bedroht. 1893 kam es zu einem Aufstand der Ndebele. Ein abermaliger Aufstand 1896/97 fand Unterstützung sowohl der Ndebele als auch der Shona. Er wird heute als erster Freiheitskampf, **Chimurenga,** gefeiert. Im Jahr 1900 erfolgte die Loslösung von der BSAC und 1922 die Trennung von Südafrika. Das Land unterstand nun als **Kolonie Rhodesien** direkt dem britischen Empire.

1953 wurden Nordrhodesien, Nyassaland und Südrhodesien zur Federation of Rhodesia and Nyassaland vereinigt, doch der Zusammenschluß hielt nur wenige Jahre, bis die erstarkenden Freiheitsbewegungen der schwarzen Bevölkerungsmehrheit zur Unabhängigkeit von Nordrhodesien (seit 1964: Zambia) und Nyassaland (seit 1966: Malawi) führten. In Südrhodesien hingegen verweigerte der Regierungschef **Ian Smith** der schwarzen Mehrheit das Wahlrecht und erklärte 1965 nach einem Referendum, das die Billigung einer überwältigenden Mehrheit der allein stimmberechtigten Weißen erhielt, einseitig die Unabhängigkeit vom britischen Mutterland. Er verhängte den Ausnahmezustand und regierte mit Hilfe einer **weißen Minderheitsregierung.** Die Vereinten Nationen riefen daraufhin zu einem Boykott Rhodesiens auf. Dieser fand auch weitgehend Beachtung, konnte aber die Regierung Smith nicht in die Knie zwingen, sondern verband Rhodesien nur um so fester mit Südafrika, das ebenfalls dem Mehrheitswahlrecht eine klare Absage erteilt hatte.

Doch im Inneren hatte sich längst der **Widerstand** der schwarzen Mehrheit formiert, die eine Bodenreform und die Rückgabe des Landes von den weißen Siedlern sowie Bildung für alle, Aufhebung der Rassengesetze und staatliche Kontrolle der Schlüsselindustrien forderte. Schon 1934 hatte sich der Southern Rhodesia African National Congress gebildet, der aber erst 1957 durch Vereinigung mit der zwischenzeitlich gegründeten City Youth League zu einer ernstzunehmenden politischen Kraft wurde. Zwei Jahre später traf ihn der Bannstrahl der weißen Regierung. Das gleiche Schicksal erlitt die National Democratic Party (NDP), die daraufhin 1960 gegründet wurde. Ihr Präsident war **Joshua Nkomo;** Robert Mugabe war für die Propaganda zuständig. Als auch die NDP verboten wurde, bildete sich die Zimbabwe African People's Union – ZAPU – als Nachfolge-Organisation, wiederum unter dem Vorsitz Joshua Nkomos. Sie propagierte erstmals den bewaffneten Kampf. Die ZAPU wurde im September 1962 verboten, existierte aber weiterhin im Untergrund und im Exil im benachbarten Tanzania, das gerade unabhängig geworden war. Im August 1963 spaltete sich von der ZAPU unter dem Namen Zimbabwe African National Union **ZANU,** ein militanter Flügel unter Ndabandingi Sithole ab. Generalsekretär wurde Robert Mugabe. Die ZANU nahm 1964 den bewaffneten Kampf in ihr Parteiprogramm auf. Als ein weißer Abgeordneter einem Attentat zum Opfer fiel, verhaftete die Regierung Smith Nkomo und Mugabe.

Aber nun waren bereits Guerillakämpfer, in China und Tanzania ausgebildet, in kleinen Gruppen im Lande aktiv. Als Beginn des **zweiten Freiheitskampfes,**

Zimbabwes Premierminister Robert Mugabe

Chimurenga, gilt heute der 28. April 1966, als ein kleiner Trupp der ZANLA (Zimbabwe African National Liberation Army), dem militärischen Flügel der ZANU, bei Chinhoyi aufgerieben wurde. Zu diesem Zeitpunkt waren auch schon der militärische Flügel der ZAPU, ZIPRA (Zimbabwe People's Revolutionary Army), im Nordwesten im Einsatz.

Der Guerillakampf eskalierte zum offenen Bürgerkrieg, der ungefähr 40 000 Menschen das Leben kostete. ZANLA und ZIPRA arbeiteten mit der mosambikanischen Befreiungsbewegung Frelimo zusammen und hatten Basen in Mosambik und Zambia. Die rhodesischen Regierungstruppen nahmen für sich das Recht auf grenzübergreifende Aktionen in Anspruch. Wie schon im ersten Chimurenga spielten Medien, durch deren Mund nach Vorstellung der Bevölkerung der Gott – Mwari – sprach, eine wichtige politische Rolle. Im zweiten Chimurenga war es eine 80jährige Frau, die in einem Guerillalager in Mosambik lebte.

Der Ndebele-Führer Joshua Nkomo

schofs **Abel Muzorewa** und des Reverend Ndabandingi Sithole auf Wahlen. Aus ihnen ging Muzorewa als Premierminister hervor, doch wurden die Kompetenzen der neuen schwarzen Mehrheitsregierung gegenüber der weißen Minderheit eingeschränkt. So ist es nicht verwunderlich, daß die PF-Parteien ZANU und ZAPU die Wahlen, die den Weißen die Verfügungsgewalt über Justiz, Wirtschaft und Armee sicherte, nicht anerkannten. Auch international wurde die Muzorewa-Regierung nicht bestätigt. Auf Druck der Weltöffentlichkeit hin einigten sich die Beteiligten schließlich 1979 im sogenannten Lancaster-House-Agreement auf Entlassung der Kolonie in die Unabhängigkeit und auf neue Wahlen, wobei den Weißen bis 1990 mindestens 20 von 100 Sitzen im Parlament zugesichert wurden.

Bei den Wahlen – 1980 – erhielt Mugabes ZANU-PF 60 % der Stimmen. Am 18. 4. 1980 wurden Rhodesien – nun Zimbabwe – **unabhängig.** Premierminister wurde Robert Mugabe. Die ersten Jahre des jungen Staates waren geprägt von wachsenden Konflikten zwischen den Shona, dem Volk, dem Mugabe angehörte, und den Ndebele unter Führung von Joshua Nkomo, den Mugabe inzwischen in die Regierung eingebunden hat. 1990 hob er den Ausnahmezustand, den die Regierung Smith 1965 verhängt hatte, wieder auf.

Die Regierung versuchte, durch Umsiedlung der Bevölkerung in sogenannte Schutzdörfer den Befreiungsbewegungen die Basis zu entziehen. Doch das Gegenteil trat ein: Auch vollkommen unpolitische Menschen solidarisierten sich mit der Guerilla. Mit dem Fall des portugiesischen Kolonialreichs, das 1975 zur Unabhängigkeit Mosambiks führte, verlor Rhodesien einen wichtigen Verbündeten. ZANLA und ZIPRA stand von nun an Mosambik als Hinterland offen.

1974 ließ Ian Smith alle inhaftierten ZANU- und ZAPU-Leute frei, darunter auch Nkomo und **Robert Mugabe,** der 1976 den ZANU-Vorsitz von Ndabandingi Sithole, den er entmachtet hatte, übernahm. Bei Verhandlungen, die im gleichen Jahr in Genf unter britischem Vorsitz stattfanden, bildeten ZANU und ZAPU eine gemeinsame Plattform, die sie Patriotic Front nannten; das Kürzel PF wurde fortan den Namen der beiden Parteien hinzugefügt. 1978 verständigte sich Smith mit den Parteien des Bi-

Zimbabwe heute

Als Premierminister Robert Mugabe in seiner Antrittsrede Versöhnung statt Rache propagierte, glaubten viele, daß die friedliche Koexistenz zwischen Schwarz und Weiß als Modell für das benachbarte Südafrika gelten könne, das ebenfalls von einer weißen Minderheit beherrscht wurde. Doch schon bald zeigte sich, daß die Entwicklung nicht so positiv verlief. Zwar hat Robert Mugabe, zunächst Regierungs- und später auch Staatschef, den Sozialismus, den er in der Theorie vertrat, nie konsequent praktiziert. Doch erstens hat die sozialistische Rhetorik allein schon ausgereicht, um die ausländischen Investoren, die das Land so dringend braucht, zu vergraulen. Und zweitens ist die staatliche Gängelei, auch wenn es nicht zu regelrechten Verstaatlichungen kam, unter seiner Regierung doch so stark, daß echte privatwirtschaftliche Initiative immer wieder behindert wird. So haben Zimbabwes Bürokraten mit staatlichem Marketing und Preiskontrollen das privatwirtschaftliche Management demoralisiert. Wirtschaftlicher Wettbewerb findet kaum statt. Denn es zählt nicht die Leistung, sondern ausschlaggebend sind die guten Beziehungen zu Partei- oder Regierungskadern, die ihre politische Macht vermarkten. So nutzte Vizepräsident Muzenda 1993 seine Machtstellung aus, indem er sich als Zwischenhändler im Maisgeschäft enorme Gewinne verschaffte. Korruptionsaffären erschüttern die Regierungspartei. Zwei Offiziere, die die Verwicklung des Militärs in Wilderei untersucht hatten, kamen unter ungeklärten Umständen zu Tode. Vizepräsident Joshua Nkomo lädt ausländische Geschäftsfreunde unter Umgehung aller Vorschriften zu privaten Jagdsafaris ein. Partei und Regierungs-

Schulkinder in Zimbabwe

funktionäre bedienen sich aus öffentlichen Kassen. Der Auftrag für den Bau eines neuen Flughafens ging an eine Firma, die vom Neffen Mugabes vertreten wird.

Seit Zimbabwe unabhängig geworden ist, geht es der Mehrheit der schwarzen Bevölkerung immer schlechter. Die Arbeitslosigkeit hat epidemische Ausmaße angenommen, besonders unter der Jugend. Schulabgänger – der Ausbau des Bildungssektors ist der ganze Stolz der Regierung – arbeiten als Viehhirten.

Bulawayo gilt als Zentrum der gegen Präsident Mugabe gerichteten politischen Kräfte. Die Region ist das traditionelle Siedlungsgebiet des Ndebele-Volkes, das ungefähr ein Fünftel der Elf-Millionen-Bevölkerung Zimbabwes umfaßt und im Kampf um die Unabhängigkeit von Joshua Nkomo geführt worden war. Er unterlag bei den ersten Wahlen Robert Mugabe aus dem Mehrheits-Volk der Shona, das fast drei Viertel der Bevölkerung stellt. Nkomo ist inzwischen als Senior Vice President in die Regierung aufgenommen, tatsächlich spielt er jedoch keine politische Rolle mehr. Denn der Posten des Vizepräsidenten ist rein dekorativer Natur. Nkomo widmet sich inzwischen voll und ganz der Förderung seines privaten Wohlstandes.

Das Land ist de facto ein Ein-Parteien-Staat mit einer der Securitate des rumänischen Diktators Ceaucescu vergleichbaren Geheimpolizei.

Die Zahl der Weißen, bei der Unabhängigkeit 1980 noch 270 000, ist auf 70 000 gefallen – Zimbabwes Weiße sind politisch irrelevant geworden. Viele von ihnen sind angesichts der Misere der schwarzen Mehrheit sogar von einer Art ungläubiger Dankbarkeit gegenüber Mugabes Regierung erfüllt: Sie wundern sich, daß es ihnen tatsächlich noch immer wesentlich besser geht als dem Durchschnitt der schwarzen Mehrheit. Doch sie spüren, daß die Beziehungen zwischen Schwarz und Weiß, die in den Anfangsjahren der Unabhängigkeit erstaunlich gelöst gewesen waren, sich rapide verschlechtern. Der ursprünglichen Idee, daß das unabhängige Zimbabwe ein Staat ohne Rassendiskriminierung sein solle, in dem Schwarz und Weiß friedlich und gleichberechtigt leben, hat Mugabe selbst den Todesstoß versetzt, indem er offen aussprach, daß gewisse Teile der Bevölkerung »echtere« Zimbabwer seien als andere. Es ist auch kein Geheimnis mehr, daß der Präsident einheimisch als schwarz definiert.

Besonders in der Diskussion über die sogenannte Landfrage gießt er immer wieder Öl aufs Feuer der Beziehungen zwischen Schwarz und Weiß, das sonst längst erloschen wäre. Eine gerechtere Verteilung des Landbesitzes war schon im Befreiungskampf gegen die weiße Herrschaft sein erklärtes Ziel. Die weißen Siedler hatten seit jeher das beste Land inne. Daran hat sich bis heute nicht viel geändert. Noch heute besitzen 4500 – zu ca. 80 % weiße – Großfarmer, 16 Mio. Hektar des fruchtbarsten Landes in den klimatisch angenehmen Höhenlagen, während sich der Großteil der schwarzen Bevölkerung auf ebenso vielen Hektaren sogenannten kommunalen Landes drängt, das in der Qualität unter dem der Großfarmen liegt und im wesentlichen noch immer den ehemaligen Reservaten entspricht.

Das Lancaster-Abkommen, das unter Vermittlung der ehemaligen britischen Kolonialmacht zustande gekommen war und die Eigentumsrechte der weißen Farmer für die ersten zehn Jahre der Unabhängigkeit geschützt hatte, ist 1990 ausgelaufen. Mugabes Regierung brachte daraufhin einen Land Acquisition Act ein, der vorsieht, daß die Regierung das Land der Großfarmer zu einem Preis kaufen kann, den sie selbst bestimmt. Sie kann den Preis zudem ratenweise und in Landeswährung zahlen. Inzwischen droht Mugabe jedoch auch mit entschädigungsloser Enteignung.

Die Großfarmen sind die wirtschaftlichen Säulen des Landes. Sie erwirtschaften drei Viertel der Agrarproduktion des Landes und – durch Export – 40 % der Deviseneinnahmen. Die 4000 Mitglieder der Commercial Farmers' Union beschäftigen auf ihren Farmen ungefähr zwei Millionen Schwarze. Nicht nur die Weißen vertreten die Ansicht, daß die Großfarmen, zerstückelt durch die Verteilung an landlose Schwarze, unproduktiver werden und ihre Rolle als Rückgrat der Wirtschaft Zimbabwes verlieren würden. Auch immer mehr Schwarze kritisieren den Präsidenten, seitdem die Presse aufgedeckt hat, daß er enteignete Farmen der Weißen keineswegs landlosen Kleinbauern übergeben hat, sondern seinen Vasallen in Partei und Armee.

Erwartungsgemäß hat Mugabe auch die Wahlen im März 1996 wieder mit hoher Mehrheit gewonnen. Seine Partei – sie allein wird mit Staatsgeldern gefördert – hat 147 der insgesamt 150 Sitze im Parlament. Doch die Höhe der Wahlbeteiligung spricht Bände: Sie lag bei unter einem Drittel der registrierten Wähler. Der autokratische Regierungsstil des Präsidenten und die Willkürherrschaft seiner Vasallen, der auch die traditionelle Pressefreiheit inzwischen zum Opfer gefallen ist, schreckt ausländische Investoren ab und blockiert damit jedwede Verbesserung der Lebensverhältnisse der Masse der Bevölkerung. Die Wirtschaft stellt jährlich nur ca. 10 000 neue Stellen, während 260 000 Arbeitssuchende hinzukommen. Während die Regierung das Gesundheitsbudget um 23 % kürzte, hat sie das Verteidigungsbudget um 5 % erhöht, obwohl Zimbabwe von seinen Nachbarn keinerlei Gefahr erwartet, und die Ministergehälter um 100 % erhöht.

Routen und Reiseziele

Harare – Kolonialarchitektur und Jacaranda-Bäume

Harare (S. 340), die Hauptstadt Zimbabwes, hat ungefähr eine Million Einwohner, darunter die meisten der verbliebenen weißen Zimbabwer. Wegen der Höhenlage von 1500 m herrscht rund um das Jahr ein angenehmes Klima, das frei von Malaria ist. Der heißeste Monat ist Oktober; Juni und Juli sind meist am kühlsten. Wenn im Frühjahr zwischen September und November die vielen Jacaránda- und Flamboyant-Bäume blühen, ist die Stadt außerordentlich farbenprächtig.

So modern die 25 m breiten Straßen erscheinen mögen – sie gehen auf den Beginn der Kolonialzeit zurück, als die Ochsengespanne der Siedler zum Wenden viel Platz brauchten. Zimbabwes Hauptstadt kann auf eine beachtliche Geschichte zurückblicken, die im Stadtbild noch heute zu sehen ist. Am 12. September 1890 erreichte die 500 Mann starke Söldnerarmee der BSAC (der von Cecil Rhodes zum Zwecke der Kolonisierung gegründeten British South Africa Company) nach einem 600 km langen Marsch von Fort Tuli an der Grenze zwischen Zimbabwe und Botswana das Gebiet am Harare-Berg, in dem mehrere schwarze Völker lebten.

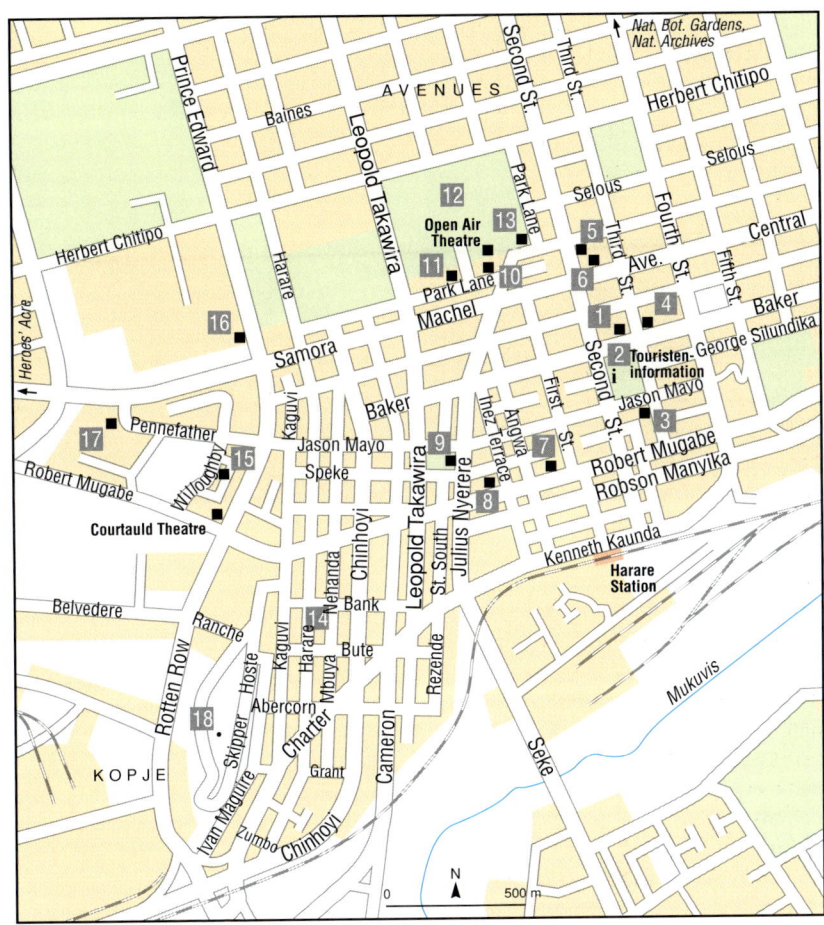

Plan von Harare 1 *Parlament* 2 *African Unity Square* 3 *Meikles Hotel* 4 *Altes Lonrho-Gebäude* 5 *Mapondera Building* 6 *Munhumutapa Building* 7 *Fereday & Sons* 8 *Union Buildings* 9 *Town House* 10 *Monomotapa Hotel* 11 *Les Brown Swimming Pool* 12 *Harare Gardens* 13 *National Art Gallery* 14 *Old Market Hall* 15 *National Library and National Museum* 16 *Parteihauptquartier* 17 *Sheraton Hotel* 18 *Kopje*

Am folgenden Tag hißte der Kommandant, Colonel Edward Pennefather, am heutigen African Unity Square die britische Flagge und gründete eine Siedlung, die er Fort Salisbury nannte, zu Ehren des britischen Premiers, des dritten Marquis von Salisbury. Die britisch-südafrikanischen Besatzer bauten die Siedlung auf, gegen den erbitterten Widerstand der Ndebele und Shona, die sich dem kolonialen Joch nicht fügen wollten. Als diese sich 1896 gemeinsam im ersten Befreiungskrieg – Chimurenga – erhoben, mußten sich die weißen Siedler im Gefängnis verschanzen und dort auf Verstärkung warten.

Harare, Blick über die Stadt

Erst 1897 waren die Shona endgültig besiegt. Ihre Führer Mbuya Nehanda und Gomboreshumba Kaguvi, die im ersten Chimurenga eine bedeutende Rolle gespielt hatten, weil sie nach allgemeinem Glauben als Sprachrohr Gottes zum Widerstand aufgerufen hatten, wurden am 27. April 1898 öffentlich hingerichtet.

Gleichzeitig mit der Ankunft der Eisenbahn fand am 15. Mai 1899 die erste Versammlung des gesetzgebenden Rats im Cecil-Hotel statt. Heute ist dieses Gebäude, im Laufe der Zeit vielfach erweitert und umgebaut, Zimbabwes **Parlament** 1 . Die Türen, Fenster, Böden und Decken sollen noch original sein. In der Members' Lounge hängen Porträts aller britischen Administratoren, Gouverneure und Premierminister, im Public Corridor stehen die Büsten der Größen der Kolonialzeit: Cecil Rhodes, James Selous, Alexander Starr Jameson, Jan Smuts, Lord Malvern usw. (Eine geführte Besichtigung der Parliament Buildings ist nach Anmeldung möglich; S. 341).

Mit der Fertigstellung der Eisenbahnlinie nach Bulawayo im Jahr 1902 wurde Salisbury zur neuen Hauptstadt des Landes ausgerufen, das bereits seit 1895 Rhodesien hieß. Was später ein Markenzeichen des südafrikanischen Apartheid-Systems wurde, war damals in allen Kolonien üblich: Von den einheimischen Nichtweißen durften nur diejenigen in der Stadt Wohnung nehmen, die auch dort arbeiteten. Die anderen mußten unter Kontrolle eines weißen Aufsehers außerhalb in Wellblech-Rundhütten, die mit Strohdächern versehen waren, in der Native Location leben. 1907 wurde für die Schwarzen außerhalb des Stadtgebietes neben dem Friedhof, der Mülldeponie und dem Schlachthaus die Township Harare gegründet, die heute Mbare heißt.

Südlich des Parlaments liegt der **African Unity Square** 2 ; sein Grundriß entspricht der britischen Nationalflagge, dem Union Jack. Er ist von Jacaranda-Bäumen umrahmt, in deren Schatten Blumenstände liegen; in seiner Mitte steht ein Springbrunnen.

Gleich gegenüber findet sich eine Institution mit ungebrochener kolonialer Tradition: Das **Meikles Hotel** , heute ein nichtssagender moderner Zweckbau, bis 1960 aber ein zweistöckiges Kolonialgebäude mit Veranda, gilt als Flaggschiff einer Unternehmerdynastie, die ihr Vermögen in den Pioniertagen mit Bretterläden und Primitivunterkünften machte. Einen Hauch dieser Tradition vermitteln die mit Tropenhelm und Schärpe versehenen Barkellner. Meikles ist heute noch vor allem dadurch bekannt, daß unter diesem Namen Warenhäuser in allen größeren Orten Zimbabwes existieren.

Ebenfalls am Unity Square und nicht weit vom Parlament entfernt steht Ecke Baker Avenue und 2nd Street die **Anglican Cathedral of St. Mary and All Saints,** die größte Kirche der Stadt, mit einer Fassade aus Granitblöcken. Ihr Architekt ist Sir Herbert Baker, der im südlichen Afrika Anfang dieses Jahrhunderts einige der schönsten Bauten geschaffen hat. Sie steht an der Stelle, an der einst die erste, 1890 errichtete hölzerne Kapelle gestanden hatte, und wurde zwar schon 1913 begonnen, endgültig aber erst 1964 fertiggestellt.

Westlich des African Unity Square befinden sich die Redaktionsräume der Tageszeitung **The Herald,** der zum ersten Mal am 27. Juni 1891 erschien. Der erste Herausgeber, von der Argus-Zeitungsgruppe aus Südafrika entsandt, um die Zeitung ›The Mashonaland Herald and Zambesian Times‹ zu gründen, war W. E. Fairbridge, der im Juni 1897 dann auch der erste Bürgermeister Salisburys wurde. Der Journalismus steht hier in der angelsächsischen Tradition und hatte einen guten Ruf, bevor der ›Herald‹ von der Regierung kontrolliert wurde.

Die vielen alten Gebäude machen den eigentlichen Reiz von Harare aus, zumal von den modernen Bauwerken nur wenige architektonisch gelungen erscheinen. Von den Gebäuden der Kolonialzeit, die wie eh und je privat genutzt werden, wurden leider schon viele abgerissen, bevor man ihren historischen und ästhetischen Wert erkannte. Der Baustil der weißen Siedler erfuhr im Lauf der Zeit Veränderungen: Wurden ursprünglich bloße Repliken britischer Architektur geschaffen, so fanden sich schon bald auch Elemente kapholländischer Bauweise. Vom Beginn der 20er Jahre dieses Jahrhunderts an gab es sogar einen eigenständigen kolonialen Baustil, der dem Klima angepaßt ist und einen mediterranen Charakter trägt.

Sehenswert ist das gegenüber dem Parlament an der Ecke 3rd Street/Baker Avenue liegende **alte Lonrho-Gebäude**  von 1910 (das neue Lonrho-Gebäude steht an der Ecke Union Avenue/2nd Street) mit schönen dorischen Säulen, und weiter nördlich das **Cecil House,** Ecke Central Avenue/2nd Street, von 1901, ein weiß gestrichener Ziegelbau mit Stuckverzierungen. An der Samora Machel Avenue zwischen 3rd und 4th Street liegt **The Stables,** 1892 errichtet und damit das älteste erhaltene Gebäude der Stadt.

Das **Manshonganyika Building** liegt ebenfalls auf der Samora Machel Avenue an der 3rd Street. Es wurde 1899 errichtet. Wenig weiter stehen sich auch das **Mapondera Building** 5 aus dem Jahr 1932 und das **Munhumutapa Building** 6 von 1938, zwei neoklassizistische Gebäude, zwischen 3rd und 2nd Street gegenüber. Zwischen Munhumutapa und 3rd Street liegt das Amtsgebäude des Premierministers – **Prime Minister's Office** –, 1926 im georgianischen Stil errichtet. Das zweistöckige, U-förmige Ziegelgebäude, ist seit 1927 Sitz der Regierungschefs. Ecke 3rd Street/Union Avenue ist der weiß gestrichene **Supreme Court** von 1927 gelegen.

Viele reizvolle Kolonialgebäude finden sich in der und um die Fußgängerzone, die an der First Street, auch **The Mall** genannt, beginnt. Dazu zählen gleich an der Ecke zur Baker Avenue das **Edward Building,** ein zweistöckiges Ge-

Harare, Wochenmarkt

Tiny Rowlands,
ein Cecil-Rhodes-Epigone

Untrennbar mit Südostafrika verbunden ist der Gründer der London Rhodesia Company – Lonrho –, der weit über 70jährige Roland Rowlands, der wegen seiner Größe scherzhaft Tiny, der Kleine, genannt wird: Er herrschte mehr als 30 Jahre lang unumschränkt über den Mischkonzern, der vor allem Minen, Hotels und landwirtschaftliche Unternehmen umfaßt und heute von dem Deutschen Dieter Bock geleitet wird.

Tiny war berüchtigt wegen seiner geheimen Machenschaften mit afrikanischen Machthabern aller politischen Schattierungen, zu denen er enge persönliche Beziehungen unterhielt. Zu den versteckten Verbindlichkeiten des Konzerns gehörte es z. B., Kindern von afrikanischen Präsidenten die Internatskosten in England zu bezahlen. Mit seiner Entmachtung, die Bock 1995 in einer stürmischen Vorstandssitzung – einem sogenannten board room coup – durchsetzte, ging eine Epoche zu Ende. Rowlands, der sich zuvor bereits mit dem Harrods-Eigner Fayyed eine jahrelange Fehde geliefert hatte und Bock Rache schwor, mußte untätig mitansehen, wie dieser sein Lebenswerk zunichte machte, indem er den Konzern umstrukturierte.

bäude von 1936 im Art-Deco-Stil, und schräg gegenüber das **National Employers Mutual House** von 1930 sowie ein wenig weiter in der Baker Street die **Apprenticeship Offices,** ein einstöckiges Gebäude von 1901, das 1922 aufgestockt wurde.

Mit alten schmiedeeisernen, aus England importierten Säulen verziert sind die **CT Stores** von 1908 Ecke 1st Street/Robert Mugabe Avenue. Das gegenüber auf der Robert Mugabe Avenue liegende Gebäude der **Standard Bank** von 1911 mit seiner in grau und rosa gestrichenen Fassade macht einen besonders prächtigen Eindruck, obwohl es durch moderne Leuchtreklame verunziert wird. Das **Old Yorkshire House** von 1911 mit dem indischen Restaurant Bamboo Inn, das **Founders Building,** 1903 errichtet, und die traditionsreiche Waffenhandlung von **Fereday & Sons** 7 von 1923 mit einem säulengetragenen Verandadach sind weitere besonders schöne Beispiele hiesiger Kolonialarchitektur. Ecke Robert Mugabe Avenue/Inez Terrace folgen die **Union Buildings** 8 von 1910, ein Gebäude, das auch jeder europäischen Hauptstadt zur Zierde gereichen würde.

Ein gutes Stück weiter westlich auf dem Julius Nyerere Way zwischen Speke und Jason Moyo Avenue stellt das **Town House** 9 , zwischen 1931 und

Shona-Steinkunst

Sehenswert ist die Sammlung der Shona-Skulpturen in der National Art Gallery in Harare (am Ostrand der Harare Gardens). Die Steinskulptur der Shona hat eine über tausendjährige Tradition; die ältesten erhaltenen Beispiele, die berühmten Zimbabwe-Vögel, stammen aus den Ruinen von Great Zimbabwe (heute im dortigen Museum ausgestellt).

Weltniveau hat jedoch auch die moderne Shona-Skulptur, für die Namen wie Sylvester Mubayi, Joseph Ndandarika, Nicholas Mukomberanwa, John Takariwa, Thomas Mukorabgwa und Henry Munyaradzi stehen, die alle seit 1960 künstlerisch tätig sind. Hinzu kommen neuerdings: Moses Msaya, Damian Manuhwa, Bernard Takawira, Bernard Matemera, Albert Mavura und Norbert Shamuyarira.

Moderne Shona-Skulpturen kann man außer in der National Art Gallery auch bei Stone Dynamics, Samora Machel Avenue, und Vukutu Galleries, Harvey Brown Avenue, kaufen.

1933 errichtet, ein eindrucksvolles Beispiel für den landesspezifischen, mediterran geprägten Kolonialstil dar, der zu dieser Zeit aufkam.

Auf dem Julius Nyerere Way, Ecke Samora Machel Avenue, liegt im Schatten des mächtigen, modern geschwungenen 18stöckigen Monomotapa-Hotels **10** die **Presbyterian Church.** Neben dem Hotel befindet sich der Eingang zum **Les Brown Swimming Pool 11**, der 1915 als erstes Freibad des Landes eröffnet wurde. Die anschließenden **Harare Gardens 12** sind ein zentraler Park, der eine Oase darstellen würde, wenn er nicht auch Räubern und Dieben als Stelldichein diente. Wer hier als Tourist erkenntlich ist und Wertgegenstände mitführt, wird leicht zum Opfer.

Am Ostrand der Harare Gardens stellt die **National Art Gallery 13** mit Werkstatt und Verkaufsgalerie eine der größten Galerien Afrikas dar. Hier ist eine Sammlung von Shona-Skulpturen sowie andere afrikanische und lokale Kunst der Gegenwart zu besichtigen.

In der Mbuya Nehanda Street zwischen Bute and Bank Street liegt das zweitälteste Gebäude der Stadt, die **Old Market Hall 14** von 1894, die saniert wurde und seitdem wieder als Gemüsemarkt dient.

Unübersehbar in seiner Verkörperung des schlechten Geschmacks erhebt sich am westlichen Rand der Innenstadt, Ecke Samora Machel Avenue/Rotten Row, das **Zanu-PF-Hauptquartier 16**. Das 1990 fertiggestellte Hochhaus mit

◁ *Der Park Harare Gardens*

den 14 Stockwerken wurde, wie auch der weiter westlich gelegene **Sheraton-Komplex** aus dem Jahr 1986, von jugoslawischen Firmen gebaut – als führendes Mitglied der Blockfreienbewegung hatte Jugoslawien damals bevorzugt Aufträge von Zimbabwe erhalten.

Ausflüge von Harare

Nach Westen: Gleichsam den schlechten Start in die Unabhängigkeit illustriert **Heroes' Acre,** der Heldenfriedhof 7 km stadtauswärts an der Straße Richtung Bulawayo. Die Gedenkstätte, ein riesiges Areal mit waffenstarrendem Denkmal für die Nationalhelden und Mugabe-Relief, ist dem Befreiungskampf gewidmet, erinnert allerdings eher an den exzessiven Personenkult, mit denen autoritäre Staatsführer ihre Macht dokumentieren. Ein 40 m hoher Obelisk, Träger des ewigen Lichts, überragt das von

Nordkoreanern entworfene, monumental scheußliche Ensemble.

Ein paar Kilometer weiter biegt man von der Bulawayo-Straße nach links ab zur **Cold Comfort Farm** (10 km vom Zentrum entfernt), einer Landwirtschaftskooperative, die gern von Entwicklungshilfetouristen besucht wird. In dem Projekt arbeiten seit der Gründung 1965 Schwarze und Weiße zusammen. Die Kooperative verkauft handgefertigte Wollteppiche und Schreinerarbeiten.

Im Norden: Die **National Botanical Gardens,** etwa 4 km vom Zentrum entfernt, beherbergen fast alle der über 700 Baumarten, die in Zimbabwe vorkommen, dazu noch Bäume und Pflanzen aus den Nachbarländern. Die **National Archives,** 5 km vom Zentrum, umfassen neben historischen Dokumenten auch eine umfangreiche Sammlung von Fotografien. Hierhin ist nach der Unabhängigkeit die Rhodes-Statue verbracht

Denkmal in Heroes' Acre bei Harare

In Willowvale befindet sich die größte Tabakauktion der Welt

worden, die früher im Zentrum Harares Ecke Samora Machel Avenue/3rd Street gestanden hatte.

Östlich des Zentrums, über die Belvedere Road und Skipper Hoste Drive zu erreichen, liegt der **Kopje** 18, von dessen Gipfel sich ein reizvoller Panoramablick auf die Stadt bietet. **Mukuvisi Woodlands,** ein Wild- und Landschaftsschutzgebiet, erstreckt sich 7 km östlich des Zentrums in Hillside. Getreu dem Motto »Ein Hauch von Wildnis im Herzen der Stadt« befindet sich der Besucher plötzlich in einem Safari-Camp, mit Aussichtsplattform und geführten Fußwanderungen.

Im Süden: An der Borrowdale Road, der Verlängerung der Chancellor's Avenue in 10 km Entfernung vom Zentrum, hat der traditionsreiche Mashonaland Turf Club im **Borrowdale Racecourse** eine neue Heimat gefunden. Im Industriege-

biet an der Gleneagles Road liegt das größte Tabakauktions-Zentrum der Welt – **Tobacco Sales Floor Willowvale.** Auktionen finden von April bis Anfang Oktober statt (Auskünfte S. 341). Tabak wurde in Rhodesien 1895 eingeführt und ist seitdem zu einer der wichtigsten Exportgüter geworden. Der **Chapungu-Village Kraal** in Doon Estate im Vorort Msasa (1 Harrow Road, Beverley East) stellt ein Original-Shonadorf aus dem 19. Jh. dar, das als Kulisse für eine Galerie moderner Shona-Skulptur dient. Mittwochs ab 18 Uhr ist Chapungu Night, und am Wochenende werden hier Tänze zur Musik einer Marimba-Band aufgeführt. Die **Epworth Balancing Rocks,** eine malerische Felsformation, finden sich ungefähr 12 km südlich des Stadtzentrums an der Chiremba Road.

Auch die weitere Umgebung von Harare bietet zahlreiche Attraktionen, vor allem die **Ewanrigg Botanical Gardens**

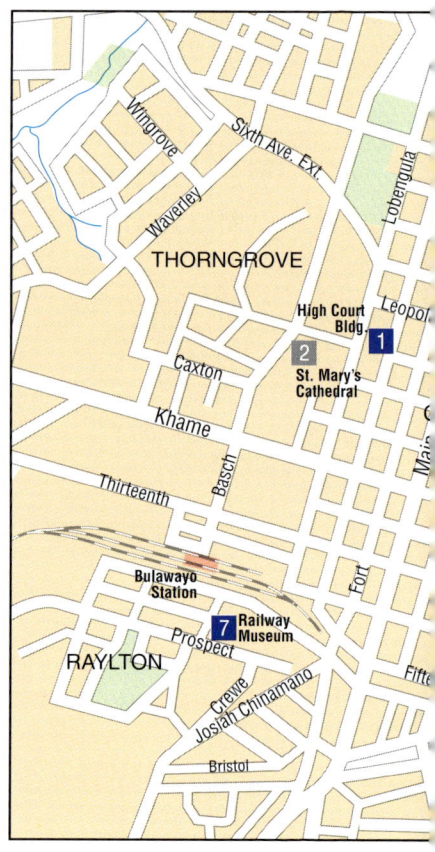

Plan von Bulawayo

40 km östlich mit ihrem berühmten Aloe-Garten; den **Lake Chivero,** 35 km südwestlich der Stadt sowie die **Chinhoyi Caves** (S. 339), 120 km nordwestlich an der Straße nach Kariba. In Chinhoyi, 116 km von Harare entfernt, begann am 28. April 1966 der zweite Chimurenga – der Kampf der Schwarzen gegen Rhodesiens weiße Regierung, der zur Unabhängigkeit führte. Ungefähr 10 km außerhalb der Stadt liegt der Chinhoyi Caves National and Recreational Park mit dem 90 m tiefen Sleeping Pool, der durch Einsturz einer Höhle entstanden ist; er hat einen Durchmesser von ca. 30 m. Die aus Kalkgestein bestehenden Wände steigen 50 m senkrecht auf. Das Wasser ist glasklar und königsblau. In seiner Wirkung hält der See einem Vergleich mit der berühmten Blauen Grotte von Capri stand. Der Zugang erfolgt durch eine steil abfallende Höhlenpassage.

Von Harare aus ist Bulawayo leicht zu erreichen, sei es mit dem Auto auf der gut ausgebauten Straße über Kwekwe und Gweru, sei es per Eisenbahn oder Flugzeug.

Bulawayo

Bulawayo (S. 338), in 1360 m Höhe zentral an der wichtigsten Straßen- und Eisenbahnverbindung gelegen und zweitgrößte Stadt Zimbabwes, gehört zu den attraktivsten Städten des südlichen Afrika. Während jedoch Harare nicht nur als Hauptstadt und Sitz der Regierung profitiert, sondern auch als Zentrum des Shona-Volkes, dem Präsident Mugabe angehört, wird Bulawayo, inmitten des Ndebele-Landes gelegen, mehr und mehr in die Rolle des Aschenbrödels gedrängt und von der Regierung in vielfacher Hinsicht diskriminiert. Das beginnt bei der Feststellung der Einwohnerzahl, die tatsächlich weitaus höher als die offiziellen 600 000 ist, und endet beim Wasserproblem, ohne dessen Lösung Bulawayo keine Zukunft hat. Die Wasserknappheit ist nicht nur für die Stadt, sondern für die ganze Region ein Entwicklungshindernis ersten Ranges. Projekte zur Abhilfe wie etwa das Zambezi Water Project, das durch eine 450 km lange Pipeline von unter oder ober-

halb der Victoria-Fälle Wasser herbei-
führen soll, bleiben regelmäßig im Ge-
strüpp der Shona-dominierten Bürokratie hängen.

In Bulawayo ist die Geschichte allge-
genwärtig. Der Ort wurde 1870 von Lobengula gegründet und zur Erinnerung
an seine Siege Gubulawayo, der Platz
der Schlachten, genannt. Sein Kraal
stand in Mvutja, 3 km von Bulawayo entfernt, am Ufer des Mguza-Flusses. 1890
hatte die Stadt bereits 15 000–20 000
Einwohner und zog auch europäische
Jäger, Goldgräber und Glücksritter an.
Nachdem Rhodes' BSAC-Truppen 1893

Lobengula vertrieben und die Stadt nie-
dergebrannt hatten, verstärkte sich der
Zustrom von Europäern, die sich etwa
eine Meile von Mvutja entfernt niederließen. Doch aus unerfindlichen Gründen
begann Rhodes' rechte Hand, Dr. Leander Starr Jameson, mit dem eigentlichen Bau der neuen Stadt 1894 wiederum 5 km weiter entfernt. Dem Ver-
messer erschien der Ort wegen des
Mangels an Wasser ungeeignet, doch
seine Bedenken wurden von Jameson in
den Wind geschlagen. Das rächt sich
heute. Denn Wassermangel ist das
größte Problem Bulawayos.

Damals wurde das Gesicht der Stadt geprägt: Die Straßen wurden schachbrettartig angelegt, 15 Avenues, quer dazu die Streets, die früher die Namen der kolonialen Größen, heute die der Helden des Unabhängigkeitskampfes und – natürlich – des Präsidenten Mugabe tragen. Die Straßen bepflanzte Jameson mit schattenspendenden Jacarandas und legte sie so breit an, daß ein volles Ochsengespann, bestehend aus 24 Ochsen, eine Drehung um 180 Grad vollführen konnte. Die Zeitung ›The Chronicle‹, die lange Zeit sogar der Pressezensur des Präsidenten Mugabe die Stirn bot, erschien erstmals im Oktober 1894, zunächst zweimal wöchentlich, ab 1895 dann täglich.

Als 1895/96 die Ndebele von Dürre und Rinderpest heimgesucht wurden, traten zwei Weissager, Mwabani und Mkwati, auf. Durch ihren Mund verkündete der Gott Mwari, die Dürre werde mit dem Tod der Weißen enden. Das war das Zeichen für den Aufstand, der mit dem Überfall auf eine schwarze Polizei-Patrouille begann. Tatsächlich setzten nach dem ersten Blutbad Regenfälle ein. In Bulawayo löste der Aufstand eine Panik unter den 2200 Weißen aus. Sie versammelten sich auf dem Market Square, wo heute die City Hall steht, und errichteten hier nach Sitte der weißen Südafrikaner mit ihren Planwagen ein ›Laager‹, in dem sie sich verschanzten, bis Verstärkung eintraf.

Ihren eigentlichen Aufschwung nahm die Stadt nach dem Ndebele-Aufstand. 1896 gelangte das erste elektrische Licht nach Bulawayo, im Oktober 1897 war die Stadt an die Eisenbahn von Mafeking angeschlossen.

Heute stellt sich die immer noch lebhafte Stadt als eine Mischung von – zum Teil besonders schöner – alter und meist weniger eindrucksvoller moderner Architektur dar. Eines der schönsten Gebäude ist das **High Court Building** ◼1◼, 1938 im neoklassizistischen Stil errichtet, das von einer kupfernen Kuppel gekrönt wird. Eindrucksvoll sind auch die neogotische **St. Mary's Cathedral** ◼2◼, die 1903 gebaut wurde, und die **Anglican Cathedral of St. John** ◼3◼, die in der Zeit von 1910 und 1913 entstand.

Die **Fort Street,** noch heute eine der belebtesten Straßen, weist ganze Zeilen von Kolonialgebäuden mit säulengetragenen Verandadächern auf, in denen sich meist asiatische Händler niedergelassen haben. Der **City Hall Complex** ◼4◼, in dem sich auch die Touristen-Information befindet, ist von Rasen und Blumenrabatten umgeben. Er umfaßt auch den Ort des ›Laagers‹, wo sich 1896

Straßenkreuzung in Bulawayo

beim Ndebele-Aufstand die ersten Europäer verschanzt hatten. Ein Relief über dem Haupteingang stellt die Friedensgespräche zwischen Rhodes und den Ndebele in den Matobo-Bergen dar. Die Rundhütte, die Cecil Rhodes als erste Unterkunft gedient hatte, und der sogenannte Indaba-Baum, in dessen Schatten Lobengula mit seinen Chiefs zu konferieren pflegte, sind ebenfalls noch erhalten, aber nicht mehr der Öffentlichkeit zugänglich, seit Präsident Mugabe auf dem Gelände für seine eher seltenen Besuche in Bulawayo einen Amtssitz, das State House, bezogen hat.

Der britisch-koloniale Charakter ist im **Selborne Hotel** 5 , das 1990 sein 50jähriges Bestehen gefeiert hat und sonst eher von mäßiger Qualität ist, besonders ausgeprägt. In der dazugehörigen King's Head Bar gilt praktisch noch immer ›men only‹: Damen sind verpönt.

Da jedoch eine Diskriminierung nach Geschlecht im modernen Zimbabwe ungesetzlich ist, behilft man sich mit dem Ruf »Stranger in the house!«, wenn eine Frau sich dorthin verirren sollte. Ähnliches gilt für die Exchange Bar (79 Main Street), die 1896 gegründet wurde, als Bulawayo aufstrebender Börsenplatz war. Der heutige Bau datiert von 1913.

Drei große Parks – **Centenary, Central** und **Princes Park** – sorgen für eine angenehm entspannte Atmosphäre, die leicht vergessen läßt, daß Bulawayo ebenso wie Harare wegen der hohen Jugendarbeitslosigkeit unter steigender Kriminalität leidet. Trotzdem ist ebenso wie in Harare beim Besuch der Parks Vorsicht geboten, besonders bei Einbruch der Dunkelheit.

Allein die Museen sind schon eine Reise wert: Das **Natural History Museum** 6 an der Leopold Takawira Avenue im Centenary Park gelegen, umfaßt u. a. die größte Sammlung von Säugetieren in der südlichen Hemisphäre, darunter den zweitgrößten ausgestopften Elefanten der Welt mit über 3 m Schulterhöhe sowie das 2000 Jahre alte Ei eines ausgestorbenen Riesenvogels, des legendären Vogels Roch aus 1001 Nacht.

Interessante Memorabilia kommen hinzu: die Lafette, die Rhodes' Leichnam zu seiner letzten Ruhestätte in den Matobo Hills brachte, sowie die Sammlung der offiziellen Flaggen des Landes, an der sich die geschichtliche Entwicklung in Kurzform ablesen läßt: Von 1890– 1923 die Zeit der BSAC, von 1923–52 britische Kolonie; die Flagge der ›Federation of Rhodesia and Nyassaland‹ von 1953–63, zwei verschiedene Flaggen für die Periode der einseitig erklärten Unabhängigkeit von 1964–79 und eine besondere für die letzten sechs Monate vor der Unabhängigkeit am 18. April 1980.

Dampflokomotiven

För Dampflokomotivenliebhaber, aber nicht nur für sie, ist Bulawayo ein Mekka. Die 95 Dampflokomotiven, die Zimbabwe zum Zeitpunkt der Unabhängigkeit besaß, konnten wegen des fortschreitenden wirtschaftlichen Niedergangs nie durch neue ersetzt werden. Im übrigen hatte Zimbabwe eigene Kohlevorkommen und eine verhältnismäßig gut funktionierende Reparaturwerkstatt für die Zugmaschinen. Die Dampflok-Safaris, die in Bulawayo regelmäßig stattfinden, suchen in der Welt ihresgleichen.

Ebenso sehenswert ist das **Railway Museum** 7 in der Nähe der National Railways Headquarters auf der Rückseite des Bahnhofs im Südwesten der Stadt. Hier finden sich alte Lokomotiven und Eisenbahnwaggons jedweder Bauart, darunter Rhodes' prächtig erhaltener viktorianischer Pullman-Wagen mit Bad, in dem schließlich auch sein Leichnam von Kapstadt nach Bulawayo transportiert wurde, und ein Eisenbahnwaggon, der speziell für die Missionare eingerichtet war, die noch bis 1962 das Schienennetz für die Verkündung des Gotteswortes nutzten. Er trägt die Inschrift »They brought light to the line« – Sie brachten der Eisenbahnlinie das Licht.

Als Vermächtnis des kolonialen Erbes bietet Bulawayo darüber hinaus ein reichhaltiges sportliches Angebot: vierzehntäglich Pferderennen auf dem **Ascot Race Course,** der Rennbahn an der 3rd Street, ungefähr 3 km vom östlichen Stadtrand entfernt; außerdem gibt es Golfplätze, Cricket und Rugby, Tennis und Squash.

In einem Vorort ungefähr vier Kilometer nordwestlich vom Zentrum liegt das **Mzikalazi Arts and Crafts Centre.** Dort gibt es schöne Keramik und Töpferarbeiten zu kaufen.

Der Matobo National Park

Von Bulawayo sind es nur etwa 30 km zu den **Matobo-Hügeln** ■ (S. 342), einer grandiosen Felslandschaft, die in Zimbabwes Geschichte immer wieder eine herausragende Rolle gespielt hat. Am ›Platz der Ahnen‹ liegt Cecil Rhodes begraben. Die Hügel verdienten es, Berge zu heißen, so steil sind sie stellenweise. Wer Ledersohlen trägt, läuft Gefahr abzugleiten. Wer mächtig ausschreitet, würde ins Schwitzen geraten, wenn nicht der Wind wäre, der kurz vor dem Gipfel mächtig pfeift und empfindlich abkühlt. Es lohnt sich, schon vor Morgengrauen in Bulawayo aufzubrechen. Vom Gipfel des Malindidzimu, dem Platz der Ahnen in der Sprache der hier siedelnden Ndebele, bietet sich bis zum Horizont im rötlichen Licht der aufgehenden Sonne das Panorama der phantastischen Felslandschaft der Matobo-Berge dar, die zu den ältesten und maje-

Landschaft in den Matobo Hills

stätischsten Granitszenerien der Erde gehören. Bizarre Formationen ragen in den Himmel. Wie Spielzeug gewaltiger Riesen sind Granitbrocken aufeinander getürmt, zuweilen mit labil scheinendem Gleichgewicht. Unwillkürlich fürchtet man, daß sie ins Gleiten geraten und abstürzen könnten – was offenbar auch gelegentlich passiert, im Tal liegende Felssplitter deuten darauf hin.

Auf nacktem Fels, wo man es nicht für möglich halten würde, haben Bäume Wurzeln geschlagen – Bergakazien, Feigen- und Mopanebäume. Im kühlen Klima des Hochlandes gedeihen zur Regenzeit Blumenteppiche und selbst auf glattem Stein breiten sich zartfarbene Flechten aus. Mit ihrer Vegetation gleichen die Matobo-Hügel dann einem Garten von großem Artenreichtum. Die eigentümlichen Felsformen sind das Produkt milliardenjähriger Verwitterung. Durch den ständigen Wechsel zwischen mittäglicher Hitze und nächtlicher Kälte

sind an den Gesteinslinien Brüche entstanden und durch Verwitterung jüngeren Oberflächengesteins die darunterliegenden nackten Kuppen der Granitfelsen – die Walrücken – zum Vorschein gekommen, die von den Ndebele, Amatobo, die Glatzköpfigen, genannt wurden: daher der Name Matobo Hills!

König Mzilikazi, der Gründer des Ndebele-Stammes, war, als er Mitte des 19. Jh. aus dem Süden in das heutige Zimbabwe einwanderte, so überwältigt von ihrem Anblick, daß er – so geht die Sage – beschloß, sich hier niederzulassen. Selbst der Erzkolonialist und Erbauer des Britischen Empire soll bei ihrem Anblick Demut empfunden haben. »Hier fühle ich, wie klein wir sind«, soll Cecil Rhodes gesagt haben, und verfügte in seinem Testament, daß der Platz der Ahnen als Begräbnisort jenen vorbehalten sein solle, »die sich um Rhodesien und das Britische Empire besonders verdient gemacht haben«. In den

Cecil Rhodes – Vom Kap nach Kairo

Cecil Rhodes war 1870 als bleicher, kränklicher Jüngling von 17 Jahren in Durban gelandet, nachdem die Ärzte ihm wegen seiner Tuberkulose ein wärmeres Klima empfohlen hatten. Als 1871 der Diamantenboom in Kimberley ausbrach, erwarb er einige Claims. Ein kometenhafter Aufstieg begann. 1880 hatte er bereits ein beträchtliches Vermögen angehäuft. Er gründete zusammen mit Barney Barnato die de Beers Mining Company, die heute zum größten südafrikanischen Konzern, der Anglo American Corporation, gehört. Acht Jahre später übernahm er de Beers ganz.

Daneben betätigte er sich in der Politik. 1881 wurde er Abgeordneter, 1890 Premierminister der Kapkolonie. Dazwischen absolvierte er noch ein Studium in Oxford. Der Brite, von der Zwangsvorstellung einer burischen Übermacht in Südafrika getrieben, wollte ganz Afrika zwischen Kap und Kairo der britischen Krone einverleiben und engagierte sich daher auch weiter nördlich in Zimbabwe, wo zahlreiche verlassene Goldminen aus früheren Zeiten auf Mineralreichtum hindeuteten. Rhodes glaubte, hier ein zweites Witwatersrand zu finden und wollte Bulawayo zu einem zweiten Johannesburg machen. Er ließ eine Eisenbahnlinie von Südafrika aus bauen, die am 19. Oktober 1897 Bulawayo erreichte und dann nach Norden hin bis zu den Victoria-Fällen und nach Osten bis zum heutigen Harare

verlängert wurde, das er 1890 unter dem Namen Salisbury gründete.

Zuvor hatte er in einem Vertrag mit König Lobengula (1888) die Schürfrechte erworben und zur Erschließung des Landes die British South African Company (BSAC) gegründet. Rhodes vertragliche Leistung bestand in der Zahlung von 100 Pfund monatlich, sowie der Lieferung von 1000 Gewehren und 100 000 Patronen. Hinzukommen sollte ein Kanonenboot für Patrouillenfahrten auf dem Zambezi. Es wurde nie geliefert. Lobengula dagegen hatte in verklausulierter Form auf seine Souveränitätsrechte verzichtet, und indem Königin Victoria die Charta für die BSAC ausfertigte, wurde der Grundstein für die britische Kolonie Rhodesien gelegt.

Rhodes wollte von Anfang an mehr als die Schürfrechte: Er wollte das Land, das in der Folgezeit eine Armee aus Pionieren, Polizisten und Söldnern im Auftrag der BSAC besetzten. Jeder der 500 Pioniere erhielt 1,25 ha Land und 15 Claims. Ein Zustrom von land- und goldhungrigen Europäern setzte ein. Um auf den neuen Farmen den Bedarf an Arbeitskräften zu decken, wurde eine Hüttensteuer eingeführt, zu deren Bezahlung die ansässige Bevölkerung gezwungen war, sich bei den Europäern in Lohnarbeit zu verdingen. Deswegen kam es 1893 und wiederum 1896/97 zu Ndebele-Aufständen, die von den Briten jedoch niedergeschlagen wurden.

Beim Aufstand von 1896, der heute als erster Befreiungskrieg gefeiert wird, boten die Matobo Hills den bedrängten Ndebele die letzte Zuflucht. Hier trat Rhodes mit ihnen in Verhandlungen ein. Nach vier Verhandlungsrunden zu denen Rhodes sich persönlich in die Matobo-Berge begab, kam es zu einer Vereinbarung, in der Rhodes einen Teil der Ländereien zurückerstattete und den Ndebele eine beschränkte Autonomie zugestand.

Im fanatischen Bestreben, der britischen Krone die Vorherrschaft zu sichern, versuchte Rhodes schließlich sogar, den südafrikanischen Präsidenten Kruger zu stürzen. Und wiederum war es Leander Starr Jameson, der die Operation – nach ihm Jameson Raid benannt – von Zimbabwe aus startete. Die Verschwörung wurde jedoch aufgedeckt – 1896 mußte Rhodes als Premier der Kapkolonie abdanken. Er starb 1902 in Muizenberg.

Am Platz der Ahnen ließ Rhodes sich begraben

Der Matobo National Park bietet gute Weidegründe für Antilopenherden

Genuß dieses Privilegs kamen außer ihm selbst sein Freund Leander Starr Jameson und Sir Patrick John Coghlan, der erste Premierminister Rhodesiens.

Die schlichte Bronzeplatte des Rhodes-Grabes und das reliefgeschmückte **Memorial für die Shangani-Patrouille** mit der lakonischen Inschrift »Zum bleibenden Andenken an Allan Wilson und seine Leute. Es gab keine Überlebenden« vermitteln einen Hauch von Geschichtsträchtigkeit. Die Shangani-Patrouille – 33 britische Soldaten unter Major Allan Wilson – war 1893 beim Aufstand der Ndebele gegen die beginnende Kolonialherrschaft am Shangani-Fluß umgekommen. Große dunkle Bronze-Reliefs von John Tweed an den vier Seiten des Memorials erzählen die Geschichte eines historischen Mißverständnisses:

Als Rhodes' BSAC-Söldner 1893 im Zuge der Kolonisierung nach Bulawayo kamen, besetzten sie die Stadt und vertrieben die Ndebele. Der Kommandant der Truppen, der mit Rhodes befreundete Dr. Leander Starr Jameson, beschloß, Lobengula gefangenzunehmen, und forderte den Geflohenen auf, sich zu ergeben. Lobengula war dazu bereit und entsandte als Zeichen seiner Kapitulation zwei Boten mit 1000 Goldsovereigns. Diese jedoch wurden von zwei britischen Soldaten ausgeraubt und erreichten das Camp von Jameson nicht. Der Brite schickte daraufhin 300 Leute aus, den Ndebele-König gefangenzunehmen. Als die Verfolger eine 33 Mann starke Vorhut unter Major Wilson entsandten, fiel der Trupp den Ndebele in die Hände. Lobengula sah in der Verfolgung Verrat: »Warum nimmst du das Geld und willst trotzdem kämpfen?«, soll er gesagt haben und ließ keinen von Wilsons Trupp am Leben.

Cecil Rhodes selbst liegt etwas abseits vom Memorial auf dem Gipfel des Malidzimu zwischen gewaltigen Granitfelsbrocken unter einer schlichten Bron-

Matobo Hills Lodge

Zur Übernachtung empfiehlt sich mitten in den Matobo-Bergen die Matobo Hills Lodge, die 50 km von Bulawayo entfernt in einem privaten Wildpark liegt. Sie besteht aus geräumigen reetgedeckten Rundhütten, die malerisch am Felshang stehen und größtenteils auf ›Walrücken‹ gebaut sind. Wie in den Lodges des südlichen Afrika Tradition, steht abends ein üppiges Buffet bereit.

Von hier aus lassen sich am bequemsten die Attraktionen der Matobo-Hills-Region, die sich über 80 km von West nach Ost erstreckt, im offenen Landrover unter fachkundiger Führung besuchen – ein Programm für mehrere Tage.

zeplatte mit der Inschrift »Hier liegen die sterblichen Reste von Cecil John Rhodes begraben«. Er war 1902 im Alter von 49 Jahren in Südafrika gestorben. Sein Leichnam wurde mit dem Zug nach Bulawayo und von dort mit einem imposanten Trauergeleit sowohl von Europäern als auch Ndebele über 46 km in die Matobo-Berge eskortiert.

Der Matobo National Park ist durch einen **Circular Drive** erschlossen, der landschaftlich überaus reizvoll ist, weil praktisch nach jeder Kurve neue Felskonfigurationen auftauchen. Seit Mitte der 80er Jahre besitzt er weiße Nashörner, die aus der Kariba-Region Zimbabwes umgesiedelt wurden. Um der Wilderei den Boden zu entziehen, hat man den Tieren das Horn abgesägt. Trotzdem wird gewildert; denn das Horn wächst wieder nach. Auch Jungtiere, die noch nicht dieser Prozedur unterzogen worden sind, stellen für Wilderer eine lohnende Beute dar. Immerhin soll das Horn, aus dem im Fernen Osten ein Aphrodisiakum gewonnen wird, auf dem Schwarzmarkt 10 000 US-$ bringen.

Auch Rappen-Antilopen, Gnus und Zebras sowie eine der kleinsten Antilopenarten, die in den Felsklippen heimisch ist und deshalb Klippspringer heißt, sind hier überall anzutreffen. Darüber hinaus besitzt der Matobo-Park die größte Schwarzadler-Kolonie der Welt. Auch gibt es viele Leoparden, die sich allerdings meist nur morgens oder abends in der Dämmerung zeigen, aber keine Elefanten, keine Löwen. Im Park sind an mehreren Stellen Flüsse mit Dämmen gestaut. In der Nähe der Stauseen ist das Tierleben meist besonders reichhaltig. Beim Maleme Dam liegt ein **staatliches Camp,** das Zeltplätze und Hütten für vier Personen umfaßt.

Trotz vieler Hinweisschilder stellt der Park ein Labyrinth dar, in dem sich schon viele verlaufen haben. Die im Dienst der Matobo Hills Lodge stehenden Führer sind schwarze Zimbabwer, die früher für die staatliche Museumsverwaltung gearbeitet haben. Das hat seinen Grund: Die Region ist berühmt für ihre **Felszeichnungen.** Neben dem Brandberg in Namibia und den Drakensbergen in Südafrika zählen die Matobo Hills zu den bedeutendsten prähistorischen Fundstellen im südlichen Afrika.

18 km südlich vom Rhodes-Grab liegt die **Silozwane-Höhle.** Um sie zu erreichen, braucht man festes Schuhwerk mit Gummisohlen und ein Mindestmaß an körperlicher Kondition. Vom Parkplatz führt ein schmaler Waldpfad zum Fuß eines riesigen Walrückens, auf dem der Besucher mehrere hundert Meter steil aufwärts schreitet, bis er zu einer ca. 6 m hohen und 10 m tiefen Höhle gelangt. Ihre Rückwand ist voll von Felszeichnungen. Da ist ein fast zwei Meter hohes Bild einer Giraffe, noch größer das Bild einer Schlange, die eine Antilope verschlingt. Ferner sind Löwen, Nashörner, Kudus, Zebras, Elefanten sowie Jäger mit Pfeil und Bogen abgebildet. Manchmal finden sich erstaunliche Details – so sind unter den Antilopen verschiedene Arten – Tsessebe und Impala – deutlich auszumachen. Bei fliegenden Termiten erkennt man die Struktur der Flügel.

Die Zeichnungen sind mit Farbpigmenten und Mineralien ausgeführt. Man führt sie auf die frühesten Bewohner der Region, die Buschmänner oder San, die vor 40 000 Jahren eingewandert sind, zurück; sie sollen bis zu 20 000 Jahre alt sein. Doch da scheint Vorsicht geboten: Die Höhle ist, wie auch die anderen berühmten Höhlen der Region, z. B. die Pomongwe-Höhle, für jedermann zugänglich. Im Laufe der Jahrtausende hat hier wohl so mancher seinem Darstellungsdrang Ausdruck verliehen, und es bedürfte einer sorgfältigen Analyse, um die Spreu vom Weizen zu trennen. – An manchen Stellen sind auch die Spuren moderner Vandalen zu sehen.

Wer noch die restlichen 15 Minuten bis zum Gipfel aufsteigt, wird durch einen herrlichen Ausblick belohnt.

Von Bulawayo über Victoria Falls nach Kariba (840 km)

Die folgende Route führt in den Westen und Norden des Landes. Von Bulawayo **1** über den Hwange National Park erreicht man auf einer gut ausgebauten Straße nach ca. 440 km die Victoria-Fälle. Den zweiten Teil der Route, nach Kariba, muß man per Flugzeug zurücklegen. Der Weg zurück nach Harare läßt sich wieder gut mit einem Mietwagen bewältigen.

Hwange National Park

Nach 330 km erreicht man den Hwange National Park **2** (S. 341). Er ist jedoch von Bulawayo aus auch gut mit der Eisenbahn zu erreichen sowie natürlich per Flugzeug von Bulawayo oder Harare aus. Flughafen und Bahnstation liegen im Umkreis von 20 km vom Main Camp entfernt.

Tiere gibt es im Hwange-Nationalpark im Überfluß. Allein die Zahl der Elefanten soll zeitweise 20 000 erreicht haben – zuviele, um Schaden für die Natur zu vermeiden. 13 000 Büffel, mehrere Hundert Nashörner und eine wachsende Zahl der seltenen Wildhunde: sie alle bevölkern das Wildreservat, das so groß ist wie Schleswig-Holstein.

Hwange – der Name geht auf Chief Hwange, einen Rozvi-Häuptling aus dem 19. Jh. zurück – ist Zimbabwes größter Nationalpark. Im 19. Jh. war die Region bevorzugtes Jagdgebiet der Ndebele-Könige Mzilikazi und Lobengula. Dann kamen die weißen Jäger, die

die Tiere abschlachteten. Erst 1928 wurde Hwange zum Wildpark erklärt; die Region war wegen ihrer Trockenheit landwirtschaftlich sowieso nicht nutzbar. Doch Wild gab es hier damals kaum mehr – die Zahl der Elefanten war auf weniger als tausend geschrumpft, Nashörner waren ganz verschwunden.

Zunächst einmal mußte Wasser her. Insgesamt wurden 60 Wasserlöcher gebohrt, und siehe da – innerhalb kürzester Zeit war der Wildbestand wieder so enorm gestiegen, daß in den 70er Jahren die Zahl der Elefanten durch Abschießen reduziert werden mußte. Mehr als 12 000–15 000 bringen das ökologische Gleichgewicht aus der Balance.

Von den künstlichen, pumpenbetriebenen, aber natürlich aussehenden Wasserstellen geht Leben aus. Hier konzentriert sich vor allem in der trockenen Jahreszeit das Wild. Viele von ihnen sind mit überdachten Plattformen versehen, von denen aus Besucher die Tiere in aller Ruhe beobachten können. Jedes Tier hat seine eigene Trinkzeit: Elefanten,

Büffel und Elen-Antilopen zwischen 16 und 21 Uhr, Zebras, Giraffen, und Sable-Antilopen zwischen 16 und 19 Uhr, Gnus nachts und vormittags, Löwen, Leoparden und Geparden am frühen Morgen. Außer den Wasserstellen gibt es – und das ist ebenfalls für Hwange typisch – auch Wasserpfannen, Vertiefungen, die an salz- und mineralhaltigen Stellen durch Tiere entstanden sind. Die meisten Pfannen haben 20 bis 30 m im Durchmesser und werden in der Regenzeit ca. 1 m tief.

Im Hwange-Nationalpark lassen sich zwei Vegetationszonen unterscheiden: Im feuchten Norden herrscht Mopane-Wald vor, im trockenen Süden, wo nur wenig Regen fällt, Grasland mit mageren Sandböden und sumpfigen Niederungen. Hier fängt die Kalahari an, die sich jenseits der Grenze in Botswana fortsetzt. Der Reiz des Hwange-Parks besteht darin, daß er die Fauna beider Landschaftsformen bietet, sowohl der Steppe als auch der Feuchtsavanne. Ideale Besuchszeit ist der Winter der

Baumhäuser der Sikumi Tree Lodge im Hwange National Park

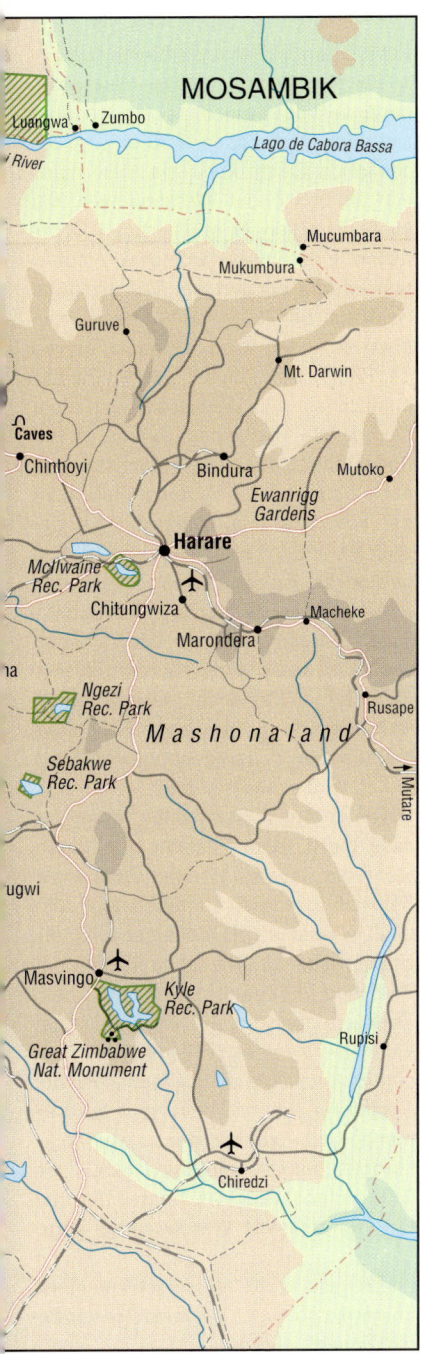

*Von Bulawayo über Victoria Falls
nach Lake Kariba*

Südhalbkugel, der gleichzeitig Trockenzeit ist und dem europäischen Sommer entspricht. Die beste Zeit für Wildbeobachtung ist hier gegen Ende der Trockenzeit im September und Oktober, da die Tiere dann auf Wasserstellen angewiesen sind. Im Sommer ist der Park sehr grün und sehr heiß; die Tiere kommen seltener an die Wasserstellen, weil es überall Wasser gibt, und sind in der unendlichen Weite des Parks nur schwierig zu finden. Der Hwange-Park ist deshalb – mit Ausnahme des **Main Camp** 3 – und des **Sinamatella Camp** 4 sowie des nordöstlichen Teils, die ganzjährig geöffnet sind – nur vom 1. Juni bis 31. Oktober für Besucher offen.

Die Eisenbahnlinie von Bulawayo nach Victoria Falls bildet die Nordgrenze. In ihrer Nähe verläuft auch die Straße von Bulawayo nach Victoria Falls, von der Zufahrtsstraßen in die staatlichen Camps abzweigen. Nächstgelegene Bahnstation ist **Dete** 5, das ebenso wie der Flughafen Hwange National Park und das Main Camp am östlichen Ende des Parks liegen.

Vom Flughafen aus ist es nicht weit zur Sikumi Tree Lodge, die am Rande des Parks in einem privaten Wildpark liegt und ebenso wie die Sable Valley und die Makololo Lodge vom Safari-Unternehmen ›Touch the Wild‹ betrieben wird. Hier wohnen die Gäste in Baumhäusern, die durch eine leiterartige, mit einem Geländer gesicherte Treppe zugänglich sind. Die Hütten sind tagsüber durch Vorhänge gegen die Hitze abgeschirmt, nachts aber nach allen Seiten offen und angenehm luftig und kühl. Zum Schutz vor Malaria dient ein Moskitonetz. Inmitten der Bäume, die Schutz vor der sengenden Sonne bieten, liegt ein Swimmingpool. Abends wird ein Lagerfeuer entfacht, denn nach Sonnenuntergang sinkt die Temperatur dramatisch ab. Die Nächte können sogar im Sommer sehr kalt sein. Mittags und abends wird ein opulentes Buffet angeboten, oft mit Köstlichkeiten aus der Region, die jedem Feinschmeckerrestaurant zur Ehre gereichen würden.

1893 traf der Deutsche Albert Giese auf einer Jagdexpedition einen Afrikaner, der ihm erzählte, daß es »im Lande Hwanges schwarze Steine« gebe, »die brennen«. An Ort und Stelle fand Giese hochgradige Kohle vor. 1899 wurde die Wankie (Rhodesia) Coal, Railway and Exploration Company gegründet, die heute eine der größten Kohleminen Afrikas darstellt. Die Minenstadt Hwange **6**, früher Wankie, ist bis heute ein bedeutendes Bergbauzentrum.

Die Victoria-Fälle

Rund 100 km nordwestlich des Hwange Park erreicht man die Victoria-Fälle **7**. Der Besucher folgt nach Entrichtung des Eintrittsgeldes einem asphaltierten Fußweg zum Denkmal für Livingstone, der die Fälle 1855 als erster Europäer erblickte. Der Weg führt ihn an der Spalte entlang, in die sich die Fälle stiebend und donnernd ergießen. Der Betrachter befindet sich stets – nur durch die über 100 m tiefe, aber nicht sonderlich breite Schlucht vom gewaltigen Fluß getrennt – auf gleicher Höhe mit den Fällen und geht in ihrer vollen Breite an ihnen entlang. So hat man tatsächlich den Eindruck, daß der Zambezi, der viertgrößte Fluß Afrikas, an dieser Stelle in eine quer liegende Schlucht fällt. Dort unten verengt sich der eben noch 1700 m breite Fluß dramatisch und

setzt seinen Weg durch eine Serie von Schluchten in Zickzack-Kurven fort.

Bei Hochwasser ist der Wasservorhang, dem der Besucher sich gegenüber sieht, ununterbrochen 1700 m lang! Die stiebende Gischt kühlt die Hitze merklich ab und bildet Wasserwolken, die weite Strecken in rauchartigen Nebel hüllen. Eine Enklave tropischer Vegetation ist hier entstanden. Das mächtige Geräusch der fallenden Wassermassen übertönt jedes Wort. »Mosi o Tunya«, der Rauch, der donnert, nennen die Einheimischen den Wasserfall, der nicht der höchste, aber je nach Jahreszeit und Regenfällen der wasserreichste und nach dem Urteil erfahrener Reisender der schönste und spektakulärste der Welt ist. Und mit einer Höhe von 70–108 m sind die Fälle zweimal so hoch und eineinhalb mal so lang wie die Niagara-Fälle. Übrigens sind sie bei Vollmond ausnahmsweise auch nachts geöffnet. Im milchigen Mondlicht präsentieren sie sich dann in geisterhafter Schönheit, durch einen Mondregenbogen vollends ins Überirdische verklärt.

Die größte Wassermenge führen die Fälle meist in den letzten Apriltagen, wenn die Regenzeit endet. Dann ergießen sich in jeder Sekunde bis zu 5 Mio. Liter Wasser in die Schlucht, und die Gischtwolke ist 30 km weit sichtbar. Zwischen März und Mai ist hinter dem Schleier dann auch manchmal gar nichts mehr von den Fällen sichtbar. Am eindrucksvollsten ist im allgemeinen der Anblick im Juni und Juli, wenn Wassermenge und -nebel wieder so weit abgenommen haben, daß die eigentlichen Fälle sichtbar sind. Im September und Oktober kann die Wassermenge dagegen sehr spärlich sein. Zwischen Januar und August ist der Wasserschleier meist immerhin so stark, daß man bei der Besichtigung naß wird.

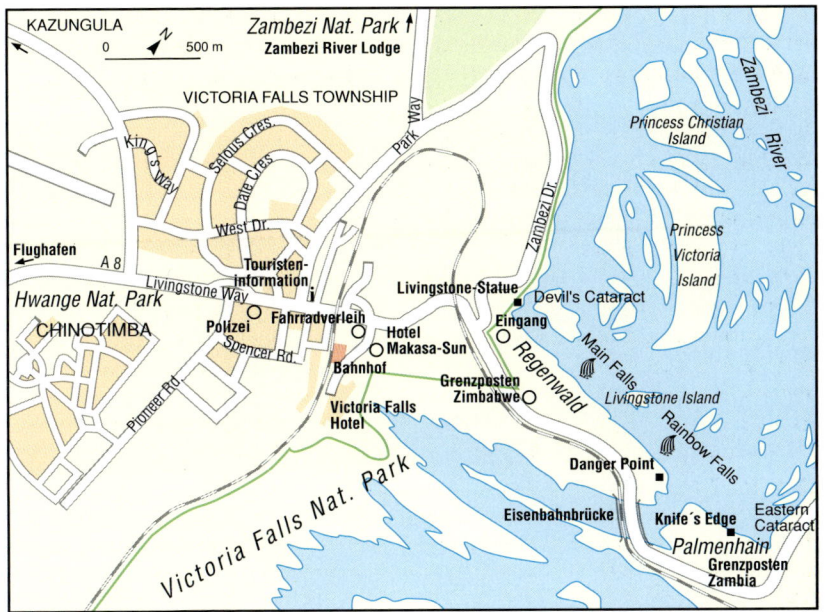

Die Victoria-Fälle

Die Victoria-Fälle, die ungefähr in der Mitte der 2700 km langen Reise des Zambezi von der Quelle zur Mündung liegen, bestehen eigentlich aus fünf Fällen, die bei Trockenheit deutlich voneinander abgesetzt sind: dem östlichen Katarakt, den **Rainbow-Fällen,** den **Hufeisenfällen,** den **Hauptfällen** und dem **Teufelskatarakt,** der zu allen Jahreszeiten Wasser führt.

Der **östliche Katarakt** ist erst zu sehen, wenn man bis zum **Danger Point** vorgedrungen ist, der Stelle, die am Ende des halbinselförmigen Vorsprungs liegt, den der Zambezi hier mit seiner ersten Kurve bildet.

Die Fälle gehören zu zwei Drittel Zimbabwe, die Regenbogenfälle und der östliche Katarakt liegen auf zambischem Gebiet (die Staatsgrenze geht mitten durch den Fluß). Erfreulicherweise sind die Fälle durch kein Geländer verunziert. Doch leider stellt schon die

auf zambischer Seite eine Schlucht überspannende Knife Edge Footbridge keineswegs eine Augenweide dar. Von ihr kann man immerhin, wenn auch aus ziemlicher Entfernung, von zambischer Seite einen Blick auf die Hauptfälle werfen. Der Grenzübertritt ist unproblematisch, nimmt aber wegen der Formalitäten eine gewisse Zeit in Anspruch.

Nach dem Bau der Eisenbahnbrücke über den Zambezi entstand 1901 auf zambischer Seite der Ort **Livingstone** 9, auf zimbabwischer **Victoria Falls** 8 (S. 342). Dabei nahm Livingstone die Mehrzahl der Touristen auf, bis Victoria Falls nach der einseitigen Unabhängigkeitserklärung Rhodesiens eine eigene touristische Infrastruktur erhielt. Seitdem hat Zambia das Nachsehen, weil

Victoria-Fälle, Gesamtüberblick ▷

David Livingstone: Arzt, Missionar und Entdecker

David Livingstone verlebte in Schottland, wo er 1813 geboren wurde, eine harte Kindheit. Er stammte aus einer armen Familie und mußte schon mit 10 Jahren in einer Textilfabrik arbeiten. Abends zwischen acht und zehn besuchte er einen weiterführenden Schulunterricht, und so gelang es ihm durch unermüdliche Arbeit, ein medizinisches Studium zu absolvieren.

Doch seine Interessen gingen weit über die Medizin hinaus. Reisen und Forschen wurden für ihn zur Leidenschaft. 1838, im Alter von 25 Jahren, ging er zur Londoner Missionsgesellschaft, die ihn zwei Jahre später als Missionar nach Südafrika entsandte, um den Missionar Robert Moffat in Kuruman zu unterstützen. Dort heiratete er Moffats Tochter Mary. 1844 verließ Livingstone Kuruman, um im unerforschten Norden eine eigene Mission zu gründen. Dabei kam er nahe der Mündung des Chobe erstmals an den Zambezi, der ihn für den Rest seines Lebens faszinieren sollte.

Die viktorianischen Missionare beschränkten ihre Aktivitäten keineswegs auf das Seelenheil der Heiden. So war Livingstones Schwager, John Moffat, ein hoher Kolonialbeamter. In seiner Karriere als Missionar soll Livingstone nur einen einzigen Heiden bekehrt haben, der aber – so heißt es – auch prompt wieder abtrünnig

wurde. Livingstone war zutiefst überzeugt, daß der Handel das Innere Afrikas erschließen und entwickeln würde. Seit Ende der 40er Jahre gab er nicht einmal mehr vor, Missionar zu sein, sondern war in der Öffentlichkeit als reisender britischer Konsul bekannt.

Afrika war damals als unerschöpfliches Reservoir für Sklaven und Elfenbei berühmt. Doch Livingstone gehörte zu den wenigen, die sich klarmachten, daß jedes Klavier einen Elefanten das Leben kostete und daß man für jedes Stoßzahn-Paar, das zur Küste transportiert wurde, zwei Sklaven benötigte.

1848 stieß er in Begleitung seiner Familie als erster Europäer zum sagenumwobenen Ngami-See vor, der im heutigen Botswana liegt. 1849 führte ihn eine erste Reise zum Oberlauf und Quellgebiet des Zambezi. Die Strapazen waren so groß, daß er alle weiteren Reisen ohne Familie unternahm. 1853 bis 1856 durchquerte er mit Unterstützung der Royal Geographical Society in London als erster von Luanda in Angola nach Quelimane in Mosambik den Kontinent von West nach Ost. Dabei reiste er über weite Strecken am Zambezi entlang und entdeckte auf diese Weise am 16. November 1855 die Victoria-Fälle, denen er den Namen der britischen Königin gab.

»Wir sahen vom Sambesi aus fünf Rauchsäulen«, schreibt er später, »deren Spitzen sich mit den Woken zu vermischen schienen. Die Fälle sind nichts weiter als ein Riß in dem harten Basaltfelsen vom rechten nach dem linken Ufer des Sambesi, der sich am linken Ufer noch etwa 30–40 Meilen weit fortsetzt. Wenn man rechts von der Insel in den Spalt hinunterblickt, sieht man nichts als eine weiße Wolke, auf welcher sich zwei glänzende Regenbogen zeigen.« Aus dieser Wolke wachse die Dunstsäule empor, die 70 bis 100 m hoch sei.

Livingstone maß die Höhe der Fälle, indem er mit einem Kanu durch die mörderische Strömung zu der den Fällen nahe gelegenen Insel fuhr und dort ein Seil herabließ. »Es ist ein Anblick, so schön, wie ihn Engel in ihrem Flug erblicken mögen«, berichtete er in ungewöhnlicher Gefühlsbetontheit in seinem Tagebuch. In seiner Begleitung war der Maler Thomas Baines, der die Victoria-Fälle besser, als Worte es vermögen, darstellte. Dieser

suchte später die Fälle noch einmal zusammen mit dem Jäger und Händler James Chapman auf, um weitere Bilder herzustellen.

Von 1858 bis 1864 unternahm Livingstone, wiederum im Auftrag der Royal Geographical Society, eine zweite Zambezi-Expedition, die jedoch im Desaster endete. In der Überzeugung, daß der Zambezi schiffbar sei, startete er die Reise mit seinem Bruder Charles per Schiff. Nach 400 km mußte er an der Cabora-Bassa-Schlucht aufgeben und die Reise zu Fuß fortsetzen. Die reißenden Stromschnellen bis Kariba überwand er mit einem Kanu.

Seine Frau Mary, die dem Alkohol verfallen war, starb 1862 an Gelbfieber und wurde am Ufer des Zambezi in Shupanga beigesetzt. Nachdem Livingstone die Unbefahrbarkeit des Zambezi erkannt hatte, wandte er seinen Forscherdrang einem anderen Fluß zu: 1866 brach er auf, die Quellen des Nil zu erkunden. Die Expedition dauerte bis 1873, und drei Jahre lang blieb die Welt ohne Nachricht von dem Forscher, der in Zentralafrika verschollen war. Schließlich fand ihn der Journalist Henry Morton Stanley, der zu seiner Suche aufgebrochen ist, in der Nähe des Tanganyika-Sees im heutigen Burundi, und begrüßte den Abgemagerten mit den Worten, die als unübertroffener Ausdruck britischen Understatements in die Geschichte eingegangen sind: »Mr. Livingstone, I presume ...«

Am 1. Mai 1873 starb Livingstone am Südufer des Bangweolo-Sees. Sein Leichnam wurde mit einfachen Mitteln einbalsamiert, nach England transportiert und am 18. April 1874 in Westminster Abbey feierlich beigesetzt.

die touristische Infrastruktur unter der Herrschaft von Kenneth Kaunda verkam.

Beide Orte leben im wesentlichen vom Tourismus und bieten dieselben Attraktionen: Zum Sonnenuntergang, wenn der Himmel sich langsam von gleißendem Gold in Orange und glühendes Rot verfärbt, eine Schiffsfahrt – ›sundowner cruise‹ – auf dem Zambezi und ›white-water-rafting‹ – eine Wildwasserfahrt – im Schlauchboot durch die Schluchten unterhalb der Fälle. Besondere Erfahrungen oder Kenntnisse sind dazu nicht erforderlich. Die Teilnehmer dürfen nicht jünger als 16 und nicht älter als sechzig sein. Sie sollen jedoch in guter körperlicher Verfassung sein und sich eine halbe Stunde vor Fahrtantritt einweisen lassen.

Livingstone hat ein kleines, aber außergewöhnlich reichhaltiges **Museum** zur Geschichte der Region mit Waffen, Werkzeugen, Kunstobjekten und alten Karten. Leben und Werk David Livingstones, des großen Forschungsreisenden, und Cecil Rhodes', des Erbauers des britischen Kolonialreichs im südlichen Afrika, sind mit zahlreichen Dokumenten und Erinnerungsstücken illustriert. Das Original von Livingstones Tagebuch wird hier aufbewahrt.

Eine eigene Sehenswürdigkeit ist die **Eisenbahnbrücke,** die die Schlucht unterhalb der Fälle überspannt, dort, wo sie am engsten ist. Sie wurde von Cecil Rhodes im Rahmen seiner Idee einer Eisenbahn ›vom Kap nach Kairo‹ projektiert und in England in einer Fabrik in Stücken hergestellt und verschifft. 1905 war sie fertiggestellt. Dem Wunsch von Rhodes entsprechend wurde sie so dicht an den Fällen aufgebaut, daß die Passagiere sie von ihren Plätzen aus sehen und »das Sprühwasser auf der Haut fühlen können«. Leider starb Rhodes bereits 1902, zwei Jahre, bevor die Bahnlinie bis zu den Fällen fertiggestellt war. Der Bau der Eisenbahnbrücke gab dem Tourismus Aufschwung. Ein endloser Strom von Besuchern setzte ein, die Afrikas größtes Naturwunder besichtigen wollten. Schon 1904 wurde ein Hotel an der Stelle eröffnet, wo heute das **Victoria Falls Hotel** steht. Doch es war so primitiv, daß viele Besucher es vorzogen, im Zug zu übernachten, der über Nacht im Bahnhof stehenblieb. Nach acht Jahren entstand der heutige Bau. Das altehrwürdige Etablissement ist einen Besuch wert. Es liegt am Schnittpunkt der zweiten und dritten Schlucht, ist sehr stilvoll und ausgesprochen britisch geprägt. In der I presume-Bar wird in kolonialer Atmosphäre die Erinnerung an die Begegnung Stanleys mit Livingstone gepflegt, der in angelsächsischer Zurückhaltung nach langer Suche den Totgeglaubten mit »Mr. Livingstone, I presume!« begrüßt hatte. Auf der großen Hotelterrasse wird abends zu den Klängen eines afrikanischen Orchesters gegrillt.

Um Eisenbahnbrücke und Schlucht ranken sich inzwischen zahlreiche Geschichten: Die Zahl derer, die hier, sei es durch Selbstmord oder Unfall, zu Tode gekommen sind, soll sich seit der Jahrhundertwende auf 50 belaufen. Tradition hat auch der ›Flight of Angels‹, ein Rundflug über die Fälle (der heute mit 6sitzigem Sportflugzeug oder Hubschrauber angeboten wird). Der waghalsigste aller Piloten war Ted Spencer. Mit seinem kleinen Flugzeug flog er unter der Brücke hindurch, mußte die tollkühne Tat jedoch immer leugnen, weil er sonst seine Pilotenlizenz verloren hätte. Von ihm wird auch erzählt, daß er gerne im Dunkeln landete. Über der Stadt flog er in niedriger Höhe, steckte seinen Kopf zum Cockpit hinaus und rief »Autos!« Dann fuhren seine Freunde schnell zur

Historische Bahnfahrt nach Victoria Falls

Zimbabwes Eisenbahn bietet eine besonders originelle Art der Anreise nach Victoria Falls an. Mehrmals im Monat finden von Bulawayo aus Eisenbahn-Safaris statt. Eine alte Garratt-Lokomotive bringt Gäste in den historischen Salonwagen der Rhodesischen Eisenbahn nach Victoria Falls und zurück. Dabei ist auch ein längerer Aufenthalt in Hwanges Makololo Camp eingeplant.

Nähere Infos erhält man in den Reisebüros von Bulawayo und direkt am Bahnhof.

Landebahn und stellten ihre Autos mit aufgeblendeten Scheinwerfern auf, so daß die Landebahn beleuchtet war. Nach seinem Tod wurde seine Asche über die Fälle verstreut.

Immer wieder gab es auch Überlegungen, das ungeheure Energiepotential der Wasserkraft der Fälle zu nutzen. Doch jeder Besucher wird dankbar dafür sein, daß er den überwältigenden Anblick der Fälle in ihrem natürlichen Zustand immer noch ungestört genießen kann.

Der Kariba-See

Von Victoria Falls nach Kariba **12** (S. 342), das auch direkt von Harare aus gut per Flugzeug zu erreichen ist, empfiehlt es sich, mit dem Flugzeug zu reisen, da die Straße nicht ausgebaut ist.

Wenn die Elefanten im Kariba-See **11** schwimmen gehen, laufen sie praktisch im Gänsemarsch auf dem Grunde des Sees, der nirgendwo tief ist, indem sie den Rüssel als Schnorchel benutzen. Auf diese Weise, so erzählt man sich, sollen zwei Elefanten in 23 Stunden 40 km durch den Kariba-See von Zimbabwe nach Zambia gelaufen sein.

Der Kariba-Stausee, der zweitgrößte Stausee der Welt, hat die Region von einem unwirtlichen Backofen in ein Paradies für Wassersportler und Tierliebhaber verwandelt. Seine Ufer sind für ihren Tier- und Vogelreichtum berühmt, im Wasser sind über 50 verschiedene Fischarten beheimatet. Insbesondere die überfluteten Wälder sind ein bevorzugtes Habitat für Fische und Vögel. Nachts ist die dunkle Oberfläche des Sees mit Tausenden von blinkenden Lichtern bedeckt – Fischer, die die kleine Kapenta-Sardine anlocken; die jährliche Fangmenge beträgt 12 000 t. Die Wasser des Sees sind so gefährlich und unberechenbar wie das Meer. Innerhalb von Minuten können Stürme mit bis zu 4 m hohen Wellen entstehen.

Ursprünglich hatte der Zambezi bei Kariba sein Bett durch Granitfels gegraben. Die natürliche Schlucht sah wie eine Falle (in Shona: *Kariwa*) aus. Gegen den Widerstand der in dieser Region siedelnden Tonga, die fürchteten, daß der Flußgott Rache nahmen würde, baute man hier einen Damm. Tatsächlich wurden am 20. Februar 1958 bei Hochwasser 17 Arbeiter und Ingenieure zusammen mit dem Zement von den Fluten weggerissen. Ihre Leichen sind in dem 128 m hohen Damm einzementiert, der in einer Länge von mehr als 500 m die Schlucht versperrt. Er ist an der Basis 26 m und an der Spitze 13 m breit.

Auch die Hitze machte den Arbeitern damals schwer zu schaffen. Werkzeug mußte in Wasser gekühlt werden, damit man es überhaupt anfassen konnte. Doch am 17. Mai 1960 war es soweit: die Queen Mother – die britische Königinmutter – schaltete die Generatoren ein. Zuvor war am 12. Dezember 1958 mit dem Stau der Wassermassen begonnen worden. Der verhältnismäßig schnelle Anstieg der Wassermassen hatte zur Folge, daß viele Tiere auf sinkenden Inseln in der Falle saßen. Zu ihrer Rettung wurde unter Leitung von Robert Fothergill die ›Operation Noah‹ lanciert, bei der

Mana Pools

Der Besuch des Kariba-Sees läßt sich gut mit dem des **Mana Pools National Park** 13 kombinieren. **Mana** bedeutet in der Shona-Sprache ›vier‹, und es sind denn auch im wesentlichen vier große Wassertümpel *(pools)*, die in toten Flußarmen des Zambezi zurückgeblieben sind, die dem Park den Namen gegeben haben. An den Ufern des Zambezi stehen hier große alte Akazien und Mahagoni-Bäume, in denen viel Wild, vor allem auch die seltenen Spitzmaulnashörner, ein Refugium

gefunden haben. Der Anstieg der Wildpopulation war so stark – die Zahl der Elefanten im mittleren Zambezi-Tal wird auf mehr als 15 000 geschätzt, die der Büffel auf 16 000 –, daß die Wälder bereits Schaden genommen haben.

Berühmt sind auch die versteinerten Fußabdrücke von Dinosauriern, die sich hier finden. Besonders reizvoll ist es, den Fluß im Kanu zu erkunden. Der Safari-Unternehmer Shearwater bietet zum Beispiel mehrtägige Kanutrips von Rukomechi nach Chikwenya an.

etwa 5000 Tiere – vom Buschbaby bis zum Elefanten und Nashorn – vor den steigenden Fluten in die Sicherheit der Wildparks am südlichen Ufer verbracht wurden.

Die gegenwärtigen Dimensionen – der See ist ungefähr 280 km lang und 40 km breit und bedeckt eine Fläche von über 5000 km^2 – hatte er 1963 erreicht. Doch die Größe unterliegt einem ständigen Wechsel. Sie hängt von der Menge des Regens ab; je nach Wasserstand tauchen Inseln auf und versinken. In der Trockenperiode von 1990 wurde die Fothergill-Insel zur Halbinsel.

Auf dem Programm der **Bumi Hills Lodge** 10 stehen auch Kreuzfahrten mit Motorbooten auf dem See. Das Boot kreuzt zwischen den aus dem Wasser ragenden Ästen abgestorbener Bäume. Wenn Elefanten beim Baden sind, kann

man sie vom Boot aus noch näher beobachten. Bootsrundfahrten gehen im allgemeinen bis Binga, wo die bewaldeten Hügel zurücktreten und die steilen Felsen der Zambezi-Schlucht bis an die Ufer vorstoßen.

Die Bumi Hills Lodge macht wie alle staatlichen oder halbstaatlichen Hotels – und dazu gehören leider auch die Zimbabwe Sun Hotels – einen eher schlecht geführten Eindruck. Wieso ein Hotel dieses Standards keine Klimaanlage hat, ist unerfindlich. Winzige Lüftungsschächte über den Fenstern, die wegen der vielen Moskitos geschlossen bleiben müssen, sorgen nur ungenügend für Frischluft. Zwischen Ende November und Februar kann der Sommer unerträglich sein. Die beste Reisezeit liegt zwischen Ende April und Mai oder September und Anfang Oktober.

Unterhalb des Hotels befindet sich ein Handicraft Center, das sich schon durch seine moderne und großzügige Bauweise als skandinavisches Entwicklungshilfeprojekt zu erkennen gibt. Hier sind die schönen Korbwaren der Tonga erhältlich.

Von Kariba nehmen die meisten Reisenden ein Flugzeug zurück nach Harare, man kann die 360 km lange Strecke aber auch per Mietwagen zurücklegen, etwa um unterwegs die Chinhoyi Caves (S. 149 und 339) (240 km von Kariba) zu besichtigen.

Rundtour von Harare durch die Eastern Highlands nach Great Zimbabwe (900 km)

Berge, die im kühlen Morgennebel den Blicken entschwinden; Blicke, die über Hunderte von Kilometern in weite Ebenen gehen; Wasserfälle, die über Hunderte von Metern senkrecht in die Tiefe fallen; Zedern, die mit ihren mächtigen Stämmen in schwindelnde Höhen streben: In Afrika waren es immer die Highlands, die die Weißen faszinierten. So war es in Kenya zur Kolonialzeit, so ist es in Zimbabwe noch heute, wo spätestens zu den heißen Weihnachtstagen ein wahrer Treck von Einheimischen und Touristen zu den **Eastern Highlands** (S. 339) einsetzt. Von Harare sind es knapp 270 km – drei Stunden Fahrt mit dem Auto – nach Mutare, der Hauptstadt der Provinz Manicaland und fünftgrößten Stadt des Landes. In unmittelbarer Nähe von Mutare reihen sich die Berge von Nyanga, Vumba und Chimanimani zu einer Kette auf, die eine natürliche Grenze zu Mosambik darstellt.

Von **Harare** 1 aus führt der Weg dorthin über **Marondera** 2 (S. 342), Zimbabwes bedeutendstes Weinbaugebiet, wo der Besucher auf die noch immer koloniale Atmosphäre der Highlands eingestimmt wird. Der Ort hat einen der ältesten Turf-Clubs Zimbabwes und seine von Bäumen gesäumte Pferderennbahn stellt noch heute eine besondere Attraktion dar.

Die Kolonialzeit ist vorbei, doch die Schönheit der Eastern Highlands ist geblieben, auch wenn oft, ja meist, sterile Pinien und Eukalyptus-Pflanzungen die einst so weit verbreitete Mlanje-Zeder verdrängt haben, die ein Opfer der Abholzung wurde. Dazwischen liegen Tee-, Kaffee- und Obstplantagen. Die Höhe – die Berge steigen bis auf 2400 m an – mildert die afrikanische Hitze. Zimbabwes Eastern Highlands sind in der heißen trockenen Sommerzeit, die mit dem europäischen Winter zusammenfällt, ein wahres Refugium. Ausgangspunkt der Erkundung ist Mutare, das, von Zweitausendern umgeben, in einem weiten Kessel liegt und besonders schön ist, wenn von September und Oktober ab die Jacaranda-Bäume die Straßen in ein blauviolettes Blütenmeer tauchen und wenig später das Karmesinrot der Flamboyants erstrahlt.

Wer von Harare nach **Mutare** 3 kommt, hat vom Christmas Pass einen schönen Blick auf die Stadt. Die europäischen Siedler brauchten mit ihren Ochsengespannen früher manchmal einen ganzen Tag, um diesen Paß zu bewältigen. Mutare, das circa 80 000 Einwohner hat und vor der Unabhängigkeit Umtali hieß, ist eine geschäftige, lebendige Stadt, nicht nur Verwaltungs- und Handelszentrum, sondern auch aufstrebender Industriestandort, obwohl es als Grenzort unter dem jahrzehntelangen Bürgerkrieg in Mosambik besonders gelitten hat.

Einige schöne Bauwerke älteren Datums, so insbesondere das Zollhaus von

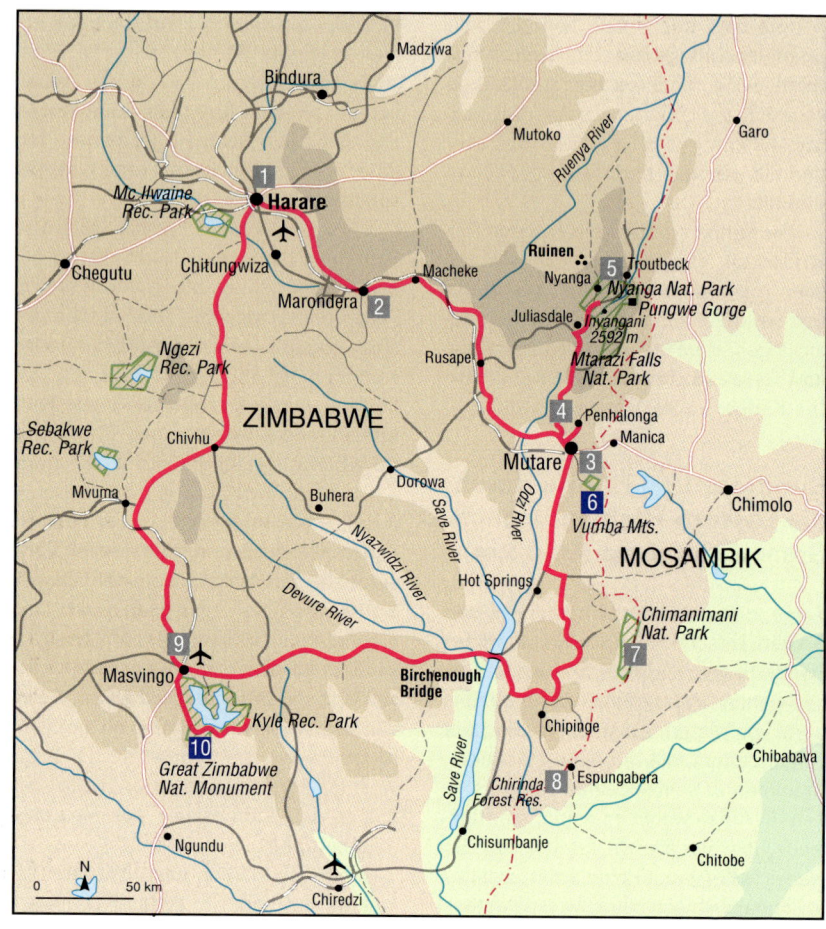

Von Harare durch die Eastern Highlands

1936, zeugen von kolonialer Tradition. Mutare ist dreimal gegründet worden, das erste Mal 1888 10 km vom heutigen Mutare entfernt am Kraal des Manica-Chief Mutasa. 1891 wurde der Ort am Mutare erneut gegründet, um eine Anbindung an die Eisenbahnlinie von Beira über Harare nach Bulawayo und von dort nach Südafrika zu ermöglichen: westlich der heutigen Hauptstraße von Nyanga nach Mutare und einige Kilometer südlich der Penhalonga-Kreu-

zung. Der Ort existiert unter dem Namen Old Umtali noch heute. Er sollte Sitz der Beira-Eisenbahn-Gesellschaft werden, die die British South Africa Company (BSAC) von Cecil Rhodes gegründet hatte. Der Eisenbahnbau begann im September 1892, doch noch im selben Jahr stellte sich heraus, daß der Christmas Pass für die Eisenbahnbauer unüberwindbar war, und so wurde Mutare ein drittes Mal neugegründet diesmal weitgehend mit den alten Gebäudeteilen, die man abbaute, über den Christmas Pass trug und an der neuen Stelle wiederaufbaute. Dieses Umtali war dann bis zur Verlegung nach Bulawayo (1910) tatsächlich Hauptquartier der Eisenbahngesellschaft.

Im Mutare Museum stellen ausgestopfte Tiere die örtliche Fauna anschaulich dar und männliche Figuren illustrieren die Entwicklung vom Buschkrieger zum modernen Soldaten. Oldtimer und alte Dampfloks ergänzen die Sammlung. Im Utopia House Museum, Jason Moyo Drive, ist zu sehen, wie die weißen Siedler ihre Häuser einzurichten pflegten.

10 km von Mutare entfernt liegt, umgeben von grünen Hügeln, **Penhalonga** 4 inmitten einer der goldreichsten Regionen des Landes. Der Ort beherbergt die zweitälteste Kirche Zimbabwes, die Anglican Church of St. Michael's and All Angels. Der Wellblechbau wurde im Jahr 1906 errichtet und steht auf Pfählen.

Der Nyanga National Park

»Inyanga ist viel schöner, als Sie es beschrieben haben«, schrieb Cecil Rhodes und beauftragte seinen Adlatus McDonald, für ihn dort eine Farm zu kaufen, ohne seinen Namen zu nennen – »bevor alles aufgeteilt ist. Die Pungwe Falls sollten dabei sein. Ich werde versuchen, dort Schafe zu halten und Äpfel anzubauen«. McDonald kaufte für den Erzkolonialisten eine 330 ha große Farm, den heutigen **Nyanga National Park** 5. Das frühere Gutshaus ist nun das **Rhodes Inyanga Hotel,** wo blau livrierte Kellner sechsgängige Menüs servieren. Es liegt 8 km südlich von Nyanga. Die früheren Ställe dienen jetzt als Museum.

Doch die Geschichte der Region reicht weit über die Kolonialzeit zurück. 10 km nordöstlich des Hotels sind **Grubenanlagen (**pit structures) aus vorkolonialer Epoche zu besichtigen, deren Bedeutung lange Zeit Rätsel aufgab:

Landschaft in den Eastern Highlands

offene, kreisrunde Gruben mit einem Durchmesser von ungefähr 8 m und bis zu 3 m tief. Ihre Wände bestehen aus sorgfältig aufeinandergeschichteten Steinen. In der Umgebung von Nyanga gibt es Tausende davon. Nach heutiger Meinung legten Bantu-Stämme zwischen dem 13. und 17. Jh. die Anlagen als nächtliche Schutzgehege für Kleinvieh an, das durch einen unterirdischen Zugang dorthin verbracht wurde. Zu ebener Erde liegen die grasgedeckten Rundhütten, die Wohnzwecken dienen. Vom Innenraum aus ließ sich mit einem einfachen Mechanismus der unterirdische Zugang blockieren.

Ähnlich rätselhaften Ursprungs ist das nahe **Nyangwe-Fort,** 5 km nordöstlich des Rhodes Hotel. Im Gebiet von Nyanga gibt es zahlreiche Bauwerke dieser Art, alle in Sichtweite des nächsten. Sie bestehen aus einer großen Außenmauer, die mit schießschartenartigen Öffnungen versehen ist. Innen befinden

sich Rundhütten – im Fall von Nyangwe 19 – oder Kornspeicher. Daß diese Anlagen tatsächlich militärischen Zwecken dienten, gilt inzwischen als unwahrscheinlich, denn als Schießscharten sind die Öffnungen im Mauerwerk eher ungeeignet. Sie bieten weder Schußfeld noch Schutz. Da die ›Forts‹ auf den Höhen lagen und miteinander durch Sichtkontakt verbunden waren, glaubt man, daß sie zu einem Kommunikationssystem gehörten, das mit Hilfe von Rauchzeichen funktionierte.

Südöstlich von Nyanga, das 1878 m hoch gelegen ist, tun sich atemberaubende Ausblicke auf. Hier liegt der **Inyangani,** der mit 2592 m höchste Berg Zimbabwes. Er ist häufig in Wolken und Nebel gehüllt und bei der einheimischen Bevölkerung als Ort der Zauberei gefürchtet. Nur wenige wagen sich an den Aufstieg, der normalerweise nicht sonderlich schwierig ist und nur etwas über eine Stunde erfordert. Ungefähr-

Bantu-Grubenanlagen in der Nähe des Inyanga Hotel

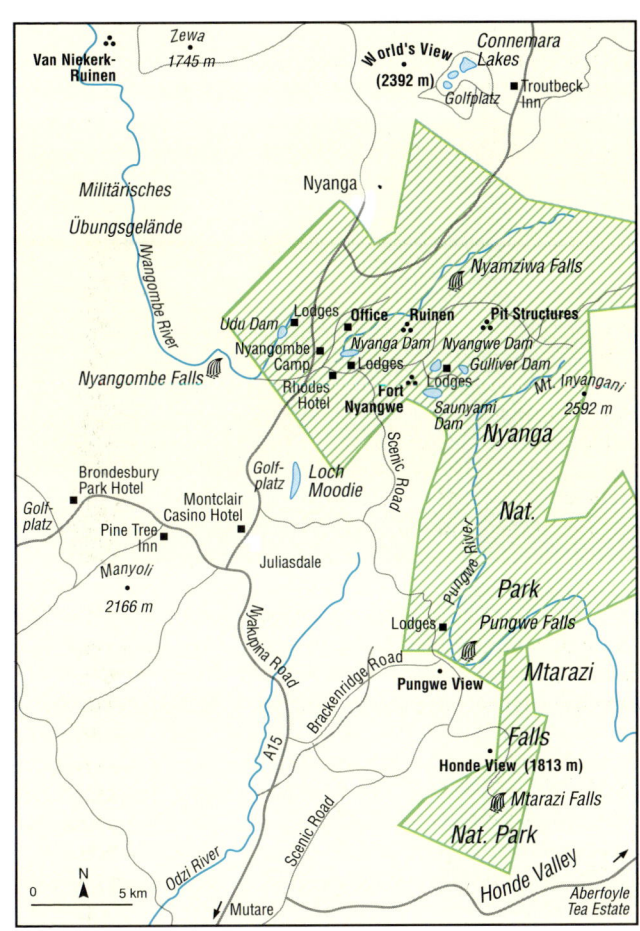

Der Nyanga
National Park

lich ist er aber tatsächlich nicht, denn immer wieder ziehen plötzlich Nebel und Sturm auf. Da kann es durchaus passieren, daß man den markierten Weg verliert – in der Vergangenheit ist es zu zahlreichen Todesfällen gekommen. Deswegen sind Sicherheitsvorkehrungen zu beachten, die am Fuße des Berges auf einer Tafel zu lesen sind: Nicht den markierten Weg verlassen, nicht nach 14.30 Uhr aufbrechen, nicht alleine gehen! Es wird gerne gesehen, wenn man sich an der Main Reception

des Warden's Office am Central Camp ab- und zurückmeldet, damit notfalls ein Suchtrupp ausgeschickt werden kann.

Von Nyanga aus bieten sich noch viele andere Ausflüge zu Fuß, im Auto oder zu Pferde – man kann sie in den Highlands vielerorts mieten – an. Zu dem beliebten Aussichtspunkt **World's View** ■ sind es 8 km Richtung Nordosten. Hier geht bei klarer Luft der Blick über mehr als 100 km weit ins Tal. Der legendäre Colonel MacIlwaine, der sich hier niederließ und die Region für den

Die Nyangombe-Fälle

Tourismus erschloß, hat das Hochmoor in ein Erholungsgebiet mit Schwarzwaldcharakter verwandelt. Das Landhotel **Troutbeck Inn** (5 km östlich von Worlds View), die Replik eines englischen Landhaus-Hotels, in dem abends mit schweren Holzscheiten die offenen Kamine geheizt werden, und der hügelige 9-Loch-Golfplatz mit seinem saftigen Grün sind von dichten Wäldern, Seen und Flüssen umgeben, die Gelegenheit zum Wandern und Angeln bieten.

Etwas über 20 km nordwestlich von Nyanga liegen **die Van Niekerk-Ruinen** aus einer früheren Kultur. Sie sind den Great Zimbabwe Ruins ähnlich, aber wesentlich kleiner; der Name stammt vom Entdecker, van Niekerk. Andere, die Nyahokwe-Ruinen, befinden sich kurz davor.

Spektakuläre Wasserfälle sind ein besonderes Markenzeichen der Eastern Highlands. Besonders malerisch wird es bei den **Nyangombe-Wasserfällen,** die über einen Höhenunterschied von 27 m in zwei Stufen fließen, die erste kurz und breit, die zweite eng und tief. Die Fälle befinden sich 5 km westlich des Rhodes Hotel: Hier sieht die Gebirgslandschaft so aus wie in den Alpen oder den Rocky Mountains. Ein anderer Wasserfall weiter südlich, die **Pungwe Falls** ■, die über 244 m in eine tiefe Schlucht fallen, ist über eine Panorama-Straße vom Rhodes Camp Site oder Juliasdale aus zu erreichen. Die Fälle anzusehen ist von oben und unten gleichermaßen eindrucksvoll. In gewaltigem Strahl ergießt sich das schäumend-weiße Wasser über die begrünte Abbruchkante in die Tiefe. Zimbabwes höchste Wasserfälle sind jedoch die **Mtarazi Falls** ■ am südlichen Ende des Nyanga National Park, die in zwei Teilen 762 m tief stürzen. Zwischen den Pungwe- und den Mtarazi-Fällen liegt der **Honde Valley Viewpoint,** wo das Gelände über 1500 m so steil abfällt, daß man Schwindelgefühle überwinden muß, um den herrlichen Blick zu genießen.

Die Vumba-Berge

Von Mutare ist die zweite Region der Highlands, die 30 km südlich gelegenen Vumba-Berge **6**, schnell erreicht. Von Mutare aus führt die Straße in Kurven steil nach oben. Immer wieder tun sich grandiose Blicke in die Ebene auf, an vielen Stellen kann man weit ins benachbarte Mosambik hinein sehen. Mit ihren Wäldern und Wiesen, Feldern und Auen gleichen die Vumba-Berge einer Voralpen- oder Mittelgebirgslandschaft. Aber in den **Vumba Botanical Gardens** und im **Bunga Forest Reserve** – einem tropischen Bergregenwald – sind Bäume und Pflanzen zu sehen, die sonst nirgendwo wachsen.

Wie eine Fata Morgana aus einer anderen Welt taucht unversehens das **Leopard Rock Hotel** auf, das einem europäischen Schloßhotel gleicht. Dabei hat sein Erbauer Leslie Seymour Smith es der hiesigen Rundhüttenarchitektur nachempfunden. Indem er aber die Rondavels zweistöckig baute, entstanden die Schloßtürme, die die Front an beiden Seiten zieren. In der Eingangshalle sind durch große Fenster zum Hang hin die riesigen Bäume mit ihrem weitverzweigten Wurzelwerk zu sehen, die der ursprünglichen Vegetation der Region angehören. Die Zimmermädchen tragen viktorianische Tracht, die Hotelpagen sind in eine korrekte Livree gekleidet. Auf der Terrasse des turmbewehrten Ge-

Die Vumba-Berge

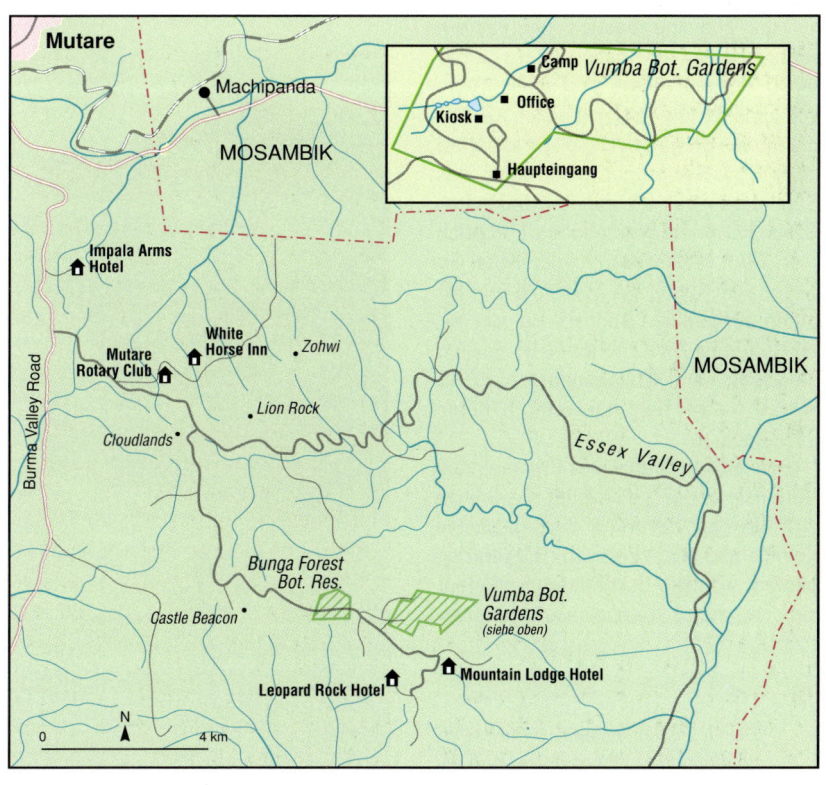

bäudes kann der Gast bei Kaffee und Kuchen die Vorstellung pflegen, im fernen Europa zu sein. Das Hotel wurde 1970 nach einem Angriff der Befreiungsbewegung geschlossen und nahm erst 1990 seinen Betrieb wieder auf. Es verfügt über Tennisplätze und einen gepflegten 18-Loch-Golfplatz, der zu den schönsten, aber auch schwierigsten der Welt gehört. Bei einem der Abschläge ist ein 160 m breiter künstlicher See zu überwinden, der bis unmittelbar an das Grün reicht.

Manica- und Gaza-Land ihrer Einflußsphäre zuzuordnen, obwohl das britisch-portugiesische Abkommen von 1891 etwas anderes vorsah. Um auch diese Region der britischen Krone auf Dauer zu sichern, warb Cecil Rhodes weiße Siedler aus Südafrika an. Unter Führung von Thomas Moodie brachen 1892 29 Familien von dort auf, die meisten Afrikaaner, gelockt von der Aussicht auf riesige Farmen, die Rhodes ihnen versprochen hatte.

Die grünen Berge von Chimanimani

Die **Chimanimani-Berge** 7, von Mutare aus über die A 9 zu erreichen, stellen die südliche Bastion der Eastern Highlands dar. Ihr höchster Berg ist der 2440 m hohe Binga. Auf einer Breite von circa 50 km erstrecken sich die Chimanimani-Berge über 100 km von Nord nach Süd. Sie fangen den Regen des Südostmonsuns ab, der vom Indischen Ozean ins Innere des Landes weht. Auch hier droht Gefahr durch plötzliche Gewitter und Nebel, die innerhalb von Minuten aufkommen können. Bei der Besteigung des 2440 m hohen Binga sind dieselben Vorsichtsmaßnahmen zu beachten wie bei dem nur wenig höheren Inyangani.

Die östliche Grenze des Chimanimani Nationalpark ist gleichzeitig die Grenze zu Mosambik, das früher portugiesische Kolonie und lange Zeit vom Bürgerkrieg geplagt war. Die portugiesische Kolonialmacht hatte zeitweise Ambitionen,

Der Golfplatz am Leopard Rock Hotel gehört zu den schwierigsten der Welt

Die Strapazen des Trecks waren so groß, daß die Hälfte von ihnen in Fort Victoria und Harare blieb. Die anderen setzten ihren Weg fort und überwanden mit unsäglicher Mühe die massive Granitbarriere des Areman Hill. Am 3. Januar 1893, drei Monate nach ihrem Aufbruch, erreichten sie das gelobte Land, die grünen Berge von Chimanimani. Hier gründete Moodie den Ort Melsetter, so benannt nach der Heimat seiner Vorfahren auf den Orkney-Inseln. Zwei Jahre

später zogen die meisten Siedler an eine Stelle 60 km weiter nördlich, weil das Klima dort angenehmer war – dieser Ort heißt heute **Chimanimani**. 152 km von Mutare entfernt und 1585 m hoch gelegen, hat er tatsächlich ein angenehm moderates Klima. Hier wohnen die Vendao, deren Sprache, Tshindao, von der mosambikanischen Ebene bis nach Mutare gesprochen wird.

Auch hier sorgen Wasserfälle für die typische Gebirgsatmosphäre: 6 km von Chimanimani entfernt liegen die **Bridal Veil Falls**, deren Wasser mitten im dichten Wald wie ein Brautschleier über 50 m tief in einen Pool fällt. Leider finden sich nur noch vereinzelt Reste der großen Zeder- und Yellowwood-Wälder, die ursprünglich die Hänge bedeckten. Holz gab es hier früher im Überfluß. Doch jetzt herrscht Brennholzmangel, und sogar Bäume, die einst als heilig verehrt wurden, werden abgeholzt. Um dem Mangel abzuhelfen, ist der schnellwachsende Eukalyptus-Baum gepflanzt worden. Auch mit einheimischen Akazienarten wird aufgeforstet.

Im **Chirinda Forest Botanical Reserve** 8, 28 km südlich von Chipinge findet sich einer der wenigen ursprünglichen Regenwälder Zimbabwes. Dort stehen im Tal der Riesen noch 60 m hohe Mahagoni-Bäume, deren Stamm einen Umfang von 5 m hat.

Great Zimbabwe

Auf der Hauptroute gelangt man mit dem Wagen über Birchenough Bridge nach Masvingo (A 9, ca. 300 km von Mutare). Danach sind es noch einmal ca. 25 km auf gut ausgebauter Straße zu den Ruinen von Great Zimbabwe 10 (S. 340).

Aus dem fruchtbarem Tal des Mutirikwi (zu deutsch ›der Sammler‹ – so be-

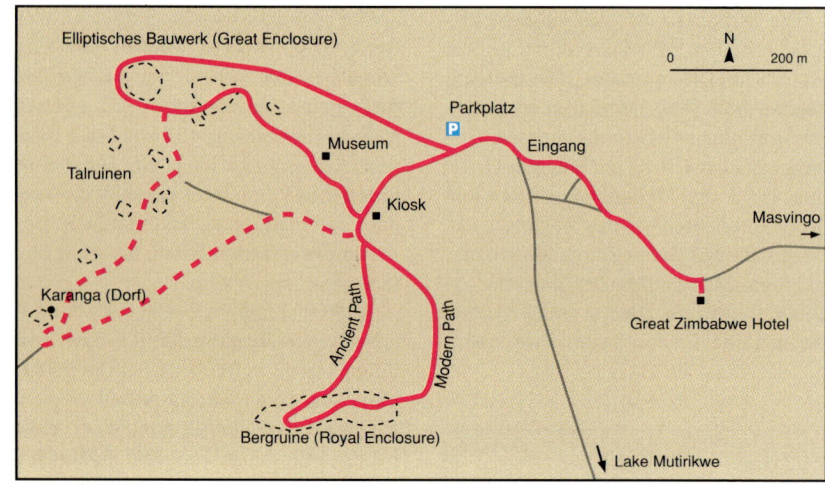

Plan der Ruinen von Great Zimbabwe

nannt, weil er so viele Zuflüsse hat), etwa 30 km südöstlich der Stadt Masvingo , des früheren Fort Victoria, erhebt sich ein ca. 100 m hoher Granitfelsen, der auf der Südseite steil abfällt und einen weiten Rundblick bietet. Leicht zu verteidigen, mit natürlichen Terrassen und Höhlen, stellte er seit frühesten Zeiten einen idealen Platz für menschliche Besiedlung dar. Wie Felszeichnungen zeigen, diente er schon in der Steinzeit Buschmännern als Wohn- und Zufluchtsort.

Ungefähr 500 n. Chr. ließen sich hier die Karanga, ein Stamm der Shona, nieder. Beginnend im 8. Jh. entwickelten sie sich zu einem außerordentlich mächtigen und wohlhabenden Staat mit hierarchisch strukturierter Gesellschaft. Zwischen dem 12. und 15. Jh. bauten sie eine Anlage, welche im wesentlichen aus großen Granitsteinmauern bestand. Sie hatte keine Schutzfunktion, sondern stellte ein religiöses Zentrum mit Repräsentationsbauten dar. Die Karanga entwickelten eine Kultur, die wie keine an-

dere in der Welt vom Granit dominiert wurde. Der Felsen war Teil ihrer Religion. Was sie im Laufe mehrerer Jahrhunderte geschaffen haben, ist heute noch in Form von Ruinen zu sehen. Es sind die größten von ca. 150 ähnlichen, aber weniger monumentalen Ruinen in Zimbabwe und nach Ansicht von Kennern die spektakulärsten Ruinen in Afrika südlich der Sahara.

›MaDzimbabwe‹ – in der Sprache der hiesigen Shona ›großes Steingebäude‹ – heißen die Bauwerke, die aus aufeinandergeschichteten Granitsteinen ohne Mörtel erbaut wurden. Auf diese Weise konnten sich die Steine bei Hitze ausdehnen, ohne daß es zu Rissen kam. Im Lauf der Jahrhunderte wurde die Qualität des Mauerwerks immer besser. Es wurden allerdings stets nur Wände gebaut, nie Dächer. Die Mauern, die stellenweise 11 m hoch und 6 m dick sind, dienten als Einfriedung – *enclosure* – für die noch heute gebräuchlichen Rundhütten, die heute wie damals aus Lehm errichtet waren.

Das Reich der Karanga nahm bis ins 15. Jh. einen kontinuierlichen Aufstieg – im 14. Jh. muß die Zahl der Bewohner zwischen 12 000 und 20 000 gelegen haben. Dann kam es zu einem jähen Niedergang, dessen Ursachen unbekannt sind. Nach weit verbreiteter Ansicht war eine Art ökologische Katastrophe der Grund: Der Boden war ausgelaugt, die Salzvorkommen ausgebeutet, das Feuerholz knapp geworden. Nach anderer Ansicht fiel das Volk unter der Herrschaft König Munembire Mudadi auseinander – von ihm heißt es, er sei verrückt gewesen. Jedenfalls wanderte die Bevölkerung größtenteils ab und integrierte sich in das Mutapa-Reich, das sich inzwischen im Nordosten Zimbabwes gebildet hatte. Der Rest wurde zu Beginn des 19. Jh. von Mzilikazi erobert.

Die Great-Zimbabwe-Anlage auf dem Granithügel ist die Ruine der königlichen Residenz, genannt **Royal Enclosure.** In ihrem Inneren ist Platz für 14 Hütten. Hinter der Residenz lag die **Ritual Enclosure.** Dort befinden sich Höhlen, aus denen Medien, die die Stimme des Gottes darstellten, zu den Menschen im Tal sprachen. In einer dritten Enclosure arbeiteten Gold- und Metallhandwerker.

Auf dem Höhepunkt seiner Macht wurde das Reich im 13. Jh. von König Chigwago Rusvingo regiert. Er trug den Ehrentitel Herr des Landes. Sein Nachfolger war Chidyamatamba. Dessen Frau Mateya verlangte eine eigene Enclosure, weil der Hügel schon voll war. Der Neubau wurde größer und schöner als alle bisherigen Bauten. Er erhielt den Namen Imba Huru, Große Einfriedung, und wurde eine Art von Zeremonienplatz. Es heißt, er sei Frauen vorbehalten gewesen.

Die **Great Enclosure** liegt im Tal am südlichen Fuße des Hügels und ist heute die am besten erhaltene Einfriedung. Hier zeugt das Mauerwerk von höch-

Blick über Great Zimbabwe

*Höchstes hand-
werkliches Können
zeigt sich an den
Bauwerken der
Great Enclosure*

*Abendstimmung
am Kariba-See*

stem handwerklichen Können der Erbauer. Die Außenmauer ist mit einem
Zickzackmuster – Chevron – von künst-
lerischer Perfektion versehen. An der
Außenmauer liegt ein konischer Turm
von 10 m Höhe. Er weist am Boden einen
Durchmesser von fünf Metern auf, der
sich nach oben auf zwei Meter verjüngt.
Die Funktion des Turms ist bis heute unbekannt geblieben. Nach einer Interpretation stellt es ein Phallussymbol dar,
das weiblichen Initiationsriten diente.

An mehreren Stellen der Anlage
hatte man kleine, aber markante steinerne Vogelskulpturen aufgestellt, die
sich zum großen Teil im kleinen **Museum** in der Nähe der Great Enclosure
befinden. Sie sind ungefähr 40 cm hoch
und standen auf mannshohen Steinsäu-
len. Heute liegt neben den Ruinen ein
nachgebautes Karanga-Dorf, an dessen
Eingang es Kunstobjekte zu kaufen gibt.

Die Schönheit sowohl der Ruinen mit
ihrem kurvenreichen Mauerwerk, dessen Formen und Konturen zu fließen
scheinen, als auch des Ortes mit seiner
reizvollen Atmosphäre haben dazu beigetragen, daß die Anlage von Great Zimbabwe seit jeher die Vorstellungskraft
der Europäer beschäftigt. Schon 1891
beauftragte Cecil Rhodes' BSAC einen
Altertumsforscher mit Ausgrabungsar-
beiten. Er kam zu dem Schluß, daß die
Erbauer aus Arabien stammen müßten.

Der erste Weiße, der die Ruinen sah,
war 1867 Adam Renders. Aber er behielt
das Wissen für sich – er heiratete die
Tochter eines Chief und ließ sich in der
Region nieder. Erst der deutsche Forschungsreisende Karl Mauch, der Great
Zimbabwe 1871 kennenlernte, beschrieb
die Anlage sorgfältig in ihrem damaligen Zustand, der sich danach durch
Plünderung immer weiter verschlech-
terte. Auch er wehrte sich anfangs noch
gegen die Vorstellung, daß es die hie-
sige Bevölkerung gewesen sein könnte,
die diese eindrucksvollen Bauwerke errichtet hatte. Heute besteht daran kein
Zweifel mehr; Great Zimbabwe ist zum
Staatssymbol einer Nation geworden,
die so lange auf die politische Selbst-
bestimmung der schwarzen Mehrheits-
bevölkerung hat warten müssen.

Südafrika

Landeskunde im Schnelldurchgang: Südafrika

Fläche: 1 220 430 km^2
Einwohner: ca. 40 Mio.
Hauptstadt: Pretoria (Regierungssitz von
Jan.–Juni: Kapstadt)
Amtssprachen: Englisch, Afrikaans, Zulu,
Xhosa, Pedi, Tswana, Nordsotho, Südsotho, Tson
Swazi, Ndebele, Venda
Währung: Rand (R)
Zeit: Pretoria MEZ plus zwei Stunden

Geographie: Das Land, mehr als dreimal so groß wie Deutschland, liegt
12 000 km von Europa entfernt im südlichsten Teil Afrikas. Die bedeutendsten
Flüsse sind der Oranje, der auf einer Länge von 2250 km von der Quelle in den
Drakensbergen bis zur Mündung im Atlantik das Land durchzieht, und der Vaal,
ein wichtiger Nebenfluß, der ebenfalls in den Drakensbergen entspringt und
die Grenze zwischen den Provinzen Transvaal und dem Oranje-Freistaat bildet.
Eine üppige Vegetation bietet nur der Küstenstreifen; der Hauptteil des Landes
besteht aus Trockensavannen sowie dem baumlosen Grasland des zwischen
1000 und 1700 m hoch gelegenen Hochplateaus (Highveld).

Geschichte: Ureinwohner Südafrikas sind die San (Buschmänner) und die mit
ihnen verwandten Khoikhoi (Hottentotten), die auch als Khoisan zusammengefaßt werden. Seit dem 12. Jh. sind Südwärtsbewegungen der Bantu-Völker belegt. Mitte des 17. Jh. drangen holländische Siedler vom Kap her ins Landesinnere vor und stießen in der Transkei erstmals mit den Bantu zusammen. Später
drängten auch englische Siedler in die Region; Konflikte zwischen Schwarzen
und Weißen einerseits und zwischen Buren und Briten andererseits bestimmten von nun an die Geschichte Südafrikas, und als Mitte des 20. Jh. der ›Wind
des Wandels‹ durch Afrika blies und die afrikanischen Kolonien nach und nach
unabhängig wurden, schrieben die in Südafrika herrschenden Buren die Kolonialherrschaft mit dem System der Apartheid fest: Nur Weiße waren wahlbe-
rechtigt, obwohl sie weniger als ein Achtel der Bevölkerung darstellten; die
schwarze Mehrheit wurde formal zu Bürgern von sogenannten ›Homelands‹ –
Stammesreservaten – erklärt. Die südafrikanische Gesellschaft wurde durch
strenge gesetzliche Bestimmungen nach Rassen getrennt. Jede Vermischung
war unter Strafe verboten. Dieses System der Rassendiskriminierung hatte die
fortschreitende Isolierung Südafrikas zur Folge. Erst 1989 machte sich unter
dem Druck der Weltöffentlichkeit Präsident de Klerk daran, die Einbeziehung
der schwarzen Mehrheit vorzubereiten. 1994 fanden zum ersten Mal allgemeine Wahlen statt, aus denen Nelson Mandela, der als Freiheitskämpfer 27
Jahre lang im Gefängnis gesessen hatte, als Sieger hervorging.

Staat und Politik: In den ersten allgemeinen Wahlen verfehlte der African National Congress (ANC), die frühere Befreiungsbewegung, knapp die absolute Mehrheit. Zweitstärkste Partei ist die Nationalpartei, die bis 1994 die Macht innehatte und unter ihrem Führer de Klerk der Apartheidsideologie abgeschworen hat. Sie findet auch bei den Mischlingen und Indern Unterstützung. Die Inkatha Freedom Party des Zulu-Führers Mangosuthu Buthelezi ist in der Provinz KwaZulu Natal, dem früheren Zulu-Reservat, tonangebend. Präsident Nelson Mandela hält die radikalen Kräfte des ANC im Zaum, die auf eine rasche wirtschaftliche Umverteilung und eine Stärkung der Zentralregierung drängen. Die anderen Parteien, vor allem die Inkatha, sprechen sich dagegen für stärkere Autonomie der Provinzen aus. Südafrikas Zukunft wird davon abhängen, inwieweit es gelingt, den enormen Nachholbedarf der schwarzen Mehrheit im Wohnungs- und Bildungsbereich zu befriedigen, ohne das bewährte System der Marktwirtschaft in Frage zu stellen.

Wirtschaft: Südlich der Sahara ist Südafrika das Land mit der stärksten Wirtschaft und dem höchsten Industrialisierungsgrad. Es ist darüber hinaus überaus reich an Rohstoffen, besonders an Gold und anderen Edelmetallen sowie Diamanten. Deutschland ist Südafrikas wichtigster Handelspartner und steht nach Großbritannien in der Liste der Investoren an zweiter Stelle.

Südafrika ist zur Zeit weltweit die Touristendestination mit den höchsten Wachstumsraten. 1995 kamen eine Million Besucher aus Übersee, davon mehr als 150 000 aus Deutschland. Südafrika bietet eine einmalige Kombination aus europäischem Komfort und afrikanischer Exotik.

Bevölkerung und Sprachen: Von den rund 40 Mio. Menschen (Bevölkerungsdichte: 34 Einwohner/km^2) sind ca. 30 Mio. Schwarze, 5 Mio. Weiße, 3,4 Mio. Farbige und 1 Mio. Asiaten. Sprachen: vor allem Englisch, Afrikaans und Zulu. Von den anderen oben genannten Amtssprachen sind Xhosa, Pedi, Tswana und Sotho wichtig.

Religion: Überwiegend christliche Riten, häufig gepaart mit traditionellem Geisterglauben und Zauberei.

Klima und Reisezeit: Wegen seiner Größe und landschaftlichen Verschiedenheit weist Südafrika die unterschiedlichsten Klimazonen auf, so daß man nur sehr verallgemeinernd von Februar bis April als der idealen Reisezeit sprechen kann. Näheres s. S. 213.

Die Geschichte der Apartheid

Bis vor wenigen Jahren noch gehörte es zur offiziellen Version der südafrikanischen Geschichtsschreibung, daß das Land am Kap vor der Ankunft der ersten europäischen Siedler unbewohnt gewesen sei. Regelrecht totgeschwiegen wurde die Urbevölkerung, die Khoikhoi und San (Europäern auch als Hottentotten bzw. Buschmänner bekannt). Bantu-Stämme wanderten lange vor der Ankunft der Holländer ein und zogen im Lauf der Jahrhunderte immer weiter nach Süden.

Im Laufe ihrer Ansiedlung in Südafrika verloren besonders die Nachfahren der holländischen Siedler die Bande zu ihrer Heimat. Sie lebten lange total isoliert in perfekter Autonomie fast wie die Schwarzen, auf die sie – für diese Zeit nicht einmal untypisch – wie auf Halbmenschen herabblickten. Die ›Trekboers‹ – die mit Ochsenwagen auf Landsuche gehenden Holländer – und die Schwarzen unterschieden sich zu der Zeit, als sie an der Ostgrenze aufeinanderstießen, in ihren Lebensgewohnheiten kaum noch. Die **Afrikaaner,** wie sich die Weißen selbst bald nannten, verpaßten die Entwicklungen in Europa im 18. Jh., vor allem also die toleranzgeprägten Geistesströmungen der Aufklärung. Als England, auf dem Höhepunkt seiner Macht, Ende des 18. Jh. am Kap Fuß faßte und britische Siedler die Grundlagen für Südafrikas Wirtschaftsboom legten, wurden die Buren – wie sie von anderen genannt werden – direkt ins 19. Jh. katapultiert.

Die ersten **englischsprachigen Südafrikaner,** Siedler aus England, waren um 1800 mit paradiesischen Schilderungen ins Land gelockt worden und saßen dann als Farmer auf unfruchtbarem Boden in der Falle – die britische Kolonialadministration benutzte sie, um eine umstrittene Grenze zu sichern. So gingen sie zwangsläufig in den Handel, drängten über die Grenze, die sich rapide zu Ungunsten der Xhosa-Bevölkerung verschob, und verlegten sich auf die Viehzucht. In zunehmendem Maße stießen Siedler und Xhosa aufeinander, beschuldigten sich gegenseitig, Vieh zu stehlen. Gewalttätigkeiten flammten auf. Der jahrhundertelange Konflikt zwischen der schwarzen Urbevölkerung und den weißen Siedlern begann.

In seinem europäischen Außenposten um Arbeitskräfte verlegen, hatte Van Riebeeck schon bald nach seiner Ankunft 1652 Sklaven aus anderen Teilen des holländischen Kolonialreichs – **Malaien** – kommen lassen. Die frauenlose Siedlergesellschaft vermischte sich mit ihnen und brachte die **Farbigen** hervor, die, zurückgestoßen und verleugnet, jahrhundertelang darum kämpften, von den Afrikaanern, deren Sprache und Kultur sie teilten, anerkannt zu werden. Doch als sie 1984 Konzessionen und vor allem ein – beschränktes – politisches Wahlrecht erhielten, waren Enttäuschung und Verbitterung schon zu stark und der Prozeß der Entfremdung zu weit fortgeschritten: Sie verweigerten sich dem System.

In der zweiten Hälfte des 19. Jh., nachdem die Sklaverei abgeschafft war, kamen Kontraktarbeiter aus Indien, um deren Stelle auszufüllen, und in ihrem Gefolge indische Händler. Auf die Anwesenheit der politisch artikulierten und wirtschaftlich erfolgreichen **Inder** reagierten die englischsprachigen Weißen Natals mit brutalem Rassismus. Die Inder aber hatten als Mitstreiter keinen Geringeren als Mahatma Ghandi. Der junge Rechtsanwalt, der später durch seinen gewaltlosen Widerstand für Indien die Unabhängigkeit von den Briten ertrotzen sollte und eigentlich nur nach Südafrika gekommen war, um eine indische Firma vor Gericht zu vertreten, wurde bei der Anreise der ersten Zugklasse verwiesen und reichte dagegen Klage ein. Als er vor Gericht angewiesen wurde, seinen Turban abzunehmen, klagte er auch gleich sein Recht auf Tragen eines Turbans ein: Und er gewann! Er blieb 21 Jahre lang, gründete den Natal Indian Congress und den Transvaal Indian Congress und praktizierte zum erstenmal in der Welt den gewaltlosen Widerstand. Obwohl er sich nie für die Sache der Schwarzen einsetzte, inspirierte er sie.

In der zweiten Dekade des 19. Jh. wurde das Kapland britische Kolonie. Zu diesem Zeitpunkt spitzte sich die politische Lage Südafrikas zu. Da waren die Afrikaaner, ein im wahrsten Sinne des Wortes rückständiges Volk, dem die sich im Zuge der Aufklärung verbreitende Doktrin von den Rechten der Schwarzen unfaßbar, ja schockierend erschien; die weltoffenen, fortschrittlichen Engländer, die den Geist der aufstrebenden Welt- und Wirtschaftsmacht England ebenso mitbrachten wie einen verworrenen kulturphilosophischen Anspruch – eine damals gängige Mischung aus Überheblichkeit, Ausbeutertum, Philantropismus und Humanismus; sodann die schwarzen Völker, die, tief in ihrer Kultur verwurzelt, sich Eindringlingen gegenübersahen, die ihnen das Land wegnahmen; und letztlich die Khoikhoi-Urbevölkerung und die schwarzen Sklaven, ohne Land und ihrer Kultur beraubt, verdammt zum Diener- und Arbeiterdasein.

1813 wurde der Afrikaaner Freek Bezuidenhout von dem Khoikhoi-Arbeiter Booy auf Lohnzahlung verklagt. Er ignorierte das Urteil, das Booy rechtgab. Als Militär es gewaltsam durchsetzen wollte, wurde Bezuidenhout von einem farbigen Soldaten erschossen. So begann die **erste Afrikaaner-Revolte** gegen die britische Herrschaft, in deren Verlauf Freeks Bruder Hans am Slagtersnek-Paß mit seiner Frau Martha und seinem zwölfjährigen Sohn, der die sieben Musketen lud, die Regierungssoldaten aufhielt, bis er selbst erschossen wurde und Frau und Kind schwer verwundet waren.

1835–37 fand der Massenauszug der Afrikaaner aus der Kapkolonie statt. 14 000 Voortrekker wandten sich im Großen Treck nach Norden, ein Ereignis, das die geopolitische Karte Südafrikas veränderte und den Stoff für die heilige Saga des Afrikaanertums lieferte, die später das Herzstück ihres Nationalismus bildete.

Gleichzeitig kamen die Nguni-Völker Südafrikas in Bewegung. Die Zulu wurden unter ihrem Führer **Shaka Zulu** zur aggressivsten Militärmacht, die Afrika je gesehen hatte. Krieg, Not und Elend breiteten sich im gesamten südlichen Afrika aus, und die Voortrekker, Buren, die sich zur Suche nach neuem Land aufmachten, steuerten geradewegs in dieses Inferno hinein. Nachdem schwarze Krieger 281 arglose Afrikaaner, darunter viele Frauen und Kinder, und 200 farbige Dienstboten an einem Ort, der heute Weenen (Platz des Weinens) genannt wird, getötet hatten, schworen die Überlebenden, verstärkt durch Neuankömmlinge aus der Kapkolonie, feierlich, für den Fall ihres Sieges über die Zulu den Tag für immer zu heiligen. Da griff die Zulu-Armee, eine gewaltige Übermacht von schätzungsweise 10 000 Mann, am Morgen des 16. Dezember 1838 die im Kreis aufgestellten

Trekburen auf dem Weg nach Norden

Für die Buren-Internierung (1900–02) richten die Briten das erste Konzentrationslager der Welt ein

Planwagen der 530 Buren an. Der Tag ging als **Schlacht am Blutfluß** in die Geschichte ein – 3000 Zulu fanden den Tod und färbten mit ihrem Blut den nahen Fluß rot. Bei den Afrikaanern hingegen gab es nur drei Leichtverwundete. Damit hatten die Afrikaaner die Macht der Ndebele und Zulu gebrochen. Es blieben die Xhosa; diese begingen in ihrer Verzweiflung ökonomischen und politischen Selbstmord: Auf eine apokalyptische Vision hin verbrannten sie ihre Vorräte und töteten ihr Vieh. Südafrikas Schwarze waren nun arm und besitzlos, Objekt weißer Knechtschaft, von der eigenen Minderwertigkeit überzeugt.

Aber es war letztlich immer wieder der **Konflikt mit den Briten,** der den Afrikaanern ihren Nationalismus gab und sie zu dem machte, was sie wurden: Nach der Annektierung Transvaals durch die Briten gewannen im Jahr 1881 78 burische Scharfschützen die Schlacht am Majuba Hill in den Drakensbergen gegen eine Übermacht von 700

britischen Rotröcken. Schon damals verstärkte sich der Eindruck, daß »Gottes Hand in der Geschichte unserer Nation so sichtbar geworden ist wie nie seit den Tagen Israels«. Doch die Sage, daß das Afrikaaner-Volk von Gott auserwählt sei, wurde erst ein Jahrhundert später errichtet.

In einem Zeitraum von weniger als 20 Jahren erlebte Südafrika zuerst den größten **Diamantenboom,** den die Welt je gesehen hatte, dann den größten Goldboom. Im April 1871 hatte eine Frau beim Picknick einen Diamanten auf de Beers Farm entdeckt, im August bereits gruben 5000 Digger in dem reichsten Diamantenvorkommen der Welt. Kimberley und Johannesburg entwickelten sich innerhalb kürzester Zeit zu Großstädten, De Beers Consolidated Mines und die Anglo American Corporation entstanden. Schwarz und Weiß strömten in die Städte. Proletarier, Glücksritter und die englischsprachige Unternehmeraristokratie zerstörten die heile,

ländliche Welt der Afrikaaner, die den Briten in den **Burenkriegen** von 1899–1902 noch einmal die Hölle heißmachten, bevor sie unterlagen.

Damals brachte die ganze Welt den Afrikaanern, die in Konzentrationslagern – es waren die ersten in der Geschichte – unsägliche Härten und Unrecht erlitten, Mitleid und Sympathie entgegen. Hier lag aber auch die Ursache für das Selbstmitleid der Buren, das sie schließlich für das Unrecht, das sie ihrerseits Südafrikas Schwarzen antaten, blind gemacht hat.

Die Burenkriege schweißten das Afrikaaner-Volk zusammen. Vier Jahre später gab die britische Krone in einem Akt von beispielloser Großzügigkeit den besiegten Buren-Republiken ihre Unabhängigkeit im Rahmen einer **Union** mit den beiden britischen Kolonien zurück – gleichzeitig ein beispielloser Verrat an Südafrikas Schwarzen.

Das Elend der verarmten Afrikaaner, die in den Städten nach Arbeit und Brot

in Konkurrenz mit schwarzen Proletariern suchen mußten, verstärkte ihren auf Kummer und Leid erbauten Nationalismus, machte ihren Rassismus aggressiver und veranlaßte sie, die politische Macht, die sie als stimmberechtigte Mehrheit bald erwarben, rücksichtslos zur Durchsetzung eigener Privilegien auszunutzen. Unternehmen wurden verstaatlicht, um Arbeitsplätze für arbeitslose Weiße zu schaffen. Die Nationalpartei, die in einer Koalition mit Labour und Kommunisten (Slogan: »Arbeiter der Welt, vereinigt Euch für ein weißes Südafrika!«) an die Macht kam, baute ihr Programm auf staatliche Interventionen, um das weiße Proletariat vor der Konkurrenz des schwarzen zu schützen.

So war das Gegenteil von dem eingetreten, was die Schwarzen nach der Niederlage der Buren erhofft hatten: Die liberalere Politik, die die Briten in der Kapkolonie praktizierten, wurde nicht auf die gesamte Union ausgedehnt, vielmehr griff die rassistische Politik der Buren auf die britischen Kolonien über. Mit dem **Land Act** von 1913 wurde Schwarzen untersagt, außerhalb von »reservierten Gebieten« – den sogenannten **Homelands** – die weniger als 10 % Südafrikas ausmachten, Land zu kaufen. Sie durften nur als Dienstboten auf weißen Farmen leben – »ausländische Eingeborenen«, denen nichts anderes übrig blieb, als den Weißen ihre Arbeitskraft anzubieten. Darin lag auch die Hauptabsicht für den Land Act – die Bereitstellung eines Heers von billigen Arbeitskräften. Denn Südafrikas Gold lag tief im Boden; das Erz war wenig goldhaltig, die Profitgrenze marginal. In Kanada oder den USA wäre es wohl gar nicht abgebaut worden. Nach der Schlacht am Blutfluß waren die Schwarzen auf das Land, das sie an die Weißen verloren hatten, als Pächter zurückgekehrt und hatten es sogar häufig mit harter Arbeit und großem Fleiß wieder zurückgewinnen können. Diese Entwicklung machte nun der Land Act mit einem Schlage zunichte. Eine Million billiger schwarzer Arbeitskräfte ergoß sich in die Städte.

Mit der organisierten Ausbeutung der Schwarzen formierte sich auch deren **organisierter Widerstand.** Am 8. Januar 1912, zwei Jahre vor der Gründung der Nationalpartei, kamen Delegierte aus Teilen Südafrikas, Chiefs und Stammesführer und die trotz aller Diskriminierung existierende aufstrebende Mittelklasse von Rechtsanwälten, Lehrern und Geistlichen, alle in förmlicher Kleidung, in der alten Burenkapitale Bloemfontein zusammen, eröffneten ihre Sitzung mit einem Gebet und dem Xhosa-Lied ›Nkosi Sikelel'i-Afrika‹ (Gott segne Afrika) und gründeten den South African Native Congress, Vorläufer des African National Congress (ANC). Sie entsandten eine Delegation nach London, um gegen den Land Act zu protestieren, wurden dort aber höflich darauf hingewiesen, daß Südafrika unabhängig sei.

Der Zorn der unterdrückten Schwarzen richtete sich vor allem gegen die Paßgesetze, die ihre Bewegungsfreiheit stark einengten und sie Schikanen und entwürdigender Behandlung durch die Polizei aussetzten. Bei den Afrikaanern hingegen war die alte Sorge, anglisiert zu werden, längst der Befürchtung gewichen, von der schwarzen Mehrheit erdrückt zu werden. Sie schrieben nun rückblickend ihre Geschichte als die eines von Gott auserwählten und vielfach auf wunderbare Weise erretteten Volkes, das die gottgegebene Aufgabe hatte, auch alle anderen Völker Südafrikas als – und darauf lag die Betonung – Nationen zu erhalten. Vollkommene Trennung war die Parole. Separate Wohngebiete mußten her für Weiße, Schwarze und Misch-

linge. Die Inder sollten nach Indien zurückgeschickt werden, schließlich waren sie nicht als Siedler nach Südafrika gekommen.

Mit dem Wahlsieg der Nationalpartei 1948 wurde die **Apartheid zum Regierungsprogramm,** und während die ganze Welt vom Kolonialismus und dem damit verbundenen Rassismus Abschied nahm, bewegte Südafrika sich in die entgegengesetzte Richtung und erhob einen theologisch untermauerten Rassismus zur Staatsdoktrin. Rigoros setzte Hendrik Verwoerd, zunächst Minister für Eingeborenen-Angelegenheiten, dann Premierminister, die Apartheid-Ideologie in die Praxis um, indem er unter Anlehnung an das britische Kolonialsystem der indirekten Herrschaft das ›Bantu-Administrations-System‹ mit den angeblich unabhängigen ›Homelands‹ schuf. 13 % des Territoriums für 75 % der Bevölkerung. Die vor den Toren der Städte liegenden Schwarzen-Siedlungen, Townships genannt, waren in diesem System vorübergehende Bleiben, in denen die Bewohner nur mietweise leben durften.

Willfährige Chiefs als nominelle Schwarzen-Führer zu finden und einzusetzen, war einfach. Als zuständiger Minister war Verwoerd auch gleich selbst oberster Chief. Das ganze Konstrukt entsprach angeblich der traditionellen Sozialhierarchie der Schwarzen. Um diese vor den »schädlichen Einflüssen der Verwestlichung« zu bewahren, wurde 1953 die Bantu-Erziehungsgesetzgebung erlassen: Getrennte Schulen sollten verhindern, daß schwarze Engländer entstünden, vor denen es den Vertretern der reinen Lehre graute. Der überwältigende Erfolg Verwoerds bei den Afrikaanern beruhte vor allem darauf, daß es ihm gelang, die Maßnahmen als Ausfluß absoluter Gerechtigkeit darzustellen.

Apartheid in der Praxis
– Homelands und Townships

Der Apartheid-Gedanke beruht auf der Idee einer getrennten Entwicklung der Ethnien. Schwarz und Weiß, Farbige und Inder – alle Völker Südafrikas sollten nebeneinander leben und sich nicht miteinander vermischen. Das bedeutete, daß jede Ethnie ihre eigenen Schulen, Wohngebiete, Parkanlagen und Busse haben sollte und daß es keine Mischehen gäbe.

Eine Reihe von Vordenkern aus Kreisen der Afrikaaner-Elite hatten die Apartheid ›erfunden‹ und im Laufe der Zeit ideologisch untermauert. Politiker der regierenden Nationalen Partei setzten sie mit Hilfe gesetzlicher Vorschriften systematisch in die Praxis um. Südafrikas Schwarze wurden nach ›Stämmen‹ unterteilt und ab 1971 jedem ›Stamm‹ ein ›Homeland‹ zugeordnet, inselartig aus afrikanischem Staatsgebiet herausgeschnittene Regionen als ›Heimatland‹ für die Schwarzen, etwa Kwazulu für die Zulu, Trans- und Ciskei für die Xhosa, Bophutatswana für die Tswana. So entstand ein in der Geschichte der Menschheit einmaliges System gesetzlich vorgeschriebener Rassendiskrimi-

Kilometerweit ziehen sich die Slums von Soweto am Rand von Johannesburg hin

nierung, das zur Ausgrenzung und ständigen Erniedrigung führte. Denn was in der Theorie mit »Andersartigkeit« wertfrei umschrieben wurde, war in der Praxis des täglichen Lebens Minderwertigkeit: Südafrikas Schwarze erhielten eine minderwertige Gesundheitsversorgung, keine oder nur schlechte Schulbildung und kaum Chancen, einen guten Beruf auszuüben. Sie waren auf Dauer zu Unwissenheit, mangelhafter Bildung und Armut verurteilt.

Mit der räumlichen Ausgrenzung verfolgten die Apartheidsideologen aber noch ein weiteres Ziel: Sie bot ihnen die Möglichkeit, Südafrika als ein weißes Land zu definieren und Homelands als unabhängige Staaten, deren Einwohner Ausländer, auf jeden Fall aber keine Südafrikaner waren.

Die meisten Homeland-Führer waren Verbündete der weißen Regierung und existierten von ihren Gnaden. Doch andererseits gab es unter ihnen auch Männer wie General Bantu Holomisa, der Präsident der Transkei war und schon dem ANC angehört hatte, als dieser noch verboten war.

Die Townships sind Wohnstädte für Schwarze unmittelbar vor den Toren der Städte, die nach dem Apartheid-Konzept den Weißen vorbehalten waren. Sie sollten den bei den Weißen beschäftigten Schwarzen als Bleibe für die Dauer ihrer Anstellung dienen. Aktuelle politische Rivalität und traditionelle Stammesloyalitäten mit jahrhundertealten Wurzeln haben sich in Südafrikas schwarzen Wohnstädten zu einem hochexplosiven Gebräu vereinigt, das zu einer ›Kultur der Gewalt‹ beiträgt.

Außerhalb ihres Homeland KwaZulu leben die meisten Zulu ohne Familie in den Männerwohnheimen der Townships – sogenannten Hostels –, die schon immer eine Brutstätte für Prostitution, Kriminalität und Gewalt darstellten. An Konfliktanlässen ist da kein Mangel und Konflikte führen hier leicht zu Mord und Totschlag.

Männerwohnheim – häufig eine Brutstätte der Gewalt

Währenddessen erlebte Südafrika in den 50er Jahren einen industriellen Aufschwung und ein beispielloses Wirtschaftswachstum. In den Städten schossen Betriebe buchstäblich aus dem Boden und saugten Arbeitskräfte aus dem Umland auf. In den Townships begann nun die **Tragödie Südafrikas:** Gewalt erzeugte Gegengewalt, mitunter in der schlimmen Form der Halsbandmorde: ›Verrätern‹ an der schwarzen Sache, angeblichen oder tatsächlichen Kollaborateuren der verhaßten weißen Obrigkeit, wurden Autoreifen über die Schultern gezogen und angesteckt, so daß die Menschen als lebende Fackeln verbrannten.

1960 wurde der ANC verboten. In dem dadurch entstandenen politischen Vakuum stieg der Zulu-Führer **Chief Buthelezi** auf. Er stellte für mehr als ein Jahrzehnt den einzigen schwarzen Widerstand in Südafrika dar und wurde außerordentlich populär. 1975 gründete er die **Inkatha-Bewegung,** die er zunächst als internen Flügel des ANC auffaßte. Das änderte sich bald: Als die Black Consciousness-Bewegung ihn angriff, weil er durch seine Zusammenarbeit mit der weißen Regierung dieser angeblich Glaubwürdigkeit verleihe, und ihn mit dem Etikett Kollaborateur versah, reagierte er mit brutaler Gewalt und verwandelte Inkatha in eine schlagkräftige ›Stammesbewegung‹, die gegen die radikaleren Schwarzenbewegungen, vor allem den ANC, Krieg führte.

Ende der 70er Jahre zeigte der Afrikaaner-Nationalismus erste Abnutzungserscheinungen. Auf der Basis der systemimmanenten Privilegien hatte sich ein Afrikaaner-Unternehmer-Establishment gebildet, das dem anglophonen nicht nachstand und mit den armen Weißen von einst nichts mehr gemein hatte. Eine neue Afrikaaner-Intelligenzschicht,

die unter dem Stigma des rassistischen Hinterwäldlers litt, sah, daß Apartheid nicht mehr funktionieren konnte. **Wandel** wurde zum Modewort, und die Regierung Botha beschloß, ›überholte‹ und ›unnötige‹ Apartheid-Gesetze abzuschaffen. Eine schwarze Mittelklasse sollte entstehen, um sich mit der weißen Regierung, den Indern und Mischlingen in einer Art von Insider-Allianz gegen die Masse der unterprivilegierten Schwarzen zusammenzuschließen.

Die Kurskorrektur der 70er Jahre war weniger Reform als Reformulierung: nämlich eine **Neo-Apartheid,** die weiterhin die Vorherrschaft der Afrikaaner sichern sollte. Dennoch hatte die gesetzliche Einführung von beschränkten politischen Rechten für Inder und Mischlinge die Aufspaltung des bis dahin monolithischen Afrikaaner-Blocks zur Folge. Der konservative Abgeordnete Andries Treurnicht verließ die Nationale Partei und gründete die Konservative Partei. Damit war die Identität zwischen Afrikaanertum und Nationaler Partei verlorengegangen. Studenten und Wissenschaftler der Stellenbosch-Universität wanderten nach links ab und überholten englischsprachige Liberale in ihrer Bereitschaft, mit dem ANC zu verhandeln und eine schwarze Mehrheitsherrschaft in Betracht zu ziehen. Am rechten Rand des Spektrums bildete sich die neonazistische **Afrikaanse Weerstandsbeweging (AWB).**

Die Regierung war nicht mehr länger von Sendungsbewußtsein getragen, sondern betrieb vorwiegend Krisenmanagement. Die Neuformulierung der Apartheid löste unvorhersehbare Kettenreaktionen aus. 1983 formierte sich die **United Democratic Front** als neue mächtige Anti-Apartheid-Massenbewegung. Sie identifizierte sich mit der Freedom Charter von 1955 und brachte so

1976: Im Schüleraufstand von Soweto werden 600 Menschen von Sicherheitskräften erschossen

den verbotenen ANC in Südafrikas innenpolitische Arena zurück.

Von 1984 an waren Südafrikas Townships drei Jahre lang – heftiger und länger als je zuvor – in ständigem Aufstand begriffen. Es war die Zeit der Begräbnisse, die regelmäßig zu politischen Demonstrationen wurden: Die *comrades* trugen die Särge im Laufschritt auf ihren Schultern durch die Township-Straßen und sangen dabei. Die Polizei beobachtete sie von ihren Hippo genannten Kampfwagen. Halsbandmorde und ›Omo-Behandlungen‹, bei denen Boykott-Brecher zum Trinken von Seifenlauge gezwungen wurden, waren an der Tagesordnung.

Die Regierung antwortete mit eskalierender Repression. Schwarzer Zorn und weiße Faust trafen aufeinander.

Die Reaktion des Auslands war für Südafrika wirtschaftlich verheerend: Schwierigkeiten bei der Aufnahme von Auslandskrediten hatte es schon seit Jahren gegeben. Nun forderte jedoch die amerikanische Chase-Manhattan-Bank auf einen Schlag ihre Kredite ein. Die anderen amerikanischen Banken und schließlich auch die Geldinstitute in England, Deutschland und der Schweiz folgten dem Beispiel. Bis Dezember 1985 waren plötzlich 13 Mrd. US$ fällig: Der Rand fiel innerhalb von 13 Tagen um 35 %. Südafrika konnte nicht zahlen, fror die Schuld ein und verhängte strenge Devisenkontrollen. Eine Umschuldung wurde ausgehandelt. Aber der Schaden war eingetreten. Südafrikas Wirtschaft war im Belagerungszustand und der Lebensstandard der Weißen ging rapide hinunter.

In den Townships tobte die Gewalt, und die Regierung verhaftete mehr Menschen als je zuvor. Unter der Notstandsgesetzgebung konnten Reporter und Fernsehkameras ferngehalten werden, wenn die Polizei gegen schwarze Demonstranten vorging. Trotzdem gelang

Die Sicherheitskräfte bringen Panzerwagen am Rande Sowetos in Stellung

es nicht, die Wurzeln des Widerstands zu beseitigen. Es entstand eine ausweglose Patt-Situation, die erst mit der Entmachtung des alternden Präsidenten P. W. Botha durch seine eigene Partei (1989) ein Ende fand.

Als sein Nachfolger **Frederik Willem de Klerk** das Steuer auf einen entschiedenen Reformkurs umschwenkte, regte sich unter den Afrikaans sprechenden Weißen des Landes, bis dahin die Hauptstütze der regierenden Nationalpartei, erstaunlich wenig Widerspruch. Erst im Sommer 1991 kam es zu einem blutigen Zusammenstoß: Eine Protestveranstaltung von Apartheid-Befürwortern in der Hochburg der weißen Konservativen eskalierte zur Schlacht von Ventersdorp, bei der der Staat erstmals Militär gegen die Bevölkerungskreise einsetzte, die er früher mit Privilegien versorgt hatte: Weiße starben von weißer Hand.

Nach einem Referendum 1992, in dem sich zwei Drittel der allein stimmbe-rechtigten Weißen hinter de Klerks Reformpolitik stellten, machte sich der Präsident in zähen Verhandlungen mit allen politischen Gruppierungen des Landes daran, die Weichen für eine Zukunft ohne Apartheid zu stellen. Sein wichtigster Gesprächs- und Verhandlungspartner war **Nelson Mandela**, den er sofort nach seiner Amtsübernahme freigelassen hatte. Mandelas Bereitschaft zur Versöhnung ist es zu verdanken, daß 1994 die ersten allgemeinen Wahlen stattfinden konnten.

Nelson Mandela

Die versöhnliche Politik des ANC ist das Werk Nelson Mandelas, der am 10. Mai 1994 als Staatspräsident mit Exekutivbefugnissen das höchste Amt übernommen hat. Mandela, der am 18. Juli 1918 als Sohn eines Häuptlings der Tembu (eines Unterstammes der Xhosa) in der Region der Transkei geboren wurde, ist in 27jähriger Haft zum Symbol des schwarzen Widerstandes und zur Legende seiner selbst geworden. Nach seiner Freilassung 1989 bereitete er zusammen mit de Klerk, dem letzten weißen Präsidenten Südafrikas, den Weg für den friedlichen Übergang zur schwarzen Mehrheitsregierung. Er ist der einzige schwarze Politiker, dessen Ansehen und Gewicht so groß ist, daß selbst die Hardliner im schwarzen Lager seine Kompromißbereitschaft nicht als

»Time to vote for freedom...« ANC Wahlkampf in Durban

Schwäche und Ausverkauf schwarzer Interessen darstellen können. Die Gleichberechtigung der Schwarzen in Südafrika ist das Lebenswerk dieses Mannes, dessen Gestalt schon zu Lebzeiten historische Dimensionen erreicht hat und dessen persönliche Integrität makellos ist.

Mit Afrikas großen Führern der ersten Stunde hat er die Popularität gemein. Er ist bescheiden. Rhetorische Höhenflüge sind ihm fremd. Manche halten ihn für Südafrikas langweiligsten Redner. Doch seine Aussagen haben Hand und Fuß und zeichnen sich, nüchtern und schmucklos vorgetragen, durch besondere Eindringlichkeit aus.

Zu den ANC-Radikalen, die nicht über hinreichenden politischen Weitblick und Intelligenz verfügen, gehört insbesondere Mandelas ehemalige Frau Winnie, die, obwohl in der Vergangenheit immer wieder mit primitiven Kampfparolen hervorgetreten und wegen Beteiligung an Menschenraub vorbestraft, stellvertretende Kulturministerin wurde. 1995 jedoch entließ Mandela sie aus der Regierung.

Der erste schwarze Präsident Südafrikas ist ein Glücksfall der Geschichte. Er bringt für sein Amt ein geradezu übermenschliches Ausmaß an Geduld und Selbstentäußerung mit. Kein anderer südafrikanischer Politiker, der so viel Glaubwürdigkeit bei der schwarzen Mehrheit hat, bringt soviel Verständnis für die Interessen der weißen Minderheit auf. »Er weigert sich, die Weißen zu hassen, obwohl er allen Grund dazu hätte«, sagt die Südafrika-Korrespondentin der ›Financial Times‹, Patti Waldmeir.

Dabei war er es, der den bewaffneten Kampf gepredigt hatte und deshalb 1964 von der weißen Regierung

zu lebenslänglicher Haft verurteilt worden war. Im Gefängnis wurde er weltberühmt und stieg zum Symbol des Kampfes gegen die rassistische Diskriminierung der schwarzen Mehrheit Südafrikas auf. Die weiße Regierung erkannte bald, daß sie sich selbst in eine Falle manövriert hatte: Dieser Gefangene war wie eine Zeitbombe, die das System der weißen Herrschaft sprengen würde. Daß Nelson Mandela in der Haft sterben könnte, wurde zum Alptraum von Pieter Willem Botha. Vergeblich suchte er nach einem Ausweg ohne Gesichtsverlust, indem er Mandela immer wieder die Freiheit anbot, wenn dieser nur der Gewalt abschwören wolle. Doch der prominente Häftling blieb standhaft.

Selten ist jemandem das höchste Amt im Staate so selbstverständlich zugefallen wie Mandela, selten hat es jemand so sehr verdient. Zu Recht bezeichnet Patti Waldmeir denn auch Mandelas Autobiographie ›Der lange Weg zur Freiheit‹ als eine »Studie darüber, wie man ein wahrhaft großer Mann wird«.

Zeittafel: Von der Landung van Riebeecks zur Präsidentschaft Mandelas: Die wichtigsten historischen Daten

1487/88 Bartholomeu Diaz umsegelt das Kap.

1497 Vasco de Gama erreicht die Ostküste Südafrikas.

1652 Im Auftrag der Ostindischen Kompanie landet Jan van Riebeeck am 6. April mit drei Schiffen in der Tafelbucht.

1665–67 Bau des Castle in Kapstadt (während des zweiten Seekriegs zwischen England und den Niederlanden).

1679–99 Kommandant Simon van der Stel (später Gouverneur) verwandelt die kleine Handelsstation am Kap in eine blühende Kolonie.

1688 Ansiedlung französischer Hugenotten in Franschhoek.

Ende 17. Jh. Südwärts ziehende Bantu-Stämme und nordostwärts ziehende Treckburen stoßen aufeinander.

1779 Erster Grenzkrieg zwischen Xhosa und weißen Siedlern.

1795 Die Briten erobern die Kapregion und setzen damit der 150jährigen Herrschaft der Ostindischen Kompanie ein Ende.

1814 Kapland wird britische Kolonie.

1820 Ca. 5000 britische Auswanderer werden in der Nähe von Port Elizabeth angesiedelt (später auch Deutsche).

1816–32 Zulu-König Shaka baut ein Reich im südlichen Afrika auf.

1828 Der Große Treck der Buren nach Norden beginnt.

1834 Gesetzliches Verbot der Sklavenhaltung.

16. Dezember 1838 Schlacht am Blutfluß: Die Buren unter Andries Pretorius besiegen eine überwältigende Zulu-Übermacht.

1852 Die Briten erkennen die Unabhängigkeit der Buren-Republik Transvaal und zwei Jahre später die des Oranje-Freistaats an.

1867 Erste Diamantenfunde bei Hopetown.

1870 100 000 Diamantensucher aus der ganzen Welt graben im ›großen Loch‹ in Kimberley.

1877 Die Briten annektieren Transvaal.

1880–83 Erster Burenkrieg: Unter Führung des Präsidenten Paul (Ohm) Kruger (1883–1903) besiegen die Buren die Briten. Transvaal wird nach der Schlacht am Majuba-Hill wieder unabhängig.

1886 Goldfunde am Witwatersrand.

1890–95 Cecil Rhodes ist Premierminister der Kapkolonie.

1899–1902 Zweiter Burenkrieg: Niederlage der Buren unter Ohm Kruger gegen die Briten; die beiden Burenrepubliken werden britische Kolonien.

1910 Proklamation der Südafrikanischen Union als Dominion im Britischen Empire (neben Kanada, Neuseeland und Australien).

1912 Gründung des South African Native National Council, des Vorgängers des ANC.

1913 Mit dem Land Act wird Schwarzen Grundeigentum verboten.

1931 Westminster-Statut: Südafrika wird souveräner Staat.

1939 Südafrika tritt unter Präsident Jan Smuts an der Seite Großbritanniens in den Zweiten Weltkrieg ein.

1948   Die Nationale Partei gewinnt mit dem Programm der Apartheid die Wahlen.

1949   Verbot von gemischtrassigen Ehen.

1950   Einführung der Rassenregistrierung bei Geburt (Population Registration Act) und nach Rassen getrennter Wohngebiete (Group Areas Act). Die kommunistische Partei wird verboten.

1952   Der ANC (African National Congress) als wichtigste Organisation der schwarzen Mehrheit proklamiert eine Kampagne des zivilen Ungehorsams.

1953   Einführung der getrennten Erziehung nach Rassen (Bantu Education Act) und der rassischen Trennung im öffentlichen Leben (Separate Amenities Act).

21. März 1960   Sharpeville-Massaker: Polizisten erschießen 69 Schwarze, die gegen die Paßgesetze demonstrieren. Die Regierung verbietet den ANC.

1961   Unter dem Druck der zahlreichen zum Commonwealth gehörenden früheren britischen Kolonien, die die Apartheid verurteilen, muß Südafrika den Commonwealth verlassen und proklamiert als Südafrikanische Republik die Unabhängigkeit.

1962   Die Vereinten Nationen empfehlen einen Boykott südafrikanischer Waren und verhängen ein Ausfuhrverbot.

1964   Nelson Mandela wird wegen Sabotage und Unterstützung des Kommunismus zu lebenslänglicher Haft verurteilt.

1975   Gründung der Zulu-Bewegung Inkatha durch den Chief Minister von KwaZulu, Gatsha Buthelezi.

1976   Soweto-Aufstand: Sicherheitskräfte erschießen 600 Menschen, nachdem Schüler gegen die Einführung von Afrikaans als Unterrichtssprache protestiert hatten.

1977   Der UN-Sicherheitsrat verhängt ein Waffenembargo gegen Südafrika, das in der Praxis zwar häufig umgangen wird, Importe jedoch stark verteuert.

1982   Beginn des Reformkurses der Nationalen Partei, Absplitterung der Konservativen Partei.

1983   Die United Democratic Front (UDF) organisiert den Widerstand.

1986   Der amerikanische Kongreß verabschiedet Wirtschaftssanktionen gegen Südafrika.

1989   De Klerk löst den entmachteten Botha als Staatspräsident ab.

1990   In seiner Eröffnungsrede vor dem Parlament (2. 2.) kündigt de Klerk seine Reformpolitik an. Er hebt das ANC-Verbot auf und entläßt politische Gefangene, 9 Tage später auch Nelson Mandela. Die Verhandlungen zwischen ANC und Regierung beginnen.

1991   Land Act und Group Areas Act werden aufgehoben. Der amerikanische Präsident George Bush gibt die Aufhebung der Sanktionen gegen Südafrika bekannt.

1992   Zweidrittel der weißen Südafrikaner sprechen sich in einem Referendum (17. 3.) für die Fortsetzung der von Präsident de Klerk eingeleiteten Reformpolitik aus.

1993   Der ANC-Funktionär Chris Hani wird von einem weißen Rechtsextremisten erschossen. Blutige Unruhen in vielen Städten sind die Folge. – Im September billigt das Parlament in Kapstadt das Gesetz über die Einsetzung einer Übergangsverwaltung. Im Oktober erhalten de Klerk und Mandela den Friedensnobelpreis.

1. Januar 1994   Die Übergangsverwaltung tritt neben die Regierung.

April 1994   Erste allgemeine Parlaments- und Regional-Wahlen.

10. Mai 1994   Nelson Mandela wird Präsident.

Südafrika heute

Der politische Neuanfang

Vom 26. bis 28. April 1994 übten Südafrikas schwarze Wähler zum ersten Mal in der Geschichte das Wahlrecht aus. In langen Schlangen standen sie vor den Wahllokalen, warteten geduldig fünf Stunden und mehr.

Der Ablauf der Geschehnisse war weitgehend voraussehbar: Daß Nelson Mandelas ANC die Wahlen gewinnen, de Klerks Nationale Partei sowie Buthelezis Inkatha Freedom Party beachtliche Erfolge erzielen und die radikalen Parteien auf der politischen Rechten und Linken nur wenig Zulauf erhalten würden, stand fest. Trotzdem war es für Südafrikas schwarze Mehrheit ein Anlaß zum Jubel. Denn 46 Jahre Apartheid und 350 Jahre weißer Vorherrschaft gingen damit zu Ende.

In Südafrika hat ein historischer Wandel stattgefunden. Zwar wird sich an der Tatsache, daß Weiße das Sagen haben, in Wirtschaft und Verwaltung so schnell nichts ändern. Aber bis 1999 sollen Nichtweiße in der Verwaltung entsprechend ihrer Quote an der Bevölkerung vertreten sein: 76% Schwarze, 2% Inder, 9% Mischlinge. Für Weiße bleiben dann nur 13%. Tatsächlich ist schon ungefähr 60% des öffentlichen Dienstes schwarz und nur noch ein Viertel weiß. Aber die höchsten Funktionen waren bisher mit Weißen besetzt.

Die meisten Weißen warten ab, hoffen, sich den veränderten Umständen anpassen zu können und im neuen Südafrika einen Platz zu finden.

Ungefähr 350 000 Südafrikaner haben einen britischen Paß; ca. 3,9 Mio. sind Afrikaaner, deren Vorfahren vor 350 Jahren aus Holland eingewandert sind.

Allerdings ist der einst paradiesische Lebensstandard der weißen Südafrikaner in den letzten Jahren stark gesunken. Lagen 1975 nur 3% der Weißen unter der Armutsgrenze, so sind es heute 10% – immer noch wenig im Vergleich mit den schwarzen Südafrikanern, von denen 75% unter der Armutsgrenze leben. Arbeitslosigkeit und auch Analphabetenquote betragen bei Schwarzen 50%; in manchen Regionen wie der alten Burenkapitale Bloemfontein, wo die Arbeitslosigkeit auch bei Weißen schon 40% erreicht hat und über 6000 Weiße täglich von der ›Operation Hunger‹ gespeist werden, sogar 90%! Mandelas ANC sieht sich in der Pflicht, seinen Wählern eine Verbesserung ihrer Lebensbedingungen zu verschaffen. Aber schon die programmatischen ANC-Ver-

sprechungen »Unterkunft und Arbeitsplatz für jeden« dürften nur schwer zu erfüllen sein.

Die Regierung hat es bisher versäumt, mit der zeitweise vollmundig angekündigten Privatisierungspolitik Ernst zu machen, weil – das ist ein offenes Geheimnis – die Gewerkschaften und ein großer Teil des ANC dagegen waren. Das macht es ihr schwer, Arbeitslosigkeit und grassierende Kriminalität mittels schnelleren Wirtschaftswachstums in den Griff zu kriegen. Auch wird zunehmend bezweifelt, daß der von Mandela ausgewählte Nachfolger Thabo Mbeki die richtige Wahl ist. Er will es allen recht machen. Als wesentlich durchsetzungsfähiger gilt der frühere Gewerkschaftsführer Cyril Ramaphosa, der inzwischen einen Vorstandsposten in der bedeutendsten ANC-kontrollierten Industrieholding übernommen hat. Ein Machtkampf nach Mandelas Tod er-

scheint nicht unwahrscheinlich. Die Furcht der weißen Minderheit, daß ihre Interessen von einer ungeduldigen Mehrheit mißachtet werden – das hat sich bei der Abstimmung über die neue Verfassung erwiesen –, erscheint keineswegs unbegründet. Das Bild von der Regenbogennation, die alle Völker des Landes harmonisch vereint, hat sich als Mythos erwiesen, den die Wirklichkeit Lügen straft.

Auf der Beliebtheitsskala der Weltpolitik steht – daran gibt es kaum einen Zweifel – der greise Mandela ganz oben. Zu einer Zeit, wo die Politik überall rapide an Glaubwürdigkeit verliert, symbolisiert er die so selten gewordene persönliche Integrität. Er ist ein Mann, der Politik nicht aus eigennützigen Motiven betreibt.

Doch trotz der aufrichtigen Bewunderung, die ihm überall entgegenschlug, bleibt seine Botschaft ungehört. Appelle, in Südafrika zu investieren, stoßen im Ausland auf wenig Widerhall. Ausufernde Kriminalität und unentschlossene Wirtschaftspolitik sind nicht geeignet, die abwartende Haltung ausländischer Investoren zu verändern. Daß unter weißen Südafrikanern ein Exodus eingesetzt hat, ist nicht verborgen geblieben. Immer mehr Weiße entziehen sich der in atemberaubendem Tempo steigenden Kriminalität, endemischer Korruption, einer immer schwereren Steuerlast und immer höherer Arbeitslosigkeit durch Auswanderung, vor allem nach Großbritannien. Vergeblich appellierte Mandela bei seinem Besuch in London im Sommer 1996 an die patriotischen Gefühle der Emigranten. Zurückkehren will niemand von ihnen.

Mobiles Wahllokal in KwaZulu

Chief Gatsha Buthelezi

Als sich 1989 der weiße Reform-
präsident de Klerk und der in
27jähriger Haft zur Symbolfi-
gur des schwarzen Widerstands
gereifte Nelson Mandela in einer
glücklichen Fügung der Geschichte als
Dialog- und Verhandlungspartner
gefunden hatten und sich an die
Gestaltung eines neuen Südafrika
machten, geriet einer unversehens vor
die Tür: Chief Gatsha Mangosuthu
Buthelezi, Zulu-Führer und vor der
Freilassung Mandelas bevorzugter
Gesprächspartner der weißen Minderheitsregierung. Auch im Ausland war
er vielfach als gemäßigter schwarzer
Politiker und damit Hoffnungsträger
gehandelt worden.

Der Chief ist selbst nicht der König
der Zulu, doch er stammt – wie übrigens auch Mandela, der dem Volk der
Xhosa angehört – aus prinzlichem
Geblüt. Obwohl auch er immer die
sofortige und bedingungslose Freilassung Nelson Mandelas gefordert hat,
als dieser noch im Gefängnis saß,
begegneten ihm viele Schwarze mit
Mißtrauen. Die schrittweise Aufdek-
kung geheimer Machenschaften zwischen Inkatha und den weißen Sicherheitskräften trug dazu bei, daß Buthe-

lezi zusehends Unterstützung verlor.
Doch letztlich war es auch seine
bewußt ethnisch orientierte Politik, die
bei der Masse der städtischen
Schwarzen immer weniger Sympa-
thien fand. Präsident Nelson Mandela
hat ihn als Innenminister in die Regie-
rung eingebunden, dabei jedoch seine
Befugnisse zunehmend beschnitten.
Für seine Hochburg, die Provinz Kwa-
Zulu Natal, strebt er politische Autono-
mie an und stößt damit auf den
Widerstand des ANC, der eine starke
Zentralregierung will.

Die neuen Provinzen

Durch die 1994 in Kraft getretene Über-
gangsverfassung ist Südafrika in neun
Provinzen gegliedert worden:

Die **Westkap-Provinz** gilt schon jetzt
wegen ihrer Attraktivität als Industriestandort als die bedeutendste Wachs-
tumsregion Südafrikas. Sie umfaßt Kapstadt und zieht sich entlang der Küste

Die neue Verwaltungsgliederung Südafrikas

des Indischen und des Atlantischen Ozeans. Hier leben mehr als 3,6 Mio. Menschen und damit ca. 9 % der Gesamtbevölkerung Südafrikas. Die Mehrheit von ihnen sind Mischlinge. Mehr als die Hälfte aller südafrikanischen Mischlinge sind in der Westkap-Provinz ansässig. Wichtigste Einnahmequellen sind Tourismus und Landwirtschaft, vor allem der Obst- und Gemüseanbau.

Die **Ostkap-Provinz** besteht aus dem britisch geprägten Hinterland der Hafenstadt Port Elizabeth (»Land der Siedler«) und den früheren Xhosa-Homelands Transkei und Ciskei, in denen Subsistenzlandwirtschaft betrieben wurde; die Provinz ist entsprechend arm. Hier leben ca. 16 % der Gesamtbevölkerung.

Die **Nordkap-Provinz,** die größte Südafrikas, ist von Trockenheit geprägt. Bergbau und extensive Landwirtschaft (Viehzucht) sind Einnahmequellen. Nur 1,8 % der Gesamtbevölkerung sind hier ansässig und ihr Anteil am Bruttoinlandsprodukt ist sehr gering.

Auch die **Nordwest-Provinz** ist in weiten Teilen von Trockenheit geprägt. Doch neben der Viehzucht ist es vor allem der Bergbau (Platin), der beträchtliche Einkünfte erbringt. Daneben spielt der Fremdenverkehr mit dem Vergnügungszentrum Sun City eine Rolle von zunehmender wirtschaftlicher Bedeutung. Trotzdem liegt das Durchschnittseinkommen unter dem südafrikanischen Mittelwert. Die Nordwest-Provinz hat den größten Teil des ehemaligen Homelands Bophutatswana integriert, dessen Hauptstadt Mmabatho Provinzhauptstadt ist. Der **Oranje-Freistaat,** mit natürlichen Ressourcen gut ausgestattet, entspricht in seinen Grenzen im wesentlichen der alten Provinz gleichen Namens.

Die **Provinz Gauteng,** das Dreieck um Pretoria, Witwatersrand und Vereeniging, ursprünglich der Kern weißer Besiedlung – noch heute leben hier ca. 40 % der südafrikanischen Weißen –, ist das wirtschaftliche Herz Südafrikas, Verkehrsknotenpunkt und Dienstleistungszentrum. In der Provinz, in der knapp 7 Mio. Menschen (= 17 % der Gesamtbevölkerung) leben, ist fast die gesamte Industrie Südafrikas angesiedelt; hier werden fast 40 % des Bruttoinlandsprodukts erzeugt! Die **Nordtransvaal-Provinz** weist das niedrigste Durchschnittseinkommen Südafrikas auf. Sie ist agrarisch geprägt und wirtschaftlich schwach strukturiert.

Die **Osttransvaal-Provinz** umfaßt den an Swaziland grenzenden, landschaftlich reizvollsten Teil Südafrikas. Neben dem Fremdenverkehr haben Obst- und Gemüseanbau beträchtlichen Wohlstand gebracht. In der wasserreichen und bevölkerungsreichsten Provinz **KwaZulu Natal** leben mehr als 8 Mio. Menschen, hauptsächlich Zulu. Daneben sind Dreiviertel aller südafrikanischen Inder hier ansässig.

Wirtschaft

Südafrikas Wirtschaft, mit einem Bruttoinlandsprodukt von über 120 Milliarden $ ungefähr so groß wie die Wirtschaft Norwegens oder Thailands, erholte sich 1994 erstmals, nachdem sie sich seit 1988 fortlaufend im Nieder

Symbol der Wirtschaftsmacht Südafrika: die Diamantenbörse in der Diagonal Street in Johannesburg

gang befunden hatte. Der Bergbau kommt trotz nachlassender Bedeutung noch immer für über 70 % der Deviseneinnahmen auf.

Auch die Inflation ging damals – zum ersten Mal seit 22 Jahren – zurück auf ca. 9 %, und 1995 wuchs die Wirtschaft um 3,3 %. Doch fast die Hälfte der arbeitsfähigen Bevölkerung ist arbeitslos, und die enormen Wachstumsraten, die erforderlich wären, um den Nachholbedarf der schwarzen Bevölkerungsmehrheit auch nur annähernd zu befriedigen, bleiben illusorisch, solange es nicht gelingt, in größerem Umfang ausländische Investitionen anzulocken. Diese kommen zur Zeit vor allem in Form von Maschinen und kurzfristigen Kapitalanlagen. Zu viele Fragezeichen stehen noch über Südafrikas Zukunft, als daß ein Investor sich langfristig binden möchte.

Neue Arbeitsplätze entstehen kaum, weil die internationale Wettbewerbsfähigkeit der südafrikanischen Wirtschaft zu gering ist. Die Produktivität eines südafrikanischen liegt bei einem Drittel oder Viertel eines mexikanischen Arbeiters. Die Herstellung von Textilien zum Beispiel ist in Südafrika dreimal so teuer wie in Indien.

Eines der wichtigsten Ziele der Wirtschaftspolitik der neuen südafrikanischen Regierung ist es, die mächtigen Konzerne aufzubrechen, die das Land am Kap wirtschaftlich beherrschen. Vier weiße Unternehmensgruppen – Anglo American/de Beers, Sanlam, Rembrandt/Richemont und Old Mutual – kontrollieren 78 % des gesamten Aktienkapitals der Johannesburger Börse. Nur knapp 2 % aller privaten Unternehmenswerte sind in Händen von Schwarzen, nur ein Zehntel der Manager sind dunkelhäutig.

Nicht nur potentielle Investoren, auch politische Beobachter verfolgen mit Argusaugen, wie die neue südafrikanische Regierung die Weichen der Wirtschaftspolitik stellt. Nelson Mandela selbst hat auch in seinen wirtschaftspolitischen Äußerungen immer den moderaten Ton gepflegt und hat sich für eine *mixed economy,* eine im Prinzip freie Wirtschaft mit beschränkter staatlicher Intervention, ausgesprochen. Dabei hat er offen gelassen, wie er zu Verstaatlichungen steht, doch ist er klug genug zu sehen, daß wirtschaftliche Umverteilung sehr schnell der Wirtschaftsentwicklung den Garaus machen kann.

Gold ist das Rückgrat der südafrikanischen Wirtschaft – das Land liefert ein Drittel der Goldproduktion der Welt. Dreiviertel der Platin- und Chromvorkommen der Welt sowie 80 % der Mangan-Weltreserven befinden sich in Südafrika. Die Minenindustrie stellt in Südafrika nach der Landwirtschaft und vor dem Tourismus noch immer den bedeutendsten Devisenbringer dar. Daß sich jedoch die Zeiten des Goldbooms wiederholen, ist unwahrscheinlich.

Der Tourismus-Sektor weist in den letzten Jahren durchweg zweistellige Wachstumsraten auf.

Kunst und Kultur

Die Vielfalt der Völker bewirkt eine ungewöhnliche Vielfalt von Kulturen, die – auch das eine Folge der langen Apartheid-Periode – nebeneinander existieren und sich, jedenfalls in der Vergangenheit, kaum gegenseitig beeinflußt haben. So sind Kunst und Kultur der weißen Südafrikaner weitgehend mit der Europas und Nordamerikas identisch, die der Inder ganz und gar von Indien bestimmt und die der Schwarzen weitgehend von deren Traditionen geprägt.

Souvenir-Handel

Kunst, Kultur und Religion gehen bei den schwarzen Völkern traditionell ineinander über. Weit verbreitet und tief verwurzelt sind **Initiationsriten** für beide Geschlechter. Wer sie nicht durchläuft, gilt nicht als Mann bzw. Frau und wird nicht ernstgenommen. Bei den Xhosa bemalen die Teenager dazu ihren Körper in den Wintermonaten mit weißer Farbe. Sie begeben sich von Ende Herbst bis Frühlingsanfang in sogenannte Khwetha-Häuser, wo sie instruiert werden und verschiedene körperliche Tests durchlaufen. Jeder Teilnehmer ist zu absoluter Geheimhaltung verpflichtet.

Die Stammeskunst der Schwarzen ist – wie auch in den Nachbarstaaten Südafrikas – entweder religiös motiviert oder Kunsthandwerk für den täglichen Profangebrauch. Einige Stämme bemalen die Wände ihrer Lehmhütten mit farbigen geometrischen Mustern, so die Ndebele, die Rundhütten mit Grasdächern bewohnen und neben der Maltradition die Technik des Perlenknüpfens beherrschen. Dabei finden auch zunehmend moderne Motive Eingang.

Bei den städtischen Schwarzen findet sich aber auch individualistisch geprägte Kunst in der Form moderner Malerei, Theater und Literatur und vor allem die sehr originelle sogenannte **Township-Art,** die von den politischen und sozialen Problemen bestimmt ist. Die privaten Kunstgalerien Johannesburgs bieten einen Einblick in die zeitgenössische schwarze Kunstszene. Township-Art ist ein noch weitgehend fließender Sammelbegriff für die Kunst von Schwarzen, die nicht mehr in der unveränderten Lebensweise ihrer Vorfahren befangen sind, sondern wachen Auges die so dramatisch veränderte Gegenwart wahrnehmen, vor allem natürlich das Leben in den Townships. Sie ist häufig politisch, d. h. durch die Auswirkungen des ApartheidSystems motiviert, die das Leben der Schwarzen so maßgeblich bestimmt haben.

Die Township-Art zeigt in ihrer Ausdrucksweise eine Vielfalt, die vor nichts zurückzuschrecken scheint und gerade dadurch ein außergewöhnliches Maß an Originalität erreicht: Zwei Meter lange PanAm-Flugzeuge von Titus Moteyane, bemalte Holz- und Tonfiguren modern gekleideter Schwarzer und Weißer von Noria Mabasa, Johannes Maswanganyi und Nelson Mukhuba, Malereien von Tommy Motswai, Craig Masters und Bernard Tshatsinde, Zeichnungen und Linoleumdrucke, aber auch Bemalung von Häusern und Gebrauchsgegenständen. Viele moderne schwarze Künstler Südafrikas sind inzwischen arriviert. Sie stellen in den besten Galerien aus und haben ihren Preis, der jedoch meist noch immer unter dem vergleichbarer Qualität in Europa liegt.

Originelle schwarzafrikanische Kunst- oder Kunsthandwerksprodukte moderner Prägung finden sich auch in den Curio-Läden, die allerdings auch häufig ein Sammelsurium dessen anbieten, was gemeinhin als ›Airport Art‹ bezeichnet wird: pseudoafrikanischen Ramsch, der vor allem auf den Flughäfen angeboten wird, wo die Touristen vor dem Abflug noch die letzten Reste der Landeswährung ausgeben wollen.

Ähnlich wie in der bildenden Kunst bestand auch in der **Literatur** lange Zeit die Tendenz, die Produkte schwarzer Kultur zu übersehen, südafrikanische Literatur mit der Literatur der weißen Südafrikaner gleichzusetzen, und sei es nur deshalb, weil während der langen Zeit der Geltung der Apartheid-Gesetze afrikanische Kunst als Folklore angesehen wurde und Schwarze weitgehend als kulturlos galten. **Peter Abrahams** (geb.

1919) war der erste farbige Autor, der mit seinem Erfolgsroman ›Mine Boy‹ (1946) internationale Anerkennung fand. Die schwarze Literatur ist – naturgemäß – mehr als jede andere Kunstgattung von der Unterdrückung und vom Befreiungskampf geprägt und in höchstem Maße politisiert. Sie konnte sich vielfach nur im Exil artikulieren. Der Lyriker **Dennis Brutus** ist erst 1991 nach 25 Jahren im Exil nach Johannesburg gekommen. Der jüngere **Njabulo Ndebele,** bereits Anfang der 80er Jahre mit der Geschichtensammlung ›Fools and other stories‹ hervorgetreten, hat dagegen mit Witz und Humor das Leben unter der Apartheid beschrieben.

Die weißen Autoren haben den südafrikanischen Weißen, die zeitweise allein die Leserschaft des Landes darstellten, vielfach einen Spiegel vorgehalten und durch ihre Kritik in nicht geringem Maße zur Liberalisierung beigetragen. So **J. M. Coetzee** oder **Breyten Breytenbach,** der über 30 Jahre lang in Paris im Exil lebte, und vor allem **Alan Paton** (1903–89), der in Pietermaritzburg lebte, wo er straffällige Kinder und Jugendliche an der Erziehungsanstalt Ixopo unterrichtete. Er hat vier Romane und zahlreiche kleinere Schriften veröffentlicht und galt als einer der bedeutendsten südafrikanischen Schriftsteller. 1948 veröffentlichte er sein erstes Buch: ›Cry, the Beloved Country‹ (Auflage: über 16 Mio. Exemplare; in 10 Sprachen übersetzt; in deutscher Übersetzung: ›Denn sie sollen getröstet werden‹), noch heute das meistgelesene Produkt südafrikanischer Literatur, in dem er das Elend der Jugendlichen in den Slums der Großstadt, Arbeitslosigkeit und Kriminalität beschreibt und sich gegen die Rassengesetze, aber auch gegen den Kommunismus wendet. Vielmehr sieht er die christliche Nächsten-

liebe als geeignetes Instrument zur Überwindung des Rassenproblems.

1991 hat die ebenfalls englischsprachige Autorin **Nadine Gordimer** den Nobelpreis erhalten, die, 1923 in der Nähe von Johannesburg geboren, schon vor der Aufhebung der Apartheid Mitglied des ANC war.

Internationalen Applaus ernteten auch Südafrikas **Theatermacher,** so **Mbongeni Ngema,** der mit seinem Musical ›Sarafina‹ weltberühmt wurde. ›Sarafina II‹ löste einen kulturpolitischen Skandal aus. Das ANC-geleitete Gesundheitsministerium förderte das Musical mit 14 Mio. Rand, nur weil es über Aids aufklärte. Zentrum des südafrikanischen Theaterschaffens ist seit dem Aufstand von Soweto 1976 das Market Theatre in Johannesburg, das von Anfang an ein nichtrassistisches Südafrika propagiert und zahlreiche Talente, sowohl schwarze als auch weiße, hervorgebracht hat, allen voran **Athol Fugard,** dessen Stücke inzwischen auf der ganzen Welt gespielt werden. 1932 in Middleburg geboren, war er nach dem Studium der Philosophie und Anthropologie an der Universität Kapstadt in verschiedenen Berufen tätig, bevor er Anfang der 60er Jahre mit verschiedenen Theatergruppen in Südafrika, Großbritannien und den USA arbeitete. Er inszeniert seine Stücke oft selbst, ja spielt sogar selbst mit. In dem Stück ›Meine Kinder, mein Afrika!‹ schildert er am Beispiel eines schwarzen und einer weißen Jugendlichen und des schwarzen Lehrers Mr. M. die zunehmende Radikalisierung in den Townships zur Zeit der Apartheid. Wer gegen Gewalt ist, muß der schwarzen Jugend als Verräter erscheinen. So wird schließlich sogar Mr. M., der an die Macht des Wortes glaubt und auf eine friedliche Lösung setzt, von radikalen

Jugendlichen hingerichtet. Seit ihrer Abschaffung ist die Apartheid, die bis dahin das zentrale Thema seiner Werke war, in den Hintergrund getreten.

Auch der Kabarettist **Dirk Uys,** Sohn eines Afrikaaners und einer deutschstämmigen Jüdin, widmete seine Darbietungen vor allem dem Thema Apartheid: Er verhöhnte das System der Rassentrennung und zog es ins Lächerliche, zögert aber auch nicht, nach Ende der Apartheid die aufkommenden Allüren der ANC-Elite aufs Korn zu nehmen: ›Erst als ich die vielen Mercedes-Wagen sah, wußte ich, daß hier der ANC-Kongress stattfindet.‹

André Brink, 1935 als Sohn burischer Eltern geboren und seit 1980 Professor für Literatur, hat seit 1964 zehn große Romane geschrieben.

Das verhältnismäßig schnelle Ende der Apartheid hatte zur Folge, daß viele Künstler ›ihr Thema‹ verloren. Mbongeni Ngema zog 1995 aus diesem Dilemma die Konsequenz. In ›Mama! The Musical of Freedom‹ kehrte er der Politik den Rücken, um sich ganz der Unterhaltung zu widmen. **Welcome Msomi,** erst 1993 aus dem amerikanischen Exil zurück, hat Shakespeares ›Macbeth‹ in die Zulu-Sprache und -Kultur transponiert.

In den verschiedenen afrikanischen Kulturen gibt es eigene **Festlichkeiten,** besonders bei den Zulu. Sie feiern das Shembe-Fest Ende Juli in Inanda (19 km von Durban); das Fest der ersten Früchte bei Neumond im März in Mafunza (50 km von Pietermaritzburg). Bei Pietermaritzburg findet im Januar, wenn die Flüsse viel Wasser führen, das Duzi Canoe Marathon statt. Dabei fahren über 500 Einer- und Zweier-Kanus die 177 km lange Strecke auf dem Wildwasser des Umzinduzi und Ungeni von 677 m ü. M. bis hinunter zum Indischen

Ozean bei Durban. Die Mischlinge in Kapstadt feiern zu Neujahr den Coon Carnival. Zur Monatswende März/April findet das Cape Town Festival statt.

Die Wurzeln der südafrikanischen **Jazz- und Pop-Musik** reichen in die Zeit vor der Apartheid zurück. Der anglikanische Missionar Trevor Huddleston hatte im damaligen Sophiatown bei Johannesburg – Klein-Harlem genannt – eine Jazzband gegründet, aus der der Musiker **Hugh Masekela** hervorging. Dieser wirkte zusammen mit **Miriam Makeba** und **Nathan Mdledle** in dem Musical ›King Kong‹ mit, das nach der durch die Umsiedlungsmaßnahmen bedingten Zerstörung von Sophiatown entstand und ein erster internationaler Erfolg war. Es schildert das tragische Leben des schwarzen Boxers Ezekiel ›King Kong‹ Dhlamini, der seine Freundin ermordete und im Gefängnis starb. Miriam

Coon Carnival in Kapstadt

Makeba rettete sich 1962 vor der Apartheid ins Exil und rief mit ihren Liedern, darunter dem berühmten ›Pata-Pata-Song‹, der Welt von dort jahrzehntelang in Erinnerung, daß Südafrika eine multikulturelle Gesellschaft war. **Dorothy Makuba,** die auch zum Kreis um Huddleston gehörte, erlebte 1990 mit dem ›Pata-Pata-Song‹ ein Come-back.

Klima und Reisezeit

Wegen seiner Größe und landschaftlichen Verschiedenheit weist Südafrika die unterschiedlichsten Klimazonen auf. Deshalb ist es schwierig, eine für alle Regionen und Teile des Landes gleichermaßen ideale Reisezeit zu finden, zumal auf ein und derselben Reise häufig auch noch Nachbarländer mit auf dem Programm stehen. Für Südafrika selbst gelten die Monate zwischen Februar und April als ideale Reisezeit.

Kaum ein Land der Welt hat soviel Sonnenschein wie Südafrika. Der Winter ist nicht mit dem in Europa zu vergleichen. Meist ist der Himmel klar, und die starke Sonne treibt die Temperaturen bis auf über 20° C. Erst wenn sie untergeht, kann es unangenehm kalt werden. Die Südafrikaner selbst reisen am liebsten um die Weihnachtszeit, wenn sie ihre langen Sommerferien nehmen; von Mitte Dezember bis Mitte Januar ist ganz Südafrika in Urlaub. Aus dem dicht besiedelten Gauteng (dem sogenannten PWV-Dreieck zwischen Pretoria, Witwatersrand und Vereeniging) streben die Südafrikaner an die Küsten der Kapprovinz und Natals. Entsprechend überfüllt sind dann Hotels und Strände. Im Kruger-Park und im Landesinneren ist es in dieser Zeit unangenehm heiß.

An der Küste des Indischen Ozeans ist es in den Wintermonaten (Juni/August) im allgemeinen subtropisch warm und sonnig, – es kann allerdings entgegen gelegentlichen Versicherungen von Reiseveranstaltern auch hier so kalt sein, daß Baden im Meer unmöglich ist. In den südafrikanischen Sommermonaten ist es tropisch schwül.

In der Kapprovinz herrscht Mittelmeerklima mit heißen, trockenen Sommern und feuchten, milden Wintern. Als Faustregel gilt: Winterregen am Kap, Sommerregen in Johannesburg. Die Niederschläge nehmen allgemein von Südosten nach Nordwesten hin ab. Im südafrikanischen Binnenland (Highveld) ist es im Sommer wegen der Höhenlage nicht zu heiß, im Winter kühl, aber meist trocken und sonnig. Im Grenzland zu Namibia herrscht Wüstenklima mit großer Hitze im Sommer und starken Schwankungen zwischen Tag und Nacht im Winter. Hier ist der Winter die beste Reisezeit, in der westlichen Kapprovinz im Namaqualand das Frühjahr (September/Oktober), wenn nach den ersten Regenfällen gleichsam über Nacht eine kurzlebige Blütenpracht die Erde überzieht.

Routen und Reiseziele

Johannesburg

Johannesburg (S. 352), nach Kairo und Alexandria die größte Stadt Afrikas, liegt in 1753 m Höhe. Es verdankt seine Entstehung dem Goldboom, der 1886 hier seinen Ursprung nahm. Egoli (= Gold), so ihr afrikanischer Name, ist heute Zentrum eines Industriegebiets, das in seiner Ausdehnung nur 2 % des südafrikanischen Territoriums ausmacht, aber ein Viertel der gesamten Be-

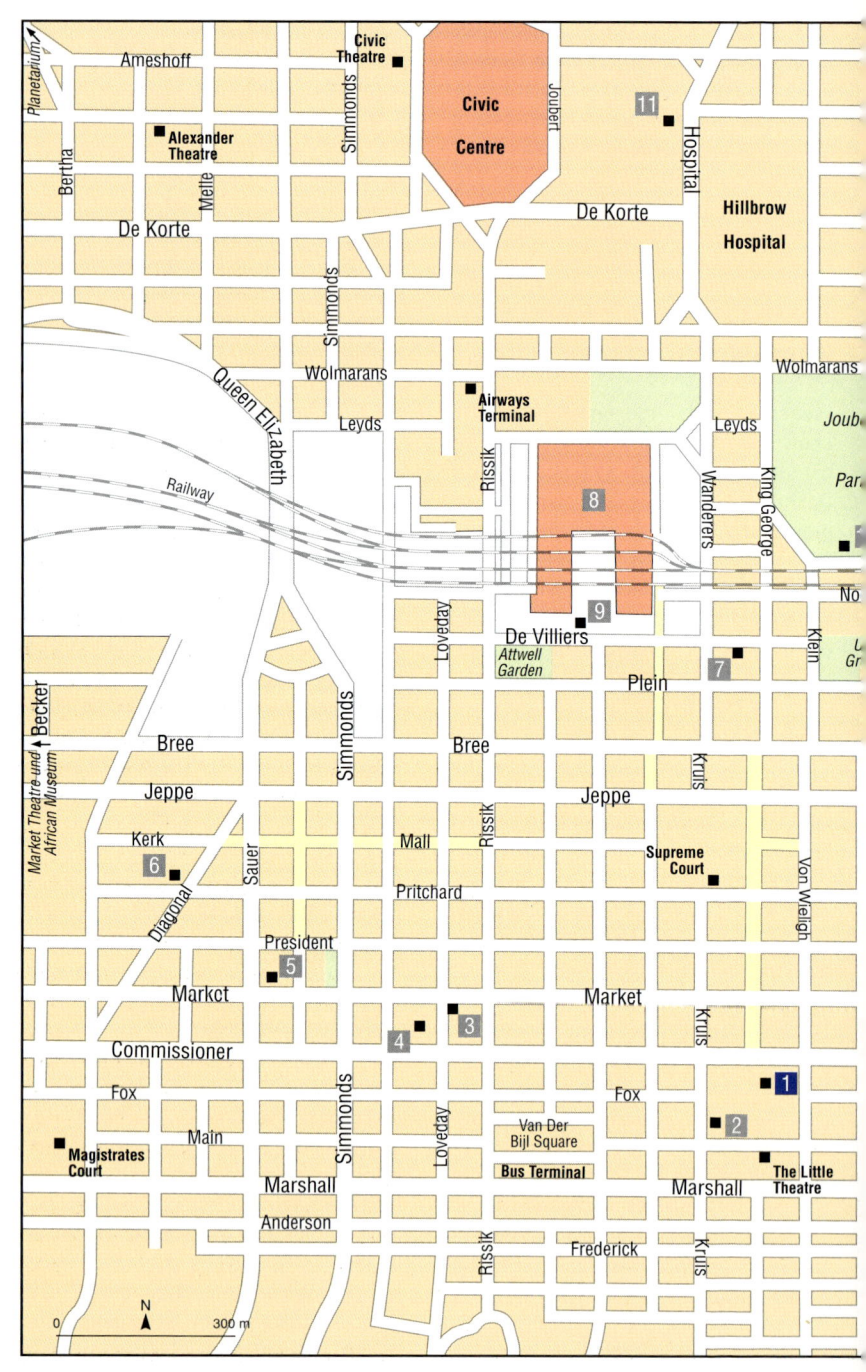

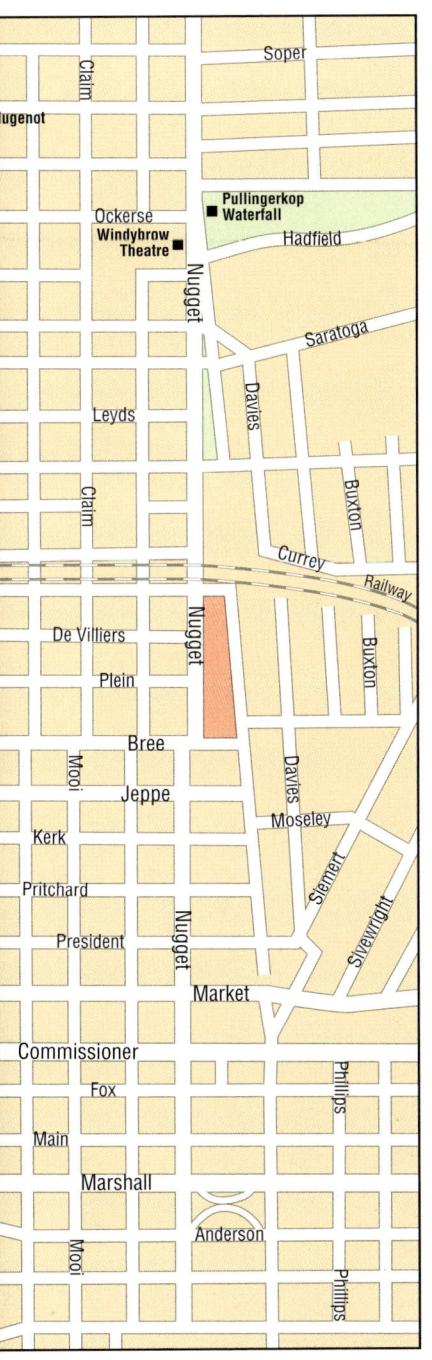

Plan von Johannesburg

1 Carlton Centre
2 Jewish Museum
3 Rissik Street Post Office
4 City Hall
5 Public Library mit African und Geological Museum
6 Stock Exchange
7 St. Mary's Cathedral
8 Bahnhof
9 Railway Museum
10 Johannesburg Art Gallery
11 Adler Museum

völkerung beherbergt. Hier entsteht die Hälfte des Bruttosozialprodukts, hier schlägt das wirtschaftliche Herz des Landes.

Ungemütlich war Johannesburg schon vom ersten Augenblick seiner Existenz an. Ende des 19. Jh. glich es einer riesigen Baustelle. Tag und Nacht kamen Fahrzeuge, die Lebensmittel, Baumaterial und immer mehr Menschen heranschafften. Als nach der Entdeckung der Goldvorkommen zwei Regierungskommissare anreisten, um sich ein Bild von der Situation zu machen, fanden sie im Central Hotel schon die gesamte internationale Geschäftswelt versammelt, darunter Cecil Rhodes und ein Vertreter der Rothschilds.

Es war das Zeitalter des Wellblechs. Die weißen Siedler montierten einfach ihre Häuser ab und bauten sie in Johannesburg wieder auf. In weniger als einem Jahr wurde Johannesburg nach Barberton die größte Stadt Transvaals; 1889 hatte es eine Börse und war die größte Stadt im ganzen südlichen Afrika.

Als 1892 Johannesburg und Kapstadt mit einer Eisenbahn verbunden wurden, beschleunigte sich das Wachs-

Blick vom Carlton Tower über Johannesburg ▷

Wildwest in Südafrika

Autoraub mit vorgehaltener Waffe – ›car napping‹ – kommt im Großraum Johannesburg jeden Tag ungefähr 50mal vor. Die südafrikanische Autoindustrie leidet bereits darunter, weil immer mehr Menschen dazu übergehen, ein möglichst altes und klappriges Auto zu fahren, um nicht unnötig die Begehrlichkeit der Räuber zu wecken. In Soweto halten Autofahrer abends nicht an, auch wenn die Ampel rot zeigt. Die Gefahr, beraubt zu werden, ist zu groß. Johannesburg ist weltweit die Stadt mit der höchsten Mordquote.

Wer sich im Zentrum als Tourist zu erkennen gibt, provoziert geradezu einen Überfall, denn Touristen gelten als leichte und lohnende Beute. Wer Geld und Kamera in einer Plastiktüte mit sich trägt, kann als Einheimischer durchgehen und hat Chancen, nicht weiter behelligt zu werden. Restaurants und Hotels sind aus dem Zentrum in die nördlichen Vorstädte von Johannesburg abgewandert, weil nach

tum der Stadt noch weiter. 75 000 Menschen arbeiteten damals in den Minen – Weiße, denn anfangs gab es noch kaum Schwarze im Bergbau. Mangels Sicherheitsvorkehrungen war die Arbeit hochgradig gefährlich. »Was ist eine Goldmine?« lautete eine gängige Witzfrage: »Ein Loch in der Erde mit einem Verrückten unten drin, einem Lügner darüber und einem Schurken im Johannesburger Büro!« Glücksspiel, Prostitution – es gab 600 Bordelle – und Alkoholismus waren verbreitet.

Die ›Randlords‹, denen die großen Minengesellschaften gehörten, waren für ihre Kaltblütigkeit und Skrupellosigkeit berüchtigt. Sie waren die Helden jener Zeit. Sie machten phantastische Gewinne. Cecil Rhodes etwa bezog allein von der Consolidated Gold Fields of South Africa, ein persönliches Einkommen von 300 000 englischen Pfund im Jahr. Barney Barnato, ein anderer Business Tycoon, baute sich ein schloßartiges Haus, das er mit aus England importierten Butlern, Dienern und Zimmermädchen ausstaffierte, und verbrachte seine Tage im Pokerspiel um hohe und höchste Einsätze. Als sich die Minenbesitzer durch die Transvaal-Regierung Präsident Krugers in ihrem Profitstreben behindert fühlten, startete Cecil Rhodes mit Hilfe seines Freundes Leander Starr Jameson vom benachbarten Zimbabwe aus eine paramilitärische Invasion, die fehlschlug und in die Geschichte des südlichen Afrika als Jameson Raid einging. Aus diesem Grunde mußte Rhodes 1896 als Premier der Kapkolonie zurücktreten.

Inzwischen haben praktisch alle Minen in und in unmittelbarer Umgebung

Büro- und Geschäftsschluß keine Gäste mehr kommen. Elektrifizierter Zaun, Alarmanlage, scharfe Hunde, schwere zusätzliche Gitter vor dem Schlafzimmer gehören zur Standardausrüstung in den besseren Wohngebieten. Trotz Pistole unter dem Kopfkissen und Panikknopf in der Handtasche gibt es letztlich keine Sicherheit. Irgendwann beim Verlassen des Hauses tauchen die Gangster wie aus dem Erdboden auf und verlangen mit vorgehaltener Maschinenpistole Einlaß. Von Glück reden kann dann, wer es mit kaltblütigen Profis zu tun hat. Denn Amateurkriminelle geraten selbst leicht in Panik und töten oder verletzen das Opfer, auch wenn sie ohne Gewaltanwendung zum Ziel kommen könnten.

Auch die anderen südafrikanischen Großstädte geraten mehr und mehr in den Sog ausufernder Kriminalität. In ihren Außenbezirken entstehen Satellitenstädte, von Sicherheitsanlagen umgeben und bewaffneten Privatpolizisten bewacht, die hermetisch von der Außenwelt abgeschlossen sind. Die Gewalt wird zudem durch einen regelrechten Krieg zwischen rivalisierenden Taxiunternehmern angeheizt.

Die staatliche Polizei ist machtlos. Sie hat resigniert. Schlecht ausgerüstet und schlecht bezahlt, leidet sie zudem unter ihrer Vergangenheit, als sie Teil des Apartheid-Unterdrückungsapparates war und mit einem Netz von Spitzeln und Informanten die schwarze Bevölkerung unter Kontrolle hielt. Bei alledem läuft Südafrika Gefahr, eine gesetzlose Gesellschaft zu werden – wie einst der ›Wilde Westen‹ Amerikas.

von Johannesburg ihre Arbeit eingestellt. Die meisten noch fördernden Goldminen liegen südlich und südwestlich in bis zu 200 km Entfernung. Doch seit sich Ende des 19. Jh. die ›Randlords‹ in Johannesburg etablierten, ist das Big Business da, und es ist bisher im Zentrum geblieben. Banken, Versicherungen und die Börse, die Johannesburg Stock Exchange (gemeinhin unter dem Namen Diagonal Street bekannt; Besichtigung möglich), residieren in den Wolkenkratzern des Zentrums, die abends wie ausgestorben sind.

Es liegt auf der Hand – Johannesburg ist eigentlich kein Ferienort. Südafrikas Geschäftsmetropole, alles andere als eine Idylle, durch hohe Kriminalitätsrate in Verruf geraten, ist am ehesten mit New Yorks Manhattan vergleichbar; Straßenschluchten, Hochhäuser, Einkaufszentren prägen das Bild. Johannesburg wird in seiner Monstrosität noch auf Jahrzehnte hinaus von der Rassentrennung geprägt bleiben: In den Vororten die schönen Villenviertel der Weißen, weit entfernt die häßliche Township Soweto, die längst zu einer eigenen Millionenmetropole herangewachsen ist.

Daneben waren aber bereits in den 80er Jahren sogenannte graue Wohngegenden entstanden: Hillbrow mit seinen vielen Hotels und Restaurants der Mittelklasse und den Amüsierschuppen gilt als der Stadtteil, in dem die multikulturelle Gesellschaft schon weitgehend Wirklichkeit geworden ist. Die Ähnlichkeit mit nordamerikanischen Großstädten ist hier noch ausgeprägter.

Der schönste Ausblick auf das Stadtzentrum bietet sich vom obersten, dem

Eines der größten Luxus-Warenhäuser Südafrikas ist das Carlton Shopping Centre

50. Stockwerk des **Carlton Centre** 1, einem der größten der zahlreichen Einkaufszentren, die für Südafrikas Städte so typisch sind: eine über mehrere Stockwerke verteilte Ansammlung von Läden, die den Charakter eines riesigen Supermarkts hat.

Aus der Gründerzeit haben nur wenige Gebäude überlebt. Dazu gehört das **Rissik Street Post Office** 3 von 1897, einst der Stolz der Stadt. Es war praktisch das erste auf Dauer errichtete Gebäude – für die Bewohner der Stadt ein sichtbarer Beweis, daß Johannesburg überleben würde. Gleich gegenüber steht die **Johannesburg City Hall** 4 zwischen 1910 und 1915 im Stil der italienischen Renaissance errichtet.

Einen einzigartigen Einblick in die Geschichte nicht nur Südafrikas, sondern der gesamten Region bietet das **Africana Museum,** das provisorisch, allerdings bereits seit Jahrzehnten, zusammen mit dem **Geologischen Museum**

in der **Public Library** 5 untergebracht ist. Sehenswert sind die Gemälde von Thomas Baines, der als erster die Victoria-Fälle malte. Die frühe Geschichte der Stadt wird hier anhand von allerlei Memorabilia anschaulich dargestellt. Das Gebäude der Public Library von 1935 gilt als eines der schönsten der Stadt. Im übrigen bietet die Stadt eine außergewöhnliche Zahl von thematisch-spezialisierten Museen, vom Jüdischen 2 bis zum Eisenbahnmuseum 9 (die Museen sind im Gelben Teil, S. 353, aufgelistet).

1926 aus Sandstein erbaut wurde die anglikanische **St. Mary's Cathedral** 7 des britischen Architekten Sir Herbert Baker, der im südlichen Afrika viele der schönsten Gebäude errichtet hat. Der **Bahnhof** 8 aus den 30er Jahren dieses Jahrhunderts ist der größte Afrikas, fast so groß wie New Yorks Grand Central Station. Bildende Kunst europäischer und – weißer – südafrikanischer Provenienz bietet die **Johannesburg Art Gal-**

lery **10** im Joubert Park in der Nähe des Bahnhofs. Das Gebäude ist selbst ein schönes Beispiel britischer Architektur.

Außerhalb des Zentrums

Soweto, 15 km südwestlich des Zentrums, hat gute, schlechte und mittlere Wohngegenden. Das Non-Plus-Ultra ist Beverley Hills, wo Villa an Villa steht. Hier wohnt die politische Prominenz, hier wohnen auch die 23 Millionäre, die es in der größten Schwarzensiedlung Südafrikas geben soll. Aber auch in den traditionellen Streichholzschachtel-Häusern, die, endlos aneinandergereiht, ganze Stadtviertel Sowetos prägen und häufig von ihren Bewohnern mit Anbauten versehen worden sind, zeugen liebevoll gestrichene Eingangstüren, kleine Gärten und Sicherungsvorkehrungen gegen Einbruch vom Geist aufstrebenden Bürgertums.

Selbst im Sommer, wenn nicht geheizt wird, hängt bleicher Rauch über der Satellitenstadt. Der Smog ist manchmal so stark, daß er tagsüber die Sonne abhält und nachts die Sicht selbst für Scheinwerfer undurchdringlich macht. Die Millionenstadt ist praktisch ohne Grün, unbebaute Flächen dienen meist als Müllkippen.

Trotz seiner Größe verfügt Soweto kaum über Restaurants. Supermärkte oder Warenhäuser. Das Apartheid-System ließ das nicht zu, die Townships sollten nur zum Schlafen dienen. Insofern ist die sogenannte Shebeen-Kultur, die Kultur der Hinterzimmer-Kneipen ein typisches Produkt der Apartheid. In den Townships gab es keine Läden, und so mußte man sich auch Bier aus Johannesburg nach Hause mitbringen. Wer ein Auto besaß und größere Mengen transportieren konnte, der hatte bald sein Hinterzimmer voller Gäste. Sie kostenlos zu bewirten, wäre auf Dauer zu

Straßenszene in Johannesburg

teuer gekommen, doch eine richtige Gastwirtschaft betreiben wollte man auch nicht. Das hätte offizielle Genehmigungen erfordert, Auflagen und behördliche Überwachung mit sich gebracht. So war die Shebeen eine intime, private, ja illegale Angelegenheit, und eigentlich ist sie es bis heute geblieben.

Eine stillgelegte Goldmine kann man am Rand von Johannesburg in **Gold Reef City** (6 km vom Zentrum auf der M 1 Richtung Süden, Ausfahrt Xavier Street) besichtigen, die Rekonstruktion einer Stadt aus der Zeit des Goldbooms in den 80er Jahren des vorigen Jahrhunderts. Stillgelegte Minen werden automatisch überflutet, diese hier ist bis zur fünften unterirdischen Ebene leergepumpt.

Ein Arbeiter ist noch zu Demonstrationszwecken anwesend. Zu jeder vollen Stunde wird gezeigt, wie man Goldbarren gießt. Gold Reef City ist eine Mischung aus Museum und Kirmes. Selbst die Führer müssen in historischer Kostümierung erscheinen. Besucher können mit Zügen und pferdegezogenen Omnibussen umherfahren. Eine Achterbahn, Läden, Restaurants und ein Vier-Sterne-Hotel, alle im Stil der damaligen Zeit, ergänzen das Programm.

Johannesburg wäre nicht Johannesburg, wenn es nicht alles bieten würde: Westlich von Sandton (erreichbar über die R 512) kann man per Auto einen **Löwenpark** (Lion Park) besuchen, in dem auch Antilopen, Zebras und Strauße zu sehen sind. Zu Demonstrationszwecken ist ein Ndebele-Dorf gleich daneben.

Im Halfway House nordöstlich von Johannesburg befindet sich der **Transvaal Snake Park**. Hier ist in ansprechender Umgebung eine solche Vielfalt von Schlangenarten zu sehen, daß dem Besucher ein Schauer über den Rücken läuft. Die Schlangen werden mehrmals

täglich zu regelmäßigen Zeiten ›gemolken‹. Im nahegelegenen **Kyalami** bietet das Nationale Reiter-Zentrum eine für Afrika einzigartige Attraktion: ein Lipizzaner-Gestüt, das mit seinen Darbietungen der berühmten Wiener Hofreitschule nacheifert.

Pretoria – im blauen Blütenmeer

Ganz im Gegensatz zu Johannesburg ist das nur etwas über 50 km entfernte Pretoria (S. 358) eine Beamtenstadt. Pretoria, nach Andries Pretorius, dem Sieger der Schlacht am Blutfluß benannt, wurde 1860 unter dem Namen Pretoria Philadelphia als Hauptstadt der unabhängigen Republik Transvaal gegründet. 1888 wurden erstmals Jacarandas aus Rio de Janeiro nach Südafrika importiert, inzwischen gibt es allein in Pretoria 70 000 davon. Im Frühling – Oktober/November – entfalten sie ihre volle Pracht und tauchen die Stadt in ein blaues Blütenmeer. Pretoria war von Anfang an als Parkstadt berühmt und verfügt auch heute über zahlreiche Parkanlagen, deren größte die Botanischen Gärten im östlichen Stadtteil Silverton sind.

Am Schnittpunkt von Church- und Paul Kruger Street liegt, von schönen alten Gebäuden umgeben, der **Church Square** **1**, von Anfang an das Zentrum der Stadt. Er ist groß genug für einen kleinen Park mit der Bronzestatue Paul Krugers, der von 1883 bis zu seiner Flucht vor den heranrückenden britischen Truppen im Jahre 1900 Präsident war und als Vater des Afrikaanertums gilt. Hier liegt auch das Parlament, der **Radsaal** **2**, der 1889 im Stil der französischen Renaissance vollendet wurde, sowie der **Justizpalast** **3** und die

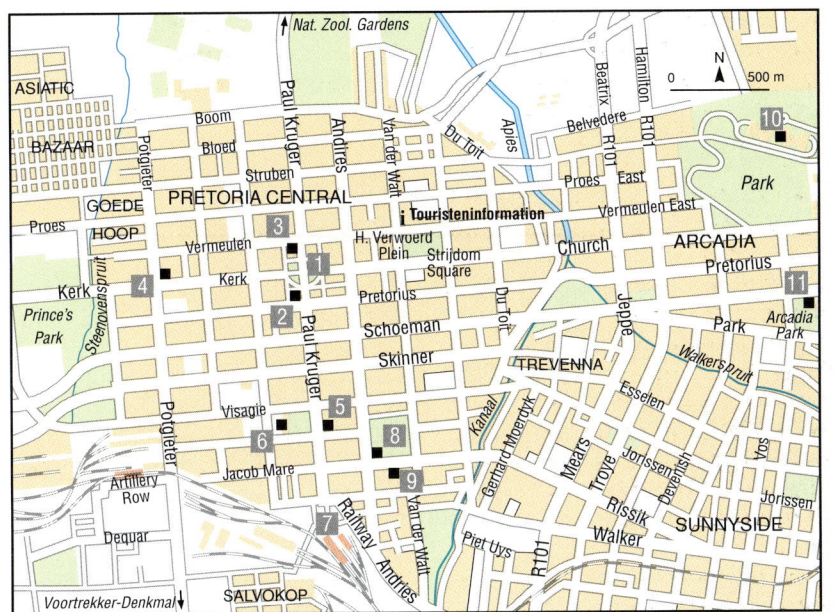

Plan von Pretoria *1 Church Square 2 Radsaal 3 Justizpalast 4 Kruger-Haus 5 Transvaal-Museum 6 City Hall 7 Bahnhof 8 Burgerspark 9 Melrose House 10 Union Buildings 11 Pretoria Art Museum*

South African Reserve Bank, die ebenso wie die Union Buildings von dem Architekten Herbert Baker stammen.

Das **Kruger-Haus** 4, drei Blocks stadtauswärts auf der Church Street gelegen, wurde dem Präsidenten 1884 vom Volk geschenkt und diente ihm bis 1900 als Residenz. Auf den Stufen des bescheidenen eingeschossigen Gebäudes empfing Kruger Gäste. Möbel, seine Kutsche und sein Ochsenwagen aus Stinkwood sind hier ausgestellt.

Im **Transvaal Museum** 3 in der Paul Kruger Street sind vorgeschichtliche und naturwissenschaftliche Sammlungen zu besichtigen, z. B. eine Sammlung von Vögeln in der Reihenfolge des Standardwerks ›Robert's Birds of South Africa‹. Gegenüber liegt die **City Hall** 6, umgeben von mehreren Gärten, in de-

nen Denkmäler der Voortrekker-Führer stehen. Am südlichen Ende der Paul Kruger Street befindet sich der **Bahnhof** 7, dessen Bau 1910 begonnen wurde.

Klein, aber zentrumsnah ist der **Burgerspark** 8 mit einem Café, in dem man dem Großstadtlärm vollkommen entrückt ist. Gegenüber dem Burgerspark liegt **Melrose House** 9, ein elegantes Stadthaus aus dem 19. Jh. im viktorianischen Stil. Historische Bedeutung erhielt es 1902, nach dem Krieg zwischen Buren und Engländern, als am 31. März hier der Friedensvertrag von Vereeniging unterzeichnet wurde. Heute kann es, original eingerichtet, als Beispiel für die Wohnkultur des wohlhabenden Bürgertums besichtigt werden.

Nördlich des eigentlichen Zentrums liegen an der Paul Kruger Street die

National Zoological Gardens, die schon 1899 eingerichtet wurden und weltberühmt sind. Mit einer Fahrt in der Drahtseilbahn kann man sich einen spektakulären Ausblick über das Gelände verschaffen. Das **National Cultural History Museum,** neben dem Zoo gelegen, enthält die schönsten Sammlungen von Silber und Möbeln im kapholländischen Stil sowie eine Sammlung von Felsmalereien.

Die **Union Buildings** 🔟, im Jahr 1913 nach Entwürfen von Sir Herbert Baker aus rotem Sandstein vollendet, liegen, elegant im Halbkreis geschwungen, inmitten eines terrassenförmig ansteigenden Parks etwas außerhalb des Zentrums auf einem Hügel, der Meintjes Kop heißt. Sie bieten einen reizvollen Anblick und einen weiten Ausblick auf die Stadt. Sie beherbergen heute Ministerien und das Staatsarchiv. Ebenfalls östlich des Zentrums, im Arcadia Park, befindet sich das **Pretoria Art Museum** 🔟 mit einer der wichtigsten Sammlungen südafrikanischer Kunst.

Symbol ihrer völkischen Identität mit politischen Emotionen behaftet.

Die Granitfiguren an den Ecken des Gebäudes stellen die Voortrekker-Führer Piet Retief, Andries Pretorius, Hendrik Potgieter und den Unbekannten Voortrekker dar. Der Block enthält zwei Räume: die 30 m hohe Heldenhalle, an deren Wänden sich in 27 Marmorreliefs über insgesamt 92 m ein Fries entlangzieht, das die Ereignisse des Treks beschreibt; und die Halle mit einem Granitkenotaph, der so postiert ist, daß jedes Jahr genau am 16. Dezember um 12 Uhr der Strahl der Sonne auf die Inschrift »Ons Vir Jou, Suid-Afrika« (Wir für Dich, Südafrika) fällt. In einer Nische brennt ein ewiges Licht.

Ausflüge von Johannesburg und Pretoria: Die beiden Städte bieten sich auch als Basis für Ausflüge in das Spielerparadies **Sun City** (S. 359) und den Kruger National Park an. So sind es nach Skuzuza oder Nelspruit zum Besuch des Kruger National Park in Osttransvaal nur eine Stunde Flug. Die Luxus-Lodges Mala Mala, Sabi Sabi und Londolozi sind von Johannesburg 5 bis 6 Stunden Fahrt mit dem Auto entfernt, die Drakensberge 3 bis 4 Stunden. Sun City ist mit dem Auto in 1,5 Stunden zu erreichen; der Flug nach Kapstadt dauert zwei Stunden.

Lost City, die Erweiterung und Steigerung von Sun City, will die Legende von einer untergegangenen Stadt zum Leben erwecken: Vom luxuriösen Palasthotel führt eine Treppe in ein verwittertes Amphitheater. Auf einem künstlichen Strand bricht sich das Wasser in hohen Wellen. Eine Brücke, flankiert von zehn gewaltigen Elefanten, wird stündlich durch ein donnerndes Erdbeben ins Schwanken gebracht. In den Wasser-

Ein 40 m hoher monolithischer Steinblock, umgeben von einem Ring aus 64 Ochsenwagen, die aus Granit in Halbrelief getrieben sind – das ist das **Voortrekker Monument** auf dem Monument Hill, 6 km südlich des Stadtzentrums. Vollendet 1949 in der Blütezeit der Apartheid, erinnert es an den Großen Treck der 30er Jahre des letzten Jahrhunderts und die Schlacht am Blutfluß, in der die Buren die Zulu unter Chief Dingane besiegten. Es stellt das Allerheiligste des Afrikaaner-Volks dar und ist als

Der Blue Train unterwegs nach Kapstadt

hindernissen des Golfplatzes tummeln sich lebende Krokodile.

Von Johannesburg über Bloemfontein oder Kimberley nach Kapstadt (1500 km)

Wer die Reise nach Kapstadt nicht mit dem berühmten Blue Train oder per Flugzeug zurücklegen möchte, hat die Wahl zwischen der Autofahrt über Kimberley oder über Bloemfontein (man kann auch unterwegs ohne größeren Aufwand wechseln).

Fahrt über Kimberley

Man verläßt **Johannesburg** 1 über die Nationalstraße R 29 nach **Potchefstrom** 2, 116 km von Johannesburg

entfernt, der ältesten Stadt der Provinz Transvaal, 1838 vom Voortrekker-Führer Hendrik Potgieter gegründet, mit einer alten Festung, von der heute nur noch Überreste stehen. Hier waren während des ersten Burenkrieges 322 Menschen über drei Monate lang eingeschlossen. **Klerksdorp** 3, 164 km auf der Straße von Johannesburg, war die erste Burensiedlung im Transvaal und ist heute Zentrum des Goldbergbaus. Auf der 16 km entfernten Farm Doornfontein im Ortsteil Bosworth finden sich Felsmalereien aus prähistorischer Zeit.

Christiana 4, 354 km von Johannesburg entfernt, bekannt durch Schwefelquellen, liegt malerisch am Vaal. Besucher können Felsmalereien auf der Farm Stowlands 5 km nördlich mit Erlaubnis des Besitzers besichtigen. **Riverton,** auch Kimberley-on-Vaal genannt, 441 km von Johannesburg, 11 km abseits der Hauptstraße gelegen, ist ein bekannter Erholungsort am Vaal River, mit baumbestandenen Ufern und idealen Wassersportmöglichkeiten.

Kimberley

Kimberley **5** (S. 355), mit ca. 150 000 Einwohnern, liegt 473 km von Johannesburg. Die 1208 m hoch gelegene Diamantenstadt wurde nach den ersten Funden 1871 gegründet. Ein Hauch von Abenteuer und Romantik liegt über dem Namen, der mit den Persönlichkeiten der südafrikanischen Goldbarone Barney Barnato und Cecil Rhodes verbunden ist, die ihre beiden konkurrierenden Gesellschaften 1888 zu de Beers Consolidated Mines vereinigten. Rhodes wurde später Premierminister der Kapkolonie. Das Big Hole ist 400 m tief, mit einem Durchmesser von 500 m; ein riesiges Loch, das für alle Zeiten an den südafrikanischen Diamantenboom erinnert.

Bis 1914 wurden hier 3 t Diamanten gefördert.

Heute ist der Big Hole Teil des sehenswerten **Kimberley Mine Museums,** zu dem auch das rekonstruierte Straßenbild der viktorianischen Gründerepoche gehört sowie einige der ältesten Gebäude der Stadt, so eine Schmiede, eine Kirche, Kneipen, Barnatos Boxakademie und das älteste Haus, das einst per Ochsenwagen hierhin gebracht worden war. Der historische Hintergrund wird im **McGregor Museum,** Egerton Street, lebendig. Das Gebäude ist von Cecil Rhodes als Sanatorium gebaut worden und wurde dann als Hotel und später als Klosterschule genutzt. Die benachbarte **Duggan-Cronin Bantu Gallery** (Egerton Street) enthält u. a. eine Ausstellung von mehr als 3600 Fotos aus dem Leben der schwarzen Völker Südafrikas, aufgenommen zwischen 1919 und 1939.

Historische Tramway des Kimberley Mine Museum

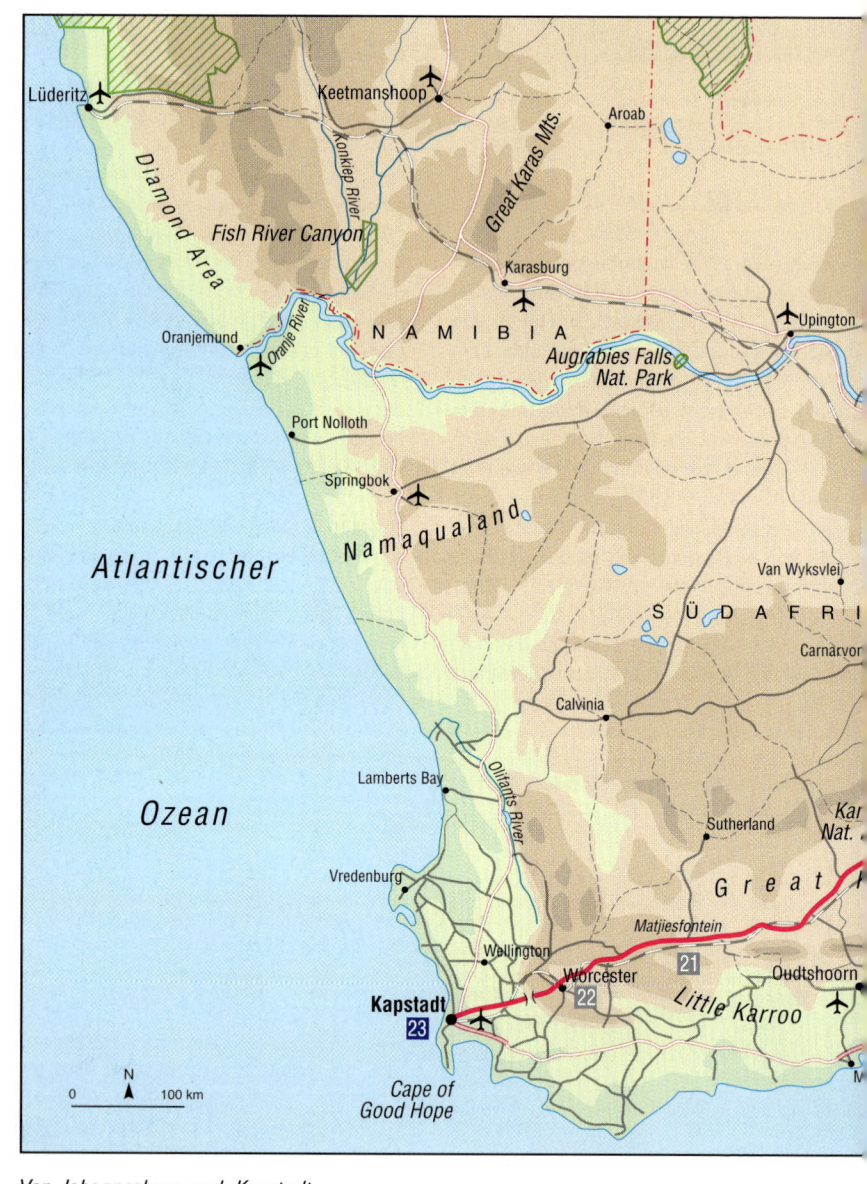

Von Johannesburg nach Kapstadt

Das **William Humphreys Art Museum** bietet eine Sammlung von Gemälden südafrikanischer und europäischer Künstler. Der **Market Square** weist schöne alte Gebäude auf. Während der fast fünfmonatigen Belagerung der Stadt durch die Buren im Jahre 1899 waren hier die britischen Frauen und

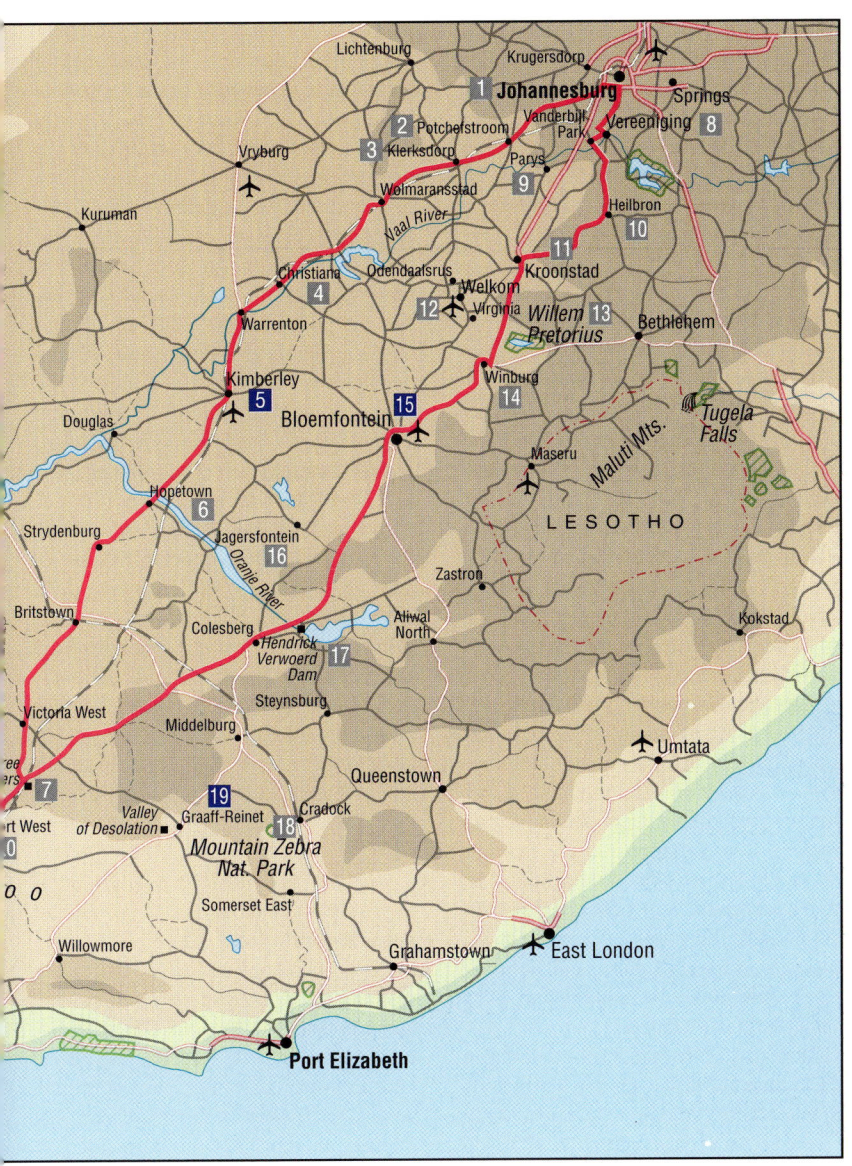

Kinder untergebracht. Kimberley verfügt über zahlreiche schöne öffentliche Parks, darunter den **Oppenheimer Memorial Garden** mit dem Miner's Memo-rial und den **Queen's Park** mit Lilienteichen und Steingarten.

Über den Modder River führt die Straße nach **Hopetown** **6**, 602 km von

Johannesburg entfernt am Oranje gelegen, einem Zentrum der Schaf- und Rinderzucht, und weiter über Strydenburg (644 km), Britstown (732 km) und Victoria West (837 km) in südlicher Richtung über die R 29 nach **Three Sisters** 7 (900 km), wo man auf die von Bloemfontein kommende Straße stößt.

Fahrt über Bloemfontein

Für die Variante über Bloemfontein nimmt man die Straße von Johannesburg aus nach **Vereeniging** 8, 53 km von Johannesburg entfernt, einem historischen Ort, in dem 1902 der Frieden zwischen Briten und Buren geschlossen wurde. Die Stadt ist heute von Industrie geprägt, doch die Umgebung ist landschaftlich reizvoll. Der Vaal und die Seen im Süden und Osten bieten Gelegenheit zum Wassersport.

Zwischen Vereeniging und Parys liegt eines der bedeutendsten Industriegebiete Südafrikas, dessen Grundlage reiche Kohlevorkommen und eine Reihe von Kraftwerken sind, die die Region um Pretoria und Johannesburg versorgen. **Parys** 9, 110 km von Johannesburg, ist ein Ferienort am Vaal, besonders beliebt bei Anglern (Karpfen, Gelbfische) sowie Wassersportlern (Rudern und Schwimmen). Auf einer der zahlreichen Flußinseln liegt ein Golfplatz.

Die R 34 führt östlich über **Heilbron** 10, in dessen Nähe sich das historische Schlachtfeld Vegkop befindet, nach Edenville. In Vegkop schlugen 1836 35 Voortrekker unter der Führung von Hendrik Potgieter eine 6000 Mann starke Übermacht von Ndebele-Kriegern in die Flucht. Ein Denkmal erinnert an diese Begebenheit. Auf dem Schlachtfeld sind noch die Überreste kleiner Steinhütten zu besichtigen.

Kroonstad 11, 199 km von Johannesburg, 1855 gegründet, ist ein beliebter Ferienort und verfügt über vielbesuchte Naturparks am Ufer des Vaal. Die Orte Virginia, **Welkom** 12 (S. 361) und Odendaalrus westlich der N 1 sind als Zentren des Goldabbaus in der Provinz heute bedeutend ergiebiger als Witwatersrand bei Johannesburg. Am südlichen Stadtrand von Welkom bildet das aus den Minen heraufgepumpte Wasser Tümpel, die von Flamingos, Enten und Möwen bevölkert sind.

Zwischen Ventersburg, 259 km von Johannesburg entfernt, und Winburg erstreckt sich östlich der Straße das **Willem Pretorius Game Reserve** 13 um einen Stausee. Hier finden sich Weißschwanzgnus, Springböcke, Elenantilopen, Kuhantilopen und Impalas sowie über 200 verschiedenen Vogelarten. **Winburg** 14, 301 km von Johannesburg, war die erste Hauptstadt der kurzlebigen Republik Oranje-Freistaat. Hier zweigt die R 49 nach Durban von der N 1 ab. Sie führt über Bethlehem mit dem nahen Golden Gate Highlands National Park nach Harrismith und Pietermaritzburg.

Auf der N 1 geht es weiter durch fruchtbares Ackerland mit Maisanbau nach **Bloemfontein** 15 (S. 348), das 1422 m hoch liegt und ca. 250 000 Einwohner hat. Die 1846 gegründete Universitätsstadt ist Sitz des Obersten Gerichtshofs Südafrikas. Wegen der klaren Luft befindet sich hier ein astronomisches Observatoriumszentrum. Zum Gedenken an die 1901 im Burenkrieg in englischen Lagern gestorbenen Frauen und Kinder steht hinter der Stadtgrenze ein 36 m hoher Obelisk mit Bronzefiguren, an deren Fuß die Asche von Emily Hobhouse bestattet ist, einer Engländerin, die sich aufopfernd um die Gefangenen kümmerte. Das ebenfalls dort befindliche Kriegsmuseum beherbergt eine umfangreiche Sammlung aus der Zeit des Burenkrieges. Von Bloemfontein aus bietet sich ein Besuch des Königreichs Lesotho (S. 282) an.

Über Edenburg, das ca. 500 km von Johannesburg entfernt ist, erreicht man **Jagersfontein** 16, einst eine reiche Diamantenstadt. Über die R 704 gelangt man nach 50 km nach Trompsburg und von dort über Springfontein an den Oranje. Sehenswert ist hier die 90 m hohe Staumauer des **Hendrik Verwoerd Dam** 17. Der 1972 fertiggestellte Stausee dient der Energiegewinnung sowie der Trinkwasserversorgung von Port Elizabeth und Umgebung und versorgt zahlreiche Bewässerungsprojekte.

Bei Colesberg, 659 km von Johannesburg, stößt man wieder auf die nach Kapstadt führende N 1. Empfehlenswert ist jedoch ein weiterer Abstecher über die R 57 in Richtung Middelburg zum hoch in den Bergen liegenden **Mountain Zebra National Park** 18, dem Schutzgebiet der Kap-Bergzebras, in dem es neben Kuhantilopen auch Springböcke, Weißschwanzgnus und eine reiche Vogelwelt gibt. Für Fußwanderungen ist der Mountain-Zebra-Wanderweg ideal. Übernachtung erfolgt in Chalets oder im Caravanpark.

Graaff-Reinet

Weiter auf der R 47 liegt mitten in der Karoo **Graaff-Reinet** 19 (S. 351), 1244 km von Johannesburg entfernt. Der Ort wurde 1786 gegründet und ist somit die älteste Stadt in der östlichen Kapprovinz. Einfache, weiße Häuser hinter Alleebäumen, ein halbes Dutzend Kirchen: Graaff-Reinet wirkt wie eine vergangene Idylle, ein Ort, an dem die Uhren langsamer gehen. Der Eindruck

Blick auf Graaff-Reinet

In der Karoo
gehen die Uhren langsamer

Das Städtchen Graaff-Reinet, benannt nach dem Gouverneur der westlichen Kapprovinz und seiner Frau, liegt mitten in der Karoo – ein lebendiges Museum in einem Naturpark. Die grünen Hügel, Eichenalleen und klaren Bäche des Kaplands sind weit; üppiges Farmland, Obstgärten, Weinberge und Pinienwälder gibt es hier nicht: Die hohen Berge halten den von der Küste aufziehenden Regen ab, heiße, trockene Luft füllt die Täler. Die Vegetation ist spärlich. Hier wachsen Kakteen. Strauße laufen gruppenweise über den staubigen Grund. Die Große Karoo ist noch einsamer und trockener als die kleine Karoo, ein riesiges, flaches und leeres

In der Karoo werden Angoraziegen (Bild) und Merinoschafe gezüchtet

Gebiet: keine Bäume, keine Weinberge, nur ein endloser Teppich aus
stachliger, würziger, von der Sonne
gebräunter Buschvegetation, in der
gelegentlich ein Farmhaus, ein Wind-
rad oder eine Schafherde auftaucht.

Karoo, Land des Durstes, nannten
die einheimischen Khoikhoi das zentrale Hochplateau, das sich über
einen großen Teil der Kapprovinz
erstreckt. Im Morgengrauen und in
der Abenddämmerung, wenn die Luft
kühl und klar wie Kristall ist, zeigt
sich die Karoo von ihrer schönsten
Seite. Aber auch die Nächte sind reiz-

voll, denn hier ist der Sternenhimmel
ungleich reicher als in Europa.

Was für die USA die herbstliche
Laubfärbung in den Neuengland-Staa-
ten, ist für Südafrika die Blumenblüte
in der Karoo. Tausende besuchen die
südwestliche Kapprovinz, wenn im
Namaqualand Ende August/Anfang
September der Frühling Einzug hält
und praktisch über Nacht wilde Blumen in kurzer, prächtiger Blüte stehen. Fremdenverkehrsbüros richten
einen Telefonsonderdienst ein, der
Anrufer informiert, wo und wann die
Blüte zu sehen ist.

kommt nicht von ungefähr. Die Zeit verläuft hier in ruhigeren Bahnen. Eile, Geld
und Erfolg bedeuten weniger als anderswo. Um so mehr zählt das Erbe der
Vergangenheit und die Lehren für die
Zukunft, die daraus zu ziehen sind.

Die Geschichte der Stadt ist eine un-
unterbrochene Folge von Kampf und
Tod. Zuerst, in den 70er Jahren des
18. Jh., standen die Burensiedler im
Kampf um das Land der Urbevölkerung,
den San und Khoikhoi, gegenüber, die

sie innerhalb weniger Jahrzehnte praktisch vernichteten. Danach vertrieben sie die Xhosa. Als jedoch andere Weiße, die Briten, 1806 in die Kapkolonie einzogen, wurde das biblisch-ländliche Leben der Buren von Graaff-Reinet in Frage gestellt. Sie riefen die Republik aus. Doch diese hatte keinen Bestand, und so verkauften ein Teil der Stadtbewohner ihr Land an englische Farmer und zogen nach Norden – das war der Anfang des großen Burentrecks.

Den Alltag aber prägt eher der Kampf gegen die harte Natur. Die sonnenverbrannten, in verwaschenes Khaki gekleideten Farmer, die sich freitagsabends in den mit Jagdtrophäen geschmückten Räumen des Clubs zum Billardspiel treffen, sprechen von drohendem Bankrott. Selbst in den besten Zeiten ist die Zucht von Merinoschafen und Angoraziegen in der Karoo riskant.

Das **Reinet House,** 1812 im kaphollländischen Stil erbaut und heute ein zeitgeschichtliches Museum, gilt als schönstes Bauwerk der Stadt. Im Garten ist der größte Weinstock der Welt zu besichtigen, 1870 von einem Pfarrer gepflanzt. Die **Missionskirche** der Niederländisch-Reformierten Kirche stellt eine verkleinerte Kopie der Kathedrale von Harare dar. Die **Apotheke** aus viktorianischer Zeit und viele Privathäuser stehen unter Denkmalschutz. Als Anfang des 19. Jh. die Drostdy, die Residenz des holländischen Landdrost, gebaut wurde, stellte sie ein Symbol weißer Zivilisation an der wilden, umkämpften Ostgrenze dar, wo ein Menschenleben ständig in Gefahr schwebte und Vorsicht, Zurück-

Landschaft im Valley of Desolation bei Graaff-Reinet

haltung, eine konservative Einstellung lebensnotwendig waren. An die Drostdy schließt sich der **Drostdyhof** an, ein Komplex von 13 kleinen Häusern, die der Hausherr Captain Charles Stretch, seinen Sklaven bei ihrer Freilassung schenkte und die restauriert zusammen mit der Drostdy ein Hotel bilden. – 14 km westlich der Stadt liegt das **Valley of Desolation** (Tal der Einöde), mit den zerklüfteten Klippen und den riesigen, bizarren Basaltsäulen ein eindrucksvolles Beispiel für natürliche Erosion.

In **Beaufort West** 20 (S. 348) treffen sich die Route über Kimberley und die über Bloemfontein. Die größte Stadt der Karoo (30 000 Einwohner) ist ein Zentrum der Schafzucht. Das sehenswerte Rathaus wurde 1866 erbaut. Im Voortrekker Park ist eine Sammlung afrikanischer Pflanzen zu besichtigen. Wenige Kilometer nördlich der Stadt liegt der **Karoo National Park**. Er bietet einen dreitägigen Wanderweg zum höchsten Punkt der Nuweveldberge (1999 m).

Matjiesfontein 21 (S. 356) war Luftkurort und hat immer noch besondere Bedeutung als Bahnstation. Früher tankten die Lokomotiven hier auf der Fahrt durch die Trockenregion Wasser. An dieser Stelle beginnt auf der Fahrt von Johannesburg nach Kapstadt der landschaftlich reizvollere Teil. Der malerische kleine Ort hat seinen Charme erhalten, und das schöne viktorianische Lord-Milner-Hotel zeugt von der langen Tradition.

Worcester 22, gleichermaßen Industriestandpunkt und Weinbauzentrum,

Plan von Kapstadt

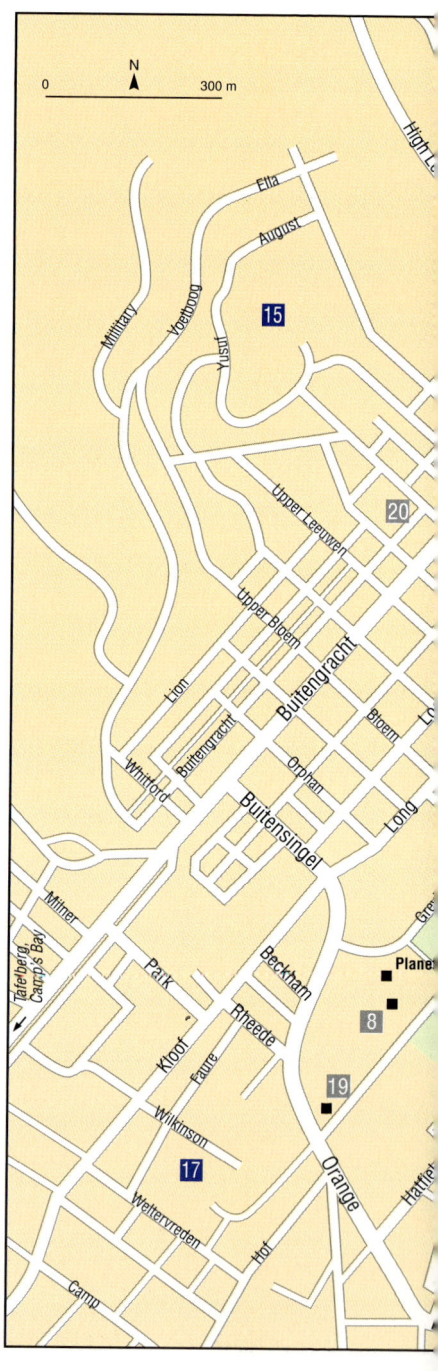

liegt zwischen den Hex River- und den Drakenstein Mountains. Die Stadt wird vom 1800 m hohen Brabdwachtberg überragt. Sehenswert ist die Drostdy. Von Worcester sind es noch 120 km bis Kapstadt 23

Kapstadt

Immer schmaler wird die felsige Land-zunge, die die beiden Ozeane trennt. Schließlich hört sie ganz auf und das in der Sonne glitzernde Meer verliert sich in unermeßlicher Ferne: Das Kap der Gu-ten Hoffnung wird auch Kap der Stürme genannt. Es ist aber nicht, wie die mei-sten annehmen, der südlichste Punkt Afrikas; dieser befindet sich vielmehr 170 km weiter östlich, am Cap Aguelhas. Dafür ist Kapstadt (S. 353) mit der Kap-halbinsel sicherlich einer der schönsten Orte der Welt. Wenn sich Hubschrauber-flüge irgendwo lohnen, dann um die

Green Point ◄ **16**

Coen Steytler

Napier
Alfred
Chiappini

Somerset
Waterkant
Buitengracht
Dock
Long
Tulbagh
Square

Strand
**Lutheran
Church**
Prestwich
Riebeeck
Long
Hans Strydom
Heerengracht
R. Vasco
da Gama
Hertzog
D. F. Malan

Waterkant
Thibault
Square
**Nico Malan
Theatre**

Strand
Mall
Mall
18
13
Adderley
**Airways
Terminal**
Hertzog
Civic Centre

Loop
Shortmarket
Longmarket
14
St. George's Mall
Long
Adderley
Bahnhof
**Fußgänger-
brücke**

Church
Bureau Spin
Plein
3
2
1
12
Darling
11
Strand Ext.
10

Botanical
Gardens
4
Parade
Caledon
Longmarket

**Company's
Garden**
Commercial
Harrington
Mount

5
St. John's
Roeland
Canterbury
Drury
Tennant
Darling

6
7
9
Buitenkant
Myrnhardt
Glynn
Roeland
de Villiers

Vrede
Glynn
Glynn
Brandweer
Constitution

Wandel
Hope
Glynville
Roodehek
Solan
de Waal

Jutland

Atemberaubend: Die längste freischwebende Seilbahn der Welt führt vom Tafelberg-Plateau zur ›Station‹ an der Schulter des Berges

Kaphalbinsel bis zum Kap der Guten Hoffnung und wieder zurück.

Wenn der Hubschrauber über dem Hafen einschwebt, bietet die Stadt einen Anblick von prachtvoller Schönheit: Der Hafen mit seinen Kais und Docks und der liebevoll restaurierten Waterfront, aus der sich das lang gestreckte Gebäude des Victoria and Alfred Hotels hervorhebt. Dahinter das Zentrum, die ›goldene Meile‹ der Hochhaustürme – Cape Sun und das Shell-Gebäude sind erkennbar –, der sanfte Anstieg der Stadt bis zum Fuß des **Tafelbergs** ■ und schließlich das abrupt aufsteigende Felsmassiv des ca. 1000 m hohen Berges, der tatsächlich in einem Hochplateau – einer Tafel – gipfelt, die häufig mit einer Wolkenschicht überzogen ist: »Der Berg trägt ein Tischtuch«, sagen die Kapstädter dann. Die eigentümliche Form des Tafelbergs, vom 364 m hohen Signal Hill und dem 659 m hohen Lions

Head flankiert, wird so recht erst aus der Luft erkennbar. Vom **Signal Hill** aus wurden ankommende Schiffe früher mit einem Kanonenschuß begrüßt. Heute wird mit einem Kanonenschuß 12 Uhr mittags angezeigt. Dann steigt eine Rauchwolke auf.

Kapstadt, mit fast 3 Mio. Einwohnern zweitgrößte Stadt Südafrikas und im südafrikanischen Sommer Sitz von Parlament und Regierung, gilt zu Recht als schönste Stadt Südafrikas. Am nördlichen Ende der ungefähr 50 km langen Kaphalbinsel gelegen, hat Kapstadt eine Art Mittelmeerklima: im Sommer heiß und trocken, im Winter kühl, ja kalt, und regnerisch. Hier wachsen Weine, die sich weltweit einen Namen gemacht haben, sowie Obst und Gemüse aller Art. Die Zitrusfrüchteindustrie ist ein wichtiger Exportfaktor Südafrikas.

Die multikulturelle Gesellschaft, für Südafrikas Vielvölkerstaat das einzig angemessene System, ist hier in Südafrikas ältester Stadt ausgeprägter und weiter fortgeschritten als überall sonst im Land. Selbst in den Blütezeiten der Apartheid wehte in Kapstadt ein liberaler Wind, der die Rassendoktrin erträglicher machte als im Rest Südafrikas. Zwar gibt es auch hier trostlose Townships wie Guguletu, in denen die schwarze Mehrheit des Landes zur Zeit der Apartheid leben mußte. Mitchell's Plains, wo die Mischlinge wohnen, ist kaum weniger öde. Doch anders als in Südafrikas Wirtschaftszentrum Johannesburg, wo die Rassentrennung mit unnachsichtiger Strenge gehandhabt wurde, ist die Atmosphäre der Stadt nicht bedrückend. Ein Hauch von kosmopolitischer Urbanität, mediterraner Lebensart und britischem Pragmatismus hat ein Klima hervorgebracht, das vom Prinzip des Lebens und Lebenlassens geprägt ist. Es ist, als ob die natürliche Schönheit der Stadt und ihrer Umgebung auf das soziale Klima abgefärbt hätte.

Kapstadts historische Meile ist die **Government Avenue** ■, eine Allee aus prächtigen alten Eichen, mit dem **Company's Garden,** einer Parkanlage, die auf die von Jan van Riebeeck eingerichteten Gemüsegärten zur Versorgung der Schiffe der Ostindiengesellschaft zurückgeht. Hier befindet sich das Regierungsviertel, im Sommer Sitz des Parlaments. Von der **Adderley Street,** der Hauptgeschäftsstraße, kommend, sieht man noch vor Eintritt in die Fußgängern vorbehaltene Government Avenue linker Hand die **Groote Kerk** ■, die in der heutigen Form aus dem 19. Jh. stammt. Doch sie ist bereits die dritte Niederländisch Reformierte Kirche an dieser Stelle; die erste, 1678 erbaut, war zugleich die erste Kirche Südafrikas.

Das **Museum of Cultural History** ■, das wie das Victoria and Albert Museum

Der Tafelberg mit dramatischen Wolkenformationen, dem sogenannten Tischtuch

Das Castle of Good Hope von 1666 ist das älteste Gebäude der Stadt

sowie europäischer Künstler und das Jüdische Museum und rechts das Natural History Museum stehen. Das Gebäude des **Jüdischen Museums** **7**, 1862 erbaut, ist die älteste Synagoge Südafrikas und beherbergt antike Kultgegenstände und Bücher. Das **Natural History Museum** **8** zeigt Rekonstruktionen von Sauriern und – die Kombination läßt tief blicken – Szenen aus dem Leben der San.

Der alte Adelswohnsitz **Rust en Vreugd** **9** an der Buitenkant wurde 1777 erbaut. Er zeichnet sich durch schöne Holzschnitzarbeiten an Türen und Fenstern aus und beherbergt im Inneren eine Sammlung früher südafrikanischer Gemälde.

Das **Castle of Good Hope** **10** (S.354), das älteste Gebäude der Stadt, war die Residenz der ersten Gouverneure am Kap. Es wurde 1666 mit fünf kanonenbe-

Auf dem ehemaligen Paradeplatz zwischen City Hall und Castle findet zweimal die Woche Markt statt

in London eine Sammlung aus Kulturen der ganzen Welt beherbergt, u. a. auch die Kultur von Südafrikas Weißen und Malaien, schließt sich an. Ursprünglich die Sklavenunterkunft der Holländisch-Ostindischen Gesellschaft, ist es nach dem Castle das älteste Gebäude Kapstadts. Von 1809 an tagte hier der erste Gerichtshof. Gegenüber liegt die **St. George's Cathedral** **3**, eine anglikanische Kirche, die Sitz Bischof Tutus ist. Auf der linken Seite der Government Avenue sieht man nun das **Parlament** **4** und das 1751 erbaute **Tuynhuis** **5**, den Sitz des Präsidenten. Gegenüber folgen mehrere kleine Parks mit Treibhäusern, Rosengärten und einem Vogelgehege.

Dann weitet sich die Government Avenue zur Parkanlage, in der links die **National Art Gallery** (Kunstgalerie) **6** mit Werken – weißer – südafrikanischer

Auf dem Green Market gibt es Souvenirs und Kleider, Hausrat, Trödel und alles, was das Herz begehrt. Oft finden hier auch Jazzkonzerte statt

St. George's Mall im Zentrum

stückten Bastionen sternförmig erbaut und ist von einem Graben umgeben. Der Eingang, den man über eine kleine Brücke betritt, ist von zwei Löwinnen flankiert. Das Gebäude beherbergt eine Möbel-, Gemälde- und Porzellansammlung sowie ein Militärmuseum. Vor der Burg liegt die **Grand Parade** 11, ein früherer Paradeplatz, auf dem mittwochs und samstags vormittags ein Markt stattfindet, und die **City Hall** 12 im viktorianischen Stil, deren Uhrenturm eine verkleinerte Nachbildung von Big Ben in London ist.

Der eigentliche Reiz der Stadt erschließt sich jedoch erst beim Flanieren oder Einkaufen im Zentrum zwischen Regierungsviertel und der Hauptstraße mit dem Namen ›Strand‹. Vom messingblitzenden **Cape Sun Hotel** 13 schlendert man durch die Fußgängerzone der **St. George's Mall** Richtung **Green Mar-**

Luxushotels in Kapstadt

Was wäre Kapstadt ohne die Vielzahl von attraktiven Hotels, die selbst dem Kenner die Auswahl schwer machen? Das **Mount Nelson** 17 ist eine Institution, die in Stil und Komfort die Annehmlichkeiten eines Stadt- mit denen eines Landhaus-Hotels vereint. Es ist in Fußgängerdistanz vom Zentrum über die Government Avenue erreichbar. So wird jeder Weg in die City zum angenehm entspannenden Spaziergang durch südafrikanische Geschichte.

Das Mount Nelson gehörte früher der traditionsreichen britischen Castle-Line, die hier ihre Kreuzfahrer unterbrachte. Das in Altrosa-Tönen gehaltene Gebäude liegt weit hinter dem von weißen klassischen Säulen getragenen Torbogen, vor dem ein weißer Wächter im Tropenhelm steht, in einem parkähnlichen Garten. Mit geblümten Sofas, Blumenbouquets, alten Stichen, einem offenen Kamin und Kristallüstern ist die Halle ein Ausbund englischer Wohnkultur. Sie strömt Behaglichkeit aus, besonders wenn in den Wintermonaten um sieben Uhr abends ein Bediensteter im Kamin ein Kohlefeuer entfacht. Ein ebenso stilvoller Wintergarten verbindet die Halle mit der Terrasse.

Auch die geräumigen Zimmer im zentralen Altbau sind altmodisch und behaglich eingerichtet; der neu errichtete Seitenflügel steht da kaum nach. Der hohe, in dunklem Holz getäfelte Speisesaal ist eine Sehenswürdigkeit,

Inbegriff des Luxushotels: das Mount Nelson

die jede Mahlzeit zum Erlebnis macht. Zum Frühstücks-Buffet gehört ein großer silberner Topf mit heißem Porridge.

Ganz anders, aber nicht weniger attraktiv und komfortabel, ist das **Bay Hotel** im Vorort Camp's Bay ■. Die Seife ist pfirsichfarben, und ebenso nuanciert und differenziert wie die

Farbtöne ist die Architektur dieses Designer-Hotels, das zusammen mit dem benachbarten Restaurant The Blues den Gast in eine heile weiße Yuppie-Welt versetzt. Im Bay ist alles in höchstem Maße *stylisch*. Die Lage,

vom weißen Strand der Bucht nur durch eine palmengesäumte Straße getrennt, ist phantastisch. Hier und im Blues-Restaurant trifft sich, besonders am Wochenende, die elegante und besser verdienende Lebewelt nicht nur aus der Kapmetropole.

ket Square **14**, wo das Inn on the Square mit seiner Terrasse zum Verweilen einlädt: ein idealer Ort, um bei einem Tee oder Kaffee eine Pause zu machen und das bunte Treiben auf dem kleinen Platz zu beobachten, der von historischen Gebäuden und reizvollen Jugendstilfassaden umringt ist. Oft spielen hier Jazzorchester. Ein Trödel- und Kleidermarkt ist fast immer im Gange, besonders sehenswert samstags, wenn der Einkaufsrummel im Lauf des Nachmittags nahtlos ins Nachtleben übergeht.

Rings um die **Church Street** findet man die Läden der Antiquitätenhändler. Doch alte südafrikanische Möbel aus Stinkwood und Yellowwood sind inzwischen selten und teuer. Der englische Einfluß ist bei diesen Möbeln offenbar – Cape Regency ist eine gelungene Synthese aus hiesigen Elementen und der britischen Tradition. Die ganze Gegend ist von schönen alten stuckverzierten und bunt bemalten Häusern geprägt.

Jenseits der Buitengracht lohnt das **Malaienviertel** (Boo-Kap) **15** den Besuch. Während sich schwarze Kultur unter der Herrschaft der Apartheid-Doktrin kaum entwickeln konnte, hatten die Nachfahren der asiatischen Sklaven beschränkte Entfaltungsmöglichkeiten, denn auch in der Zeit des Land Act, der den Schwarzen Bodenbesitz verbot, durften Asiaten Grund und Boden erwerben. Kapstadts Malaienviertel steht unter Denkmalschutz. Kleine, pastellfarbene Häuser in sparsam dekoriertem Stil reihen sich an den zum Teil steil ansteigenden Straßen, von den Minaretten der Moscheen überragt. Südafrikas Malaien nennen sich selbst Muslime; bis heute haben sie sich ihre islamische Kulturidentität bewahrt. Die Frauen tragen in der Regel Kopftücher. Eine Besichtigung ist nur tagsüber und in Gruppen zu

Das Leben pulsiert an Kapstadts Waterfront

empfehlen. Abends gilt das Malaienviertel als ›no-go-area‹.

Kapstadts alter Hafen, die **Waterfront** 16, ist zu einem Vergnügungsviertel entwickelt worden. Die schönen alten Gebäude der früheren Docks sind liebevoll restauriert und beherbergen jetzt Theater, Cafés, Restaurants und Läden. Dort befindet sich auch das **Zwei-Ozeane-Aquarium,** das größte seiner Art in Afrika (s. S. 355), und ein Hotel höchster Kategorie, das **Victoria and Alfred Hotel** (mit Einkaufszentrum).

Ausflüge in die Umgebung

Tafelberg

Ein Besuch Kapstadts ohne eine Fahrt mit der Drahtseilbahn auf den 1087 m hohen **Tafelberg** 1 wäre unvollständig. Auf dem Gipfel breitet sich ein Plateau aus, das zahlreiche Wander- und Spa-

zierwege durchquert. Der Blick auf Stadt und Hafen ist überwältigend. Die Drahtseilbahn verkehrt nicht bei starkem Wind und schlechtem Wetter. Wer die langen Wartezeiten bei der Seilbahn vermeiden will, kann von **Constantia Nek** 2 aus zu Fuß einer Geländewagen-Piste folgen. Für den Rückweg gibt es eine allerdings sehr steile Alternativ-Route durch die Skeleton-Schlucht oder über Nursery Ravine. Sie führt in den Botanischen Garten von Kirstenbosch.

Rundfahrt über die Kaphalbinsel (Panoramaroute)

Nach Osten hin am Meer entlang verliert sich Kapstadt rasch in den Außenbezirken und Vorstädten, die schon Badeorte sind: **Sea Point** 3, **Clifton** 4, **Camp's Bay** 5. Steile Küsten und kleine Buchten mit Stränden folgen. So kärglich die Vegetation erscheint, so artenreich ist sie. Bei Wanderungen erschließt sich im Sommer ein Meer von Düften. Am Kap selbst – und das ist eine geographische Tatsache – treffen Indischer und Atlantischer Ozean aufeinander: Die Wassertemperaturen sind höchst unterschiedlich. Die Strände am Indischen Ozean – der bekannteste Ort ist Muizenberg – haben 6 bis 8 °C wärmeres Wasser als die am Atlantik (16–18 °C), die deswegen zum Baden praktisch nicht frequentiert werden.

Die **Panoramaroute** im Auto oder Bus zu befahren, ist fester Bestandteil jeden Besucherprogramms: Man verläßt Kapstadt über Sea Point, Clifton und Camp's Bay. Danach entfernt sich die Straße vom Strand, um auf der Höhe zu bleiben. **Llandudno** 6, nach einem Ort in Wales benannt, der angeblich ähnlich aussieht, liegt weit unterhalb, während sich oberhalb die **12 Apostles** genannten Gipfel der Bergkette aneinanderreihen, in die sich der Tafelberg einfügt. **Hout Bay** 7, die Holzbucht, so genannt, weil sich hier früher die Schiffe bei Bedarf mit neuen Masten eindeckten, ist der erste Zwischenstopp, in dem der Besuch der Mariner's Wharf, eines Fischrestaurants, kaum zu vermeiden ist. Hout Bay ist ein Fischereihafen mit Fischfabriken und einem Strand. Von hier aus gelangt man über den **Chapman's Peak Drive,** einer aus dem Sandsteingebirge herausgehauenen Panoramaroute, zum **Kap der Guten Hoffnung** 8, das von einem Naturreservat umgeben ist.

Die Rückfahrt ist der anderen Seite der Kaphalbinsel gewidmet: **Simonstown** 9, eine Marinebasis, weist schöne alte englische Häuser auf. **Muizenberg** 10 ist ein Badeort mit Riesenstrand und Vergnügungszentren.

Von hier aus landeinwärts lockt **Groot Constantia** 11 (S. 349), ein schönes altes Weingut im kapholländischen Stil, das, 1925 abgebrannt, originalge-

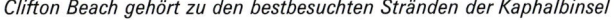

Clifton Beach gehört zu den bestbesuchten Stränden der Kaphalbinsel

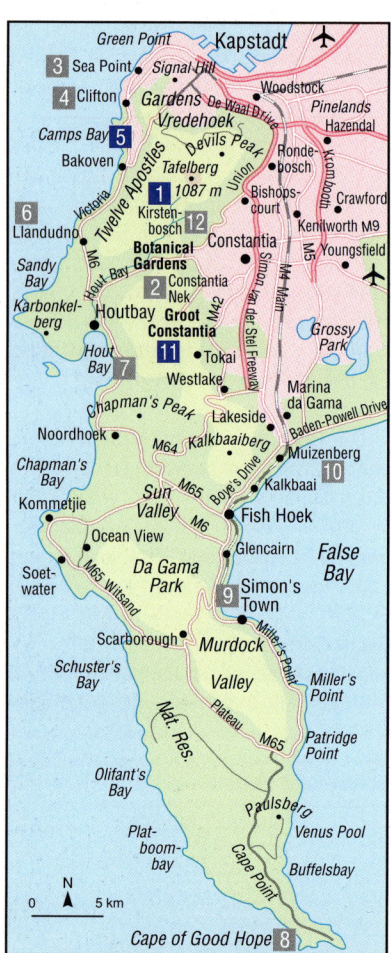

Ausflüge auf die Kaphalbinsel

geschwungenen Fenster- und Türbögen oder die sanfte Neigung der Dächer. Ergebnis war der sogenannte kapholländische Baustil, für den sich insbesondere unter den Herrenhäusern auf den Weingütern der Kapprovinz noch heute zahlreiche Prachtexemplare finden.

Das berühmteste Beispiel ist Groot Constantia. Hier hat Anton Anreith, der für den eleganten Stuckgiebel am Haupthaus (sowie u. a. auch am Gebäude des Museums für Kulturgeschichte in Kapstadt, dem früheren Obersten Gerichtshof) verantwortlich zeichnet, den kapholländischen Stil zu höchster Vollendung geführt. Eine schöne alte Eichenallee führt auf das Gutshaus zu. Im 17. Jh. war Groot Constantia die Residenz von van Riebeecks Nachfolger, dem ersten Gouverneur, Simon van der Stel, der es nach seiner Frau Constantia benannte. Das Haupthaus ist stilecht mit alten Möbeln aus Stinkwood und Yellowwood eingerichtet, die sich mit erlesenen englischen Antiquitäten messen können.

Ein Besuch des botanischen Gartens in **Kirstenbosch** 12 schließt die Rundfahrt ab. In dem riesigen Parkgelände ist die ganze Artenvielfalt der südafrikanischen Flora vertreten. Ein kleines Schild markiert die Mandelbaumhecke, die Südafrikas Geschichte wie ein Leitmotiv begleitet hat: Nachdem sich Jan van Riebeecks ursprünglicher Plan, das Land, das er okkupiert hatte, mit einem Kanal vom afrikanischen Kontinent abzutrennen, als undurchführbar erwiesen hatte, griff er zur zweitbesten Lösung: Er pflanzte die Hecke, die heute noch in Kirstenbosch zu besichtigen ist. Wäre die Geschichte nicht wahr – und historisch verbürgt – so wäre sie gut erfunden.

treu wiedererrichtet wurde. Markenzeichen des kapholländischen Stils ist die geschwungene Giebelwand. Schon bald, nachdem Jan van Riebeeck, der Urahn der holländischen Siedler, 1652 in der Tafelbucht gelandet war und von der Kapkolonie für die holländische Ostindiengesellschaft Besitz ergriffen hatte, wurden Malaien als Sklaven eingeführt. Als Bauarbeiter brachten sie Stilelemente ihrer Heimat ein, etwa die

Traumstrand Llandudno auf der Kaphalbinsel

Das Weinland

In der westlichen Kapprovinz wächst alles: Riesige Weizenfelder, große Obstfarmen und Weingüter, in deren Mitte Herrenhäuser im kapholländischen Stil liegen, wechseln sich ab. Hier liegen die berühmten Weinbaugebiete. Der Weinbau wurde in Südafrika von einwandernden Hugenotten eingeführt. **Franschhoek** **2** (S. 351), ungefähr 60 km von Kapstadt **1**, liegt im engen, sehr fruchtbaren Drakenssteintal, eingebettet zwischen Weinbergen und Obstgärten. Am östlichen Dorfrand steht das Hugenottendenkmal. Im benachbarten Museum wird die Geschichte der Hugenotten und ihre Auswanderung nach Südafrika Ende des 17. Jh. erzählt. Fast jeder Südafrikaner hugenottischer Herkunft kennt seine Vorfahren. Die französischen Einwanderer haben sich vollständig integriert und assimiliert und sind damit zu einem prägenden Element der buri-

schen Nation geworden. Die französische Prägung des Ortes wird bewußt betont. Die berühmten Weine haben der örtlichen Gastronomie gewaltigen Auftrieb gegeben. Französisch sind die Restaurants, Bistros und Cafés. Im ›Quartier Francais‹, einem hervorragenden Restaurant präsentieren farbige Kellnerinnen in traditioneller Hugenottentracht die französisch geschriebene Speisekarte.

In **Stellenbosch** **3** (S. 359) scheint die Zeit stehengeblieben zu sein, und doch ist die kleine Stadt, Sitz der ältesten und berühmtesten afrikaanssprachigen Universität Südafrikas, voll von Leben. Als der Kapgouverneur Simon van der Steel 1679 im Rahmen einer Inspektionsreise das Tal des Eerste River kennenlernte (von dem er sagte, er sei das schönste, das er je gesehen habe), beschloß er sogleich, hier eine Siedlung zu gründen. Innerhalb eines Monats war der erste Siedler da. Van der Steel blieb

Weingut in Stellenbosch

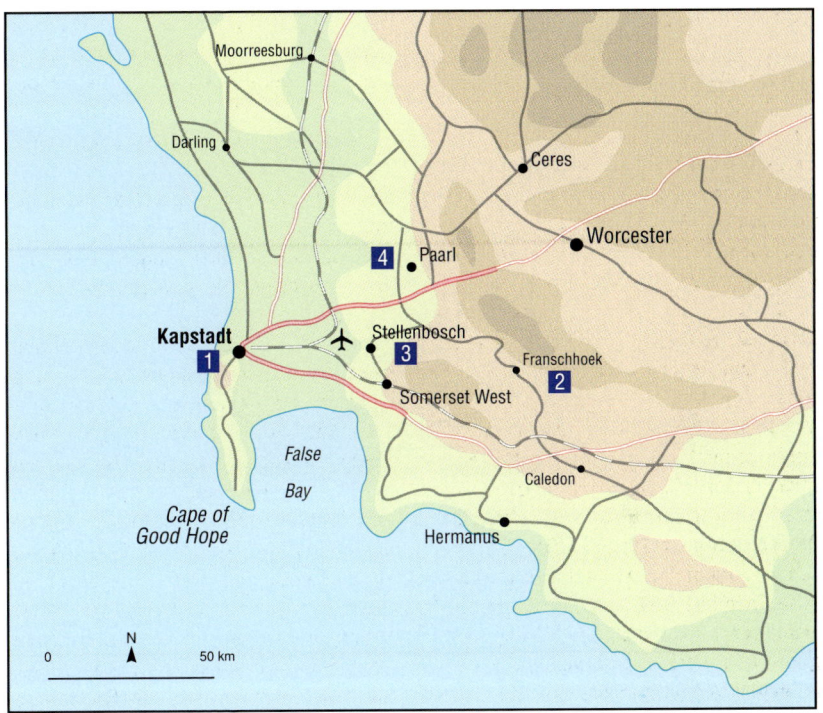

Das Weinland

dem Ort, den er gegründet hatte, Zeit seines Lebens zugetan und feierte hier mit allerlei Festivitäten alljährlich seinen Geburtstag.

Bunte Blumen und alte Eichenbäume, antike weißgetünchte Häuser – Stellenbosch will zu Fuß besichtigt werden. Zumindest die Zeit für einen Spaziergang entlang der Dorp Street in ihrer vollen Länge sollte sich auch der eilige Besucher nehmen. Trotz einiger Lücken ist sie die besterhaltene alte Straße im gesamten südlichen Afrika. Viele Gebäude sind Museen oder stehen unter Denkmalschutz. Die Stellenbosch Farmer's Winery vermarktet zwei Drittel aller im südlichen Afrika verkauften Weine. Ihre Keller sind die drittgrößten der Welt. Die zugehörige, gleich gegenüber liegende

Farm Oude Libertas, ein schönes altes Gebäude, ist eine Attraktion für sich.

Auch **Paarl** 4 (S. 357) ist durch seine hervorragenden Weine berühmt. Der Ort liegt im Schatten der blauviolett schimmernden Wand des 600 m hohen Paarlbergs. Auf halber Höhe steht das Denkmal für die Afrikaans-Sprache. Ungefähr 6 Mio. Südafrikaner sprechen Afrikaans – so viele wie Zulu oder Xhosa.

Die Gardenroute von Kapstadt nach Port Elizabeth (800 km)

Zu den schönsten Touren durch das Land – allerdings nur im südafrikanischen Sommer zu empfehlen – zählt

Die Gardenroute von Kapstadt nach Port Elizabeth

zweifellos die Gardenroute von Kapstadt über Mossel Bay und den Badeort Plettenberg nach Port Elizabeth. Das Meer ist nie weit, und der kilometerlange Strand, an dem die riesigen schaumgekrönten Wogen des Indischen Ozeans auflaufen, bietet von der hoch gelegenen Straße einen atemberaubenden Anblick. In Wilderness ist auf der steilen und kurvenreichen Strecke eigens eine Haltebucht eingerichtet, damit der Autofahrer sich in die Betrachtung der Wellen vertiefen kann. Das dunkelblaue Meer und der leuchtend gelbe Strand stellen ein Bild dar, das einem expressionistischen Gemälde gleicht. Beliebtes Aussichtsziel ist auch der Leuchtturm in Mossel Bay, wo Besucher oft stundenlang verweilen, um zuzusehen, wie übermannshohe Brecher donnernd auf Felsbrocken krachen.

Keine Moskitos, keine Bilharziose, keine Krokodile – die Engländer wußten, weshalb sie sich gerade hier niederließen. Die nahen Wälder lieferten Holz im Überfluß. Auch heute noch ist die Region das Zentrum der südafrikanischen Holz- und Möbelindustrie. Doch die alten Stinkwood und Yellowwood-Bäume, die in früheren Jahrhunderten das Material für die heute so kostbaren Antiquitäten geliefert haben, stehen inzwischen unter Naturschutz. Fußböden aus Yellowwood, wie in vielen alten Häusern zu sehen, würden heute ein Vermögen kosten.

Viele der alten Herrenhäuser sind in komfortable Landhaushotels verwandelt, die häufig auch über hervorragende Restaurants verfügen. Herrenhaus ist eigentlich etwas hoch gegriffen, denn die Residenzen der englischen Ein-

wanderer an Südafrikas Gardenroute, meist im 19. Jh. errichtet, sind sowohl in den Ausmaßen als auch in der Ausstattung bescheidener als ihre heimatlichen Vorbilder. In England selbst würden sie eher unter die Kategorie *Cottage* fallen. Doch die Landschaft ist ausgesprochen englisch – eine Parklandschaft mit Hügeln, Wiesen, Wäldern und Seen –, die sich zwischen dem Meer mit Strand und Dünenkamm und der verhältnismäßig rasch zum Landesinneren ansteigenden Bergkette erstreckt.

Streng genommen beschränkt sich die Gardenroute nur auf die 227 km von Mossel Bay bis Storms River. Die Küstenstraße führt hier durch eine Region, die von Frische und ewigem Grün geprägt ist. Regen fällt das ganze Jahr über reichlich und meistens nachts; denn die vom Meer aufziehenden Wol-

ken regnen sich an den hohen Bergen ab. Die Luft ist klar und selten kühler als 20 °C. Nach einer etwas großzügigeren, aber durchaus gängigen Interpretation geht die Gardenroute über die gesamte Strecke von Mossel Bay bis Port Elizabeth und schließt damit auch den gesamten Tsitsikamma-Wald und den Badeort Plettenberg Bay mit ein.

Wer von **Kapstadt** [1] aus kommt, erreicht nach 120 km **Caledon** [2] (S. 349), einen Badeort, der nach einem früheren Gouverneur, dem Earl of Clarendon, benannt wurde. Ein Meisterwerk der Landschaftsgestaltung ist der Victoria Park oder Caledon Wild Flower Garden. Die umliegende Berglandschaft ist Naturschutzgebiet, bietet vielfältige Wandermöglichkeiten und ist zur Blütezeit in den Frühlingsmonaten September und Oktober besonders reizvoll.

Die englischen Südafrikaner

Als die holländische Ostindiengesellschaft, die die Kolonisierung am Kap betrieben hatte, 1795 liquidiert wurde, übernahmen die Briten, damals die führende Weltmacht, die Kontrolle am Kap und schickten Siedler, um die Kolonie möglichst schnell und reibungslos ihrem Weltreich angliedern zu können. Ihre Ansiedlung im Grenzgebiet des östlichen Kap sollte eine Pufferzone zu der von Xhosa-Stämmen besiedelten Region schaffen. Das Erbe der britischen Traditionen, das sie mitbrachten, hat Südafrika bis heute geprägt.

Wie eng der Kreis der englischen Einwanderer war, zeigt sich daran, daß dem Besucher bei Besichtigungen auf Schritt und Tritt dieselben historischen Namen begegnen. So wurde die kleine Kirche von Belvidere (in der Bucht von Knysna) im normannischen Stil von Captain Thomas Duthie errichtet. Dieser war mit Caroline Rex verheiratet, der Tochter von George Rex. Duthie wiederum war

derjenige, der dem englischen Diplomaten Henry Barrington, der 1842 ans Kap gekommen war, »um seinen Horizont zu erweitern«, die Farm Poortlande – Portland Manor –, heute ein reizvolles Landhaushotel, für 400 Pfund verkaufte. Zwei Jahre zuvor hatte Duthie sie von George Rex, seinem Schwiegervater, für 200 Pfund erstanden.

Nachdem 1948 die Nationalpartei, wenn auch nur knapp, die Wahlen gewonnen hatte, wurden die englischsprachigen Südafrikaner trotz ihrer wirtschaftlichen Dominanz politisch an den Rand gedrängt. Im Gegensatz zu den Nachfahren der holländischen Siedler, den Afrikaanern, waren sie nie ein Volk; Nationalismus ist ihnen fremd. Heute jedoch berufen sie sich wieder gerne auf ihre englischen Großväter, um, mit einem englischen Paß versehen, ihrer Heimat eventuell einmal den Rücken drehen zu können. Die Afrikaaner haben demgegenüber keine Zuflucht außerhalb Südafrikas.

32 km nördlich von Caledon liegt **Genadendal** (Gnadental) **3**, die älteste Missionsstation Südafrikas, die 1737 von der Herrnhuter Brüdergemeinde gegründet wurde. Aus dieser Zeit stammen die Kirche, das Pfarr- und Schulhaus sowie eine Wassermühle und eine Ansammlung kleinerer Häuser. Nach Sü

den zweigt eine Straße nach Hermanus ab und eine andere nach Cap Agulhas, dem südlichsten Punkt Afrikas.

Die N 2 führt weiter nach **Swellendam** **4**, S. 360 (234 km von Kapstadt), die drittälteste Stadt Südafrikas. Sie verfügt über zahlreiche historische Gebäude, insbesondere die Drostdy (alte

Landvogtei) von 1746, die jetzt als Museum dient, und eine alte, architektonisch besonders reizvolle Kirche. Die Fahrt führt nun durch die Langen Berge über Heidelberg, Riversdale und Albertinia. Bei Mossel Bay gelangt man schließlich an die Küste.

Mossel Bay

Mossel Bay 5 (S. 356), rund 400 km von Kapstadt entfernt, ist zugleich Industriestadt und Ferienort mit schönem Badestrand. Hier betrat Bartholomeu Diaz 1488 zum ersten Mal südafrikanischen Boden; hier trafen auch die weißen Siedler erstmals auf die einheimischen Schwarzen. Sehenswürdigkeiten sind der **Post Office Tree,** der seit 1501 benutzt wurde, um Postsendungen aufzuhängen, das **Bartholomeu Diaz-Museum** (mit Muschel- und Maritime Museum), das u. a. die Nachbildung seiner Karavelle beherbergt, sowie das **Local History Museum** und ein Naturreservat. Bootsausflüge zur Robbeninsel **Seal Island** werden angeboten.

George

George 6 (S. 351) vor der großartigen Kulisse der Outeniqa-Berge ist der bedeutendste Ort an der Gardenroute und wird von dem englischen Romancier Anthony Throllope geradezu enthusiastisch besungen (»... prettiest village in the face of the earth ...«). Aber auch diese so idyllisch gelegene Kleinstadt leidet heute unter der Gesichtslosigkeit, die vielen südafrikanischen Städten eigen ist. Sie ist nach George Rex benannt, der 1797 ans Kap kam, wo er zu hohen Ämtern in der Administration berufen wurde und eine gutaussehende,

junge und reiche Witwe heiratete. Als die britische Besetzung endete, blieb er und erstand eine Farm am Ufer der Lagune von Knysna. Sechsspännig und mit großem Gefolge, wie ein König – daher der Name Rex –, hielt er dort Einzug. Gerüchte wollten damals auch wissen, daß er der uneheliche Sohn des britischen Königs George III. und der Schuhmacherstochter Hannah Lightfoot sei. Nach England ist George Rex nie zurückgekehrt. Er starb 1839.

An die Gründung von George im Jahre 1812 erinnert eine **Eiche,** die damals gepflanzt wurde. Sie gilt als die größte der südlichen Hemisphäre. Angeblich wurden an ihr früher die Sklaven zur Versteigerung angekettet. Sehenswert ist auch die **Dutch Reformed Church** mit ihrer Inneneinrichtung aus Yellowwood und das **George Museum** im Drostdy Building, das eine Sammlung alter Musikinstrumente besitzt.

Oudtshoorn 7 (S. 357), Zentrum der Straußenzucht, ist von George aus ein beliebtes Ausflugsziel. Bis zum ersten Weltkrieg gab es einen Boom in Straußenfedern, der den Straußenfarmern märchenhafte Gewinne bescherte. Ihre luxuriösen Villen aus dieser Zeit sind in der Umgebung zu sehen. Die Straußenzucht ist auch heute wieder lukrativ geworden, weil Straußenfleisch sich wegen seines niedrigen Cholesteringehalts zunehmender Beliebtheit erfreut. Doch Fleisch ist nur eines der Produkte, die bei der Straußenzucht anfallen. Auch das Leder bringt einen guten Preis. 30 km nördlich von Oudtshoorn liegen die **Cango Caves** 8, eine 800 m tiefe Tropfsteinhöhle, bestehend aus 80 Räumen und Gängen.

Doch zurück zur eigentlichen Gardenroute: Auf dem schmalen Landstrich zwischen den dichtbewaldeten Outeni-

Straußenfarm bei Oudtshoorn

qa Mountains und der idyllischen Küste des Indischen Ozeans führt die Straße von George nach Knysna über **Wilderness** (S. 361), das wegen seines 8 km langen Sandstrandes und vieler Lagunen ein beliebter Ferienort ist. Statt der autobahnmäßig ausgebauten N 2 kann man auch eine teilweise ungeteerte Bergstraße benutzen, die sehr malerisch ist und durch dichte Wälder über Barrington, den Homtini- und den Phantom-Paß bei Knysna auf die Hauptstraße zurückführt. **Knysna** **9** (S. 355), ungefähr 500 km von Kapstadt entfernt, ist wegen der ausgedehnten Wälder der Umgebung Zentrum der Holzindustrie. Doch es hat auch eine Austernzucht und sandige Badeplätze.

Plettenberg

Plettenberg **10** (S. 358) rühmt sich der Tatsache, daß hier schon vor Jan van Rie-

beeck, der 1652 am Kap gelandet war, Weiße gelebt haben. Tatsächlich strandeten hier 1630 ungefähr 100 Überlebende der portugiesischen Karavelle Sao Goncalo. Sie blieben acht Monate und bauten aus den Überresten ihres Schiffes eine Kirche sowie zwei kleinere Boote, mit denen sie dann wieder in See stachen.

Gouverneur Joachim von Plettenberg gab der Bucht 1780 ihren Namen. 1787 begann die Holländische Ostindische Gesellschaft, den Wald der Umgebung abzuholzen, und benutzte Plettenberg als Hafen, um das Holz nach Kapstadt zu verschiffen. Dann zogen norwegische Walfänger ein, die den Ort bis 1920 als Station betrieben. Damals schon gab es hier Fremdenverkehr.

Sehenswert ist St. Andrew, eine kleine Kirche aus der Mitte des 19. Jh., ganz aus Yellowwood erbaut. Darüber hinaus leidet auch Plettenberg unter dem Fehlen einer eigenen ortstypischen

Eisenbahnfahrten

Nicht nur für Eisenbahn-Fans ist es eine Attraktion, die Strecke von George nach Knysna mit der von Dampflokomotiven gezogenen Eisenbahn zurückzulegen. Auch die Eisenbahnfahrt von George nach Oudtshorn ist ein Erlebnis. Hier klettert die Lokomotive auf einer Strecke von 25 km bis auf über 700 m Höhe (s. auch S. 372/3).

Architektur und eines einheitlichen Baustils. Als die Tourismusentwicklung in den 70er Jahren zu boomen begann, entstand eine der schlimmsten Sünden der Tourismusindustrie, ein klotziger Hotel- und Time-Sharing-Komplex auf dem historischen Beacon Island.

Über mehr als 70 km erstreckt sich an der Küste der **Tsitsikamma Forest** 11 (S. 360) mit Bäumen, die 1500–2000 Jahre alt sind und einen Umfang von 7 bis 8 m aufweisen. Der Wald vermittelt einen Eindruck davon, wie Südafrika früher ausgesehen haben muß. Bis 1860 galt er als undurchdringlich, dann wurde er durch ein Feuer weitgehend vernichtet und man machte sich daran, eine 160 km lange Straße von Plettenberg Bay bis Humansdorp zu bauen. 24 Jahre später war sie fertig. Sie ist noch benutzbar, doch dieselbe Strecke, für die man dort eine Stunde braucht, legt der Autofahrer heute auf der autobahnmäßig ausgebauten N 2 in wenigen Minuten zurück. Dabei sieht er allerdings nicht so viel von den mächtigen alten Yellowwood-Bäumen. Der Tsitsikamma Nationalpark erstreckt sich von Plettenberg Bay bis zur Mündung des Groot Rivier

bei Humansdorp. Er ist wegen des *Otter Trail* berühmt, einer Wanderroute, die durch sowohl den Wald als auch über die Klippen und Strände führt.

Port Elizabeth

Die Stadt 12 (S. 358) ist wirtschaftliches Herz der östlichen Kapregion und Zentrum der Autoindustrie, sozusagen das Detroit Südafrikas. Schon Mitte der 20er Jahre hatte Ford hier die erste Montagefabrik errichtet: mit 70 Arbeitern und Angestellten wurden 12 Tin Lizzies täglich produziert. General Motors folgte 2 Jahre später. Doch wegen seiner Sehenswürdigkeiten und der langen und breiten Strände ist Port Elizabeth auch eine Touristendestination.

1488 hatte der portugiesische Seefahrer Bartholomeu Diaz die reizvolle *Algoa Bay* entdeckt. Doch die nächsten 311 Jahre passierte wenig. Erst 1799 wurde Fort Frederick zur Verteidigung der Bay errichtet. 1820 fand ein Ereignis statt, das das Land bis zum heutigen Tage geprägt hat: Mehr als 4000 britische Siedler landeten und erhielten Farmen im Landesinneren. Der Gouverneur

Rufane Donkin, benannte die Stadt nach seiner Frau, die in Indien am Fieber verstorben war.

Port Elizabeth verfügt über zahlreiche Gebäude im viktorianischen Stil, besonders sehenswert die **City Hall** und der **Bahnhof** von 1875. Der 55 m hohe **Campanile** der Jetty Street am Eingang des Hafens wurde 1923 zur Erinnerung an die Siedler nach dem Vorbild des Campanile von Venedig errichtet. Eine Wendeltreppe führt 204 Stufen hoch zu einer Aussichtsplattform. Die **Donkin Reserve** mit einer Pyramide als Memorial für Elizabeth Donkin, die Frau des Gouverneurs, bietet ebenfalls einen reizvollen Blick.

An die Burenkriege, in denen zwei Drittel des gesamten Pferdematerials zu Tode kam, erinnert das **Horse Memorial** Ecke Russell- und Cape Street.

Südöstlich des Zentrums gibt es noch mehrere Sehenswürdigkeiten: **Fort Frederick** gilt als das älteste von britischer Hand errichtete Steingebäude in Afrika südlich der Sahara. Es wurde 1799 zur Sicherung des Hafens erbaut. Von hier aus bietet sich ein schöner Blick auf die Flußmündung und die Algoa Bay. An der Strandpromenade liegen das **Ozeanarium** mit Delphinen sowie der **Schlangenpark.**

Ausflüge von Port Elizabeth

Die Region um Port Elizabeth weist zahlreiche Wildreservate auf. Das **Shamwori Game Reserve** (s. S. 358, Port Elizabeth) kann sich zudem mit den besten Wildreservaten am Rande des Kruger Parks messen.

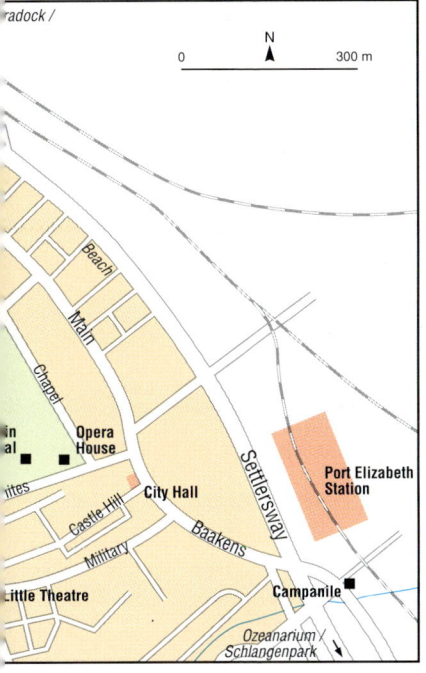

Plan von Port Elizabeth
Unten: Das Zentrum von Port Elizabeth

70 km nördlich von Port Elizabeth kommt man zum **Addo Elephants Park.** Als im Zuge von Erschließung und Jagd die Zahl der Elefanten in der Region 1931 auf ganze 15 geschmolzen war, gelang den Tierschützern die Gründung dieses Schutzgebiets. Es wurde inzwischen auf 8500 ha erweitert und durch Bohrungen mit Wasser versorgt. Heute leben hier 160 Elefanten, die an den Wasserstellen gut beobachtet werden können. Als ausgesprochene Waldelefanten sind sie von kleinerem Wuchs und rötlicherer Färbung als der normale Steppenelefant des südlichen Afrika.

Somerset East, ca. 180 km nördlich von Port Elizabeth, liegt am Fuße des reizvollen Bosberg und ist von Wasserfällen umgeben. Es besitzt einen schö-

Das Land der Siedler

Östlich von Port Elizabeth bis zum Great Fish River, der früheren Grenze zur Ciskei, und ungefähr 300 km den Fluß entlang erstreckt sich das Land der Siedler. Hier stießen die weißen Siedler, die 1820 in Port Elizabeth gelandet waren, zum ersten Mal mit den von Norden einwandernden Xhosa-Stämmen zusammen, eine Begegnung, die von Anfang an von bewaffneten Auseinandersetzungen geprägt war. Die Städte der Region führen ihren Ursprung

sämtlich auf weiße Militärposten zurück. 1779 kam es zum ersten Grenzkrieg und dann in den nächsten hundert Jahren zu acht weiteren, in deren Verlauf die Grenze der Kapkolonie sich immer weiter nach Osten verschob.

Grahamstown wurde damals die zweitgrößte Stadt des Landes, die jedoch 1834 in ihrer Entwicklung einen empfindlichen Rückschlag erlitt, als die Xhosa angriffen. Damals flüchteten sich 7000 Siedler in die Stadt.

Grahamstown ist ein Städtchen mit bewußter englischer Prägung

Straßen und Häuser wurden verbarrikadiert. Colonel Harry Smith eilte in einem Gewaltritt über 900 km aus Kapstadt in sechs Tagen herbei, um das Kommando zu übernehmen. Im September 1835 brachen die holländischen Siedler zum Großen Treck auf. Die englischen blieben, weitgehend demoralisiert, zurück. Sie waren nach Südafrika mit dem Versprechen großer Farmen und Unterstützung durch die Regierung gelockt, tatsächlich jedoch zur Stabilisierung der Grenze benutzt worden. Jetzt wurden sie der Okkupation beschuldigt und kritisiert, weil sie sich gegen Angriffe der Xhosa verteidigten. Als 1850 der brutalste Grenzkrieg ausbrach, sah sich die britische Regierung am Ende genötigt, das Land bis zum Kei zu annektieren. Damit hörte das Land der Siedler auf, Grenzland zu sein. Doch es ist in seinem Charakter noch immer von kleinen Städten mit langer bewegter Geschichte geprägt, durch und durch englisch – ein weites und wildes, buschbestandenes, hügeliges Land: noch immer sehr das alte Kaffraria, wie es in der Geschichte einmal kurze Zeit hieß.

nen Golfplatz, ein Museum in einem georgianischen Pfarrhaus und das Bosberg Nature Reserve.

Noch 80 km weiter nördlich liegt **Cradock,** 1813 am Great Fish River gegründet. Hier informiert das Great Fish River Museum über die Geschichte der Voortrekker. Die Dutch Reformed Church ist eine Replik von Londons St. Martin in the Fields. Die Ilex-Eichen von 1850 in der Dundas Street sind die größten der Welt. 24 km südwestlich von Cradock liegt der **Mountain Zebra National Park,** in dem es gelungen ist, die zeitweise fast ausgestorbenen Bergzebras in beeindruckender Zahl anzusiedeln.

Queenstown (S. 359), am Komati 1853 gegründet, ist wegen seiner schö-

Die Ciskei

D er Kei ist die Grenze zwischen dem Land ›diesseits‹ und ›jenseits‹ des Flusses, der Trans- und der Ciskei, die zu Apartheid-Zeiten Homelands der Xhosa waren. Dazwischen lag, enklavenartig, ein Streifen Südafrika, der von Queenstown zum Hafen East London reicht. Die Nationalstraße 2, die Grahamstown mit King William's Town verbindet und weiter zum Witwatersrand, Südafrikas bedeutendster Industrieregion führt, teilte das ›Land diesseits‹ noch einmal in zwei Teile, bevor sie nach weniger als 100 km wieder in südafrikanisches Territorium mündete. Hier war es der Große Fischfluß, der in seinem Unterlauf die Grenze markierte.

Die Ciskei ist ein offenes, hügeliges Tiefland, das in der Mitte ansteigt und dicht mit Wald und Buschwerk bewachsen ist. Sie besitzt insgesamt 65 km herrliche Strände. Tourismus ist das wichtigste wirtschaftliche Potential dieser Region, die außer der Subsistenzlandwirtschaft kaum Beschäftigungsmöglichkeiten bietet

und als besonders wild und einsam galt.

Den Fluß zu überqueren kam früher einer Reise ins Unbekannte gleich. Hier stießen die von der Küste am Kap vordringenden weißen Siedler erstmals mit den Bantu-Stämmen zusammen, die ihrerseits von Norden her einwanderten. Der Sage nach war es eine Gruppe unter Führung einer Frau, die als erste in diese Region kam. Die einheimischen Khoikhoi nannten sie AmaXhosa, was ›die Leute der Frau‹ bedeutet. Das ist der Ursprung des Namens Xhosa, die sowohl die Ciskei als auch die wesentlich größere Transkei bevölkerten.

Bisho, von 1980–94 Hauptstadt der Ciskei, praktisch in den nördlichen Vororten von King William's Town gelegen, hat alle Statussymbole einer Hauptstadt: ein Riesenstadion, einen eigenen Flugplatz, ein prunkvolles Parlamentsgebäude. Trotzdem kann es seinen ursprünglichen Charakter – es wurde als Schlafstadt für die in King William's Town arbeitenden Schwarzen gebaut – nicht verleugnen.

nen Rosen berühmt. Die Stadt wurde mit sechseckigem Zentrum erbaut, von dem strahlenförmig die Straßen ausgehen, damit sie auf diese Weise mit Gewehren zentral leichter zu verteidigen war. Von Queenstown führt eine Straße zurück nach Süden, auf der man nach knapp 140 km **Fort Beaufort** (S. 351) erreicht, das am Kat River inmitten malerischer Berge liegt. Der Ort verfügt über öffentliche Gärten und Heilquellen und ist ein beliebtes Ferienziel.

100 km östlich von Beaufort liegt King William's Town. Unterwegs kommt man durch das dichtbewaldete Tal des Kei, des Flusses, der zu Apartheidszeiten die Grenze zwischen den nominell unabhängigen Homelands Trans- und Ciskei darstellte. Dazwischen lag ein Streifen Südafrika, der von Queenstown bis zum Hafen East London reicht. Die historische Grenze, an der die drei Jahrhunderte dauernde Bantu-Wanderung zum Stillstand kam, ist der Große Fischfluß, der in seinem Unterlauf früher auch die Grenze zwischen Südafrika und der Ciskei markierte. Nur am Kleinen Fischfluß wohnten damals Bantu.

Die grünen Hügel der Transkei

King William's Town

Die Stadt (S. 355), ca. 100 km östlich
von Fort Beaufort, war ursprünglich eine
Missionsstation und wurde 1835 britischer Militärstützpunkt. Im **Kaffrarian
Museum** sind ausgestopfte afrikanische Säugetiere zu besichtigen, darunter das Flußpferd Huberta, das 1928 aus
einer Lagune im Zululand zu einer drei-
jährigen Wanderung aufbrach, in deren
Verlauf es 1600 km zurücklegte und zur
Nationalheldin wurde. Die **Wesleyan
Church,** 1855 erbaut, eine Missionskirche mit schöner Fassade, beherbergt
das South African Missionary Museum,
das die Geschichte des Missionswesens
im südlichen Afrika darstellt. Sehenswert ist auch **The Residency** auf der
Reserve Road, Hauptquartier von Harry
Smith bei der Gründung von British Kaffraria, und das Krankenhaus aus der Zeit
der britischen Garnison.

Von Port Elizabeth
nach Durban (1000 km)

Anmerkung: Im ersten Teil der vorge-
schlagenen Route, zwischen Port Elizabeth und East London, führt alternativ
eine Straße am Meer entlang, durch
viele kleine Badeorte mit herrlichen
Stränden. In Kidd's Beach, das auch
über ein gutes und sauberes Hotel verfügt, ist der Strand besonders malerisch. Unmittelbar am Strand liegt ein
empfehlenswertes Restaurant.

Von Port Elizabeth **1** geht es zunächst
nach **Salem,** einem alten, gut erhaltenen Dorf, 13 km vor Grahamstown, auf
dessen Dorfwiese nachweislich seit

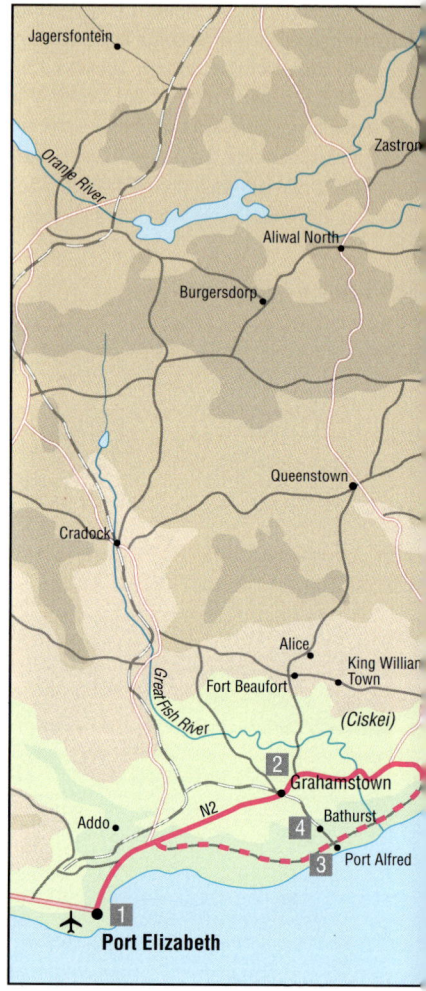

1844 Cricket gespielt wird. Aus der
Gründungszeit – 1820 – sind eine befestigte Kapelle und alte, zu Verteidi-
gungszwecken befestigte zweistöckige
Häuser zu sehen.

Grahamstown **2** (S. 351), 84 km
von Port Elizabeth entfernt, liegt 60 km
von der Küste in 500 m Höhe inmitten
grüner Hügel. Von Grahamstown, Sitz
der Rhodes University, heißt es, es sei

britischer als Großbritannien. Seit ihrer Gründung durch Colonel John Graham im Jahr 1812 war die Stadt militärisches Hauptquartier der Briten. Sieben Jahre wurde sie von 10 000 schwarzen Kriegern belagert und entging nur knapp der Kapitulation, woraufhin die britische Kolonialmacht 1820 hier 5000 Siedler zur Verteidigung der Grenze ansiedelte. Die zahlreichen Colleges der Stadt zählen

noch heute zu den besten Südafrikas. In den 30er Jahren des 19. Jh. war Grahamstown zeitweise nach Kapstadt die größte Stadt Südafrikas. Wegen seiner vielen Kirchen trägt es auch den Namen ›Stadt der Heiligen‹.

Von hier aus bieten sich Ausflüge nach **Port Alfred** 3 (S. 358) an der Mündung des Kowie an. 1821 segelten die ersten Küstenschiffe den Fluß hinauf: das war der Beginn von Port Alfred. Doch ehe der Hafen sich richtig entwickeln konnte, wurde 1881 die Eisenbahn von Port Elizabeth nach Grahamstown gebaut, die Port Alfred wieder ins Abseits drängte. Port Alfred ist heute der bedeutendste Ferienort der Sunshine Coast. Es verfügt über einen schönen 18-Loch-Golfplatz und das Kowie Nature Reserve. Hier lassen sich herrliche Wanderungen und eine zweitägige Bootsfahrt, der Kowie Canoe Trail, machen. Reizvoll ist auch die Fahrt mit dem Settlers Express, einem Dampfzug.

An der Straße zwischen Port Alfred und Grahamstown liegt **Bathurst** 4 (S. 348), Zentrum der Ananasproduktion, gegründet 1820 und nach dem britischen Kolonialminister benannt. Große wilde Feigenbäume und die anglikanische St. John-Kirche von 1832, die den Siedlern in den Grenzkriegen auch als Festung diente, geben dem Ort eine reizvolle Atmosphäre. Hier luden 1834 Frauen und Kinder die Gewehre, während die Männer gegen die Xhosa-Angreifer standhielten, bis Hilfe aus Grahamstown kam. Sehenswert ist der alte Pig and Whistle Pub, der 1821 von einem der ersten Siedler, Thomas Hartley, als Schmiede und Wirtshaus gebaut worden war und zahllose Verwüstungen überstanden hat. Bathurst kann auch als Ausgangspunkt für einen Ausflug zur hufförmigen Biegung des Kowie dienen, der in Mäanderform fließt und an seinen Ufern eine üppige Vegetation aufweist.

East London 5 (S. 351), 1848 an der Mündung des Buffalo River gegründet, ist der einzige Flußhafen Südafrikas. Die Stadt hat Industrie und ist zugleich Kurort mit zahlreichen Badeständen in un-

mittelbarer Umgebung. Mit der Ansiedlung der Deutschen Legion, einer aus Deutschen bestehenden Einheit der britischen Armee, setzte 1857 die Entwicklung zum Handelshafen ein. Da die meisten dieser deutschen Legionäre unverheiratet waren, entsandte die britische Regierung ein Schiff mit 157 irischen Mädchen. Die deutschen Namen der nahegelegenen Ortschaften – Berlin, Hamburg, Potsdam, Stutterheim u. a. – erinnern noch heute an die deutsche Besiedlung.

Das Museum der Stadt ist der Unterwasserwelt gewidmet. Unter den Expo-

Blick über Coffee Bay an der Wild Coast

nannten findet sich der 1938 hier gefangene erste Coelacanth – ein urzeitlicher Fisch, der bis dahin nur aus Fossilien bekannt war und für vor Millionen von Jahren ausgestorben gehalten wurde. Die Muschelsammlung füllt eine ganze Halle. Hier ist auch das einzige existierende Ei des ausgestorbenen Riesenvogels Dodo zu sehen; ferner gibt es eine Insektensammlung sowie Exponate zum traditionellen Stammesleben und einheimischen Kunsthandwerk.

1858/59 kamen weitere 2000 Deutsche, diesmal Familien. Zur Erinnerung daran wurde das German Settlers' Memorial errichtet. Es steht an der Explanade, am Aquarium, in dem dressierte Seehunde zu besichtigen sind. Auch East London bietet sich als Basis für Ausflüge an. Die Fahrt nach **Alice** und **Fort Beaufort** führt von hier aus 140 km durch herrliche Berglandschaft.

Die N 2 von Port Elizabeth nach Durban führt durch das frühere Homeland Transkei, die Region zwischen dem Großen Kei und dem Mtamvuna. Die Retortensiedlung **Umtata** ▣ (S. 361), Hauptstadt der Transkei, wurde 1879 am Mtata angelegt. Grüne grasbewachsene Hügel mit Rondavel-Hütten umgeben den Ort.

Die Wild Coast

Die Wild Coast (S. 361) zwischen East London und Natal verfügt über goldfarbene, feinsandige Strände, Lagunen, Flußmündungen, Felsvorsprünge mit Grotten und grasbedeckte Landzungen, die vor dem dichtbewaldeten, gebirgigen Hinterland liegen. Die Region ist arm, und abseits der Hauptstraße ist die Infrastruktur häufig sehr schlecht. Nachdem sich Mitte der neunziger Jahre Überfälle auf Touristen gehäuft hatten, war die Transkei überdies gemieden worden und ins Abseits geraten. Erst neuerdings kommen wieder Besucher. Baden ist hier im subtropischen Klima das ganze Jahr über möglich. Von der N2 aus gehen kleine Straßen zum Meer hinab. Empfehlenswert ist (98 km von Umtata) **Port St. Johns** 7, zwar das größte der Seebäder, aber noch immer ein ruhiger kleiner Ort.

In der Nähe von **Coffee Bay** 8, einem weiteren sehr schönen Badeort, liegt das berühmte Hole in the Wall, eine inselförmige Klippe mit bogenförmiger Öffnung. Hier befindet sich auch das Wild Coast Sun Hotel mit einem großartigen Golfplatz.

Über grüne Hügel, die von April bis Juni mit leuchtenden Aloen bedeckt sind, führt die N2 von Umtata aus nach Norden. Vor Qumbu führt eine Abzweigung nach **Tzitza Falls** 9, wo der Fluß Tzitza 115 m in die Tiefe stürzt. Über den Tina River und Mount Frere gelangt man durch grandiose Berglandschaft nach **Kokstad** 10. Zu Zeiten der Apartheid lag Kokstad in einem südafrikanischen Gebietsstreifen, der ein Stück Nordtranskei vom südlichen Kerngebiet abtrennt. Der Ort, Zentrum eines reichen Agrargebiets, ist nach dem Khoisan-Chief Kok III. benannt, der 1862 mit seinem Stamm über die Drakensberge einwanderte und sich in dem menschenleeren Land niederließ. Von hier aus führt die Straße durch reizvolle Landschaft nach Durban.

Durban

Die britisch-indische Prägung ist typisch für Durban (S. 350), Südafrikas wichtigste Hafenstadt am Indischen Ozean und größte Stadt der Provinz, die wegen ihrer 600 km langen und traumhaft schönen Küste allgemein als die schönste gilt: KwaZulu Natal, im Sommer mit reichlich Regen gesegnet, an der Küste tropisch schwül, auf den Höhen im Hinterland angenehm mild temperiert. Zuckerrohr, Mitte des 19. Jh. eingeführt, gedeiht hier prächtig und hat sich zum wichtigsten Wirtschaftszweig der Provinz entwickelt. Die Produktion von ca. 20 Mio. Tonnen pro Jahr macht Südafrika zu einem der fünf wichtigsten Zuckerrohrerzeuger der Welt.

Durban gehört zu den Surferparadiesen Südafrikas

An der Stelle, wo heute der Bahnhof steht, gründeten britische Kaufleute 1823 Port Natal, das 1835 den Namen des Kap-Gouverneurs Benjamin D'Urban annahm. Von Mitte des 19. Jh. an kamen in großem Umfang Inder als Zuckerrohrarbeiter; 1887 waren es bereits über 30 000. Heute beträgt die Zahl der Inder in Natal ca. eine Million – fast 80 % des gesamten indischen Bevölkerungsanteils Südafrikas. Die Weißen Natals – nur ungefähr ein Zehntel der Bevölkerung – sind ganz überwiegend britischer Abstammung. Natal war bevorzugtes Einwanderungsziel für Engländer und lange Zeit eine britische Kolonie, die der Krone besonders loyal gegenüberstand.

Das Verblüffende an Südafrikas Städten ist, daß der ausländische Besucher immer wieder vergißt, daß die Bevölkerungsmehrheit aus schwarzen Afrikanern besteht: So sind auch ungefähr drei Viertel der Bevölkerung Natals Zulu, von denen man im Zentrum Durbans al-

lerdings wenig sieht, weil sie unter dem Apartheid-System in dem aus mehreren verstreuten Regionen bestehenden Homeland KwaZulu angesiedelt waren.

Durban spielt, außer als Hafenstadt und wichtiger Industriestandort, eine bedeutende Rolle als Badeort mit ganzjähriger Saison, seit es mit Hilfe großer Unterwassernetze gelungen ist, die Haie fernzuhalten. Zentrum des Badetourismus ist die Goldene Meile. Die kilometerlange Strandpromenade am Indi-

schen Ozean mit dem Namen Marine Parade, an der die meisten großen Hotels liegen, ist eine Mischung aus Großstadt und Rummelplatz, letzteres vor allem natürlich in der Hochsaison um Weihnach-

ten. Auf der Goldenen Meile reihen sich zahlreiche Attraktionen aneinander: **Waterland** 1 zwischen Snell Parade und Battery Beach Road, ist eine riesige Schwimmbadanlage mit Rutschbah-

außerdem Reptilien aller Art. Speziell für Kinder von Interesse ist **Minitown** 3 auf der Snell Parade, wo die Sehenswürdigkeiten Durbans im Miniformat nachgebildet sind.

Im **Amphitheater** 4 gegenüber dem Holiday-Inn-Hotel finden häufig Folklore-Veranstaltungen statt. Einen Kilometer weiter südlich erstreckt sich der Vergnügungspark **Funworld** 5; am Fuß der West Street liegt **Seaworld** 6, ein Aquarium mit über tausend verschiedenen Fischarten und Delphinshow.

Zu den Attraktionen der Golden Mile zählen auch die Rikscha-Fahrer – Zulu, die ebenso prächtig und bunt ausstaffiert sind wir ihr Gefährt. Sie parken vor dem **Tropicana Hotel** 7. Der ›Zuckerkönig‹ Sir Marshall Campbell war es, der Ende des 19. Jh. aus Japan Rikschas nach Natal einführte. Sie waren sofort ein Riesenerfolg; Anfang des 20. Jh. gab es in Durban bereits über tausend davon. Von hier aus nahm die Rikscha ihren Weg in andere südafrikanische

nen und Wasserfällen. In **Fitzsimons Schlangenpark** 2 auf der Snell Parade, gegenüber dem Nordstrand, gibt es 60 der insgesamt 157 in Südafrika vorkommenden Schlangenarten zu sehen,

Städte und sogar bis nach Zimbabwe. Aber nur in Durban, und auch hier nur in Form der reich bemalten Touristenattraktion, hat das Gefährt bis heute überlebt. – Einige hundert Meter südwestlich, zwischen Gillespie- und Point Road, liegt das Einkaufszentrum **The Wheel** .

Die **City Hall** 🥈 liegt mitten im Zentrum an der Church Street zwischen West und Smith Street. Sie stammt aus dem Jahre 1906 und ist mit einer 52 m hohen Kuppel eine getreue Kopie des Rathauses von Belfast (Nordirland). Im ersten Stock des Gebäudes befindet sich das naturgeschichtliche Durban Museum mit einer großen Sammlung südafrikanischer Vögel, u. a. dem einzigen vollständig erhaltenen Skelett des Ende des 18. Jh. ausgestorbenen Riesenvogels Dodo. Im 1866 entstandenen Gerichtsgebäude gleich daneben liegt das auf die Geschichte Natals ausgerichtete **Local History Museum** 🔟 mit einer Kunstgalarie im zweiten Stock, die

Gemälde, Plastiken, Keramik, Porzellan, Glas und Silber umfaßt. Die **Dick King Statue** 🍀 erinnert an Dick King, der 1842 die Stadt rettete, indem er in zehn Tagen die 960 km nach Grahamstown ritt, um Verstärkung für die belagerte britische Garnison zu holen. Die **da Gama-Uhr** von 1897 🕛, ein Geschenk der portugiesischen Regierung, dient der Erinnerung an die Landung Vasco da Gamas an der südafrikanischen Ostküste am Weihnachtstag 1497.

An der Bay of Natal, durch eine Landzunge vom offenen Meer abgetrennt, wo das eigentliche Stadt- und Geschäftszentrum Durbans liegt, geht es besonders britisch und businesslike zu. Die alten Gebäude sind ihrerseits so massig, daß sie sich im Schatten der vielen Hochhäuser, die, vor allem gegenüber dem Yachthafen, recht hoch gewachsen sind, noch immer behaupten können.

Im nahen Hafen kann man das **Sugar Terminal** 🔢 besichtigen, einen der

Durban, die Goldene Meile

Das Royal Hotel

Wie stark die britisch-indische Tradition in Durban verwurzelt ist, zeigt sich daran, daß sie selbst noch im sterilen Gebäude des Royal Hotel  einsame Höhen erreicht. Das Royal in seiner heutigen Form entstand 1974: ein modernes Hochhaus mit 270 Zimmern, wie es eigentlich überall stehen könnte. Nichts scheint auf die lange Geschichte hinzudeuten, die in den 40er Jahren des vorigen Jahrhunderts begann, als die Brigg Pilot, die die britische Garnison mit Nachschub versorgte, regelmäßig die Bucht von Durban anlief. Ihr Kapitän war Hugh McDonald, und dessen Bruder kaufte das Land, auf dem heute das Royal steht. Er gründete und betrieb hier das Commercial Hotel, dessen britische Tradition das Royal noch immer maßgeblich prägt: Die Zimmer sind im Stil zeitloser und gediegener Eleganz möbliert, Restaurants und Bar in dunklem Holz getäfelt. Das indische Restaurant Ulundi versetzt den Gast wieder vollends in die Kolonialzeit zurück. Curries und Chapati (pfannkuchenartiges Brot) sind so gut, daß sie in Indien schwerlich besser sein können.

Das Royal, mitten im Zentrum von Durban, gleich gegenüber dem Yachthafen gelegen, ist in der Vergangenheit mehrfach als bestes Stadthotel ausgezeichnet worden. Im Einklang mit der neuen Entwicklung im Tourismus, individuellen Komfort anzubieten, gibt es eine eigene Etage für alleinreisende Frauen; eine andere ist für Nichtraucher reserviert.

größten Zuckerumschlagplätze der Welt. Es besteht aus drei Silos mit einer Gesamtkapazität von 520 000 t.

Westlich des Geschäftszentrums schließt sich das indische Viertel an. Durbans **Indischer Markt** 15 in der Warwick Road muß ungleich malerischer gewesen sein, bevor er 1973 niederbrannte. Er ist inzwischen leider eine der gefährlichsten Ecken der Stadt, an der sich Diebe und Räuber ein Stelldichein geben. Das Warenangebot ist jedoch unverändert geblieben: Die Vielfalt der Kräuter und Gewürze dürfte seinesgleichen suchen. Als Händler haben die Inder nicht nur in Süd-, sondern auch in ganz Ostafrika außerordentlichen Erfolg. In Kenya, Tanzania und Zambia stellen sie eine kleine, aber wirtschaftlich beherrschende Minderheit dar. Ugandas früherer Diktator Idi Amin hatte sie deswegen, unter dem Beifall weiter Teile der schwarzen Bevölkerung, vertrieben. Auch in Südafrika war das Zusammenleben von Indern und Afrikanern nicht immer unproblematisch. Am 13. Januar 1949 kam es im indischen Geschäftsviertel von Durban völlig unerwartet zu gewalttätigen Auseinandersetzungen zwischen Indern und Schwarzen. Die

Skyline von Durban

traurige Bilanz einer blutigen Nacht: 200 Tote und über tausend Verletzte.

Die vergoldeten Minarett-Kuppeln der **Juma-Moschee** 16 an der Commercial Road weisen den Weg. Sie gilt als die größte Moschee in Afrika südlich der Sahara. Doch Muslime sind unter Südafrikas Indern die Minderheit. Die meisten sind Anhänger von Hindu-Kulten. Hindu-Tempel in phantasievoll-exotischer Architektur sind in Durban weitaus zahl-

reicher als Moscheen. In den Läden der der Juma-Moschee benachbarten **Oriental Arcades** 17 finden sich indischer Schmuck und Saris.

Nirgendwo ist Durbans Lokalkolorit so konzentriert und so augenfällig wie im Lokal Queen's Tavern 18. Das elegante, weiß getünchte viktorianische Gebäude, in den neunziger Jahren des letzten Jahrhunderts erbaut, steht dank der Entschlossenheit der Eigentümer,

Die Juma-Moschee an der Commercial Road

die zwecks Erhaltung eine Art Bürgerinitiative gestartet hatten, wie ein Relikt aus einer anderen Welt inmitten von Supermärkten und Industrieanlagen. Gravierte Glasfenster, Barspiegel und -theke (rund und aus Holz) sind noch original, ebenso die zahlreichen Details der Inneneinrichtung – darunter ein Tigerfell an der Wand –, die von einer in ungebrochener Tradition stehenden Wirtshauskultur zeugen.

Das **Old Fort** 19, 1842 zum Schutz der britischen Streitkräfte vor den angreifenden Buren errichtet, liegt am nördlichen Rand der Innenstadt. Es enthält in einem Museum eine Sammlung von Erinnerungsstücken aus den Gründerjahren Natals. In den **Botanic Gardens** 20 am nordwestlichen Rand der Stadt sind tropische und subtropische Pflanzen aus aller Welt sowie eine Orchideensammlung zu sehen.

Ausflüge von Durban

Pietermaritzburg

Von **Durban** 1 aus über die alte Straße nach Pietermaritzburg 2 (S. 357) führt die Fahrt 80 km lang durch eine reizvolle, dicht besiedelte Landschaft: das Tal der tausend Hügel, Inbegriff des Zululands. In Pietermaritzburg, kurz PMB genannt, ließen sich die Voortrekker Gerrit Maritz und Pieter Retief 1838 nach der Schlacht am Blutfluß nieder. Bis 1843 war es sogar Hauptstadt der – kurzlebigen – Republik Natalia. Doch dem Sieg der Voortrekker über die Zulu folgte die Niederlage gegen die Briten; englische Truppen rückten ein.

PMB mit seinen historischen Bauten und kulturellem Reichtum ist vom Charme des viktorianischen Zeitalters geprägt. Keine andere Stadt Südafrikas besitzt so enge winklige Gassen. Vor dem **Imperial Hotel** an der Loop Street steht noch immer die Stange, an der früher Besucher ihre Pferde anbanden. Das 1847 erbaute **Old Voortrekker House,** mit Decken aus Yellowwood und Fliesenböden, versetzt den Besucher in die Zeit der Voortrekker zurück, ebenso wie das **Voortrekker Museum** in einem Gebäude im kapholländischen Stil, das ursprünglich als Kirche errichtet wurde. Hier ist u. a. ein Original-Planwagen und der aus Eisenholz geschnitzte Stuhl des Zulu-Chief Dingane zu besichtigen.

25 km entfernt sind die **Howick Falls** 3 ein beliebtes Ausflugziel. Der Umgeni River fällt hier 95 m senkrecht in eine Schlucht. Die Fälle sind zur Regenzeit besonders eindrucksvoll.

Nördlich von Durban

Die Mehrzahl der deutschsprachigen Südafrika-Touristen zieht für einen

Die Umgebung von Durban

Shakaland

Zehn Kilometer nördlich von Eshowe führt eine holprige Piste durch eine idyllische Hügellandschaft in ein Zulu-Dorf, das aussieht wie aus dem Bilderbuch (S. 359). Die strohgedeckten Lehmrundhütten haben Ähnlichkeit mit Bienenkörben. Ein großer runder Platz, mit Ästen eingezäunt, nimmt das Vieh auf. Shakaland war einer der Drehorte der weltweit vertriebenen Fernsehserie ›Shaka, der Zulu‹, die, in den 80er Jahren gedreht, das Leben des ›schwarzen Napoleons‹ zum Gegenstand hatte, eine Mischung aus Legende und Geschichte.

Heute ist Shakas Kral Teil der Protea-Hotelkette. Im Dorf wurden geräumige Rundhütten – klimatisiert und mit Badezimmern – aufgestellt, in denen die Gäste wohnen. Ein kleiner Swimmingpool in der Dorfmitte bietet einen weiten Blick über die umgebende Hügellandschaft.

Zum Rahmenprogramm eines Aufenthalts gehören eine Einführung in Sitten und Gebräuche der Zulu, traditionelle Tanzdarbietungen und Wanderungen zu ›echten‹ Zulu-Dörfern in der Umgebung. Das Restaurant mit einem üppigen Buffet bietet auch lokale Gerichte; abends brennt hier ein offenes Feuer. Initiator des Projekts ist Barry Leitch, ein weißer Südafrikaner, der bei der Fernsehserie für Choreographie und Tanzdarbietungen verantwortlich zeichnete. Er wuchs im Zululand auf und kennt die Zulu-Kultur von klein auf.

Barbusige Zulu-Frauen nehmen dem Ankömmling die Koffer ab und geleiten ihn zu seiner Hütte. Ein schwergewichtiger Chief erzählt und erklärt mit Hilfe eines englischsprechenden Dolmetschers. Hirsebier wird gereicht. Abends schwingen die Tänzer im Schein des Feuers zum Klang der Trommeln die Speere, feuern sich gegenseitig mit Schlachtrufen an und bringen mit stampfenden Füßen den Lehmboden zum Vibrieren.

Das Ganze entbehrt nicht der Künstlichkeit. Es gibt keinen Zweifel: Hier ist die Zulu-Kultur ein Produkt der Tourismus-Industrie geworden. Doch es gibt kaum einen Besucher, der nicht für ein, zwei Tage Gefallen an der reizvollen Landschaft, der sauberen Luft und ruhigen Lage des Orts findet und Interesse an den Darbietungen der Zulu von Shakaland. Das Produkt hat seinen Markt, schafft Arbeitsplätze und bringt Einnahmen. Tourismus, auch dieser Art, ist angesichts der schwierigen Situation der südafrikanischen Volkswirtschaft sehr hilfreich.

Dorf im Zululand

Badeaufenthalt den 18 km entfernten Badeort **Umhlanga Rocks** 4 (S. 360) dem Rummel der Golden Mile vor (Der Ortsname, *umschlanga* ausgesprochen, bedeutet ›Schilf‹ auf Zulu), das über einen schönen Strand und mehrere Hotels der höheren Kategorien verfügt. Doch Vorsicht: Obwohl Natals Küste ganzjährige Saison hat, kann es hier im europäischen Sommer, dem südafrikanischen Winter, ungemütlich kühl und regnerisch sein. Dann kann der Gast auch die Freuden der Großstadt vermissen, die Durban durchaus bietet. Die Busverbindung nach Durban ist eher mangelhaft.

Umhlanga Rocks ist Sitz des ›Natal Shark Board‹, das in den letzten drei Jahrzehnten die Küsten mit doppelten Fischnetzen aus Nylon zum Schutz gegen Haifische versehen hat. Diese sollen jetzt durch elektronische Systeme ersetzt werden, die Haie mit Stromschlägen abwehren. Von Umhlanga Rocks führt die Straße an Zuckerrohrfeldern vorbei nach **Stanger** 5 , 67 km von Durban entfernt, wo das Grab Shaka Zulus zu sehen ist. Über den Tugela-River spannt sich eine der längsten Brücken Südafrikas ins Zululand. Nach weiteren 48 km biegt man in Gingindlovu von der Küstenstraße ins Landesinnere ab und gelangt nach 26 km nach **Eshowe** 6 , wo das Nongquai Fort von 1883 mit dem Historischen Museum des Zululands sowie der Kral des Zulu-Bildhauers Ntuli und das Dlinza Forest Reserve zu besichtigen sind. Von Eshowe aus führt die R 68 nach Melmoth. Ca. 50 km nordwestlich des Ortes liegt der rekonstruierte **Kral** 7 des Zulu-Chief Dingane, der in die Geschichte einging, als er am 6. Februar 1638 Piet Retief und seine Gefolgsleute ermorden ließ.

Richards Bay 8 (S. 359) ist vor allem durch seinen neuen Hafen zur Kohleverladung bekannt. In der Nähe liegt das **Richards Bay Nature Reserve,** an der Küste zwei weitere Naturschutzgebiete, das **Mtunzini**- und das **Umlalazi Nature Reserve** 9 . Das Dukudu Forest Reserve nördlich von **Mtubatuba** 10, ein tropischer Küstenwald mit reichem Vogel- und Schmetterlingsbestand, ist ideal für Wanderungen und Ausgangspunkt für Besuche der Wildreservate **St. Lucia** 11, **Umfolozi** 12 und **Hluluwe** 13 (S. 352). Noch weiter nördlich in Richtung Mosambik liegen **Sodwana Bay** 14 (S. 359) und der **Mkuzi Game Park** 15.

Südlich von Durban

Nach Süden hin liegen zahlreiche Badeorte, die meist über Meeres-Swimmingpools und geschützte Strände verfügen: **Amanzimtoti** 16, 27 km von Durban entfernt, das auch ein Vogelschutzgebiet (Umdomi Bird Sanctuary) bietet; in **Umkomaas** 17, 47 km von Durban, gibt es einen attraktiven Golfplatz. Zwischen Umkomaas und Umgababa liegt ein Zulu-Kral mit einem Tauschplatz (Indali). **Scottburgh** 18, 56 km von Durban, verfügt über einen Meisterschafts-Golfplatz und eine Miniatureisenbahn. Von Park Rynie, 62 km von Durban, führt eine Schmalspurbahn durch Zuckerrohrfelder zum 1100 m hoch gelegenen **Ixopo**. An der Strecke liegt das **Vernon Crook's Nature Reserve** 19, wo Safaris zu Fuß unter Führung angeboten werden. **Ifafa Beach, Hibberdene** 20, **Sunwich Port** und **Southport** bieten schöne Strände.

Von **Port Shepstone** 21, 120 km von Durban entfernt, führt eine Straße zur dicht bewaldeten **Oribi-Schlucht** 22. Sie ist nach dem Bleichböckchen (Oribi) benannt, ca. 24 km lang, 5 km breit und 400 m tief – eine ideale Region für Fußwanderungen. Zwischen Shelly Beach, 128 km von Durban und **Port Edward** 23 (S. 358), das 170 km von Durban entfernt liegt und über einen breiten Strand und Palmenhain verfügt, erstreckt sich die **Hibiscus Coast** mit dem Badeort Uvongo, der von wilden Bananenbäumen und Palmen umgeben ist. Die Region ist auch besonders wegen der 25 m hohen Wasserfälle des Vungu sehenswert. **Margate** 24, wo im Mai das Hibiskusfest gefeiert wird, der beliebteste Badeort Natals, veranstaltet im Mai eine Luftfahrtschau; **Ramsgate** ist ideal für Wasserski. 5 km südlich sind bei Ebbe **versteinerte Bäume** 25 zwischen den Felsen zu sehen.

Von Durban nach Johannesburg (530 km)

Die Nationalstraße N3 im Westen **Durbans** 1 führt über Pietermaritzburg, das 79 km von Durban entfernt liegt. Parallel dazu verläuft die landschaftlich schönere alte Hauptstraße. In **Howick** 2 gibt es die malerischen **Howick-Wasserfälle** 3 zu sehen, ein beliebtes Fotomotiv. Das Howick Falls Hotel von 1872, das Mark Twain und Henry Morton Stanley zu seinen Gästen zählte, hat bessere Tage gesehen. In einem anderen schönen viktorianischen Haus ist heute das Museum untergebracht. 22 km von Howick entfernt auf der Straße nach Greytown liegen inmitten einer üppigen Landschaft die **Albert Falls** 4, die nur wenige Meter hoch sind.

Weiter nördlich führt von dem abseits der N3 gelegenen Ort Nottingham Road eine Nebenstraße durch prachtvolle Berglandschaft nach **Himeville** 5, einem beliebten Ferienort, der bereits 1554 m hoch liegt und Forellenfischern als Basis dient. Von hier aus windet sich eine noch kleinere, schwierige und verhältnismäßig steile Straße über den 2873 m hohen **Sani-Paß** nach Lesotho

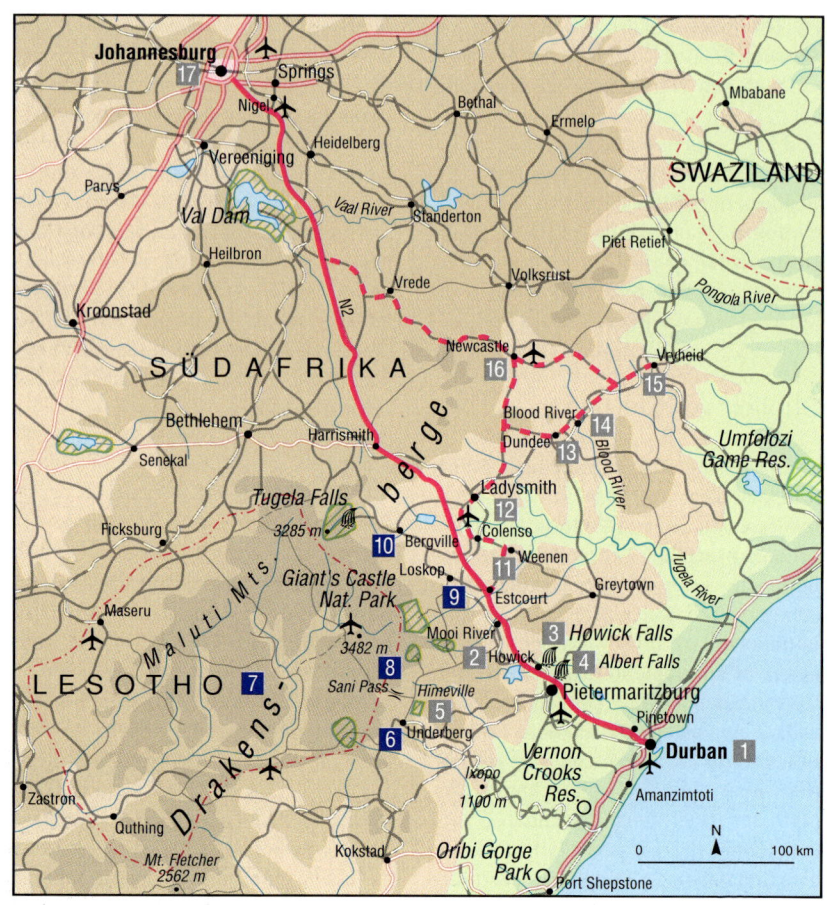

Von Durban nach Johannesburg

(S. 282 und 377; auch über Ladybrand von Blomfontein aus erreichbar). Von der Paßhöhe bietet sich ein herrlicher Blick auf den 3482 m hohen **Thaba Ntlenyana** 8, den höchsten Berg im südlichen Afrika.

Auch von Rosetta, Mooi River (S. 356), Estcourt und Frere zweigen Nebenstraßen zu den **Drakensbergen** 7 (S. 349) ab, wo sich in 1200–1800 m Höhe zahlreiche Ferienorte befinden. Die bekanntesten sind **Underberg** 6, **Loskop** 9 und **Bergville** 10. Die bis über 3000 m ansteigenden Drakensberge sind der höchste Teil des sogenannten Great Escarpment und eine der schönsten Ferienregionen Südafrikas, besonders für Bergwanderer. An der Grenze zu Lesotho reihen sich mehrere Naturparks aneinander: Giant's Castle, Champagne Castle, Cathedral Peak, Mont aux Sources, die grandiose Szenerien darstellen. Zum Wandern, Bergsteigen, Reiten und Forellenfischen sind die Drakenberge ideal. Von Mai bis September sind die Gipfel zeitweise schneebedeckt. Die Höhlen der Drakensberge waren einst die letzten Zufluchtsorte der San, so daß an vielen Stellen Felszeichnungen, die letzten Relikte dieser alten Kultur, zu besichtigen sind.

Die N 3 führt nun durch die Natal Midlands. So friedlich die Landschaft erscheint, so blutig ist die Geschichte, deren Schauplatz sie war. Es ist die Region, in der Shakas Zulu-Krieger auf die Voortrekker stießen, die schließlich ihre Macht am Blutfluß brachen. Drei Jahrzehnte später war es der Krieg zwischen Buren und Briten, der den Boden mit Blut tränkte.

Weenen **11**, 30 km östlich von Colenso, ist der historische Ort des ›Weinens‹, wo die Voortrekker in einem Hinterhalt der Zulu ermordet wurden. Das örtliche Museum informiert über den geschichtlichen Hintergrund. In **Ladysmith 12** (S. 356) waren es viele Engländer, die bei einer Belagerung während des Burenkrieges starben. Auch hier ruft ein Museum die schreckliche Zeit in Erinnerung.

Dundee 13 ist Zentrum der Kohleindustrie, aber auch ein historisches Schlachtfeld, an das das Talana-Museum erinnert. Nordöstlich der Stadt an der Straße nach Vryheid liegt **Blood River 14**, wo das Laager der Voortrekker in Bronze rekonstruiert worden ist (S. 192). **Vryheid 15** war Hauptstadt der ›New Republic‹, die weiße Söldner 1884 auf dem Land gründeten, das sie für ihre Dienste vom Zulu-König Dinuzulu erhalten hatten. **Newcastle 16** (S. 357) ist eine bedeutende Industriestadt. Touristen können das Stahlwerk besichtigen. In unmittelbarer Nähe der Stadt liegen die Schauplätze der berühmten Schlachten von Majuba Hills, Laing's Neck und Ingogo. Von Newcastle aus gelangt man schnell in das wuchernde Einzugsgebiet der Millionenmetropole Johannesburg **17**.

Landschaft in den Drakensbergen

Ausflug ins Königreich Lesotho

Im Südosten Afrikas steigt das südafrikanische Hochland – Highveld – besonders stark, bis über 3000 m, an, so daß die Berge im Winter regelmäßig schneebedeckt sind. War es eine Laune der Geschichte und der Geographie? Hier, gleichsam im Ozean des Territoriums der Republik Südafrika, liegt inselförmig das kleine Königreich Lesotho. Man erreicht es entweder von der N3 aus über den Sani-Paß oder, von Bloemfontein kommend, über Ladybrand.

Als Reisender braucht man in Lesotho unbedingt ein Auto. Ohnehin besteht das Gros der Touristen aus Südafrikanern, die im eigenen Wagen anreisen, oder ausländischen Reisenden, die in Südafrika einen Wagen gemietet haben und im Rahmen einer Südafrika-Rundreise auch Lesotho und Swaziland mitnehmen. Johannesburg liegt eine Flugstunde oder viereinhalb Autostunden von Maseru entfernt. Der wichtigste Grenzübergang liegt am westlichen Stadtrand von Maseru, eine schmale, einspurige Brücke, über die in regem Verkehr Fußgänger, Eisenbahn und Autos ziehen.

Geschichte

Als Anfang des 19. Jh. im heutigen Südafrika die holländischen Siedler, die britischen Imperialisten und die von Norden eingewanderten afrikanischen Nguni-Völker aufeinanderstießen und diese, unter dem Zulu-König Shaka vereint, die Afrikaaner mit einem blutigen Krieg überzogen, sammelte der Basotho-König Moshoeshoe die auf der Flucht vor Shakas Armee verstreuten Überreste seines Volkes um sich und führte sie 1824 in die Maluti-Berge. Dort ließ er sich auf einem abgeflachten Bergmas-

siv nieder, das er Thaba Bosiu, den Berg der Nacht, nannte, weil er es erst nach Einbruch der Dunkelheit und nach einem aufreibenden Marsch erreicht hatte.

Der Ort war eine ideale Festung, von Natur aus uneinnehmbar. Zudem fanden sich hier saftige Weiden und Wasser im Überfluß. Vor dem Hintergrund der Kriegswirren stießen weitere Flüchtlinge hinzu. So gelang es Moeshoeshoe, 1836 das Basotho-Reich Lesotho zu gründen, das bald ebenso berühmt und bekannt wurde wie das Zulu-Reich Shakas. Doch während Shakas Ruhm kriegerischer Natur war, ging Moshoeshoe als Diplomat in die Geschichte ein. Der Südafrikaner Allistair Sparks gibt ihm in seinem Buch ›The Mind of South Africa‹ die besten Noten. »Er war scharfsinnig, feinfühlig, großzügig und zeigte durch seine Taten, daß er zutiefst menschlich empfand. Er rettete das schwarze Südafrika im dunkelsten Zeitalter.«

In seiner Bergfestung widerstand er lange dem Expansionismus der Afrikaaner des Oranje-Freistaats. Als diese ihn schließlich mit Krieg überzogen und immer mehr in die Enge trieben, entschied er sich für das geringere Übel: Wie auch die Swazi und Tswana suchte und fand er – was sich rückblickend als Segen erwies – den Schutz der Briten, die den Druck auf die östliche Grenze ihrer Kapprovinz durch einen erneuten Flüchtlingsstrom fürchteten.

So wurde Lesotho 1868 britisches Protektorat und, während die schwarzen Völker der Republik Südafrika bis 1994 auf ihre politischen Rechte warten mußten, erhielten die Basotho schon 1966 die volle Unabhängigkeit. Sie sind stolz darauf, daß niemand sie je vom Berg der Nacht, der heute noch über eine einzige Straße zugänglich ist, vertrieben hat und daß ihre Monarchie, die mit einer

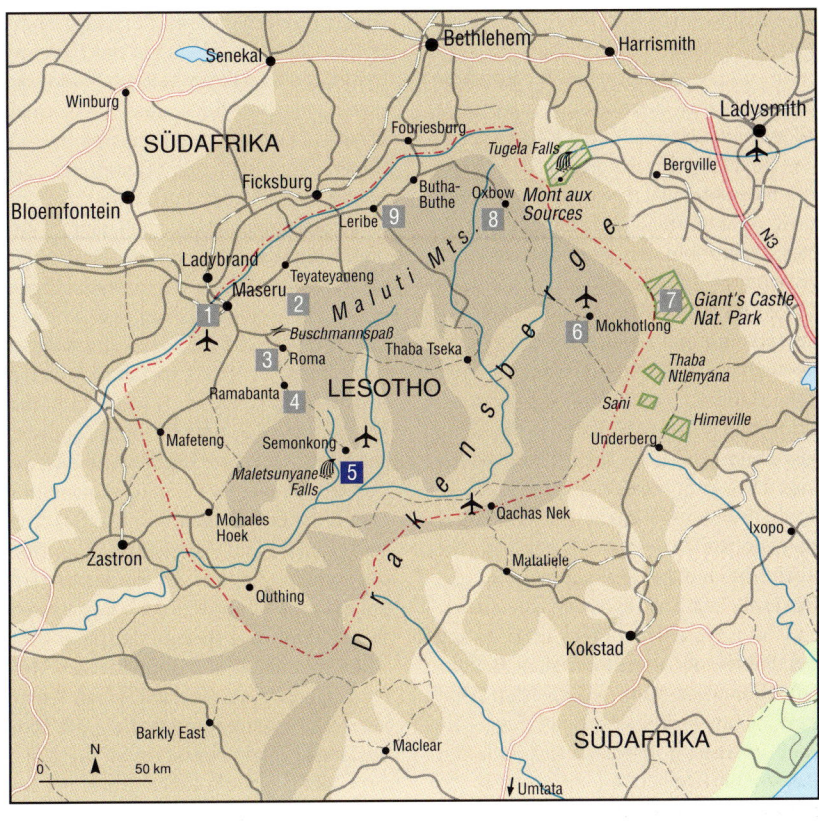

Das Königreich Lesotho

Versammlung von Chiefs regierte, schon immer weitgehend demokratischen Charakter hatte.

Als souveräner Staat wurde Lesotho konstitutionelle Monarchie unter König Moshoeshoe II. Sieger bei den ersten Wahlen war Chief Leabua Jonathan, Führer der Basutho National Party (BNP). Doch, wie fast überall in Afrika, fiel auch Lesotho beim ersten Test der Westminster-Demokratie durch: Als Jonathans Partei 1970 die Wahlen verlor, annullierte der Premier sie und ließ die Oppositionsparteien verbieten. Der König ging daraufhin auf eigenen Wunsch ins Exil, kehrte aber bald unter Inkaufnahme

einer Beschränkung seiner Macht wieder zurück.

Wirtschaftlich wie auch politisch war Lesotho vom Apartheid-Südafrika abhängig: Als der autoritäre Jonathan 1982 ein stillschweigendes Arrangement mit dem ›großen Bruder‹ aufgab, den Guerilleros des African National Congress Zuflucht gewährte und mit Radikalen aller Art – den Sozialisten in Mosambik, den Kubanern und Nordkoreanern – flirtete, fielen 1982 südafrikanische Truppen in Maseru ein und töteten ANC-Mitglieder – angeblich waren vom Territorium Lesothos Sabotageakte ausgegangen. Zudem verhängte Südafrika eine Grenzblockade, die das Land prompt in eine Krise stürzte.

In dieser bedrohlichen Situation putschte 1986 General Justin Lekhanya, allem Anschein nach mit Unterstützung der Bevölkerung. Sofort hob Südafrika die Blockade auf; in einem Sicherheitspakt vereinbarten beide Länder, von ihrem Territorium ausgehende feindliche Akte gegen den anderen zu unterbinden. Chief Jonathan wurde in Pension geschickt und starb wenig später. Wieder versuchte die Militärregierung, die politische Bedeutung des Monarchen zu untergraben. Wieder, 1990, ging der König ins Londoner Exil. Nachfolger wurde sein ältester Sohn als König Letsie III. Im April 1991 wurde Lekhanya jedoch seinerseits durch die Armee gestürzt, die auch die Macht übernahm, aber die Rückkehr zur Zivilregierung einleitete.

In den Wahlen im März 1993 errang der Führer der oppositionellen Basutoland Congress Party (BCP), Ntsu Mokhele, einen erdrutschartigen Sieg. Die BNP übernahm ihrerseits die Rolle der Opposition. Da setzte im Einvernehmen mit der eher BNP-freundlichen Armee König Letsie im August 1994 Mokhele ab, mußte ihn aber wenig später, vor allem auch auf Druck des südafrikanischen Präsidenten Mandela hin, wieder ins Amt berufen. Und wieder kehrte König Moshoeshoe aus dem Exil zurück. Er starb im Januar 1996 bei einem Verkehrsunfall.

Wirtschaft und Politik

Lesotho ist wegen seiner Insellage in hohem Maße von Südafrika abhängig. Nicht nur 95 % der Importe kommen von dort, auch 40 % der Staatseinnahmen stammen aus der Zollunion mit Südafrika, der außer Lesotho und Südafrika auch die fast ebenso abhängigen Staaten Swaziland und Botswana angehören. Die Überweisungen der Minenarbeiter, die aus Lesotho nach Südafrika gehen, machen 60 % des Bruttosozialprodukts aus. Auch die meisten Investitionen kommen aus Südafrika; die Löhne sind in Lesotho niedriger.

In Südafrika leben noch einmal genauso viel Basotho wie in Lesotho. Zudem arbeiten 60 % der arbeitsfähigen männlichen Bevölkerung Lesothos – 120 000 von 200 000 – in Südafrika in den Minen. Zu Hause bieten sich wenig Arbeitsmöglichkeiten. Nur ca. 15 % der Fläche des Königreichs sind landwirtschaftlich nutzbar. Darüber hinaus gehen jährlich weitere 2 % der Gesamtfläche durch Erosion verloren. Die Basotho sind traditionell Viehzüchter. Die Zahl der Schafe, Ziegen und Rinder beträgt ungefähr das Doppelte der 1,8-Millionen-Bevölkerung. Sie fressen das Land kahl.

Arbeitsplätze in bescheidenem Umfang haben auch die zahlreichen Kunsthandwerkszentren geschaffen, die über das ganze Land verstreut sind. Die Wolle der Mohair-Schafe (ebenso wie die Basotho-Ponies eine Lesotho-Spezialität) wird versponnen und zu Knüpfteppichen verarbeitet, Artikeln, die ebenso wie Töpferarbeiten von Touristen gern gekauft werden. Doch die Vasen und Tassen sind von der japanischen Keramik inspiriert; original hingegen ist der kegelförmige geflochtene Basotho-Hut, den es überall zu kaufen gibt. Er bietet idealen Schutz gegen die Höhensonne.

Wasser, eine Kostbarkeit im sonst von Trockenheit geplagten südlichen Afrika, ist Lesothos einziger Reichtum. Früher lief alles ungenutzt durch das Senqu-Oranje-Flußsystem in den Atlantik ab. Jetzt soll es in das Flußsystem des Vaal umgeleitet werden. Mit dem Highland Water Project, einem Jahrhundertwerk, dem größten Projekt in der Ge-

Traditionelle Heilerin in Lesotho

schichte des Landes, soll das Wasser ge-staut werden, um es einerseits zur Erzeu-gung von Elektrizität zu verwenden und andererseits an Südafrika zu verkaufen, das ernste Wasserprobleme hat. 1987 begonnen, wurden 30 Jahre Bauzeit und Kosten von 3 Mrd. Dollar veran-schlagt. Ein 82 km langer Tunnel durch die Maluti-Berge wurde 1995 bereits fertiggestellt. Allein der Bau schafft Tau-sende von Arbeitsplätzen. Dabei sollen die Umweltfolgen – aus früheren Feh-lern hat man gelernt – verhältnismäßig gering sein, ebenso wie Zahl der Men-schen, die umgesiedelt werden müssen, und der Verlust an landwirtschaftlich ge-nutzter Fläche durch Überflutung.

Klima
Je höher die Berge ansteigen, um so menschenleerer wirkt die Region. Die Siedlungen liegen in den Tälern und sind durch Saumpfade verbunden. Der Som-mer reicht von November bis Januar.

Dann ist es tagsüber heiß (20–30 °C) und nachts kühlt es angenehm ab, vor allem auch in den Bergen. Im Sommer sind die Täler grün, die zerklüfteten Fel-sen bieten sich dem Auge in blau-schwarzer Farbe dar. Die Dreitausender stehen in dunkler Wildheit vor dem wechselnden Lichtspiel des Himmels, der bei Sonnenuntergang in Form und Farbe der Kulisse eines Opernfinales gleicht. Hellblau, Gold und Rosa mit Ku-mulus-Wölkchen verziert. Im Winter (Mai bis Oktober) kann es jedoch selbst in Maseru empfindlich kalt werden.

Maseru
Die Hauptstadt Maseru **1** (S. 375) mit circa 80 000 Einwohnern bietet we-nig: Statt eines afrikanischen open-air-Marktes nur stereotype Einkaufszentren nach Woolworth-Art, ein paar reizvolle Gebäude aus der Kolonialzeit sowie eine massig-braune Kathedrale in einem ro-manisch inspirierten Stil.

Das Lesotho-Sun Cabanas-Hotel in Zentrumsnähe beherbergt auch Büros und hat eine geschäftige Atmosphäre, während das Maseru-Sun-Hotel, etwas außerhalb auf einem Hügel gelegen, verschlafen wirkt, dafür aber einen reizvollen, weiten Blick bietet. Das schäbigere Viktoria-Hotel inmitten des Zentrums, das nur halb so teuer wie die Sun-Hotels ist, hat dagegen schon eher Lokalkolorit. Es liegt gleich gegenüber einem bescheidenen 9-Loch-Golfplatz und hat eine Terrasse mit Blick auf die Hauptstraße. Am Spätnachmittag trinken hier bessergestellte Einheimische ihr Bier, nachdem sie im Health-Club Gymnastik betrieben haben. Ganz Mutigen sei Maserus Lakeside-Hotel empfohlen, das außerhalb der Stadt im Industriegebiet liegt und vorwiegend von Einheimischen und ausländischen Afrikanern frequentiert wird. Hier soll an Lokalkolorit kein Mangel herrschen, wenn auch die Sauberkeit zu wünschen übrig läßt.

Reisen in Lesotho

Die landschaftlich schönste Region erstreckt sich in den **Drakensbergen** (S. 349), die auch auf der südafrikanischen Seite eine Touristenattraktion sind, längs der südöstlichen Grenze zwischen Transkei und Südafrika. Da Individual-Taxis selbst in der Hauptstadt praktisch unbekannt sind, ist ein Mietwagen, noch besser, ein vierradgetriebener, zu empfehlen. Viele Ortsansässige kaufen in der nächsten südafrikanischen Stadt – Ladybrand – ein. In Südafrika ist praktisch alles billiger. Es gibt auch Mini-Busse, die mehr oder weniger regelmäßig – im Winter kann bis zu einem halben Meter Schnee liegen – zwischen den Ortschaften verkehren. Aber sie haben häufig Unfälle – viele Fahrer sind alkoholisiert.

Übernachtungsmöglichkeiten der bescheideneren Kategorie stehen unterwegs zur Verfügung – Hotels, Rundhütten, Missionsstationen, landwirtschaftli-

Empfindlich kalt können die Winter in Lesotho sein

Dorf in den Maluti-Bergen

che Ausbildungsstätten (Agricultural Training Centres) – und mit Erlaubnis des örtlichen Chiefs kann man überall sein Zelt aufschlagen.

Für eine Besichtigungstour kann man mit dem Bus nach **Ramabanta** fahren, von dort zu Fuß oder mit Sammeltaxi nach Semonkong und hier die **Maletsunyane-Fälle** besichtigen – mit 192 m sind sie die höchsten Wasserfälle im gesamten südlichen Afrika. Dann geht es weiter nach Qachas Nek (S. 375) an der Transkei-Grenze oder in der anderen Richtung nach **Mokhotlong** und **Oxbow** (S. 375), das über eine Lodge verfügt und ein richtiger Wintersportort mit Skilift ist.

Doch Vorsicht: Dörfer und menschliche Siedlungen sind selten und weit verstreut in dieser Gegend. Man muß schon Selbstverpfleger sein und mitunter sogar den eigenen Wasservorrat mit sich führen. Nördlich von **Roma** und am 3312 m hohen **Giant's Castle** im äu-

ßersten Westen des Landes sind Felszeichnungen der San zu besichtigen und auf halbem Wege zwischen **Butha-Buthe** und **Leribe** versteinerte Fußabdrücke von Dinosauriern.

Eine Touristenattraktion sind auch die **Ausritte.** Schottische Missionare haben vor fast 200 Jahren das Pferd in Lesotho eingeführt, das sich im Bergland schnell als ideales Mittel der Fortbewegung erwies.

Das zähe und leistungsfähige Basutho-Pony ist im Laufe der Zeit mit Pferden, die aus Java in die südafrikanische Kapprovinz importiert worden waren, gekreuzt worden und hat sich durch Akklimatisierung zur eigenen Rasse entwickelt. Immerhin ist historisch belegt, daß König Moshoeshoe sich schon 1830 zu Pferde bewegt hat.

Gleich hinter dem 2226 m hohen Buschmannspaß  liegt ein Gestüt: Das Basotho Pony Projekt hat 40 Pferde und bietet Tagesausritte zu den 3 km

Outward Bound

Im übrigen macht der Lesotho-Tourismus aus der Not eine Tugend. »Abenteuer stehen nicht im Reiseführer, und die Schönheit der unberührten Natur ist nicht auf der Karte verzeichnet«, verkündet der kleine Prospekt von Outward Bound, das sich als Erziehungs- und Trainingsinstitution versteht. Das Zentrum, einstöckige Bungalows zur Unterbringung der Kursteilnehmer, ein kleines Büro und ein paar Geräteräume, liegt in Thaba Phatsoa am Fuße der Maluti-Berge. Seile und Strickleitern in der Nähe, die Bäume hinauf in schwindelerregende Höhen führen, deuten an, um was es hier geht. »Die meisten bersten vor Tatendrang, wenn sie ankommen«, erzählt eine italienische Assistentin, die es hierhin verschlagen hat. »Doch nach ein paar Tagen sind sie nur noch ein Häufchen Elend.«

Outward Bound, 1941 von Lawrence Holt und Kurt Hahn in England gegründet, hat weltweit 46 Zentren und eine eigene Philosophie, die zuerst einmal darin zu bestehen scheint, die physische Erschöpfung herbeizuführen. Wer teilnehmen will, muß ein ärztliches Attest vorlegen. »Er braucht nicht in guter physischer Form zu sein«, verkündet der Prospekt – die stellt sich bei Outward Bound schon bald von selbst ein –, »aber sein Gesundheitszustand muß so beschaffen sein, daß die Gefahr des Zusammenbruchs auf ein Minimum beschränkt ist«.

entfernten Leboela-Fällen und durch das Makhaleng-Tal zu den 8 km entfernten Qiloane-Fällen an. Spitzenangebot ist jedoch der Ritt zu den Maletsunyane Falls 5, den höchsten Wasserfällen des südlichen Afrika. Er dauert eine ganze Woche.

Stunden- und Tagesausritte werden vom staatlichen Fremdenverkehrsbüro in Maseru arrangiert. Ziel ist meistens ein Wasserfall, in der Regel ein idyllisch gelegener Platz. Das Wasser, glasklar und sauber, ist bilharziosefrei, so daß man auch unbesorgt baden kann.

Outward Bound bietet Intensiv-Wochenkurse für Top-Manager, aber auch normale Individuen, die ihr Potential ausschöpfen wollen. Mut, Selbstvertrauen und Teamgeist werden entwickelt, indem die Teilnehmer

systematisch an die Grenze ihrer Leistungsfähigkeit geführt werden. Mit Zelten, zu Fuß oder zu Pferde, geht es in die Berge. Speziell für Jugendliche – kostenlos, weil durch Stipendien finanziert – ist der ›Discoverer-Kurs‹: Mit Bergtouren oder Kanufahrten soll die durch Fernsehen und Disko-Besuch verkümmerte Eigeninitiative reaktiviert werden.

Rundreise durch den Norden und Nordosten (1150 km)

Man verläßt Johannesburg **1** nach Nordosten auf der Autobahn N1, die nach Zimbabwe führt. **Warmbaths** **2** (S. 361), 157 km von Johannesburg und

93 km von Pretoria entfernt, ist ein populäres Ferienziel mit radioaktiven Thermalquellen, die gut gegen Gicht und Rheuma sein sollen. **Nylstroom** **3** (183 km ab Johannesburg) liegt am Ufer des Klein Nyl, den die Voortrekker so bezeichneten, weil sie ihn für einen Quellfluß des Nil hielten. In der Tat waren sie dem Klein Nyl und später dem Limpopo mit ihren Booten gefolgt, im Glauben, auf diese Weise Ägypten zu erreichen, und schließlich in der Delagoa Bay nördlich von Maputo (Mosambik) gelandet.

Potgietersrus **4** (S. 358), 272 km ab Johannesburg, ist Zentrum des Tabak- und Erdnußanbaus. Der Name geht auf den Voortrekker-Führer Hendrik Potgieter zurück, der 1854 an dieser Stelle von Zulu-Kriegern des Chief Makapan getötet wurde. In der Umgebung sind Höhlen mit vorgeschichtlichen Funden; 40 km östlich liegt eine der größten Zitrusplantagen der Welt mit 500 000 Bäumen.

Pietersburg **5** (S. 357), 329 km von Johannesburg, Hauptstadt des nördlichen Transvaal, Zentrum eines Viehzuchtgebiets, bietet sich als Basis für Ausflüge in das gebirgige Hinterland und zum Kruger Park an. Die hübsche Kleinstadt verfügt über ein Naturreservat und Felsmalereien in der Nähe. Etwa 9 km südlich der Stadt liegt das Bakong-Malapa-Freilichtmuseum mit einem traditionellen Kral der Nord-Sotho. Von Pietersburg aus führt die Straße nach Norden allmählich abwärts in das sogenannte Bushveld. Eine landschaftlich reizvolle Strecke – Hügellandschaft mit afrikanischen Dörfern – führt in das ehemalige Homeland Venda bis nach **Punda Maria** **7**.

Venda im äußersten Norden Transvaals war zur Zeit der Apartheid sowohl flächen- als auch bevölkerungsmäßig das kleinste Homeland. Die Hauptstadt **Thohoyandou** **6** ist eine Stadt ohne

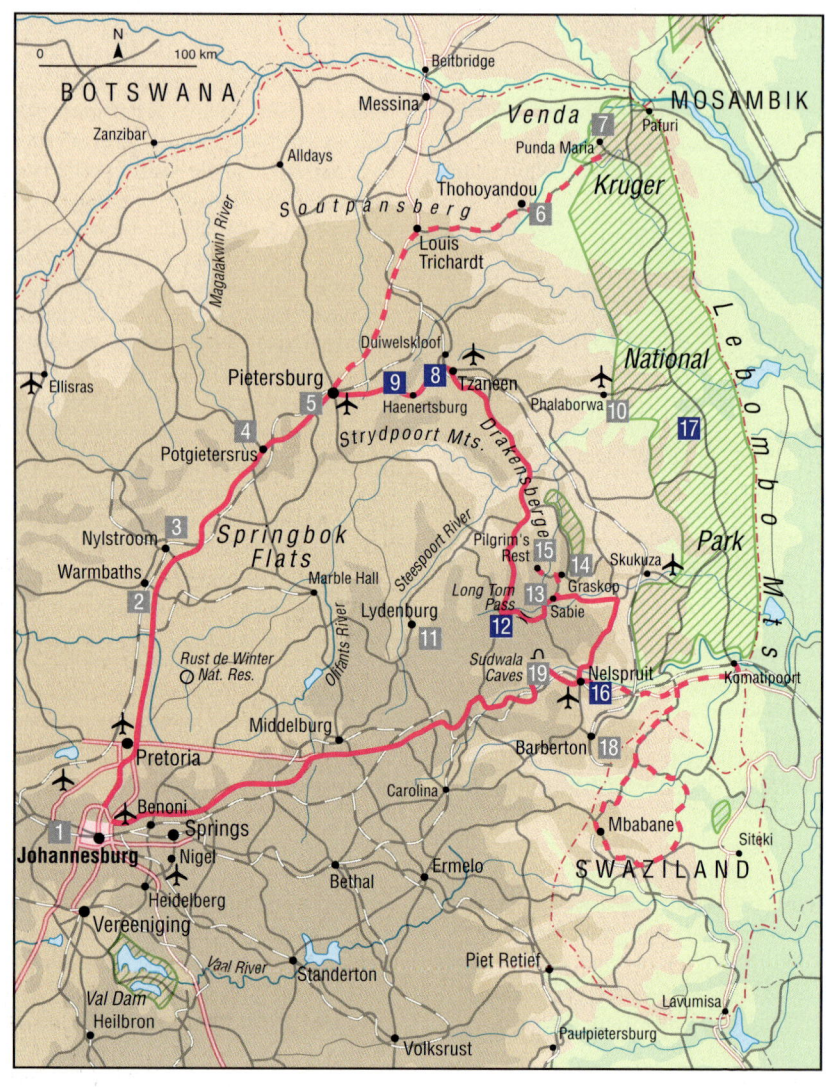

Rundreise durch den Norden und Nordosten

Kern, über mehrere Hügel verstreut, und besteht aus einem modernen und einem traditionellen Teil (Rundhütten). Die Venda, zu deren Initiationsriten der berühmte Schlangentanz gehört, sollen aus der ostafrikanischen Seen-Region stammen und bereits im 12. Jh. den Limpopo überschritten haben. Sie sind mit den Shona in Zimbabwe verwandt. Sehenswert sind die heiligen Plätze, die Dzata-Ruinen, 58 km von Thohoyandou entfernt. Es handelt sich hier um Überreste einer alten, wenig erforschten Bantu-Zivilisation.

Highveld und Lowveld

Die Drakensberge in Transvaal gehören zu den reizvollsten Landschaften im südlichen Afrika. Hier stoßen High- und Lowveld aufeinander, wobei der Höhenunterschied im Durchschnitt 1000 m beträgt. Die Pässe bieten wundervolle Ausblicke. Es ist der östliche Steilabfall, der sich hier von Norden nach Süden über 300 km erstreckt. Wo Flüsse durch das Escarpment dringen – der Olifants, Crocodile und Blyde River –, haben sie tiefe Schluchten gebildet. Das **Lowveld** in Ost-Transvaal liegt durchschnittlich 350 m hoch. Seine Savanne ist die Heimat der großen Wildtierherden. Regen fällt hier nur selten, im Winter sind die Nächte kühl, die Tage trocken und warm.

Menschliche Besiedlung gibt es im Lowveld erst, seit es Mittel gegen Malaria gibt und die Tsetse-Fliege ausgerottet ist. 1896 hatte die Rinderpest zu einem Massensterben unter denjenigen Tieren geführt, die Träger der Tsetse-Fliege sind. Als die Bestände sich erholten, kehrte die Fliege nicht wieder zurück.

Landschaft im östlichen Transvaal

Wer zum Kruger Park will, biegt hinter Pietersburg nach Osten in Richtung Tzaneen ab. Die 97 km lange Strecke von Pietersburg nach Tzaneen ist eine der schönsten Strecken Südafrikas ■ und bietet grandiose Ausblicke. Sie führt durch die Magoebas-Schlucht das Escarpment hinab vom High- in das Lowveld. Auf einer Strecke von 6 km, die durch dichten Wald führt, fällt sie 600 m ab. Wie grüne Decken bedecken Teeplantagen die Berge. Die Region bietet ideale Wandermöglichkeiten. Hinter **Haenertsburg** 9, bekannt durch sein Kirschblütenfest im Frühjahr, windet sich die Straße durch die Magoebaskloof (= Magoebasschlucht), die vom 2128 m hohen Iron Crown überragt wird. Seine Hänge sind reich an wilden Blumen, Orchideen und verschiedenen Farnarten. Das Klima ist besonders günstig für Cycadeen, eine baumartige Farnart, die hier gezüchtet werden und in vielen Farben und riesigen Büschen im Frühjahr in voller Blüte stehen.

Tzaneen 8 (S. 360), 427 km von Johannesburg, liegt in einem bevorzugten Anbaugebiet für tropische Früchte – Orangen, Bananen, Papayas, Avocados, Nüsse, Blumen und Gemüse. 32 km nördlich von Tzaneen befindet sich der Kral von Modadji, der legendären Regenkönigin des Lovedu-Stammes, der dem in Zimbabwe beheimateten Karanga-Volk angehört. Wie in Zimbabwe umgeben Steinmauern die Siedlungen, deren Reste noch heute zu sehen sind. Im Modadji Nature Reserve in der Nähe des Krals wachsen die Azaleen, die unter dem besonderen Schutz der Regenkönigin stehen.

Von Tzaneen aus ist der nächste Zugang zum **Kruger-Park** bei **Phalaborwa** 10, 554 km von Johannesburg entfernt, das 1957 auf dem Reißbrett entstanden ist, als die hiesigen Phosphat- und Kup-

ferminen ihren Betrieb aufnahmen. Die Minen können nach Voranmeldung besucht werden. Östlich der Stadt ist eine der Einfahrten zum Kruger-Park. Ebenso wie Skuzuza ist Phalaborwa Ausgangspunkt für kombinierte Flug-Bus-Safaris.

Lydenburg 11, die ›Stadt des Leidens‹, erhielt ihren Namen zur Erinnerung an die Strapazen, denen ihre Gründer in der malariaverseuchten Gegend ausgesetzt waren. Obwohl der Boden sehr fruchtbar ist, fanden sich nur wenige, die hier zu leben bereit waren. Das älteste Gebäude der Stadt ist die Voortrekker-Schule von 1851, die bis zur Vollendung der Voortrekker-Kirche von 1853 auch als Kirche diente. Daneben liegt die Niederländisch Reformierte Kirche von 1894.

57 km lang und auf 2149 m ansteigend ist der **Long Tom Pass** 12 von Lydenburg über die Drakensberge nach Sabie, eine der landschaftlich reizvollsten Strecken des südlichen Afrika. Der Paß ist nach einer 15-cm-Kanone aus dem Krieg zwischen Buren und Engländern benannt. Als die Briten Lydenburg im September 1900 eroberten, brachten die Buren die Kanone in den Drakensbergen in Stellung und beschossen die Stadt. Nach zwei Tagen gelang es den Briten, die Paßhöhe zu nehmen, doch die Buren hatten diese bereits mit Long Tom verlassen und setzten ihr Bombardement fort, nunmehr von unten.

Sabie 13, Ende des vorigen Jahrhunderts um eine Goldmine entstanden, ist heute Zentrum der Holzherstellung. Der gleichnamige Fluß fließt von einem am Rand des Escarpement gelegenen Plateau, das 1109 m hoch liegt, in mehreren spektakulären Fällen ins Lowveld. An der westlichen Seite wird das Plateau von dem höchsten Gipfel der Transvaaler Drakensberge, dem 2284 m hohen

Die Panoramaroute

Die Panoramaroute ist eine 70 km lange, besonders reizvolle Rundfahrt mit verschiedenen Abstechern, für die man durchaus einen vollen Tag veranschlagen kann. Sie führt von Graskop zum **Blyde River Canyon,** einer imposanten Schlucht aus rotem Sandstein, deren Wände fast einen Kilometer senkrecht abfallen. Auf 20 km fällt der Fluß hier 1000 m ab. Die Straße führt weiter nach Pilgrim's Rest und zurück nach Graskop über den Bergrücken. Hinter Graskop liegen die Pinnacle und Driekop Gorge sowie die Lisbon-Fälle und **God's Window** am Wege, das einen beeindruckenden Ausblick über das Lowveld bis nach Mosambik bietet. Von der steil abfallenden Felshöhe blickt man ins Lowveld. Es folgen Abzweigungen zu Pools im **Blyde River** und dem 80 m hohen Berlin-Wasserfall.

An der Kreuzung in Vaalhoek hat der Reisende die Wahl: Nach Norden führt der Weg zu den **Bourke's Luck Pot Holes,** zu denen die Felsgruppe der **drei Rondavels** eine eindrucksvolle Kulisse bilden. Die eigentliche Panoramaroute führt südwestlich nach **Pilgrim's Rest** 15 (S. 357). Hier ist der ganze Ort ein lebendiges Museum der Goldgräberzeit. Seine Blütezeit war 1874, als sich zu den Goldgräbern auch Händler und Barkeeper gesellt hatten. Aber 1876 nahm die Produktivität bereits wieder ab, und als sich die Nachricht verbreitete, daß Gold anderswo entdeckt worden war, setzte ein Exodus ein.

Das alte Goldgräberstädtchen Pilgrim's Rest

Mount Anderson, überragt. 50 km östlich von Sabie befindet sich einer der Zugänge zum Kruger National Park; man erreicht ihn über Hazyview (S. 351), wo es auch eine Unterkunft gibt. Landschaftlich überaus reizvoll ist die Strecke von Sabie nach **Graskop** . Hier finden sich zahlreiche Wasserfälle – die Sabie Falls, Horseshoe Falls, Bridal Veil Falls, Mac Mac Falls – und große Papierfabriken.

Nelspruit ▓, inmitten einer Zitrusfrüchte-Region, ist die Hauptstadt des östlichen Transvaal. Der Lowveld Botanic Garden am Ufer des Crocodile River, das in der Nähe gelegene Lowveld Herbarium und die Town Hall sind einen Besuch wert. **Komatipoort** am westlichen Rande der Schlucht, die der Komati durch die Lebombo-Berge gegraben hat, ist die Hauptverbindung zwischen Südafrika und Mosambik. 11 km entfernt liegt einer der Eingänge zum Kruger Park.

Der Kruger-Nationalpark

Der Kruger-Nationalpark ▓ (S. 355), mit fast 20 000 km² das zweitgrößte Wildreservat der Welt und nach dem Yellowstone National Park das älteste, liegt ca. 500 km nordöstlich von Johannesburg auf einer Höhe von 200 bis 900 m. Hier gibt es Elefanten in Hülle und Fülle: 7500 nach offizieller Zählung. Wenn Antilopen auftauchen, schauen die meisten Besucher nach kurzer Zeit gar nicht mehr hin – so viele gibt es davon. Allein die Zahl der Impalas – der gängigsten südafrikanischen Antilopenart – soll hier 128 000 betragen, die der Zebras 33 000. Beste Besuchszeit sind die trockenen Monate zwischen Juli/August und September/Oktober, wenn die Tiere sich an den letzten Wasserstellen sammeln und man sie dort aus nächster Nähe beobachten kann.

Die Geschichte des Kruger-Parks beginnt im Jahre 1884. Damals war die Re-

Zebras im Kruger National Park

Flußpferde im Kruger National Park

gion durch Moskitos und Tsetsefliegen verseucht und deshalb für menschliche Siedlung und Landwirtschaft ungeeignet. Die Handelsroute zum Indischen Ozean, die durch das Gebiet führte, wurde ständig durch Räuberbanden und Löwen gefährdet. Es wurde hier soviel gejagt, daß die Ausrottung des Wildbestandes drohte. Ein Jagdverbot im Osten Südafrikas zwischen Sabie und Crocodile River konnte Präsident Paul Kruger aber erst 1894 durchsetzen, als tatsächlich kaum noch Wild vorhanden war.

Der Burenkrieg brachte für den Wildschutz einen Rückschlag. Erst zu Beginn der 20er Jahre dieses Jahrhunderts fand sich in der Person des britischen Offiziers J. Stevenson-Hamilton ein Vorkämpfer des Wildschutzes. Um dieses Ziel durchzusetzen, schuf er eine schwarze Polizeitruppe. Mit seinem Engagement für den Wildschutz machte er sich bei vielen unbeliebt und erhielt

deshalb den Spitznamen ›Skuzuza‹ (Verdreher).

Das Gebiet westlich des Sabie River wurde 1926 wieder von der Schutzzone ausgenommen. Dort siedelten sich dann private Game Lodges an. Diese waren zunächst Jagdcamps. Erst seit Anfang der 30er Jahre kommen Besucher, die nicht an Jagd interessiert sind.

Im Nationalpark finden sich einerseits sehr teure und luxuriöse Privat-Lodges, zum anderen äußerst billige und durchaus komfortable staatliche Camps, die in der Regel allerdings Selbstversorgung vorsehen und zur Zeit der Schulferien meist hoffnungslos ausgebucht sind.

Weitaus komfortabler und entsprechend teurer als die staatlichen Lodges sind die privaten, die häufig auch über große Flächen eigenen Territoriums verfügen. Während beispielsweise im Krüger-Park der Besucher im eigenen oder gemieteten Wagen die (meist asphaltier-

Luxus-Safaris

Am westlichen Rand des Kruger National Park gibt es mehrere luxuriöse Safari Lodges, die nicht wie die des Kruger-Parks selbst unter staatlicher Ägide, sondern von Privathand betrieben werden. Mala Mala kann sich rühmen, eine der ältesten und die mit dem größten Territorium zu sein.

Wer zwei oder drei Tage in Mala Mala bleibt, hat Löwen garantiert, oft schon am ersten Abend. Die nachmittägliche Pirschfahrt wird meist zum Sonnenuntergang unterbrochen und nach Einnahme eines *sundowners* bis nach Einbruch der Dunkelheit ausgedehnt. Dann holt der Ranger, die rechte Hand am Steuer, mit der linken den Handscheinwerfer heraus und läßt den Lichtkegel über die dunkle Buschlandschaft gleiten, bis er auf rötlich reflektierende Tieraugen trifft: Da liegt der König der Tiere im Scheinwerferlicht am Rande des Flußbetts, das wenig Wasser, aber üppige Vegetation aufweist.

Wenn der Gast sich nach dem Lunch auf der überdachten Terrasse in Rattan-Sesseln oder ein wenig weiter den Hang hinab am Swimmingpool niederläßt, geht sein Blick über die weite Savannenlandschaft zur Wasserstelle, die, auf halbem Wege zum Galeriewald gelegen, gerade soweit entfernt ist, daß die Tiere an der Tränke sich unbeobachtet fühlen können. Es ist ein paradiesisches Bild:

Paviane und Wasserböcke treten gruppenweise ans Wasser und trinken. Herden von Zebras, Gnus und Antilopen galoppieren am Horizont entlang.

In der Bar hängen vom Alter gebräunte Fotografien, die den Earl of Clarendon, einst britischer Generalgouverneur von Südafrika, mit schwerem doppelläufigen Jagdgewehr vor zwei prächtigen Löwen zeigen, die er offenbar gerade erlegt hatte. Eine Tafel daneben zeigt ein Punktesystem an, das Maßstäbe für die heutigen Safari-Touristen setzt: Die zierliche Impala-Antilope, von der es im Krüger-Park über 120 000 Exemplare gibt, bringt nur zehn, Wild Dog und Leopard dagegen 100 Punkte. Wohl gemerkt: Es geht nur ums Sehen! ›The Kill‹, der Anblick eines Raubtiers, das Beute schlägt, bringt mit 200 Punkten einen Rekord.

Seit 1965 wird in Mala Mala nicht mehr gejagt, obwohl es inzwischen einen Überschuß an Nashörnern und Büffeln gibt. Seitdem lebt das Wild mit den Landrovern und weiß, daß von ihnen nichts zu befürchten ist. Der Löwe im Scheinwerferlicht läßt sich fast unbegrenzt fotografieren. Die Landrover fahren oft kilometerweit neben einem dahintrottenden Leoparden her oder geraten unversehens in eine Büffelherde. Doch die Mala-Mala-Rangers legen großen Wert auf die Feststellung, daß ihr Wildreservat echte, unverfälschte Wildnis ist. »Eingriffe in den natürlichen Ablauf erfolgen unter gar keinen Umständen«, versichert der Manager. »Auch gefüttert wird selbstverständlich nicht. Wenn ein Tier erkrankt, schicken wir keinen Tierarzt. Wenn ein Tier verendet, bleibt es liegen, den Geiern und Hyänen zum Fraß!«

Trotzdem: Wie der moderne Safari-Tourismus, mag er noch so umweltschonend sein, die Um- und die Tierwelt verändert, läßt sich nur ahnen. So ist es ein offenes Geheimnis, daß Wildtiere, sogar Elefanten, von den Küchenabfällen der Lodges magnetisch angezogen werden und, einmal auf den Geschmack gekommen, nichts anderes mehr fressen wollen. So verrät ein schwarzer Ranger im Krüger-Nationalpark, daß er allnächtlich für die Hyänen Hühnereier auslegt, damit die Touristen im Scheinwerferlicht von einem Baumhochstand aus die Tiere zu sehen bekommen.

Wie der Mala-Mala-Eigner Michael Rattray, der auch im fast unberührten Botswana eine Safari Lodge unterhält, es schafft, daß seine Gäste die ›Big Five‹ praktisch garantiert haben und hochbefriedigt nach Hause fahren, bleibt ein Geschäftsgeheimnis, das seine Lodge zu einem Markenartikel bester Qualität und für höchste Ansprüche macht. Dazu gehört auch, daß alle

Landrover durch Sprechfunk miteinander verbunden sind und die Ranger so, sobald sie seltene Tiere sichten, die anderen verständigen können. Die Gäste bestimmen selbst ihr Programm. Auf Wunsch werden auch Wanderungen unternommen. Dabei gilt: Nie bei Nacht und nur in übersichtlichem Gelände! Der Ranger hat für alle Fälle ein Gewehr mit. Bei Einhaltung dieser Vorsichtsmaßregeln besteht keine Gefahr.

Aber auch Präsentation und Verpackung müssen stimmen. Die so einfach aussehenden Zwei-Betten-Rundhütten sind mit Klimaanlage und zwei Badezimmern aufs komfortabelste eingerichtet! Die Gemeinschafts-Lounge, mit Jagdtrophäen an der Wand, erweckt nostalgische Erinnerungen an vergangene Großwildjäger-Zeiten. In der Boma, dem offenen, umzäunten Lagerplatz, wo man – wie auf alten Fotos zu sehen – früher nach der Jagd von umgedrehten Teekisten aß, sitzt man heute im großen Kreis zum Dinner nieder, das Lagerfeuer wie eh und je in der Mitte.

Die Lodge verfügt über eine eigene Flugpiste. Gäste können sich sogar von Johannesburg aus mit dem Mala-Mala-eigenen Flugzeug einfliegen lassen. Im Dezember und Januar hat die Lodge Hochsaison.

ten Wege nicht verlassen darf, fahren die Ranger in den privaten Wildparks mit ihren offenen Geländewagen auch abseits der Wege und Pisten durch den Busch. Die Chancen, Großwild aus nächster Nähe zu sehen, sind allein schon dadurch wesentlich besser.

Barberton 18 ist Grenzstadt zu Swaziland. Hier wurde 1884 ein reiches Goldvorkommen entdeckt. Barberton wurde damals zur Boomtown wie die Goldgräberorte im Wilden Westen Amerikas. Es zählte damals mehr als 20 000 Einwohner. Als aber dann am Witwatersrand Gold entdeckt wurde, setzte ein Exodus ein. Heute weist Barberton mit seinen schattigen baumbestandenen Straßen einen gewissen Charme auf. Von den alten Gebäuden sind viele noch vorhanden. Auf den Höhen des Sheba Ridge oberhalb von Barberton liegt die Geisterstadt Eureka City. Hier ist der ›Golden Quarry‹ zu besichtigen, die reichste und berühmteste Goldmine der Welt. Als sie erschöpft war, ging es mit Eureka City bergab.

Von Barberton sind es 400 km über die N4 zurück nach Johannesburg. Unterwegs läßt sich noch leicht ein Abstecher zu den **Sudwala-Höhlen** **19** mit Tropfsteinformationen in grotesken Formen, die an Menschen und Tiere erinnern, einbauen. Sie sind durch die Erosion von Regenwasser entstanden und waren in Urzeiten bewohnt. Bemerkenswert ist, daß ein kontinuierlicher Luftstrom und eine angenehmen Temperatur von 20 °C herrschen. Die Höhlen sind so groß, daß sie noch immer nicht vollkommen erforscht sind.

Abstecher ins Königreich Swaziland

Die Luft scheint aus stählernem Blau zu sein, die runden Hügel aus sattem Grün. Im dichten Gras weiden Kühe. Zwischen der Swazi-Hauptstadt Mbabane **1** (S. 377) und dem nordöstlich gelegenen Pigg's Peak (S. 377), das früher einmal ein Zentrum der Goldgräberei war und jetzt mit der Forstwirtschaft eine prosaischere Daseinsform gefunden hat, tun sich Blicke von atemberaubender Schönheit auf. Hier befindet sich auch das **Malolotja Game Reserve** **2**, das mit seinen Bergen und Schluchten landschaftlich besonders reizvoll ist und sich gut zum Wandern eignet. Im Westen liegen

die Berge, die die Grenze zu Südafrika bilden. Der höchste Berg ist mit 1862 m der Bulembu. Die Fahrt von Barberton in Südafrika nach Mbabane führt durch tiefe Täler, über steile Hänge und an Wasserfällen vorbei.

Swaziland, ein Königreich, das außer im Westen, wo es an Mosambik grenzt, von Südafrika umgeben ist, der zweitkleinste Staat Afrikas (der kleinste ist das westafrikanische Gambia) und einer der kleinsten Staaten der Welt, mißt in seiner größten Ausdehnung nur 180 km. Es gleicht einem riesigen Garten, der wie mit Mauern von Bergen umgeben ist: im Osten der Lebombo-Gebirgszug und die Gipfel der Kobolondo-Berge, im Westen die Berge von Makonjwa und Ngwena. Dazwischen breitet sich je nach Höhenlage eine mehr oder weniger üppige Vegetation aus.

Geschichte

Ende des 18. Jh. stießen die Nguni-Völker entlang der Ostküste nach Süden vor. Dort teilten sie sich, und eine Gruppe unter Führung von Ngwane III. wanderte in die Region des heutigen Swaziland ein und ließ sich bei den Hügeln am Pongolo-Fluß nieder. Nach seinem Tod wurde Ngwane in einem heiligen Wald begraben. Die Familie Ngolotsheni wurde zu Grabwächtern ernannt. Ihre Nachkommen üben diese Funktion noch heute aus. Der Enkel Ngwanes, Sobhuza, gilt als Begründer der Swazi-Nation. Er brachte andere Stämme und Gruppen unter seine Kontrolle, mußte aber seinerseits im Kampf gegen die Zulus die Hilfe portugiesischer Kaufleute aus dem nahen Lourenco Marques, heute Maputo, in Anspruch nehmen, die ihm auch halfen, Aufstände der besiegten Stämme zu unterdrücken. Die Portugiesen waren es auch, die die Maispflanze in Swaziland einführten, die

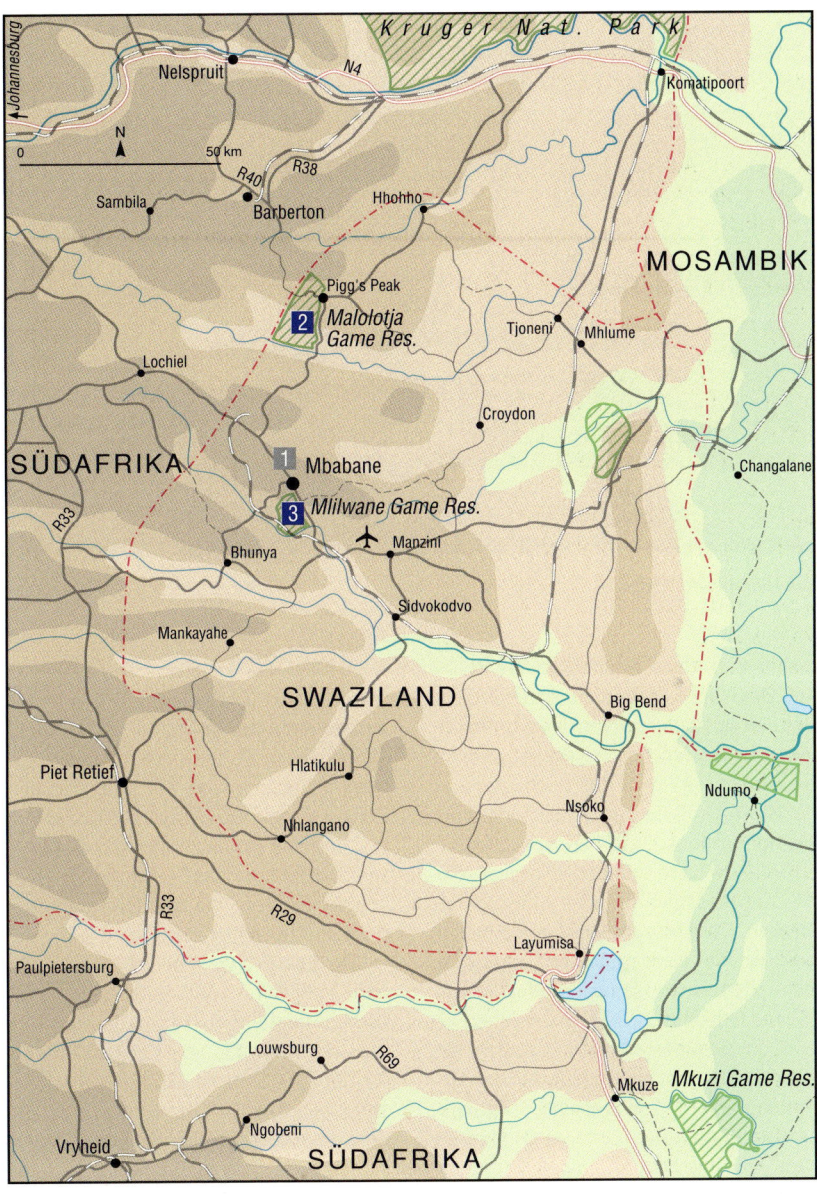

Das Königreich Swaziland

schnell zum Grundnahrungsmittel aller südafrikanischen Stämme wurde. 1836 folgte ihm sein Sohn Mswazi, nach dem die damals vordringenden Missionare und Händler aus Europa das Land benannten.

1880 handelten zwei Goldsucher, Tom Mclachlan und Walter Carter, mit

Die Hauptstadt Mbabane

dem Swazi-König Mbandzeni das Recht auf Goldsuche in den Bergen nördlich des Komati aus; zwei andere erhielten eine Konzession für das Gebiet südlich des Flusses. Alle wurden reich. Das war der Startschuß für den Swaziländer Konzessions-Boom. Eine Flut von Weißen strömte ins Land und bedrängte den König, Konzessionen für alles Mögliche zu erteilen. Der ließ sich nicht lange bitten, weil er die Lizenzgebühren kassierte. Zum Zeitpunkt seines Todes hatte Mbandzeni über 5000 Konzessionen erteilt. Sie bezogen sich zum größten Teil auf Land, aber auch auf jede Art von Unternehmung – Pfandleihe, Bankgeschäfte, Bahnhofstoiletten – und waren zum Teil völlig absurd. So gab es eine Lizenz für die Erzeugung von Dampf, so daß ein anderer, der Inhaber einer Konzession für den Betrieb von Eisenbahnen war, diese Lizenz für teures Geld aufkaufen mußte, um seine eigene Lizenz überhaupt nutzen zu können.

1889 wurde Swaziland britisches Protektorat, und eine von den Briten eingesetzte Kommission hatte zweieinhalb Jahre damit zu tun, den Konzessionswirrwarr aufzuklären, mit dem Ziel, alle Konzessionen abzulösen, die in die Verwaltung des Landes eingriffen. Die Konzessionsinhaber beschäftigten ein Heer von Advokaten, die an dem Gerangel noch kräftig mitverdienten.

Die Swazi waren bei alledem zu einem Volk ohne Land geworden. Noch 1907 unterstand ein Drittel des Territoriums der Kontrolle von Konzessionären. Als König Sobhuza II. 1921 den Thron bestieg, begab er sich als erstes nach London, um die Rechtmäßigkeit der Konzessionen zu bestreiten. Vergeblich! Ein besonders schlauer Konzessionär, John Thorburn, besaß einen Titel, der ihm nicht nur das Recht auf »alles noch nicht vergebene Land« gewährte, sondern auch auf »alles Land, das künftig konzessionsfrei werden würde«! Erst 1940 hatte Sobhuza die Briten soweit, daß sie die Unhaltbarkeit des Zustands einsahen und Land bei verschiedenen Konzessionären aufkauften, um es dem Swazi-Territorium zuzuschlagen. Geld für weitere Aufkäufe brachten die Swazi schließlich auch selbst auf. 1968 erhielt Swaziland die Unabhängigkeit.

Regierungsform

Trotz einiger Liberalisierungsbemühungen ist Swaziland im Prinzip noch immer eine echte Monarchie. Der amtierende König Mswati III, der 1986 im Alter von 18 Jahren gekrönt wurde, übt tatsächlich die höchste Gewalt aus. Er wird durch ein Kabinett unter Vorsitz eines Premierministers vertreten und vom Königlichen Rat unterstützt, einem Gremium von 17 handverlesenen Männern. Er regiert mit Dekreten, wobei er traditionell die Macht mit seiner Mutter teilt.

Die Kontrolle der Verwaltung obliegt der Aristokratie der herrschenden Clans. Im kommunalen Bereich üben Chiefs die Macht aus. Inzwischen werden aber auch Nichtadlige mit bedeutenden Posten in der Verwaltung betraut.

Der König, der alljährlich von Ende Oktober bis Anfang Januar in Klausur geht, stammt immer aus der Familie Dlamini. Nach dem Tode eines Königs wählt der Königliche Rat die Königsmutter aus, die nur einen Sohn haben darf. Solange er minderjährig ist, übt die vorhergehende Königsmutter die Macht aus. Um seine Position zu konsolidieren, muß der König sich Frauen aus den verschiedensten Clans nehmen, so daß er immer über eine beträchtliche Zahl von Ehefrauen verfügt.

Nach Ansicht von politischen Beobachtern entspricht die Monarchie dem Willen der Mehrheit der Bevölkerung. Es gibt unter ihnen jedoch unterschiedliche Auffassungen über Grad und Tempo

der Liberalisierung, die für erforderlich gehalten wird. Demokratie-Aktivisten und der Gewerkschaftsdachverband machen zunehmend von sich reden.

Wirtschaft

Die Land- und Viehwirtschaft trägt mit knapp einem Fünftel zum Bruttoinlandsprodukt bei. Swaziland hat für Fleisch und Zucker bevorzugten Zugang zum Markt der Europäischen Gemeinschaft. Drei Fünftel der ca. 900 000 Einwohner leben von der traditionellen Landwirtschaft; Rinderzucht ist Teil der traditionellen Lebensweise. Die Zuckerindustrie ist der bedeutendste Arbeitgeber: das Unternehmen Conco stellt das Konzentrat für Coca Cola her, soweit es südlich der Sahara abgefüllt wird. An Bodenschätzen werden Gold, Asbest und Eisen abgebaut. Der Tourismus trägt 5–6 % zum Bruttosozialprodukt bei. Swaziland hat eine Zoll- und Währungs-

Holzschnitzer in Mbabane

union mit Südafrika, die nationale Währung entspricht dem südafrikanischen Rand.

Feste und Zeremonien

Besonders eindrucksvoll ist es, an traditionellen Festlichkeiten und Zeremonien teilzunehmen, wie sie die Swazi liebevoll pflegen. Die Ncwala- Zeremonie, die nur mit ausdrücklicher Genehmigung des Informationsamtes der Regierung und dann auch nur zum Teil fotografiert werden darf, wird gewöhnlich im Dezember oder Januar abgehalten, der Umhlanga- oder Schilftanz im August oder September. Der Sibhaca-Tanz wird sogar speziell für Touristen in einigen Hotels aufgeführt.

Sehenswürdigkeiten

Fast überall können Pferde gemietet werden. Ausritte sind überall in Swaziland zu empfehlen, auch zum Besuch des **Mlilwane Game Reserve** 🟦3, das über eine Nebenstraße erreichbar ist, die 16 km südlich von Mbabane von der Hauptstraße abzweigt. Das Wildreservat liegt an den Ausläufern eines steilen Geländeabbruchs mit Blick über das Ezulwini-Tal und ist berühmt für seinen Vogelreichtum. **Ezulwini** (S. 377), der ›himmlische Ort‹, in einem fruchtbaren Tal in der Nähe der Ndimba-Berge ist das beliebteste Touristenziel. Hier findet sich auch das beste Hotel des Landes, das der südafrikanischen Sun-Kette angehört und ›Royal‹ im Namen führt.

Von Johannesburg an die Westküste (1300 km)

Von **Johannesburg** 🟦1 fährt man nach Westen über Florida bis **Krugersdorp** 🟦2, das, obwohl 37 km vom Zentrum entfernt, Teil des Johannesburg umschlie-

Landschaft bei Mbabane

ßenden Großsiedlungsraum ist. Die Tiere, die durch die wuchernde Bebauung verdrängt wurden, kann man heute im nahe gelegenen Krugersdorp Game Reserve sehen: Breitmaulnashörner, Giraffen, Zebras, Antilopen. Über eine Million Jahre alt sind die 11 km entfernten **Sterkfontein Caves.** Archäologische Funde daraus sind im Robert-Broom-Museum gleich daneben ausgestellt.

Die R 47 führt nun durch den Witwatersrand, der wegen seiner Goldvorkommen berühmt wurde. Über **Ventersdorp** und **Lichtenburg** gelangt man nach insgesamt 410 km nach **Vryburg** ❸. Im dortigen Museum finden sich viele Erinnerungen an die Zeit, als der Ort Hauptstadt der kurzlebigen Republik Stellaland war. Sie war 1882 von europäischen Söldnern ausgerufen worden, die im Krieg zwischen mehreren Clans auf beiden Seiten gedient hatten und dafür mit Farmland belohnt wurden.

Kuruman ❹ (S. 356), 557 km von Johannesburg im äußersten Norden der Kapprovinz gelegen, ist durch die Missionare Robert Moffat und David Livingstone bekannt geworden. Die 1824 gegründete Station der London Missionary Society wurde zum Ausgangspunkt der Christianisierung. Neben der Moffat-Mission liegen Obstgärten. Sie werden von einem Kanal bewässert, der von der Missionsstation bis zur Quelle führt, der Höhle Eye of Kuruman, aus der täglich 20 Mio. Liter kristallklares Wassers strömen.

Von Kuruman geht es nun über eine Nebenstraße Richtung Danielskuil nach Süden. Nach ca. 40 km liegt nahe der Straße die **Wonderwerk Cave** ❺ auf dem Gelände der gleichnamigen Farm. (Dort erhält man auch den Schlüssel für

Von Johannesburg an die Westküste

die Besichtigung.) In der Höhle befinden sich prähistorische Felszeichnungen mit Darstellung von Tieren, die hier früher heimisch waren und zum Teil längst ausgestorben sind.

Die Fahrt geht nun weiter durch das West-Griqualand, das wie die angrenzende Kalahari von orangeroten Sanddünen geprägt ist. 20 km südwestlich von Postmasburg kommt man durch eine 10 km lange weiße Dünenlandschaft, die sich scharf von der umgebenden roten Kalahari abhebt: die White oder **Roaring Dunes** 6, so genannt, weil sie in der trockenen Sommerhitze bei der geringsten Erschütterung Geräusche erzeugen, die wie Donnergrollen klingen. Der weiße und der rote Sand vermischen sich selbst bei starkem Sturm nicht. Ein weiteres erstaunliches

Phänomen in dieser Gegend sind die artesischen Brunnen, die sich bereits bei Bohrungen von nur 30–40 m Tiefe bilden.

Über Volop und **Groblershoop** – die Region wird hier vom mächtigen Oranje-Fluß beherrscht – geht die Fahrt nach **Upington** 7 (S. 361), der Stadt am Oranje, die mit ihrer blühenden Landwirtschaft in scharfem Kontrast zu den trockenen Landstrichen der Umgebung steht, in denen Karakulschaft-Zucht betrieben wird. Upington ist Zentrum einer der fruchtbarsten Regionen Südafrikas. Hier wachsen Baumwolle, Wein, Pfirsiche, Apfelsinen, Datteln und vieles mehr.

200 km nördlich von Upington, über die R 360 zu erreichen, liegt der **Kalahari Gemsbok National Park** 9 (S. 369), dessen Eingang sich in **Twee**

Namaqualand

Reiseveranstalter bieten Schlauch-
boot- und Kanufahrten auf dem
Oranje flußabwärts von Augrabies. Alljährlich im September erblüht die
farblose Wüsten-und Steppenland-
schaft in der wunderbaren, aber nur
wenige Tage dauernden Farbenpracht
unzähliger Wildblumenarten. Von Kapstadt aus finden zur Blütezeit Tagesausflüge mit Bussen statt. Außerhalb
dieser Blütezeit bietet das Namaqualand kaum touristische Attraktionen.

Rivieren 8 befindet. Der Park findet
seine Fortsetzung auf botswanischer
Seite. In dem riesigen Raum aus roten
Dünen und meist trockenen buschbestandenen Wasserläufen leben über
10 000 Springböcke und im übrigen fast
die gesamte Tierwelt Südafrikas. Unterkunft findet sich außer in Twee Rivieren
in den beiden Camps **Mata Mata** 10 im
Südwesten und **Nossob** 11, 160 km
nördlich von Twee Rivieren.

120 km westlich von Upington liegt
der **Augrabies Falls National Park** 12
(S. 348), der über ein Rastlager (ohne
Verpflegung) und Camping-Platz verfügt und von Upington über Keimoes
und Kakamas zu erreichen ist. Vom Eingang sind es noch einmal 24 km ungeteerte Straße bis zum Aussichtspunkt
mit Blick auf die Augrabies-Wasserfälle,
die zweitgrößten Afrikas. Der Name bedeutet in der Khoisan-Sprache ›Ort des
großen Lärms‹: Hier stürzt der Oranje
donnernd und brausend 148 m tief vom
Felsplateau in eine 15 km lange Granit-
schlucht, in der er über weitere spektakuläre Stromschnellen abwärtsschießt.

Wie bei den Victoria-Fällen ist in der
wasserreichen Zeit die Luft nebelverhan-
gen. Trotz der meist geringen Niederschläge hat sich in der halbwüstenarti-
gen Umgebung eine artenreiche Flora
etabliert, unter der die Köcherbäume besondere Erwähnung verdienen.

Von Kakamas führt die Hauptroute
weiter nach Westen durch das Namaqualand und erreicht nach 330 km die
kleine Stadt Springbok 13. Von hier
führt die im folgenden beschriebene An-
schlußroute die Westküste hinunter bis
nach Kapstadt.

Die Westküste hinunter von Springbok nach Kapstadt (600 km)

Der Oranje, der mehrfach seinen Lauf
verändert hat, führt eine kostbare Fracht
von Diamanten mit sich, die sich besonders konzentriert im Küstengebiet an
der Mündung finden. Diese Region steht
unter der Kontrolle der de Beers Consolidated Mining Company. Die Küste ist

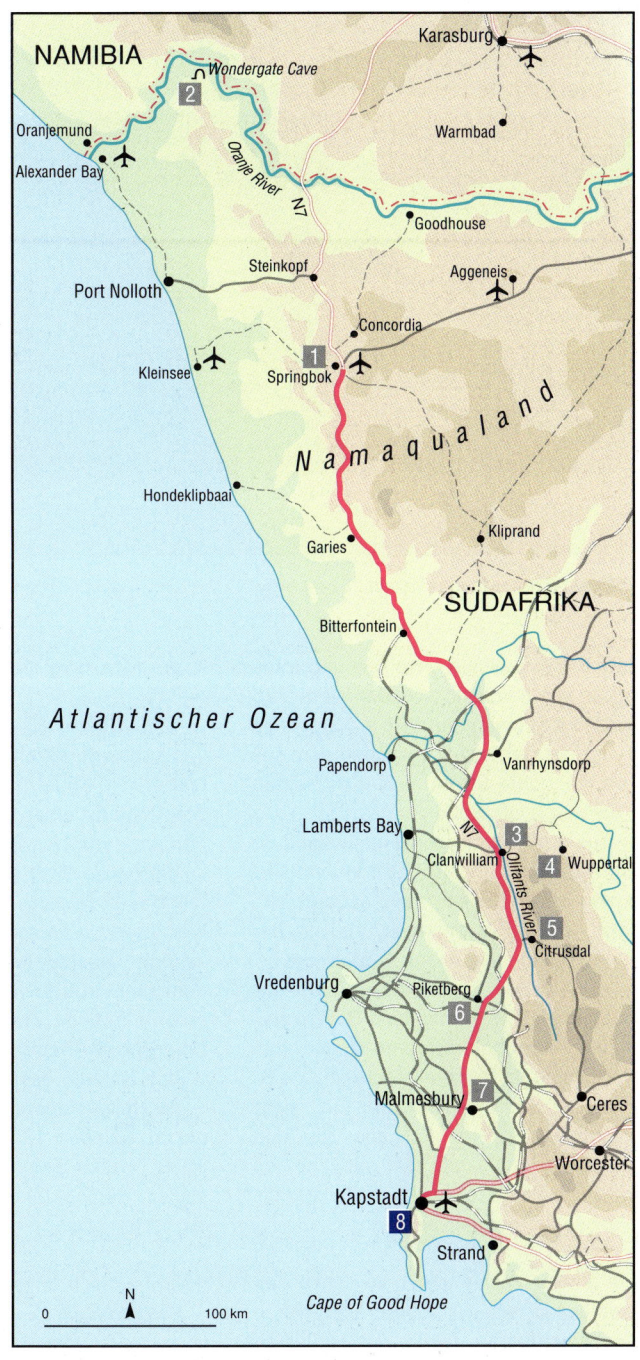

Die Westküste hinunter nach Kapstadt

Blütenpracht im Namaqualand

hier trocken, wenig bevölkert und touristisch kaum erschlossen, das Wasser zu kalt zum Schwimmen. Wie in Nambia erzeugt der Gegensatz zwischen dem kalten Benguela-Strom und der heißen Wüstenluft oft Nebel.

Die größte Stadt in Namaqualand ist **Springbok** [1] (S. 359), 80 km von der Küste und 565 km von Kapstadt entfernt, das 1852 entstand, als mit der Ausbeutung einer nahen Kupfermine begonnen wurde. Die trockene, hügelige, mit Felspfeilern bestandene Region zwischen Springbok und dem Bogen, den der Oranje im Norden beschreibt, heißt Richtersveld. Im nördlichen Teil liegt **Wondergat** [2], eine Höhle, die den Nama als heilig gilt. Der südliche Teil wird von flachen, gras- und flechtenbewachsenen Ebenen geprägt.

Die N7 ist die Hauptverkehrsader, die die großen Entfernungen zwischen den wenigen Ortschaften überbrückt. Erst in den fruchtbaren Tälern der südlichen

Kapprovinz wird die Besiedlung wieder dichter.

Clanwilliam [3] (S. 349), 240 km von Kapstadt entfernt, einer der zehn ältesten Ort Südafrikas, ist bekannt für den Rooibos, einen sehr vitaminreichen und aromatischen Tee, der von hier aus in die ganze Welt exportiert wird. Der Teestrauch Rooibos (Rotbusch) wächst hier wild. Clanwilliam besitzt eine schöne Drostdy (Vogteigebäude) aus dem Jahr 1808 sowie zwei etwas später erbaute Kirchen. Zwischen Juni und Oktober ist die Region wegen der vielen wilden Blumen besonders attraktiv.

75 km weiter landeinwärts liegt **Wuppertal** [4], das 1830 von der Rheinischen Mission gegründet wurde und mit seinen weiß getünchten, strohgedeckten Häuschen, einer gewundenen Straße, auf der Eselskarren fahren, seitdem praktisch unverändert ist.

Citrusdal [5] (S. 349), für seine hervorragenden Orangen berühmt, ist uraltes Siedlungsgebiet der Afrikaaner. Von Mai bis September hängt hier der Duft frisch gepflückter Orangen in der Luft. Schon Mitte des 17. Jh. trugen die ersten von ihnen gepflanzten Obstbäume Früchte. Auf den Höhen des **Piketberg** **6** finden sich Felszeichnungen der San.

Die letzten 150 km bis Kapstadt sind von den Weizenfeldern des Swartland, des schwarzen Land, geprägt, das seinen Namen von der fruchtbaren schwarzen Erde hat. Hauptstadt dieser Region ist **Malmesbury** **7**, 1743 gegründet und früher wegen seiner Heilquelle berühmt. Malmesbury ist Geburtsort des Ministerpräsidenten Jan Smuts (1870–1950). Das liebevoll restaurierte Geburtshaus kann besichtigt werden. Von hier aus sind es nur noch etwas über 60 km nach Kapstadt **8**.

An der West Coast

Information

 Unterkunft

Verkehrsverbindungen

 Sightseeing

 Restaurant

 Einkaufen

 Aktivitäten

Serviceteil

Serviceteil

So nutzen Sie
den Serviceteil richtig

▼ Die praktischen Hinweise zu den vier Ländern des südlichen Afrika sind in jeweils zwei Abschnitte unterteilt. Der erste, **Adressen und Tips von Ort zu Ort,** listet jeweils die im Reiseteil beschriebenen Orte in alphabetischer Reihenfolge auf. Zu jedem Ort finden Sie hier Empfehlungen für Unterkünfte und – so vorhanden – Restaurants sowie Hinweise zu Verkehrsverbindungen, zu den Öffnungszeiten von Museen und anderen Sehenswürdigkeiten, Unterhaltungsangebote etc. Piktogramme helfen Ihnen bei der raschen Orientierung.

▼ Die **Reiseinformationen von A–Z** bieten von A wie ›Anreise‹ bis Z wie ›Zeitungen‹ eine Fülle an nützlichen Hinweisen – Antworten auf Fragen, die sich vor und während der Reise stellen.

Bitte, schreiben Sie uns, wenn sich etwas geändert hat!
Alle in diesem Buch enthaltenen Angaben wurdem vom Autor nach bestem Wissen erstellt und von ihm und dem Verlag mit größtmöglicher Sorgfalt überprüft. Gleichwohl sind – wie wir im Sinne des Produkthaftungsrechts betonen müssen – inhaltliche Fehler nicht vollständig auszuschließen. Daher erfolgen die Angaben ohne jegliche Verpflichtung oder Garantie des Verlages oder des Autors. Beide übernehmen keinerlei Verantwortung und Haftung für etwaige inhaltliche Unstimmigkeiten. Wir bitten daher um Verständnis und werden Korrekturhinweise gerne aufgreifen:
DUMONT Buchverlag, Mittelstr. 12–14, 50672 Köln

Inhalt

Inhalt

314

NAMIBIA
Adressen und Tips von Ort zu Ort

Ai-Ais

Unterkunft: Campingplatz, Apartements, Bungalows; Buchung über den Director of Tourism in Windhuk, s. S. 321.

Aus
Vorwahl 06 33 31

 Unterkunft: Bahnhof-Hotel, ✆ 82.

Caprivi-Zipfel

 Unterkunft: *Impalila Island* (im äußersten Ost-Caprivi am Zusammenfluß von Sambesi und Chobe 70 km westlich von Victoria Falls): **Ichingo Chobe River Camp,** P. O. Box 206, Kasane, Botswana, ✆ (0 02 67) 2 67 65 01 43, Fax 2 67 65 02 23; Buchung auch über Südafrika, ✆ und Fax (0 11) 7 08 20 20.
Impalila Island Lodge, P. O. Box 70378, Bryanston, Südafrika, ✆ und Fax (0 11) 7 06 72 07.
Linyanti-Sümpfe: **Lianshulu Lodge,** Mdumu National Park, East Caprivi, Buchung über The Namib Travel Shop, Windhuk, s. S. 321.
Namushasha Lodge, am Ufer des Kwando, Buchung über Namushasha Safaris, Windhuk, P. O. Box 21182, ✆ und Fax (0 61) 24 03 75; Bungalows mit Dusche und WC.
s. auch unter *Katima Mulilo* und *Rundu.*

Etoscha-Pfanne

 Unterkunft: Die Camps in der Etoscha-Pfanne sind staatlich. Buchung über den Director of Tourism in Windhuk, s. S. 321. Schriftliche Anträge werden bevorzugt und bis zu 18 Monate im voraus angenommen. Die Bezahlung soll ebenfalls im voraus erfolgen.

Komfortabler geht es in den privaten Lodges außerhalb der Camps zu:
Etosha Aoba Lodge, 10 km östlich von Namutomi an der östlichen Parkgrenze, P. O. Box 469, Tsumeb, ✆ (06 78) 1 35 03, Buchung auch über Windhuk ✆ (0 61) 22 69 79, Fax 22 69 99.
Mokuti Lodge, P. O. Box 403, Tsumeb, ✆ und Fax (06 71) 2 10 84.
Ongava Lodge, Reservierung über Windhuk ✆ (0 61) 22 61 74 oder 22 51 78.

Grootfontein
Vorwahl 0 67 31

 Unterkunft: Meteor Hotel, Wilhelmstr., P. O. Box 346, ✆ 20 78/9.
Nord Hotel, Bismarckstr., P. O. Box 168, ✆ 20 49.
Gästefarm Dornhügel, etwa 40 km von Grootfontein an der D 2844 in Richtung Rundu, P. O. Box 173, ✆ (0 67 38) 8 16 11.

Kalahari Gemsbok National Park

 Unterkunft: In den Camps von **Mata Mata, Nossob** und **Twee Rivieren,** zu buchen in Südafrika beim National Parks Board, s. S. 368.

Der Grenzübergang nach Namibia bei Mata Mata ist geschlossen.

Karibib
Vorwahl 0 64

 Unterkunft: Hotel Erongo-Blick, ℰ (06 22) 5 29.
Hotel Stroblhof, ℰ 81.
Audawib Guest Farm, ℰ 16 31.

Katima Mulilo
Vorwahl 06 77

 Information: Caprivi Tourist Information, ℰ 34 52.

 Unterkunft: Zambezi Lodge, ℰ 32 03, Fax 31 49.
Von Katima Mulilo aus verkehrt auch das Kabinenschiff ›**Zambezi Queen**‹ zu 7tägigen Fahrten auf dem Zambezi; Buchung über ℰ und Fax 2 03.

Keetmanshoop
Vorwahl 06 31

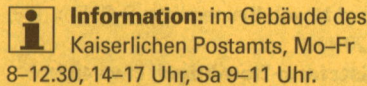 **Information:** im Gebäude des Kaiserlichen Postamts, Mo–Fr 8–12.30, 14–17 Uhr, Sa 9–11 Uhr.

 Unterkunft: Canyon Hotel, Warmbader Road, ℰ 2 33 61, Fax 2 37 14.
Mount Karas Game Lodge, südöstlich in den Ausläufern der Karasberge,

P. O. Box 691, ℰ (0 63 52 = Kais) 32 12.
Hansa Hotel, Gibeoner Road, ℰ 33 44.
Travel Inn, Seventh Avenue, ℰ 2 33 44, Fax 2 21 38.

Khorixas
Vorwahl 06 57 12

 Unterkunft: Khorixas Rest Camp**, 3 km vom Zentrum, ℰ 1 96.
Huab Lodge, ca. 70 km nördlich von Khorixas am Rande des Damaralandes, P. O. Box 180, Outjo, ℰ (0 65 42) 49 31; acht Bungalows mit Dusche und WC.
Vingerklip Lodge, auf der Route von Swakopmund in die Etoscha-Pfanne, ℰ (0 65 32) 33 21, Buchung auch über Windhuk ℰ (0 61) 22 03 24, Fax 22 14 32; grandioser Blick auf die Fingerklippe (s. S. 84).

Kolmanskop

 Führungen werden wochentags um 9.30 Uhr und bei Bedarf um 10.45 Uhr angeboten. Eintrittskarten sind nur im Lüderitzer Touristenbüro (Lüderitz-Foundation) in der Bismarckstraße erhältlich. P. O. Box 233, ℰ (0 63 31) 25 32 (Öffnungszeiten: Montag bis Freitag von 8.30 bis 12 Uhr und von 14–16 Uhr, Samstag von 8.30 bis 12 Uhr; Preis: zehn namibische Dollar).

Lüderitz
Vorwahl 0 63 31

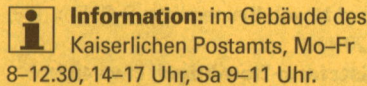 **Information: Informationsbüro,** Bismarckstr., 8.30–10, 14–15 Uhr.

Unterkunft: Bayview Hotel, Diaz-Str., ✆ 22 88.
Kapp's Hotel, Bay Road, ✆ 23 45.
Hotel zum Sperrgebiet, Bismarckstr., P. O. Box 317, ✆ und Fax 25 26.

Maltahöhe
Vorwahl 0 66 32

 Unterkunft: Hotel Maltahöhe, P. O. Box 20, ✆ 13, Fax 1 33.

Mariental
Vorwahl 06 61

 Unterkunft: Hotel Mariental, Maria-Brandt-Str., ✆ 24 66.
Hotel Sandberg, Maria-Brandt-Str., ✆ 22 91.

Omaruru
Vorwahl 06 21

 Unterkunft: Hotel Staebe, Monument Road, ✆ 57 00 35.
Central Hotel, ✆ 57 00 30.
Otjandave Guest Farm, P. O. Box 44, ✆ (06 22 32)12 03/2 55.
Immenhof Guest Farm*, P. O. Box 250, ✆ (06 51) 44 31.
Epako Game Lodge, Buchung über Windhuk ✆ (0 61) 30 11 41, Fax 50 22 52; mit privatem Wildreservat.
Schönfeld Guest Farm*, P. O. Box 382, ✆ (06 51) 45 71.

Outjo
Vorwahl 06 54

 Unterkunft: Hotel Onduri, Etosha Street, ✆ 34 05, Fax 34 08.

Oshakati
Vorwahl 0 67 51

 Unterkunft: Oshakati International Guest House, ✆ 2 01 75.
Santorini Inn, ✆ 2 04 57.

Otjiwarongo
Vorwahl 06 51

 Unterkunft: Hamburger Hof*, ✆ 25 20.
Otjibamba Lodge, ✆ 31 33, 31 39.

Palmwag

 Unterkunft: Palmwag Lodge, Buchung über ✆ (0 64 = Swakopmund) 40 44 59.

Rehoboth
Vorwahl 06 27

 Unterkunft: Rio Monte Hotel, ✆ 55 25 72.
Suidwes Hotel, ✆ 52 22 38.

Rundu
Vorwahl 06 71

 Unterkunft: Sarasungu River Lodge, am Ufer des Kavango, Buchung über ✆ (06 73 72) 1 61 oder Windhuk ✆ (0 61) 22 06 94.
Kavango River Lodge, P. O. Box 634, ✆ und Fax (06 73 72) 5 50 13, 5 52 44.

Sossusvlei

 Unterkunft: Sossusvlei Karos Lodge, Reservierungen über

Karos Central Reservations, Johannes-burg, ✆ (0 11) 4 84 16 41, Fax
4 84 62 06, oder Tip Travel, Windhuk,
✆ und Fax (0 61) 24 83 38, die sogar
montags, mittwochs und freitags auch
direkt durch einen Bus-Shuttle-Service
(Reservierungen: Oryx Tours, Windhuk,
✆ (0 61) 21 74 54, Fax 26 34 17) mit
Windhuk verbunden ist. Die Sossusvlei
Karos Lodge kann auf Wunsch auch mit
fünfsitzigen Cessna-Flugzeugen von
Windhuk aus angeflogen werden. Das
mitgeführte Gepäck ist auf 12 kg be-schränkt. Reservierungen: Comay,
Windhuk, ✆ und Fax (0 61) 22 75 12. Die
Lodge bietet morgendliche Ballonflüge
an.
NamibRand Game Ranch, an der
C 826 von Maltahöhe nach Solitaire,
Zeltplatz und Lodge, Buchung über
Windhuk (0 61) 23 67 20, Fax 22 01 02.
Gästefarm Büllsport, an der C 14
nahe Solitaire, ✆ (0 66 38) 33 02.
Gästefarm Ababis, an der C 14 nahe
Solitaire, ✆ (0 66 38) 33 40.

Swakopmund
Vorwahl 0 64

ℹ️ Information: im Woermann-Haus, Bismarckstr., ✆ 40 22 24,
Fax 40 49 93.
Ministry of Environment and Tou-rism (Permits für Skelettküste und
Namib), Ritterburg-Haus, Bismarckstr.,
✆ 40 21 72, Mo–Fr 8–15 Uhr.

🛏️ Unterkunft: Hansa-Hotel,**
Roonstr. 3, ✆ 3 11, Fax 27 32; mit
Innenhof.
Europa Hof, ✆ 40 50 61, Fax 40 23 91.
Strand-Hotel*, ✆ 40 03 15, Fax
40 49 42.
Atlanta-Hotel, Roonstr. 6, ✆ 40 23 60,
Fax 40 56 49.

Hotel Schweizer Haus, Bismarckstr.
1, ✆ 40 24 19.
Hotel garni Adler, Strand Str. 3,
✆ 40 50 45, Fax 40 42 06; mit Hallen-bad.
Hotel Grüner Kranz, ✆ 40 50 16.
Hotel-Pension Deutsches Haus,
✆ 40 48 97.
Hotel-Pension Prinzessin Rupp-recht-Heim, ✆ 40 22 31.
Swakopmund Hotel and Entertain-ment Club, im alten Bahnhof, P. O.
Box 616, ✆ 40 07 77, Fax 40 07 88;
90 Zimmer.

🍴 Restaurants: Café Anton,
Bismarckstr./Poststr.; grüne Cock-tail-Sessel, Tische mit weißen Spitzen-deckchen, Schwarzwälder Torte.
Erich's Restaurant, Poststr. 21,
✆ 40 51 41.
Bistro, Moltkestr. 5, ✆ 40 23 33.
De Kelder, Moltkestr. 10, ✆ 40 24 33
(montags geschlossen).
The Ol' Steamer, Moltkestr./Woermannstr., ✆ 40 48 06.
Kücki's Pub Restaurant, Moltkestr.
22, ✆ 40 24 07.
The Tug, ✆ 40 33 56.

**🚶 Aktivitäten: Golf: Rossmund
Golf Club,** ✆ 40 56 44.
Ausflüge: Charly's Desert Tours,
✆ 40 43 41.
Desert Adventure Safaris, Roonstr.,
✆ 40 40 72.
Namibia Photo Tours, ✆ 40 45 61.
Pleasure Flights, ✆ 40 45 00.

Tsumeb
Vorwahl 06 71

ℹ️ Information: Tourism and In-formation Center, zwischen
Third und Mainstreet, ✆ 2 07 28.

Unterkunft: Minen-Hotel*,
Poststr. ✆ 2 10 71.
Mokuti Lodge***, ✆ 3 10 84; empfiehlt sich auch als Basis für Pirschfahrten in die Etoscha-Pfanne.

Usakos
Vorwahl 06 22 42

 Unterkunft: Usakos Hotel,
✆ 53 02 59.
Ameib Ranch, ✆ 11 11.

Walvis Bay
Vorwahl 06 42

 Unterkunft: Casa Mia,
Seventh St., ✆ 20 59 75.
Atlantic Hotel, Seventh St.,
✆ 20 28 11.
Flamingo Hotel, Seventh St./Tenth
Avenue, ✆ 20 30 11.

 Aktivitäten: Ausflüge:
Gloriosa Safaris, ✆ 63 00,
Fax 24 55; organisiert Ausflüge in die
Namib Wüste und an die Skelettküste.

Windhuk
Vorwahl 0 61

 Information: Windhoek Infor-
mation and Publicity Office,
✆ 2 84 11 11, Fax 22 19 30.

 Unterkunft: Kalahari
Sands**, im Gustav-Voigts-Cen-
tre, Independence Avenue, ✆ 22 23 00.
Fürstenhof*, Romberg Str. 4, 15 Min.
zu Fuß vom Zentrum, ✆ 23 73 80,
Fax 22 87 51; mit gutem Restaurant,
aber inmitten großer Autostraßen in
etwas isolierter Lage.

Heinitzburg**, ✆ 24 95 97, Fax
24 95 98; altes historisches Gebäude
(s. S. 66).
Safari Hotel** und Safari Court
Hotel***, etwas außerhalb, P. O. Box
3900, ✆ 24 02 40, Fax 24 93 94; kostenloser Shuttle-Service zum Zentrum.
Villa Verdi, 4 Verdi Str., P. O. Box 6784,
✆ 22 19 94, Fax 22 25 74; 5 Min. vom
Zentrum, geschmackvoll eingerichtet.
Windhoek Hotel and Country Club,
etwas außerhalb am Golfplatz, P. O.
Box 30777, ✆ 2 05 59 11, Fax 25 27 97;
mit Casino, 150 Zimmer.
Thüringer Hof, Independence Avenue,
✆ 22 60 31, Fax 23 29 81; etwas schäbig,
aber mit schattigem Biergarten,
urdeutsche Speisekarte.
Hotel-Pension Steiner, Wecke Str. 11,
P. O. Box 20481, ✆ 22 28 98, Fax
22 71 24.
Pension Kleines Heim, Volan Str. 10,
✆ 24 82 00, Fax 24 82 03.
    Im Umkreis von Windhuk finden sich
zahlreiche Lodges und Gästefarmen;
hier sei erwähnt:
Eagles Rock Leisure Lodge, 40 km
westlich im Khomas-Hochland,
✆ 23 45 42, Fax 23 02 21.

 Restaurants: Dunes (reichhalti-
ges Buffet) und **Viva Espana** im
Kalahari Sands Hotel, Independence
Avenue, ✆ 22 23 00.
Fürstenhof, Romberg Str. 4, ✆ 23 73 80;
mit deutschem Meisterkoch.
Kaiserkrone, im Fußgängerviertel hin-
ter dem Uhrenturm, ✆ 23 01 41; abends
Pizza und Pasta.
Mike's Kitchen, Wernhill Park Shop-
ping Centre, ✆ 22 65 96/8.
Seoul House, Rehoboth Str. 46,
✆ 3 46 91; sonntagmittags geschlossen.
The Warehouse, Talstr. 48, ✆ 22 50 59;
Theater und Live Music, geöffnet ab
20 Uhr.

Le Bistro, Independence Avenue, ✆ 22 87 42; zentral gelegener, beliebter Treffpunkt, viele Jugendliche und ständig laute Musik.

La Cave, im Tiefparterre des Carl List Building, Peter-Müller-Str., ✆ 22 41 73; deutsche Küche, montags geschlossen.

Gathemanns Restaurant, 1. Etage des Gathemann-Hauses auf der Independence Avenue; mit großer Terrasse.

Yangtse, Gobabis Str. 106.

Central Café, gegenüber von der Post in der Trip Arcade, Independence Avenue, ✆ 22 26 59.

Café Schneider, ✆ 22 63 04; sonntags geschlossen.

Kentucky Fried Chicken, Talstr. 67, ✆ 23 22 61.

Gert's Klause, Sanlam Centre, Independence Avenue, ✆ 23 57 06; deutsche Küche.

Okambihi Restaurant, Kallie Roodstr./ Wessel-Str., Northern Industrial Area, ✆ 26 32 04; Steaks.

Alfa Restaurant, Alfa Shopping Centre, Bessemer Str. (off Krupp Str.).

Gourmet's Inn, Jan-Jonker-Str., ✆ 23 23 60; internationale Küche, Fisch und Wild, sonntags geschlossen.

Sam's Restaurant & Grill, Gobabis Road 90, ✆ 22 88 20; vegetarisch, Fisch und Pasta, dort auch Nightclub Casablanca.

Crumbs Restaurant/Midnight Express/Club Thriller, Samuel-Shikomba-Str., Katutura, ✆ 21 66 69.

The Kopper Kettle, Joule-Str./ Walter-Str., ✆ 22 59 64, ab 20 Uhr geöffnet, sonntags geschlossen.

Aktivitäten: Golf: Windhoek Country Club, ca. 16 km vom Zentrum entfernt, ✆ 25 16 68; 18-Loch-Golfplatz.

Ausflüge: Gästefarm Düsternbrook, ca. 50 km östlich von Windhuk, ✆ 3 25 72, Fax 3 47 58; bietet Fotosafaris und Ausflüge in die Umgebung (Leoparden).

Auas Game Lodge, ca. 1 Stunde Fahrt von Windhuk, auf Wunsch Transfer von und zum Flughafen, ✆ 2 40 03 43, Fax 24 86 33; organisiert Pirschfahrten.

Namibia
Reiseinfos von A–Z

Anreise

Namib Air fliegt von Frankfurt, LTU von München nach Windhuk. Dauer des Fluges Frankfurt–Windhuk: ca. 10 Std. Im übrigen gibt es täglich Flüge von und nach Johannesburg, das ca. 2 Flugstunden entfernt liegt.

Der internationale Flughafen Windhuk liegt ca. 40 km vom Stadtzentrum entfernt. Ein Zubringerbus verkehrt zwischen Flughafen und Kalahari Sands Hotel.

Auskunft

... in Deutschland

Namibia-Verkehrsbüro, Im Atzelnest 3, 61352 Bad Homburg, ✆ (0 61 72) 40 66 50, Fax 40 66 90.

... in Namibia

Director of Tourism, Reservations,
P. O. Box 13267, Windhuk, ✆ 23 69 75,
Fax 22 49 00.
Namibia Tourism, P. O. Box 13346,
Windhuk, ✆ (0 61) 2 84 91 11,
Fax 22 19 30.

Reservierungen der staatlichen Unterkünfte, nicht der durchweg privaten Hotels, Lodges und Gästefarmen, können
über das Reservierungsbüro in Windhuk
getätigt werden (*Director of Tourism,* s.
o.). Die Korrespondenz sollte unbedingt
in Englisch geführt werden. Die Bear-
beitung der Reservierung kann bis zu 3
Wochen dauern. Bitte beachten Sie dies
bei der Vorbereitung Ihrer Reise! Die
einfachste Zahlungsmöglichkeit ist mittels einer Kreditkarte, *nachdem* Sie sich
über die Richtigkeit der Buchung verge-
wissert haben. Bitte die Kreditkartenan-
gaben nicht gleich bei der Buchung mit-
teilen. Kreditkartennummer, Gültigkeits-
daten der Karte und der genaue Verweis
zu Ihrer Buchung sichern einen rei-
bungslosen Ablauf. Auslandsüberwei-
sungen können auf folgendes Konto gemacht werden: Standard Bank Windhuk,
Namibia, BLZ 00237200, Swift Code
SBNMNANX; Konto Nr.: 04-319-667-5.
Bitte vergessen Sie auch hier nicht den
genauen Hinweis auf Ihre Buchung!

Es ist empfehlenswert, die Reise in
groben Zügen vorzubuchen, da die Un-
terkunftskapazitäten oft begrenzt sind.
Hochsaison ist im März und April und
von Juni bis September. Zwischen Mitte Dezember und Mitte Januar herrscht
in Namibia große Ferienzeit. Hotels und
Rastlager sind dann meist ausgebucht.

Reisebüros in Windhuk:
SWA Safaris, P. O. Box 2 03 73,
✆ 3 75 67, Fax 22 53 87.

Oryx Tours Namibia, ✆ 21 74 54.
Africa Adventure Safaris, 20 Harvey
Str., ✆ 23 47 20.
Sun Safaris of Namibia, ✆ 5 10 69.
Namib Travel Shop, ✆ 22 51 78 oder
22 61 74.
African Extravaganza, ✆ 6 30 86.
Ondese Reisen und Safaris, Aus-
spannplatz, P. O. Box 61 96, ✆ 22 08 76,
Fax 23 97 00; Buchungsbüro für Ndhovu
Safari Lodge (am Okavango bei den Po-
pa Falls), M'butu Lodge (zwischen Wind-
huk und Etoscha-Pfanne) sowie Bitter-
wasser Lodge (südöstlich von Windhuk
am Rande der Kalahari mit Flugschule).

Diplomatische Vertretungen

... in Deutschland

Botschaft von Namibia, Mainzer Str.
47, 53179 Bonn, ✆ (02 28) 34 60 21, Fax
34 60 25.

... in Namibia

Deutsche Botschaft in Windhuk,
Sanlam-Gebäude, Independence Avenue, ✆ (0 61) 22 92 17/8/9, Fax 2 29 81.

Einreise

Besucher aus Ländern Europas brauchen
für einen Aufenthalt von bis zu zwei
Monaten kein Visum. Der Reisepaß
muß jedoch über das Einreisedatum
hinaus eine Gültigkeit von mindestens
sechs Monaten haben.

Feiertage

Außer den auch in Europa üblichen
Feiertagen: **21. März** (Unabhängig-

keitstag), **1. Mai** (Tag der Arbeit); **4. Mai** (Cassinga-Tag); **25. Mai** (Afrika-Tag); **26. August** (Namibia-Tag); **10. Dezember** (Tag der Menschenrechte).

Geld und Banken

Die Währung des Landes heißt Namibia Dollar. Man darf pro Person 500 N$ Bargeld einführen. Da der N$ noch nicht bei allen Banken in Europa bekannt ist, können Sie auch den südafrikanischen Rand (ZAR) kaufen. Die Währung wird ebenfalls in Namibia anerkannt und ist gleichwertig mit dem Namibia Dollar. Devisen können in unbegrenzten Mengen als Bargeld oder in Form von Reiseschecks eingeführt werden.

Gesundheitsvorsorge

Malariaprophylaxe ist im Prinzip nur im Norden Namibias, insbesondere im Etoscha-Park, notwendig. Schuhe sollten kurz ausgeklopft werden, bevor man sie anzieht, weil sich dort nachts gerne **Skorpione** verkriechen.

Nur selten bekommt ein Tourist eine **Schlange** zu sehen, trotzdem empfehlen wir knöchelhohe Wanderschuhe. Schlangen sind sehr scheu, d. h. wenn man fest auftritt oder sich mit einem Stock bemerkbar macht, verschwinden sie, ohne daß man sie gesehen hat.

Zur **Aidsproblematik** siehe Themenkasten S. 365.

Grenzübergänge

Die Grenzübergänge schließen zwischen 16 und 18 Uhr.

Für alle Wagen, ob angemietet oder privat, muß für die Grenzüberfahrt nach Botswana eine Vollmacht des Wagenbesitzers vorliegen bzw. eine Bestätigung der Polizei.

Jagen

Namibia ist ein Dorado für Jäger. Es gibt dort über 300 offiziell registrierte Jagdfarmen und 20 Safari-Unternehmen, die Jagdreisen veranstalten.

Jagdsaison für ausländische Jäger: 1. Februar–30. November (für Einheimische: Juni/Sept.). Namibia eignet sich besonders als Einstiegsland für deutsche Jäger, weil sie dort ohne Fremdsprachenkenntnisse auskommen. In der namibischen Jagdethik ist nicht nur festgeschrieben, daß die Jagd dem wirtschaftlichen Nutzen der Bevölkerung dienen und unter Beachtung des Umweltschutzes ausgeübt werden soll, sondern auch, daß dem Jäger ein Recht auf Freude an der Jagd zusteht!

Wen das verlockt, in Namibia zu jagen, der kann dies auf zweierlei Weise tun. Er kann seine Jagdreise über einen deutschen Vermittler buchen wie **Safari Willscher** (Postfach 80 10 48, 21010 Hamburg; ✆ (0 40) 7 21 20 58; Fax 7 21 68 97; Telex 2 16 12 33 sawi d); **Kettner Jagd-Reisen** (Postfach 10 11 65, 50602 Köln; ✆ (02 21) 5 96 51 84; Fax 5 96 51 90; Telex 8 88 13 90 ket d); **Dr. Lechner Profi-Jagdreisen,** Rennweg 43, 85435 München, ✆ (08122) 50 44, Fax 44 85; **Hubertus Jagdreisen,** Rote Bühl Str. 83, 70178 Stuttgart, ✆ (07 11) 61 18 18/19, Fax 61 18 23; und **R & T Safaris,** Im Brandengarten 6b, 53127 Bonn, ✆ (02 28) 25 92 29, Fax 28 85 51. Oder er kann sich direkt an eine der acht spezialisierten Jagdfarmen wenden (s. ›Namibia Beherbergungsführer; zu beziehen durch:

Namibia Verkehrsbüro, Postfach 20 41, 61290 Bad Homburg; ✆ (0 61 72) 40 66 50; Fax 40 66 90). Hinzu kommen 47 Gästefarmen, die ebenfalls Jagdmöglichkeiten im Angebot haben (s. ›Namibia Beherbergungsführer‹), und eine Reihe von Safari-Unternehmen, die Jagden von einem Basiscamp aus auf ungenutztem Farmgelände von bis zu 2000 km² Fläche organisieren.

Die Preise variieren beträchtlich: zwischen 4000 und 10 000 US-$ für eine Woche, je nach Art und Anzahl der zum Abschuß gebuchten Arten: Eine Giraffe schlägt dabei mit bis zu 2000 US-$ zu Buche, eine Oryx-Antilope mit 250–400 US-$ und ein Warzenschweinkeiler mit 200–250 US-$. Hasen, Affen und Schakale gibt es gelegentlich zum Nulltarif. Vergleiche lohnen sich also, ebenso die Frage nach eventuell im Angebot schamhaft verschwiegenen Nebenkosten.

Eindringlich warnt der namibische Berufsjägerverband in seiner instruktiven Broschüre ›Jagen in Namibia‹ (zu beziehen gegen eine Schutzgebühr von 5 DM von der NAPHA, Postfach 11291, Klein Windhuk, Namibia, ✆ (0 02 64 61) 23 44 55), Fax 22 25 67) vor Billigangeboten nicht registrierter und lizensierter Farmbesitzer. Die Erlaubnis der Behörde muß bei der Jagd mitgeführt werden. Wer schwarz jagt und dabei erwischt wird, muß mit großen Unannehmlichkeiten rechnen. Empfehlenswert ist, sich vom Jagdfarmer die notwendigen Einfuhrformulare vorab zusenden zu lassen und auch die Einladung des Jagdfarmers mit sich zu führen. Einzelheiten vom Berufsjagdverband NAPHA.

Beim – befristeten – Import der eigenen Waffen muß beachtet werden, daß die minimale Mündungsenergie für Antilopen geringerer Stärke (Springbock und kleiner) 1370 Joule beträgt; für stärkeres Wild 2700 Joule. Anzuraten ist das Führen von Repetierern des Kalibers .300 Magnum (auf Elefanten .458) mit variablem Glas (3–6x). Weitschüsse sind die Regel. Die Einfuhr von vollautomatischen Langwaffen ist ebenso verboten wie die von Faustfeuerwaffen. Für die Wiedereinfuhr der eigenen Waffen in die Bundesrepublik muß die Waffenbesitzkarte mitgeführt werden. Die Jagd mit Pfeil und Bogen ist nicht erlaubt.

Bei der Buchung von Abschüssen ist zu beachten, daß alles Wild nach ›besonders geschützt‹, ›geschützt‹ und ›jagdbar‹ klassifiziert ist. Die Bejagung geschützer Tiere bedarf der vorherigen Genehmigung; jedes erlegte Stück muß in einem Permit eingetragen, die Richtigkeit der Eintragung vom obligatorisch begleitenden Berufsjäger bestätigt werden. Angeschossenes Wild, das nicht bei einer Nachsuche zur Strecke kommt, gilt als erlegt; die Abschußgebühr verfällt.

Matthias P. Deltgen

Meer

Das Meer in Namibia ist nicht zum *Baden* geeignet, da die Temperaturen des Atlantiks zwischen 12 °C und 16 °C schwanken. Die Küste ist jedoch für *Angler* ein echtes Paradies (s. auch unter ›Sport‹). In den Ortschaften an der Küste ist das Freizeitangebot sehr groß. Von Kamelreiten, Wüstentouren bis hin zum »Turn« mit einem Gaffelschoner reicht die Angebotspalette.

Öffnungszeiten

Im allgemeinen Mo–Fr 8.30–18, Sa 8.30–13 Uhr. Banken: 9–15.30, Sa 9–11

Uhr. In größeren Orten haben Supermärkte auch sonntags auf.

Permits

Permits sind Eintrittsgenehmigungen
für die Naturschutzparks Namibias,
aber keine Unterkunftsreservierungen,
wie oft angenommen. Permits werden
nur in Namibia ausgestellt, oft sogar an
den Eingangstoren zu den jeweiligen
Gebieten.

Polizei

Es gibt in jedem größeren Ort eine Polizeistation: Notruf ✆ 1 01 11.

Reisezeit und Kleidung

Der Winter der südlichen Halbkugel
(Mai–Sept.) ist gleichzeitig Trockenzeit.
Die Temperaturen liegen dann tagsüber
bei 20–25° C, nachts sinken sie bis unter
10° C. Wild ist um diese Zeit gut sichtbar, weil die Bäume ihre Blätter verloren haben. Im Sommer (Okt.–April) ist
es heißer, nachts weniger kühl, und es
regnet gelegentlich, meist aber nur in
kurzen Schauern. – Tip für Reisegepäck:
Eine Taschenlampe sollte man immer
dabeihaben, insbesondere in den staatlichen Camps, wo der Strom häufig
ausfällt. Sommerkleidung reicht auch
im Winter außer abends. An der Skelettküste sind ein Pullover und eine
Windjacke empfehlenswert.

Sicherheit

Ein vollgeladener Wagen sollte nicht
unbeaufsichtigt in den Straßen stehen
bleiben. Auch achtlos hingelegte Geld-
beutel und Fotoapparate auf den Auto-
sitzen werden zu einer leichten Beute.

Souvenirs

Halbedelsteine, Lederwaren, Straußeneier, Tierfelle, Korbarbeiten – das **Nami-
bian Crafts Centre** in Windhuk, Tal-
straße 40, bietet von allem etwas. Im
Wernhill Centre bieten einige Läden
afrikanische Folklore an, die sehr ge-
schmack- und phantasievoll ist.

Sport

Die planktonreichen küstennahen Gewässer sind ein Paradies für **Angler**
und **Fischer.** Der aus der Antarktis
kommende kalte Benguela-Strom sorgt
hier für Fischreichtum. In dem Erholungsgebiet an der Westküste – einem
etwa 50 km breiten Gürtel, der sich
über etwa 200 km vom Swakop- bis
zum Ugabfluß erstreckt – heißen die
Angelplätze nach der Entfernung von
Swakopmund, die noch in Meilen berechnet wurde, z. B. Meile 4, Meile 30,
usw. An der Skelettküste findet man
ideale Bedingungen zum Brandungs-,
Meeresgrund- und Tiefseeangeln. Das
Brandungsangeln auf Kupferhai stellt
eine besondere Herausforderung dar.
Manche Raubfische werden bis zu vier
Meter lang und über 190 kg schwer.
Dafür benötigt man spezielle Angelru-
ten, die man am besten in Namibia
kauft. Ein Angelschein an der Küste ist
nicht erforderlich, allerdings dürfen
manche geangelten Seefische eine be-
stimmte Größe nicht unterschreiten.
Außerdem sind maximale Fangquoten
geregelt. Die Angelsaison an der Küste
erstreckt sich von November bis Ende

März. Im April ist es meist ruhiger, aber von Mai bis Juli werden oft seht gute Galionen- und Steinbrassenfänge gemacht. Süßwasserfische kann man in den Stauseen am Hardap Dam, im Daan-Viljoen-Park, am Fischfluß und am Von Bach Dam, einem Stausee in der Nähe von Okahandja, angeln. Angelscheine sind an Ort und Stelle und im Büro der Naturschutzbehörde erhältlich. Im Hardap Dam befinden sich Barben, Mosambikbuntbarsche, Karpfen, Labreo umbratus und Labreo capensis, letzterer aus dem Oranje-Fluß.
Ballonflüge über die Namib-Wüste: **Balloon Safaris,** ✆ (0 66 32) 57 03. **Namib Sky Adventure Safaris,**✆ (0 61) 22 35 62; Start von Wildfarm ›Camp Mwisho‹, 50 km südlich von Sesriem.

Sprache

Seit der Unabhängigkeit ist Englisch offiziell die einzige Amtssprache, davor waren es auch Afrikaans und Deutsch. 80% der Bevölkerung sprechen Oshiwambo, Herero oder andere afrikanische Sprachen. In den Hotels und Restaurants kommt man mit Deutsch gut durch.

Stromversorgung

Das Stromnetz ist für 220/240 Volt Wechselstrom ausgelegt. In Namibia werden dreipolige Stecker benutzt, die entsprechenden Zwischenstecker (Adapter) können im Land gekauft werden.

Telefonieren

Vorwahl nach Namibia: 0 02 64 (nach Vorwahl die 0 der Ortsnetzkennzahl weglassen); Vorwahl von Namibia nach Deutschland: 00 49; nach Österreich: 00 43; in die Schweiz: 00 41.

In Namibia werden noch viele Gespräche, besonders mit Farmen, über einen Vermittler hergestellt: Auslandsfernmeldeamt (Operator): ✆ 00 10.

Eine kürzlich erfolgte Umstellung des Vorwahlsystems ist auch in vielen offiziellen Veröffentlichungen noch nicht berücksichtigt worden, so daß insofern ein gewisses Chaos herrscht.

Trinkgeld

Ca. 10 % des Rechnungsbetrages; Gepäckträger, Zimmermädchen und Parkwächter bekommen im allgemeinen nicht unter 2–3 Namibia-Dollar.

Unterkunft

Neben den **Hotels** gibt es in Namibia eine große Auswahl an **Gäste- und Jagdfarmen**. Rundfahrten, Grillabende, Wanderungen und Ausritte werden hier angeboten. Da diese Farmen sehr beliebt – und die Strecken bis zur nächsten Farm oft sehr groß sind, raten wir dringend zu Reservierungen. Die Bettenanzahl ist auch meist recht begrenzt. Namibia-Spezialveranstalter können schon vorab die Reservierungen tätigen und helfen somit auch, nicht optimale Farmtelefonverbindungen zu bewältigen.

Staatlich betriebene **Campingplätze** sind in Lüderitz, Ai-Ais, Hobas sowie im Fish River Canyon, am Hardap Dam, im Namib-Naukluft-Park, an Schloß Duwisib, im Reho-Erholungsgebiet, im Dan-Viljoen-Wildpark, an den Thermalquellen in Groß-Barmen, im Von-Bach-Erholungsgebiet, am Ugab-Fluß in der Nähe von Swakopmund, am Robbenreservat in Cape Cross, im Skeleton-Coast-Park nördlich des Ugab, in Terrace Bay, Torra Bay, im Waterberg-Plateau-Park, in den Camps der Etoscha-Pfanne, bei den Popa-Fällen und im Caprivi-Wildpark.

Die **Camps** in den Nationalparks stehen unter staatlicher Leitung. Sie sind im voraus zu buchen, meist mit Campingplätzen kombiniert und ausgesprochen billig. Doch der Service ist eine Katastrophe. Wer Wert auf korrekte Bedienung legt, sollte daher einer nichtstaatlichen Beherbergung den Vorzug geben, auch wenn sie, wie in der Etoscha-Pfanne, etwas außerhalb liegt.

Wildcampen ist lediglich in Ausnahmefällen gestattet. Der jeweilige Farmer sollte um Erlaubnis gefragt werden. Campingausrüstung kann bei Mietwagenfirmen oder Ausrüstern geliehen werden. Oft stehen nur eine geringe Anzahl Stellplätze zur Verfügung, daher wird besonders bei Sesriem zu einer Reservierung geraten. Die Sicherheit bei städtischen Campingplätzen kann nicht immer gewährleistet werden. Bitte erkundigen Sie sich vorher bei der jeweiligen Stadtverwaltung! (Adressenverzeichnis aller Unterkunftsmöglichkeiten über Namibia Tourism, Private Bag 13346, Windhuk, ☎ 2 84 21 11 oder 61290 Bad Homburg, Im Atzelnest 3, ☎ (0 61 72) 40 66 50, Fax 40 66 90).

Verkehrsmittel

Flugzeug

Inlandsflüge mit Air Namibia starten und landen im Eros-Flughafen, 5 km außerhalb Windhuks neben dem Safari-Hotel. Flüge gibt es von Windhuk neben dem Safari-Hotel. Flüge gibt es

von Windhuk in den Etoscha Nationalpark, nach Katima Mulilo, Keetmanshoop, Lüderitz, Mount Etjo, Oranjemund, Rundu, Swakopmund, Tsumeb und Walvis Bay. Auskunft/Buchung: **Air Namibia,** Post Street Mall, ☎ (0 61) 22 96 35, Fax 22 87 63,
Air Charter:
Namibia Commercial Aviation, Eros Airport, ☎ (0 61) 22 35 62, Fax 23 45 83.

Auto

In Namibia herrscht Linksverkehr. Das Straßennetz ist im allgemeinen sehr gut. Selbst nicht-aspaltierte Straßen sind gut fahrbar, weil sie regelmäßig planiert werden. Wenn sich auf ihnen jedoch das gefürchtete ›Wellblech‹ bildet, sollte man vorsichtig sein. Bei höherer Geschwindigkeit rappelt der Wagen zwar weniger, weil er über die Bodenwellen hinwegfliegt. Die Bodenhaftung ist dann jedoch extrem gering, und eine unbedachte Bewegung mit dem Lenkrad kann katastrophale Folgen haben.

Vorsicht beim Fahren! Lose Steine bringen auf Schotterstraßen den Wagen in einer Kurve schnell ins Rutschen. In der Abenddämmerung überqueren viele Tiere die Straße, um zu ihren Weidegebieten zu gelangen. Staub und Gegenlicht verhindern die erforderliche gute Sicht.

Da Tankstellen rar sind, sollte man rechtzeitig tanken. Die Geschwindigkeitsbeschränkung beträgt über Land 120 km/h (auf Schotterstraßen 100 km/h) und 60 km/h in geschlossenen Ortschaften. Sicherheitsgurte sind vorgeschrieben. Ein internationaler Führerschein ist erforderlich. In der Etoscha-Pfanne darf der Wagen nicht verlassen werden.

Mietwagen

Mehr als 50 % aller Touristen bereisen Namibia mit dem Mietwagen. Es gilt deshalb, rechtzeitig zu reservieren.

Der Mieter sollte darauf achten, daß ein Reserverad (möglichst sollten es sogar zwei sein) und Werkzeug (Wagenheber!) vorhanden sind. Auch Reservekanister sind wichtig, da das Tankstellennetz nicht sehr dicht ist. Geländewagen sind als Mietwagen in großer Auswahl verfügbar und im Norden während der Regenzeit vorzuziehen.

In den Regionen Kaokoveld (Kunene) und Kaudom (Otjozondjupa) ist eine Mindestanzahl von zwei Geländewagen ein Muß; für den Caprivizipfel sind Geländewagen generell zu empfehlen.

Wenn Sie vorhaben, mit dem Wagen in die benachbarten Länder Botswana und Zimbabwe zu fahren, müssen Sie dies bei der jeweiligen Mietwagenfirma anmelden, damit Ihnen die notwendigen und ordnungsgemäßen Papiere ausgestellt werden können. Mietwagen werden nicht an Personen unter 23 Jahren verliehen. Der internationale Führerschein ist erforderlich. Bitte vergewissern Sie sich, daß sich der Wagen in einem tadellosen Zustand befindet.

Mietwagenfirmen in Windhuk (☎ 061): **ASCO Car Hire,** P. O. Box 40214, 10 Diehl Str., ☎ 23 30 64, Fax 23 22 45; **Avis Rent-a-Car,** P. O. Box 1387, Windhuk Internationaler Flughafen: ☎ (06 26) 4 02 71, Fax 4 02 54, Eros Flughafen: ☎ 23 31 66, Fax 22 30 72; **Bonanza Car & 4×4 Hire,** P. O. Box 1216, Total Service Station, Mandume Ndemufayo Drive (ehem. Tal Str.), ☎ 24 03 17, Fax 24 03 18; **Budget Rent-a-Car,** P. O. Box 1754, Windhuk Internationaler Flughafen: ☎ (06 26) 4 02 25, Windhuk Innenstadt, Mandume Ndemufayo Drive 72 (ehem. Tal Str.), ☎ 22 87 20, Fax 22 76 38; **Imperial Car Hire,** P. O. Box 1387, Windhuk Internationaler Flughafen: ☎ (06 26) 2 78, Windhuk, Ecke Peter-Müller-Str./Stübelstr., ☎ 22 71 03, Fax 22 27 21; **Namibia Camping Car Hire (PTY) Ltd.,** P. O. Box 5526, Edison Str./Mandume Ndemufayo Drive, ☎ 23 77 56, Fax 23 77 57; **Odyssey Car Hire,** P. O. Box 20938, Joule Str. 36 (südl. Industriegebiet), ☎ 22 32 69, Fax 22 89 11; **Tempest Car Hire,** P. O. Box 24075, John Meinert Str. 46, ☎ 23 91 63, Fax 23 07 22.
Geländewagenfirmen: **Kessler 4×4 Hire:** P. O. Box 1754, Windhuk Internationaler Flughafen: ☎ (06 26) 4 02 25, Windhuk: Ecke Curt von Francois Str./Mandume Ndemufayo Drive, ☎ 23 34 51, Fax 22 45 51; **Namib 4×4,** ☎ 22 06 04, Fax 22 06 05; **RK 4×4 Hire,** P. O. Box 31076, ☎ 22 39 94, Fax 22 39 94; **Camper,** Woodway Camper Hire, P. O. Box 11084, ☎ 22 28 77, Fax 22 03 35.

Bus

Es gibt ein Überlandbusnetz, das die größeren Ortschaften miteinander verbindet: **INTERCAPE Mainliner,** Windhuk, ☎ (0 61) 22 78 47, Fax 22 82 85. Ein weiterer Busdienst verbindet Windhuk mit den Victoria Fällen in Zimbabwe: **The Over–Border Coach,** ☎ (0 61) 22 28 73, Fax 23 88 57.

Eisenbahn

Für Geduldige, Kontaktfreudige und solche, die knapp bei Kasse sind, ideal – Eisenbahnfahren kostet in Namibia viel Zeit und wenig Geld. Doch es bietet auch eine Fülle an Möglichkeiten, dem goldenen Käfig zu entfliehen, in dem ein Tourist in Afrika sich häufig wiederfindet, und Kontakte zu Einheimischen aufzunehmen. TransNamib bietet Zugverbindungen an.

TransNamib Rail Central Reservations: ✆ (0 61) 2 98 20 32, Fax 2 98 24 95. Zug und Bus halten oft weitab der touristischen Sehenswürdigkeiten.

Taxi

In Windhuk finden sich Taxis gegenüber dem Kalahari Sands Hotel ✆ (21 11 16). Funktaxis sind auch telefonisch unter ✆ 3 70 70 zu bestellen; bei längerer Fahrt sollte vorher ein fester Preis ausgehandelt werden. Taxis kön-

nen auch auf der Straße angehalten werden. Sammeltaxis sind üblich.

Zeit

Zur europäischen Sommerzeit ist es in Namibia eine Stunde früher, zur europäischen Winterzeit eine Stunde später. In Namibia erfolgt die Zeitumstellung am 21. März und am 4. November.

Zeitungen, Rundfunk

Windhuk ist die einzige Hauptstadt Afrikas, die über eine deutsche Tageszeitung und ein deutschsprachiges Rundfunkprogramm verfügt.

BOTSWANA
Adressen und Tips von Ort zu Ort

Francistown

 Unterkunft: Cresta Thapama Hotel**, nahe am Zentrum, Private Bag 31, ✆ 21 38 72, Fax 21 37 66. **Marang Hotel***,** 5 km außerhalb am Ufer des Tati (Nähe des Golfplatzes), P. O. Box 807, ✆ 21 39 92, Fax 21 39 91; mit Campingplatz.

Gaborone

 Unterkunft: Sheraton Gaborone Hotel and Towers***, Molepolole Rd., 4 km vom Zentrum, P. O. Box 2025, ✆ 31 29 99, Fax 31 29 89. **Cresta President Hotel**,** Botswana

Road, Gaborone Mall, im Zentrum, P. O. Box 200, ✆ 35 36 31, Fax 35 18 40. **Gaborone Sun*,** Nyerere Drive, am Golfplatz, 2 km vom Zentrum, Private Bag 00 16, ✆ 35 11 11, Fax 30 25 55. **Cresta Lodge,** Samora Machel Drive, ✆ 37 53 75, Fax 37 53 76. **Cresta Gaborone Hotel*,** am Bahnhof, ✆ 37 52 00, Fax 37 52 01. **Oasis Motel,** Zeerust Road, Tlokweng, 5 km östlich vom Zentrum, P. O. Box 30331, ✆ 35 63 96 97, Fax 31 29 68. **Morning Star Motel,** Zeerust Road, ✆ 35 23 01. **Macardo Lodge,** Ext. 11 Dinatla Close, ✆ 37 39 80. **Lolwapa Lodge,** Nkewe Close, ✆ 35 93 63.

Restaurants: Bull & Bush
Steak House, Old Francistown Road, gegenüber Red Square Flats, ✆ 37 50 70.
Kentucky Fried Chicken, African Mall, ✆ 31 41 65.
Alfredo's, ✆ 31 36 04, New Broadhurst Mall.
Pizzeria The Park, African Mall.
Taj Restaurant, African Mall, ✆ 35 35 69.

Ghanzi

Unterkunft: Kalahari Arms Hotel**, im Zentrum, P. O. Box 29, ✆ 59 62 98, Fax 59 63 11.

Jwaneng

Unterkunft: Mokala Lodge, Koro Avenue, Private Bag 02, ✆ 38 06 14 oder 38 03 89, Fax 38 03 89.

Kanye

Unterkunft: Marapalalo Hotel, im Zentrum, P. O. Box 17, ✆ 34 03 08.

Kasane
(Chobe National Park)

Unterkunft: Kubu Lodge , zwischen Kasane und Kazangula, 2 km von Kanzangula, P. O. Box 43, ✆ 65 03 12; Chalets mit eigener Toilette und Bad, Blick auf den Fluß.
Chobe Safari Lodge* , am westlichen Ende des Ortes, 3 km vom Eingang des Wildparks, P. O. Box 698,

✆ 65 03 36; Zimmer und Rondavels mit Toilette und Bad, Blick auf den Fluß.
Chobe Game Lodge*** , 12 km von Kasane im Chobe-Park, P. O. Box 32, ✆ 65 03 40, Fax 65 02 80; klimatisierte Zimmer mit Bad und Toilette.
Serondella-Campsite , oberhalb des Savuti-Kanals, P. O. Box 17, ✆ 65 02 35; herrliche Lage.
Linyanti Camp , am Ufer des Linyanti, P. O. Box 11, ✆ 65 03 85.
Savuti South Camp 7, am Savuti-Kanal im Park, ✆ 66 03 02; Zelte.
Allan's Camp 8, am Savuti-Kanal in der Mababe-Senke, P. O. Box 100, Maun, ✆ 66 03 02; Chalets.
Lloyd Wilmot's Camp 9, am Savuti-Kanal zwischen Allan Camp und Serondella Campsite, P. O. Box 37, Maun, ✆ 31 39 00; Zelte mit Gemeinschaftsduschen.

Lobatse

Unterkunft: Cresta Cumberland Hotel, Khama Avenue, P. O. Box 135, ✆ 33 02 81/82, Fax 32 21 06.

Maun

Unterkunft: Cresta Riley's River Lodge, The Mall, P. O. Box 29, ✆ 66 03 20, Fax 66 05 80; Zimmer mit Klimaanlage und Bad, Bustransfer zum Flughafen.
Alle anderen Hotels und Lodges liegen außerhalb von Maun, in den Wildparks und dem Okavango Delta (s. u.).

Restaurants: Paradise Café, hinter dem Postamt.
Duck Inn, am Flughafen, P. O. Box 40, ✆ 26 02 53.

✈ **Verkehrsverbindungen:** Maun wird von Gaborone und von Victoria Falls in Zimbabwe (Gelegenheit zur Besichtigung der weltberühmten Wasserfälle) angeflogen.

Molepolole

🛏 **Unterkunft: Mafenya-Tlala Hotel,** ✆ 32 03 94.

Nxai

🛏 **Unterkunft:** *Nata:* **Nata Lodge,** 10 km südlich auf der Straße nach Francistown, Private Bag 10, Francistown, ✆ 61 12 10; Chalets.
In Gweta: **Gweta Rest Camp,** P. O. Box 124; ideal für Ausflüge in die Makgadikgadi-Pfanne.

Okavango Delta

Allgemeine Hinweise:
Malaria-Prophylaxe ist im Okavango-Delta unbedingt erforderlich. Die meisten Safari-Unternehmen, haben ihre Basis in Maun, so daß auch dort an Ort und Stelle Expeditionen ins Delta gebucht werden können. Empfehlenswert ist jedoch eine längerfristige Buchung.

Beste Reisezeit für Touristen ist von Mai bis November (kurze Regenschauer und beginnende Hitze mit tagsüber ca. 35 °C, nachts kühlt es jedoch angesichts der Höhenlage von ca. 1000 m immer noch angenehm ab!). Besonders der August ist zu empfehlen. Im Südwinter, dem europäischen Sommer, können die Nächte allerdings empfindlich kalt werden. Im Januar und Februar sind die Camps wegen Hitze geschlossen.

Das Okavango-Delta wird von den großen Reiseveranstaltern als Pauschalarrangement angeboten. Auch in Johannesburg, Harare, Windhuk und Gaborone bieten die Reisebüros »package tours« in das Delta an. Der Besucher kann jedoch auch selbst eine Lodge buchen und seine Anreise nach Maun organisieren. Die Lodge sorgt dafür, daß er von dort abgeholt wird.

Die Unterkunft in einem oder mehreren Camps und der Transport mit **Wilderness Safaris** (die auch mit Aufenthalten in Zimbabwe und Namibia kombinierte Rundreisen anbieten) können auch über das DSAR-Reisebüro in Bonn, Am Hof, ✆ (02 28) 65 29 29, gebucht werden. ›Wilderness-Safaris‹ veranstaltet auch für Gruppen ab vier Personen ›trails‹ – Camping-Touren, die zum Pauschalpreis Fahrten in Einbäumen, Landcruisern und Wanderungen im Delta kombinieren; die Unterkunft erfolgt dann in Camps mit komfortablen Zweier-Zelten ohne Strom- und Wasserversorgung, aber mit Wassereimern, die auf Wunsch erwärmt werden.

Unterkunft in Maun, Okavango und Moremi: In den Camps ist vorherige Buchung unbedingt erforderlich, da die Anreise nach Maun und Abreise von dort aus (meist im Preis inbegriffen) lediglich mit campeigenem Flugzeug, Boot und/oder Geländewagen möglich ist und die Camps meist nur über eine beschränkte Anzahl von Betten verfügen (in der Regel ca. 12). Der Pauschalpreis umfaßt Vollpension und Safaris im Boot oder Geländewagen zur Wildbeobachtung. Grundsätzlich gilt: Je tiefer im Delta, um so mehr Wild ist zu sehen und um so teurer wird die Unterkunft. **Reservierung** für viele Camps über ✆ 65 03 40, Fax 65 02 80.

🛏 **Camps und Lodges: Island Safari Lodge*** , ca. 14 km nördlich von Maun Richtung Moremi, P. O. Box 116, Maun, ✆ und Fax 66 03 00; 14 Hütten mit Grasdach, Toilette, Dusche; guter Ausgangspunkt für Ausflüge.

Okavango River Lodge* 🔟, ca. 14 km nordöstlich von Maun Richtung Moremi, P. O. Box 32, ✆ 66 02 98; Chalets.

Crocodile Camp* 🔟, ca. 14 km nördlich von Maun am Ufer des Thamalakane, P. O. Box 46, ✆ 66 02 65.

Koro Safari Lodge*, ca. 20 km nördlich von Maun Richtung Moremi am Thamalakane, ✆ 66 02 05/2 22.

Thamalakane River Lodge 🔟, 20 km von Maun (alte Straße nach Moremi).

Kubu Camp 🔟, 13 km nördlich von Maun, ✆ 66 03 07; Campingplatz.

Sitatunga Camping Safaris 🔟, 14 km südlich von Maun Richtung Ngami-See, P. O. Box 47, ✆ 66 05 70; Zelte, Gemeinschaftsduschen- und toiletten.

San-Ta-Wani* 🔟, am Rande des Moremi Game Reserve südwestlich des südlichen Eingangs, P. O. Box 100, ✆ 66 03 51; Hütten.

Delta Camp* 🔟, im Delta westlich von Chief's Island, 30 Min. Flug von Maun, P. O. Box 39, ✆ 66 02 20 oder 66 03 39; grasgedeckte Chalets.

Xaxaba Camp* 🔟, westlich von Chief's Island, 10 Min. mit dem Motorboot vom Delta Camp, P. O. Box 147, ✆ 66 03 51 oder 66 02 05; Chalets.

Khwai River Lodge* 🔟, eine der größten Lodges im Delta, nördlich des Nordeingangs zum Moremi Game Reserve, P. O. Box 100, ✆ 66 03 51; Chalets.

Tsaro Safari Lodge** 🔟, am Ufer des Khwai (Nordeingang des Moremi Game Reserve), P. O. Box 26, ✆ 66 05 08; Bungalows mit Schlaf- und Wohnzimmer.

Machaba Camp 🔟, am Rande des Moremi Game Reserve nördlich des Khwai-Eingangs, P. O. Box 40, ✆ 66 02 11; Zelte.

Camp Xakanaka* 🔟, am Rand der Xakanaka-Lagune, Private Bag 26, ✆ 66 05 08; Zelte.

Camp Moremi** 🔟, auf dem Festland im Moremi Game Reserve, am östlichen Rand der Yakanaka-Lagune, Private Bag 10, Buchung über Südafrika ✆ (0 11) 7 83 10 78.

Shindi Camp 🔟, 30–45 Min. vom Xugana-Landeplatz, P. O. Box 40, ✆ 66 02 11; Zelte mit Gemeinschaftsbadezimmer und -toilette.

Xugana Lodge 🔟, am Rand einer Lagune im nordöstlichen Delta, mit Flugzeug oder Boot zugänglich, Private Bag 48, ✆ 66 05 25; Zelte; die Attraktion ist das Sitatunga Houseboat, dessen Deck 6 m über dem Wasserspiegel einen guten Blick über die Vegetation gewährt.

Camp Okavango** 🔟, im Herzen des Okavango-Deltas, Private Bag 10, Buchung über Südafrika, ✆ (0 11) 7 89 10 78. Zelte mit Toilette und Bad.

Mombo Camp** 🔟, im Herzen des Deltas, westlich von Chief's Island, P. O. Box 40, ✆ 66 02 11-13; Zelte mit Bad und Toilette, Flugtransfer von Maun.

Jedibe Camp* 🔟, im Herzen des Deltas, nordwestlich von Chief Island, P. O. Box 40, Buchung über Südafrika, ✆ 8 84 14 58; Zelte mit Gemeinschaftsdusche und -toilette; ein Hausboot für 8 Gäste.

Qhaaxwa Camp 🔟, (sprich: ›Kakwa‹), am Hauptarm des Thaoge, bietet Ausflüge zu den Tsodilo Hills an, P. O. Box 100, ✆ 66 03 51; Chalets.

Nxamaseri Fishing Camp* 🔟, an der Nguma Lagune, Private Bag 23, ✆ 66 05 93; Chalets, ein Mekka für Hobby-Fischer und Vogelbeobachter, Ausritte und Ausflüge zu den Tsodilo Hills.

Xaro Lodge** 🔟, im Herzen des Deltas, zugänglich nur mit Flugzeug oder Boot, P. O. Box 48, ✆ 66 05 25; Zelte mit Toilette und Bad, arrangiert Ausflüge zu den Tsodilo Hills; zwischen Xaro Lodge und Xugana Camp verkehren Hausboote.

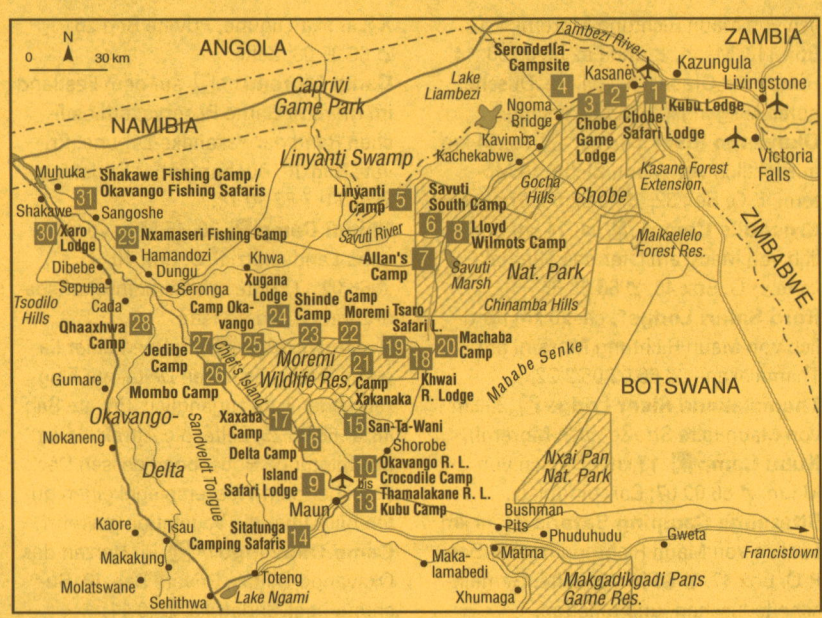

Camps und Lodges im Okavango-Delta

Shakawe Fishing Camp/Okavango Fishing Safaris* 31, 14 km von Shakawe an der Mündung des Okavango, ✆ 66 04 93; Zelte mit Toilette und Bad sowie Gemeinschaftsduschen und -toiletten; Ausflüge zu den Tsodilo Hills (ca. 4 Stunden Fahrt), auch Flußfahrten.

Selebi-Phikwe

🛏 **Unterkunft: Cresta Bosele-Hotel****, im Zentrum, P. O. Box 177, ✆ 81 06 75, Fax 81 10 83.
Syringa Lodge, ✆ 81 04 44.

Serowe

🛏 **Unterkunft: Serowe Hotel,** ✆ 43 02 34; im Zentrum.
Tshwaragano-Hotel, ✆ 43 03 72, im traditionellen Stil auf einem Hügel mit Blick auf die Stadt.
Cresta Botsalo Hotel, 40 km von Serowe, 4 km westlich von Palapye an der Kreuzung der Straßen nach Francistown und Serowe, ✆ 42 02 45, Fax 42 05 87.
Palapye Hotel*, nahe dem Bahnhof von Palapye, ✆ 42 03 04.

Tuli Block/Mashatu Game Reserve

🛏 **Unterkunft: Iwala Game Lodge*,** Buchung in Südafrika: Bedfordview, P. O. Box 1191, ✆ (0 11) 53 92 60–62; Zimmer mit Dusche und Toilette oder Zelte.
Majale Lodge***, Buchung in Südafrika: Braamfontein, P. O. Box 32501, ✆ (0 11) 3 39 14 85/86; Chalets/Zelte.

Tuli Lodge**, Flüge von Johannesburg (Lanseria-Flughafen), Buchung in
Südafrika: Bergvlei, P. O. Box 184, ✆
(0 11) 7 88 17 48 49; Chalets, elegantes
Design.

🚶 **Aktivitäten: Safaris: Mashatu
Game Reserve Luxus Safaris,**
Buchung in Südafrika: Rattray Reserves, P. O. Box 2575, Randburg,
✆ (0 11) 7 89 26 77.

Botswana: Reiseinfos von A–Z

Anreise

Der Sir Seretse Khama Airport liegt 15
km von Gaborone entfernt. Er wird direkt aus Europa von British Airways
und Air France angeflogen.

Internationale Verbindungen bieten
auch Zimbabwe Airways sowie von den
USA aus British Airways und Zambia
Airways. Der Flughafen in Maun ist von
den Nachbarstaaten aus auch direkt erreichbar. Weitere Flughäfen, z. T. mit direkten Verbindungen ins benachbarte
Südafrika, finden sich in Francistown,
Kasane, Selebi-Phikwe und Ghanzi.

Die nationale Fluglinie ist **Air Botswana,** die nicht interkontinental
fliegt. Air Botswana hat Büros in Maun,
✆ 26 03 91, Francistown, ✆ 21 23 93/94,
Gaborone, ✆ 30 55 00 (Stadtbüro) oder
35 19 21 (Flughafen), Lobatse,
✆ 33 05 01 02 und Selebi-Phikwe,
✆ 81 06 54 oder 81 09 29.

Auskunft

… in Botswana

**Departement of Wildlife and Natio-
nal Parks,** P. O. Box 131, Gaborone,
✆ 5 14 61.
Tourism Division, Tirelo House,
Private Bag 00 47, Gaborone.

Reisebüros:
In Maun: **Bonaventures,**
✆ 66 02 05/2 22; **Merlin Services,**
✆ 66 03 51; **Okavango Tours and
Safaris,** ✆ 66 02 20/2 79; **Travel Wild,**
✆ 66 04 93; **Karibu Safari,** ✆ 66 04 93;
Island Safaris, ✆ 66 03 00; **Delta
Camp,** ✆ 66 02 20; für Jagdsafaris:
Safari South, ✆ 66 02 11.
In Gaborone: **Musgrove & Watson,**
✆ 35 20 21; **Kudu Travel,** ✆ 37 22 24;
Travel Center, ✆ 30 43 60.
In Kasane: **Kasane Enterprises,**
✆ 25 02 34.

Auch zahlreiche Reiseunternehmer in
Johannesburg (Vorwahl ✆ 00 27 11)
sind auf Botswana spezialisiert: **Okavango Explorations,** Johannesburg,
Bryanston, ✆ 7 08 18 93/94, Fax
7 08 15 69; **Lloyd's Travel,** P. O. Box
130539, Bryanston, Johannesburg,
✆ 7 06 13 57, Fax 7 06 13 88.

Buchungen für Qhaaxwa Camp und
Xaxaba Camp (beide im Okavango-
Delta) sowie Allans Camp und Savuti
South Camp (beide am Savuti-Kanal im
Chobe National Park) über Johannes-
burg, ✆ 8 86 18 10, Fax 8 86 16 15. Bu-
chungen für Khwai River Lodge im Oka-
vango (24 Betten in Zwei-Bett-Bunga-
lows mit Bad und Toilette) über
Johannesburg, ✆ 8 86 18 10,
Fax 8 86 18 15.

Diplomatische Vertretungen

Deutsche, Österreicher und Schweizer brauchen kein Visum für Botswana. Die für Deutschland, Österreich und die Schweiz zuständige **Botschaft von Botswana** befindet sich in Brüssel, 169 Avenue de Tervueren, ✆ (0 03 22) 7 35 61 10, 7 35 20 70, Fax 7 35 63 18.

Deutsche Botschaft in Botswana Professional House, Broadhurst, Segodithsane Way, P. O. Box 315, Gaborone, ✆ 35 31 43 oder 35 38 06, Fax 35 30 38.

Für Österreich ist die Östereichische Botschaft in Pretoria/Südafrika, für die Schweiz die Schweizerische Botschaft in Harare/Zimbabwe zuständig.

Schweizer Honorarkonsul in Botswana, Gaborone, ✆ 35 14 94.

Feiertage

Viele Feiertage werden durch einen zusätzlichen Tag verlängert. So ist nicht nur der Neujahrstag frei, sondern auch der 2. Januar, nicht nur der Präsidententag, sondern auch der 22. Juli, nicht nur der Botswana-Tag, sondern auch der 1. Oktober.

Geld und Banken

1 Pula = 100 Thebe; Noten zu 1, 2, 5, 10, 20 und 50 Pula, Münzen zu 1, 2, 5, 10, 25 und 50 Thebe. Die meisten Kreditkarten werden in Hotels, Restaurants und vielen Geschäften akzeptiert.

Gesundheitsvorsorge

Malaria ist besonders am Okavango und Chobe vor allem in der Regenzeit verbreitet. Man sollte daher Anti-Malaria-Tabletten nehmen und in unklimatisierten Räumen ein Moskitonetz benutzen. Die **Tsetse-Fliege**, die die gefürchtete Schlafkrankheit überträgt, ist besonders im Ngamiland verbreitet. Bei heller Kleidung verringert sich das Risiko, gestochen zu werden.

Auf das **Schwimmen in offenen Gewässern** sollte man verzichten, da praktisch alle bilharzioseverseucht sind. **Wasser** außerhalb der größeren Städte vor dem Verzehr abkochen und/oder filtern!

Zur **Aidsproblematik** siehe Themenkasten S. 365.

Jagen

Die Saison dauert von April bis September. Jagdpraxis und -gesetzgebung in Botswana weisen große Ähnlichkeit mit jener in Namibia auf; nur bietet Botswana ein breiteres jagdliches Spektrum durch Einbeziehung des Deltas und seiner besonderen Fauna. Wer keinen festen Wohnsitz in Botswana hat, kann sich entweder privat von einem Farmer, der auf seinem Areal das Jagdrecht besitzt, einladen lassen, oder er bucht eine Jagdreise bei einem der obengenannten deutschen Unternehmen, das mit einem botswanischen Jagdorganisator zusammenarbeitet. Er kann sich auch direkt mit einem solchen in Verbindung setzen: **Vira Safaris,** P. O. Box 119, Maun, ✆ 66 03 83, oder **Safari South,** Box 40 Maun, ✆ 66 02 11, Fax 66 03 79. Diese Unternehmen erhalten – gemäß dem Gesetz über Wildschutz und Nationalparks von 1992 – eine jährliche Quote von jagdbarem und teilweise geschütztem Wild zugeteilt.

Elefantensafaris

Kerr & Downey, 14 Old Bond Street, London, W1X 3DB, U.K., ✆ (00 44 - 71) 6 29 20 44; der ›Rolls Royce‹ unter den Reiseveranstaltern bietet 4- und 6tägige Elefanten-Safaris vom Luxus-Zeltcamp Abu's Camp am Xhenega River im Okavango Delta. Die Gäste reiten dabei auf ehemaligen Zoo- und Zirkus-Elefanten. Adresse in Maun: P. O. Box 40, ✆ 66 02 11-3 oder 66 03 75.

Auf der Basis dieser Quoten können Jagdgäste drei verschiedene Lizenzen erwerben: eine für Flugwild (bird licence für 16 Tauben-, Enten- und Gänsearten); eine für zehn niedere Wildarten (Caracal, Wildkatze, Wildhund, Stachelschwein sowie je zwei Fuchs-, Schakal- und Hasenarten, die sogenannte small game licence), und schließlich die Einzellizenz (special game licence), mit der ein oder mehrere Exemplare von 39 jagdbaren Tieren gebucht werden können – darunter Leopard, Löwe, Elefant und Krokodil.

Auch in Botswana sind Mindestkaliber vorgeschrieben: Auf Elefant und Büffel betragen sie 9.3 mm bzw. .375 Magnum. Bei Buchung eines dieser Tiere wird das Vorhandensein einer Büchse mit entsprechendem Kaliber nachgeprüft. Die Bogenjagd ist nicht erlaubt; das Kaliber .22 ist verboten, desgleichen der Import von Faustfeuerwaffen und die Benutzung automatischer und halbautomatischer Langwaffen. Siebzehn der insgesamt 40 sogenannten Staatsjagden (controlled hunting areas) sind an Safari-Unternehmen verpachtet; in den übrigen dürfen Ortsansässige die Jagd nach einem Lizenzvergabesystem ausüben, welches eine minimale Beunruhigung des Reviers gewährleistet: Nicht mehr als fünf Jäger zugleich dürfen sich höchstens sieben Tage dort aufhalten. Nach Maßgabe des Ministeriums können einzelne Reviere auf Zeit für die Jagd gänzlich gesperrt werden. Nachts darf nicht gejagt werden, auch nicht mit Kunstlicht; es darf nicht von einem Kraftfahrzeug herab oder aus ihm heraus geschossen werden, und kein Jäger darf sich dem Wild auf mehr als 200 m in einem Kfz nähern. Der Ranger oder Berufsjäger ist auch in Botswana obligatorischer Begleiter bei Pirsch und Ansitz. Die Strafen für die Übertretung relevanter Bestimmungen sind drakonisch: bei Tötung eines unter Naturschutz stehenden Nashorns etwa gewärtigt der Schütze eine Geldstrafe von 70 000 DM und fünfzehn Jahre Gefängnis.

Die Preise pro Abschuß legt der Direktor für Wildhege und Nationalparks bindend fest: Ein Löwe und ein Elefant kostet z. B. umgerechnet je ca. 700 DM, ein Leopard 525 DM. (Einheimische Jäger zahlen erheblich weniger, sie kostet etwa ein Löwe nur 70 DM). Dies hindert deutsche Organisatoren nicht daran, wesentlich höhere Preise zu kalkulieren: Wer ihren Service in Anspruch nimmt, muß ca. 1000 US-$ pro Tag plus Flug- und Nebenkosten rechnen; hinzu kommt eine Konzessionsgebühr von 100 US-$ pro Tag. Für einen Löwen sind dann 800 US-$ Lizenzgebühr und 3000 US-$ Abschußgebühr fällig.

Wie in Namibia gilt: Angeschweißtes und nicht zur Strecke gekommenes Wild gilt als erlegt. Material über Jagdgesetzgebung und Naturschutzbestimmungen in Botswana kann man anfordern beim **Director of Wildlife and National Parks,** P. O. Box 131, Gaborone, ✆ 37 14 05, Fax 31 23 54.

Matthias P. Deltgen

Öffnungszeiten

Die Läden sind in der Regel von 8–17 Uhr, unterbrochen von einer Mittagspause zwischen 12.45 und 14 Uhr, geöffnet, manche Supermärkte bis 18.30 Uhr. Samstags ist nur vormittags von 8–13 Uhr geöffnet. Bürozeiten sind meist von 7.30–12.30 Uhr und von 13.45–16.30 Uhr.

Reisezeit und Kleidung

Trotz der morgendlichen und abendlichen Kälte im Juli und August – dagegen reichen Pullover und Windjacke – ist während des ganzen Jahres Sommerkleidung angebracht. Dabei ist reine Baumwolle (Khaki-Hosen) besonders zu empfehlen. Fernglas, Sonnenbrille und -creme, Insektenspray sowie eine Kopfbedeckung sind wichtig.

Sicherheit

Die wichtigsten Verhaltensregeln sind: 1. Im Zelt oder Wagen, aber nie im Freien übernachten! 2. Zelt nie in einer Hippo-, Rhino- oder Elefanten-Spur aufbauen! 3. Nie im Fluß oder anderen Gewässern baden (Krokodile)! Übernachtung im (geschlossenen) Zelt bietet hinreichend Sicherheit vor wilden Tieren.

Souvenirs

Körbe und Korbarbeiten aus Botswana sind berühmt. Stände von Händlern finden sich in Gaborone in der **Central Mall.** Für Wildtrophäen sowie Felle und Häute sind manchmal Export-Zertifikate erforderlich.

Telefonieren

Vorwahl nach Botswana: 0 02 67 (die 6-stellige Rufnummer ist unmittelbar danach zu wählen); Vorwahl von Botswana nach Deutschland 00 49; nach Österreich 00 43; in die Schweiz 00 41.

Unterkunft

Botswana ist ein teures Reiseland. Die **Camps** und **Lodges** im Okavango-Delta, dem Zentrum des Botswana-Tourismus, ähneln den privaten Game-Lodges in Südafrika (siehe Seite 369). Sie bieten im allgemeinen ein Höchstmaß an Komfort. Die Unterkunft erfolgt in Hütten oder Zelten, häufig mit eigener Dusche. Die Abendessen bestehen aus reichhaltigen Buffets. Die Preise, die außer Unterkunft und Verpflegung auch die täglichen Pirschfahrten umfassen, sind dementsprechend hoch.

Camping ist offiziell nur auf Campingplätzen erlaubt, in dem riesigen, menschenleeren Land praktisch jedoch überall möglich. Im allgemeinen stellt ein geschlossenes Zelt einen wirksamen Schutz gegen wilde Tiere dar. Im Zelt sollten jedoch weder Wasser noch Nahrungsmittel aufbewahrt werden, da dies Tiere anlocken könnte.

Zentrale Reservierung für **Hotels: Cresta Hotels & Safaris Marakanelo,** Gaborone, ✆ 31 24 31, Fax 35 18 40.

Verkehrsmittel

Auto

Ausgangspunkte für Reisen im Lande sind in der Regel Gaborone, Kasane oder Maun. Die Geschwindigkeitsbeschränkung auf Überlandstraßen beträgt 120 km/h, in Städten und Dörfern 50 km/h, in Wildreservaten 40 km/h. Hier sollte man jedoch nicht schneller als 20 km/h fahren, wenn man wirklich Wild sehen will.

Achtung: In abgelegenen Gebieten gibt es meist keine Tankstellen. Man sollte immer einen ausreichenden Vorrat von Benzin und Wasser mit sich führen. Nachts besteht auf den Straßen erhöhte Gefahr durch Rinder und Esel.

Es herrscht Linksverkehr. Die wichtigste Straßenverbindung, Lobatse–Gaborone–Francistown–Kasane, ist gut ausgebaut. Auch die für Besuch des Nordens wichtige Straße Francistown–Nata-Maun ist problemlos mit normalen zweiradgetriebenen Autos befahrbar. In Maun sollte man diese jedoch stehenlassen, bei einem Reisebüro ein Camp im Delta buchen – je nach Geschmack und Geldbörse – und sich dorthin im Flugzeug oder Motorboot bringen lassen.

Wer von Maun aus weiter in den Chobe Park möchte, sollte zurück nach Nata fahren und von dort wieder Richtung Norden nach Kasane, sofern er nicht über einen Geländewagen verfügt. Der Besuch des Chobe-Parks ist auch mit nicht-vierradgetriebenen Wagen möglich. Wer dagegen einen Geländewagen hat, kann von Maun aus über Moremi und Savuti nach Kasane fahren. Auch im Südwesten ist für viele, wenn nicht die meisten Straßen, ein Geländewagen unabdingbar.

Mietwagen

Bei der Anmietung von Autos ist ein internationaler Führerschein erforderlich. Die Preise für Mietwagen sind höher als in Südafrika und Namibia, so daß sich u. U. empfiehlt, ein Auto in einem dieser Länder anzumieten und nach Botswana zu fahren. Dazu ist jedoch eine besondere Erlaubnis erforderlich, die bei der Anmietung beantragt werden muß und die nicht jeder Autovermieter erteilt.

Je abgelegener die Region, um so teurer ist das Benzin. Da Tankstellen manchmal Hunderte von Kilometern auseinanderliegen und in abgelegenen Regionen auch Nachschubprobleme haben können, empfiehlt es sich, stets gefüllte Reservekanister mitzuführen. *Mietwagenfirmen in Gaborone:* **Avis Rent-A-Car,** am Flughafen, ✆ 31 30 93; **Hertz,** ✆ 21 45 24.
Geländewagen: **Van & Truck Hire,** Naledi Road, Broadhurst, ✆ 31 22 80. **Desert Dynamics,** Lobatse Road, ✆ 35 18 06.

Eisenbahn

Die wichtige Eisenbahnverbindung zwischen Durban in Südafrika und Bulawayo in Zimbabwe durchquert Botswana über Lobatse, Gaborone und Francistown. Zweimal täglich verkehren hier Passagierzüge. Abzweigungen gehen nach Selebi-Phikwe, Morupule und Sua Pan.

Die Eisenbahn hat in der Regel vier Zugklassen. Die 1. und 2. haben Liegewagen, die 3. Klasse hat Polstersitze, die 4. Holzsitze. In den Liegewagen werden unverheiratete Reisende nach Geschlechtern getrennt untergebracht. Wenn es einen Speisewagen gibt, so ist dieser sehr einfach und für alle Klassen zugänglich.

Auf der Strecke Harare–Bulawayo–Francistown–Gaborone–Mafikeng verkehrt ein ›Blue Train‹, der jedoch auch nicht immer über einen Speisewagen und fließendes Wasser verfügt, aber so schnell ist, daß er häufig Kühe überfährt. Dadurch entstehen oft mehrstündige Verspätungen. Hinzu kommen lange Wartezeiten an der Grenze. Die Fahrt Gaborone–Bulawayo kann auf diese Weise 18–20 Std. dauern.

Taxi

Im Zentrum von Gaborone sind Taxis zu finden, nicht jedoch in den Außenbezirken. Taxistände gibt es nicht einmal am Flughafen und an den Hotels. Es empfiehlt sich daher, Taxis warten zu lassen. Ähnlich ist es in den anderen größeren Ortschaften. Sammeltaxis sind meist voll und wegen des riskanten Fahrstils nicht ungefährlich.

Flugzeug

Air Botswana:
Maun: ✆ 66 03 91; Francistown ✆ 21 23 93/4; Gaborone: ✆ 35 19 21; Lobatse: ✆ 33 05 02; Selebi Phikwe: ✆ 81 06 54; Orapa: ✆ 27 02 50.

Charterflugzeuge:
Maun: **Air Kavango (Pty) Ltd.,** ✆ 26 04 30; **Air Xaxaba,** ✆ 26 03 51; **Northern Air,** ✆ 26 02 11–13. Selebi-Phikwe: **Okavango Air Services,** ✆ 81 02 73. Gaborone: **Kalahari Air Services,** ✆ 35 18 04 oder 35 35 93; **Western Air,** ✆ 35 36 09.

Zeit

Während der europäischen Winterzeit muß man in Botswana die Uhr um eine Stunde zurückstellen.

ZIMBABWE
Adressen und Tips von Ort zu Ort

Bulawayo
Vorwahl 09

ℹ️ Information: Bulawayo Publicity Association, City Hall, P. O. Box 861, ✆ 6 08 67, Fax 6 08 68. (u. a. Broschüre ›Bulawayo this month‹).

 Unterkunft: The Nesbitt Castle*, 6 Percy Avenue, Hillside, ✆ 4 27 26, Fax 4 18 64.
Bulawayo Sun*, 10th Avenue/Josiah Tongogara St., P. O. Box 654, ✆ 6 01 01, Fax 6 17 39.
Cresta Churchill*, etwas außerhalb, Matopos Road/Muffat Avenue, P. O.

Box 9140, Hillside, ✆ 4 42 43,
Fax 4 65 51.
Bulawayo Holiday Inn*, Leopold Takawira St./Ascot Way, 3 km vom Zentrum entfernt, 2 km von einem Golfplatz, P. O. Box AC 88, ✆ 7 24 64, Fax 7 62 27.
New Royal Hotel, 6th Avenue/ George Silundika St., P. O. Box 1199, ✆ 6 57 64/65.
Selborne Hotel, Leopold Takawira Avenue, gegenüber City Hall, P. O. Box 219, ✆ 6 57 41.
Grey's Inn, Mugabe Way/Takawira Avenue, ✆ 6 01 21.
Berkeley Place, 71 Josiah Tongogara St., Ecke 6th Ave, ✆ 6 77 01; einfach, aber sauber.

 Restaurants: Capri, an der 11th Ave zwischen George Silundika St. u. Robert Mugabe Way.
Granada, Parkade Centre, Ecke Fife St/9th Ave, ✆ 7 07 16; spanische u. mexikanische Küche.

Taxis: Rixi Taxi, ✆ 6 06 66 oder 6 19 33; **Skyline Taxi,** ✆ 7 24 54; **Trixi Taxi,** ✆ 6 01 54 oder 6 07 04.

 Aktivitäten: Safaris: Black Rhino Safaris, 65 Southway, Burnside, ✆ 4 16 62.
Shamwari Safaris, ✆ 61 07 12.
Touch the Wild, ✆ 4 54 00 oder 4 83 47, ✆ 7 45 89, Fax 4 46 96.
Golf: Bulawayo Golf Club, 3 km vom Zentrum, Park Road, ✆ 6 14 28; 18 Loch.
Bulawayo Country Club, an der Straße nach Esigodini 10 km vom Zentrum, ✆ 4 96 77; 18 Loch.
Harry Allan Golf Club, Leopold Takawira Avenue, ca. 7 km vom Zentrum in der Nähe der Pferderennbahn, ✆ 6 38 45; 18 Loch.

Chinhoyi
Vorwahl 0 67

 Unterkunft: Chinhoyi Hotel, Garrard Avenue, ✆ 23 13.
Orange Groove Motel, 500 m in Richtung Kariba, ✆ 27 85/6.

Eastern Highlands

 Unterkunft: *in Mutare* (Vorwahl 0 20): **Manica-Hotel*,** Victory Avenue, ✆ 6 44 31, Fax 6 44 66.
City Centre Hotel, Main Street, ✆ 6 24 41.
Christmas Pass Hotel, P.O. Box 841, 8 km von Mutare, ✆ 6 38 18, Fax 6 38 75.
Wise Owl Motel, an der Straße Harare-Mutare, ✆ 6 44 31, Fax 6 44 66.
White Horse Inn, 17 km von Mutare, ✆ 6 03 25.
In Chimanimani (Vorwahl 0 26): **Chimanimani Hotel,** P. O. Box 5, ✆ 5 11.
In der Nyanga-Region (Vorwahl 02 98): **Troutbeck Inn*,** P. O. Box 2000, Nyanga, ✆ 3 05/06, Fax 4 74; mit 9-Loch-Golfplatz; s. S. 178.
Rhodes Inyanga Hotel, ✆ 3 77, Fax 4 77.
Pine Tree Inn, ✆ 2 59 16, Fax 3 88.
In Juliasdale (Vorwahl 0 29): **Montclair Casino Hotel*,** ✆ 4 41, Fax 4 47.

In der Vumba-Region: **Leopard Rock Hotel**,** P. O. Box 1297, Harare, ✆ (04) 7 33 30 71, Fax 79 14 84; mit einem der schönsten 18-Loch-Golfplätze des Landes.
Inn on the Vumba, Vumba Road, P. O. Box 524, Mutare, 6 km von Mutare, ✆ (0 20) 6 74 49, Fax 6 07 22.
White Horse Inn, ✆ (0 20) 6 03 25.

 Aktivitäten: Für **Golfspieler** sind die Eastern Highlands ein

Paradies. Es gibt viele Plätze, die dank der abwechslungsreichen Landschaft und des idealen Klimas besonders reizvoll sind. Die Greenfees sind für europäische Verhältnisse unvorstellbar billig.

Great Zimbabwe
Vorwahl 0 39 (Masvingo)

 Unterkunft: Great Zimbabwe Hotel**, Private Bag 90 82, ✆ 6 22 74 oder 6 24 49.
In Masvingo: **Chevron Hotel,** Robert Mugabe St., P. O. Box 245, ✆ 6 20 54/5, Fax 6 41 26.
Flamboyant Hotel, an der Straße nach Beitbridge, P. O. Box 225, ✆ 6 20 05, Fax 6 41 26.
Clovelly Lodge, ✆ 6 23 46.
Masvingo A1 Hotel, ✆ 29 17.

Harare
Vorwahl 04

Information: Harare Publicity Association, 95 Jason Moyo Avenue/Second Street am African Unity Square, ✆ 70 50 85.
Zimbabwe Tourist Development Corporation, Jason Moyo Avenue/Fourth Street, ✆ 70 65 11 oder 79 36 66/69.

Unterkunft: Sheraton Harare***, Pennefather Avenue, ✆ 72 97 71, Fax 79 66 78; goldglänzendes Hochhaus, zusammen mit benachbartem Konferenzzentrum (4000 Sitze) für den Gipfel der Blockfreien 1986 errichtet, Parkanlage, Shuttle Service zum Zentrum.
Monomotapa**, Holiday Inn Crowne Plaza, zentral, 54 Park Lane, ✆ 70 45 01, Fax 79 19 20.

Meikles***, Jason Moyo Avenue, ✆ 79 56 55, Fax 79 56 72.
Holiday Inn, Samora Machel Avenue/Fifth Street, ✆ 79 56 11 oder 73 56 95, Fax 73 56 95; mit Nightclub, kostenloser Transfer zum Flughafen.
Cresta Jameson**, Samora Machel Avenue/Park Street, zentral, ✆ 79 46 41, Fax 79 46 55.
Cresta Oasis Hotel*, 124 Baker Ave, zentral, ✆ 70 42 17, Fax 79 08 65; Stadtrundfahrten mit Rainbow Tours.
Landela Lodge, in den Außenbezirken Harares, ✆ 75 26 75 oder 75 08 29, Fax 75 07 85; mit Wildfarm.
Bronte Hotel, 132 Baines Avenue, ✆ 79 66 31, Fax 72 14 29.

Aktivitäten/Safariunternehmen: Zambezi Trails, Meikles Hotel, ✆ 72 37 19 oder 70 50 40.
Shearwater Adventures, Karigamombe Centre, Samora Machel Avenue, ✆ 73 57 12; spezialisiert auf Bootssafaris und Wildwasserfahrten.
United Touring Company, 10th Floor, Travel Centre, Jason Moyo Avenue, ✆ 79 27 92, Fax 73 50 80; mit eigenen Bussen in allen Tourismus-Zentren und an allen Flughäfen vertreten.
Rainbow Tours & Travel, 6th Floor, Travel Centre, South Wing, P. O. Box 5418, Third Street/Sopeke Avenue, ✆ 72 83 03/79 05 85.
Cresta Hotels & Safaris, Central Reservations Harare, ✆ 70 31 31, Fax 79 46 55.
Live-Musik am Wochenende im **Skyline Motel,** 20 km Richtung Masvingo, und im **Queens Garden Hotel,** Mugabe Road/Kaguvi Str., sowie **Kambuzuma Hotel,** 5 Jumba Road Section, Kambuzuma; **Machipisa Night Club,** Highfield.
Diskotheken: Archipelago Nite Club, Linquenda House, Baker Avenue.

Rosalinds Supper Club, Avondale Shopping Centre.

 Besichtigungen: Parliament Buildings. Termine für Führungen und Sitzungen, die man von einer Tribüne aus verfolgen kann, sind beim Chief Information Officer, Parliament of Zimbabwe, ✆ 70 01 81, 72 97 22 oder 70 89 21, zu erfahren.

Tobacco Sales Floor, Willowvale: Besichtigungen sind bei Zimbabwe Tobacco Association, ✆ 6 89 21 oder 6 89 39, zu vereinbaren.

 Aktivitäten: Golf: Harare hat 17 Golfplätze. Der **Royal Harare Golf Course,** Fifth Street Extension, ✆ 70 29 20, 3 km vom Zentrum entfernt an der Verlängerung der 5th Street/ Josiah Tongogara Street, gilt als einer der schönsten der Welt.

Besonders schwierig ist der **Chapman Golf Club,** ✆ 73 69 50, auch nur 3 km vom Zentrum entfernt, auf der Samora Machel Avenue; 18 Loch. Weitere Golfplätze:

Harare Country Club, 5 km nördlich vom Zentrum an der Brompton Road/Glenara Avenue, ✆ 73 21 28; 18 Loch.

Zimbabwe Police Golf Club, 5 km östlich vom Zentrum auf der Churchill Avenue; 18 Loch.

Falcon Golf Club, 10 km an der Straße zum Flughafen; 18 Loch.

Gleneagles Golf Club, 14 km vom Zentrum, Willowvale Road; 9 Loch.

Mount Pleasant Golf Club, 8 km nördlich vom Zentrum an der Bargate Road; 9 Loch.

Sherwood Golf Club, 6 km nordwestlich an der Notley Road; 18 Loch.

Warren Hills Golf Club, Princes Road, Mabelreign, 8 km vom Zentrum, ✆ 79 23 23/24; 18 Loch.

Wingate Park, Borrowdale, 16 km vom Zentrum auf der Alps Road, ✆ 88 22 24; 18 Loch.

Harare South Country Club, 23 km von Harare auf der Straße nach Masvingo, ✆ 6 75 84 oder 60 82 13; 18 Loch.

Ruwa Country Club, 29 km östlich der Stadt Richtung Mutare; 18 Loch.

Enterprise Country Club, 34 km von Harare auf der Straße nach Shamva; 9 Loch.

Hwange National Park
Vorwahl 0 18 (Dete, Gwayi, Hwange)

 Unterkunft im Park: **Hwange Safari Lodge****, Dete, Private Bag 5792, ✆ 3 31, Fax 3 37; mit eigenem Reservat am Rande des Nationalparks und eigener, nachts beleuchteter Wasserstelle und Aussichtsplattform mit Bar, mit 100 Zimmern sehr groß, auch Übernachtungen im Baumhaus, hier hat UTC Minibusse stationiert.

Sable Valley Lodge, am Rande des Nationalparks, Dete, ✆ 3 56 oder 2 73.

Sikumi Tree Lodge, am Rande des Nationalparks, Dete, ✆ 3 56 oder 2 73; in einem privaten Wildreservat, Baumhäuser aus Holz, im traditionellen Ndebele-Stil mit Gras gedeckt; in die Äste der Manqwe-Bäume gebaut, die das Dete-Tal säumen. Zu buchen über: Touch the Wild (s. S. 344); ebenso **Makololo Lodge.**

Chokamella Lodge, ungefähr eine Stunde Fahrt vom Flughafen, am Rande des Nationalparks auf Felsen am Flußbett des Chokamella, Zufahrt durch Nyantuwe Gate, zu buchen über Landela Safaris, Harare, ✆ (04) 75 26 75, Fax 75 07 85; 10 grasgedeckte Bungalows, mit Dusche und Toilette.

Ijala Safari Lodge, Gwayi, ✆ 23 06.
Jabulisa Safari Lodge, Gwayi,
✆ 23 06.
Kumuna Lodge, Gwayi, ✆ 21 01 oder
23 08.
Mbala Lodge, Hwange, ✆ 24 45 13.
Finots Lodge, Gwayi, ✆ 21 07.
Staatliche Camps:
Main Camp, ✆ 2 22.
Sinamatella Camp, Hwange,
✆ 24 45 22; von der Terrasse des
Restaurants weiter Blick auf die Ebene
zur Beobachtung von Elefantenherden.
Robins Camp, ✆ 27 02 20, Buchung
70 60 77.
Unterkunft in Dete:
Game Reserve Hotel, ✆ 3 66.
Ivory Lodge, ✆ 2 24.
In Hwange:
Gwayi River Hotel, P. O. Box 9, Victo-
ria Falls Road, ✆ 3 55.
Baobab Hotel, ✆ 3 23/4 93.

 **Aktivitäten: Safaris: Touch
The Wild,** Dete, ✆ 356 oder 2 73.
UTC, Dete, ✆ 3 93.
African Wildlife Safaris, Hwange,
✆ 23 01.
Rosslynn Safaris, Hwange,
✆ 27 02 23.
**Hwange Association of Tour &
Safari Operators,** Gwayi, ✆ 3 64,
Fax 3 75.

Kariba
Vorwahl 0 61

 **Unterkunft: Caribbea Bay
Hotel**, ✆ 24 53, Fax 27 65.
Lake View Inn*, P. O. Box 100,
✆ 24 11.
Cutty Sark Hotel, P. O. Box 80,
✆ 23 21, Fax 25 75.
Zambezi Valley Hotel, etwas außer-
halb , ✆ 29 26; abends Live-Musik.

Fothergill Island Lodge, ✆ 22 53.
Bumi Hills Safari Lodge, 50 km von
Kariba, ✆ 23 53, Fax 23 54.

Marondera
Vorwahl 0 79

 **Unterkunft: Marondera
Hotel,** ✆ 40 05.

Matobo National Park

 **Unterkunft: Matobo Hills
Lodge,** P. O. Box 6, Hillside, Bulawayo, ✆ (09) 7 45 89, Fax 4 46 96; s. S.
159. Sie gehört zum Safariunternehmen
›Touch the Wild‹, das auch im Hwange
National Park über Safari Lodges verfügt und auch Transporte von einer
Lodge zur anderen arrangiert. In den
staatlichen Rest Camps muß man sich
eigene Verpflegung mitbringen.

Victoria Falls
Vorwahl 0 13

 **Information: Safari Travel
Agency,** P. O. Box 185, ✆ 45 71
(Merkblatt mit allen Angeboten incl.
Preise). **Touristeninformationsstelle,**
Park Way, ✆ 2 02.

 **Unterkunft: Victoria Falls
Hotel***,** P. O. Box 10, ✆ 47 28,
Fax 47 92; renovierter Kolonialbau im
Edwardian Style mit Blick auf die Eisen-
bahnbrücke und die Schlucht, schöne
Terrasse, direkt am Bahnhof, abends
traditionelle Tänze.
Makasa Sun,** P. O. Box 90,
✆ 42 75, Fax 47 82.
Elephant Hills Hotel,** von den
Fällen 3 km flußaufwärts auf einem

Hügel am Zambezi, P. O. Box 300, ✆ 47 93/9, Fax 46 55/56; von der Terrasse bietet sich ein weiter Blick auf den Golfplatz, den Fluß, die Abbruchkante der Fälle und die angrenzenden Schluchten.
Victoria Falls Safari Lodge*, außerhalb der Stadt, 4 km von den Fällen mit Blick auf eine Wasserstelle, P. O. Box 29, ✆ 32 02, Fax 32 05.
Sprayview Hotel*, zentral, P. O. Box 70, ✆ 43 44/45, Fax 46 55.
Rainbow-A'Zambezi River Lodge**, P. O. Box 130, oberhalb der Fälle am Ufer des Zambezi, ✆ 45 61, Fax 45 36; 4 km langer Pfad am Zambezi entlang zu den Fällen – Vorsicht: morgens und abends Flußpferde.

Ilala Lodge, 411 Livingstone Way, P. O. Box 18, ✆ 47 37–40, Fax 44 17.
In Livingstone (auf zambischer Seite):
Musi-O-Tunya Hotel, ✆ (00 26 03) 32 11 22 oder 32 12 10, Fax 32 11 28.

Aktivitäten/Whitewater Rafting: Shearwater Adventures, Karigamombe Centre, Samora Machel Avenue, Harare, ✆ 73 57 12/15, Fax 73 57 16, oder Victoria Falls, ✆ 44 71, Fax 43 41 (spezialisiert auf Bootssafaris und Wildwasserfahrten).
Frontiers White Water Rafting, Cecil House, 95 Jason Moyo Avenue, Harare, ✆ 70 47 59, 73 29 48, Fax 73 29 11.

Zimbabwe: Reiseinfos von A–Z

An- und Abreise

Günstige Ferientickets (Minimum zwei Wochen, maximal drei Monate Aufenthalt) gibt es mit Air Zimbabwe oder Lufthansa ab Frankfurt, mit Ethiopian Airways ab Frankfurt über Addis Abeba, über London mit British Airways, mit TAP über Lissabon, Luanda/Angola und Lusaka, oder mit Balkan Airlines über Sofia und Lagos. Hinweis: Vor dem Rückflug sind im Flughafen 20 US-$ ›Airport Leaving Tax‹ zu entrichten.

Auskunft

… in Deutschland

Zimbabwe Tourist Board, An der Hauptwache 7, 60313 Frankfurt/Main, ✆ (0 69) 9 20 77 30, Fax 92 07 73 15.

Air Zimbabwe, An der Hauptwache 7, 60313 Frankfurt/Main, ✆ 9 20 74 90.
DSAR-Reisebüro, Am Hof 26, 53113 Bonn, ✆ (02 28) 65 29 29, Fax 65 89 49, arbeitet mit der Partnerorganisation ›Best of Africa‹ in Zimbabwe zusammen.

Im deutschsprachigen Raum ist Zimbabwe als Reiseland weniger bekannt als in England. Um so stärker ist der Besucherandrang aus dem benachbarten Südafrika, wo Zimbabwe als billiges Reiseland gilt.

… in Zimbabwe

Zimbabwe Tourist Development Corp., P. O. Box 8052, Tourism House, Jason Moyo Avenue/Fourth Street, Causeway, Harare, ✆ (04) 79 36 66–69 oder 70 65 11–13, Fax 79 36 79.

Bulawayo Publicity Association, P. O. Box 861, City Hall Building, Fife Street, zwischen Leopold Takawira Avenue und 8th Avenue, Bulawayo, ✆ (09) 6 08 67, besonders hilfsbereit, von Deutschland aus jedoch langwieriger Postverkehr!

United Touring Company (UTC), P. O. Box 2914, Harare, ✆ (04) 79 37 01.

Abercrombie + Kent, P. O.Box 2997, Harare, ✆ (04) 72 55 11.

Touch the Wild, Private Bag 6, Hillside, Bulawayo, ✆ (09) 7 45 89, Fax 4 46 96.

Diplomatische Vertretungen

… in Deutschland

Botschaft der Republik Zimbabwe, Villichgasse 7, 53177 Bonn, ✆ 35 60 71/72; auch zuständig für Österreich.

… in der Schweiz

Botschaft der Republik Zimbabwe, 250 Route de Lausanne, Chemin du Pivage, CH-1292 Chambery, Genève, ✆ 7 32 04 34.

… in Zimbabwe

Deutsche Botschaft, 14 Samora Machel Avenue, P. O. Box 2168, Harare, ✆ 73 19 56–58, Fax 73 19 55.

Österreichische Botschaft, New Shell House, 30 Samora Machel Avenue, Harare, ✆ 73 19 55–58.

Schweizer Botschaft, 9 Lanark Road, Belgravia, Harare, ✆ 70 39 97/98.

Einreisebestimmungen

Deutsche, Österreicher und Schweizer brauchen kein Visum bzw. erhalten dieses für einen Aufenthalt von bis zu sechs Monaten bei der Einreise (Rückflugticket vorweisen!).

Essen und Trinken

Die Küche ist englisch geprägt. In den Safari Lodges gibt es meistens Buffets mit einer Auswahl von mehreren Gerichten, die manchmal hervorragend sind.

In einfachen Restaurants ist das einheimische Standardgericht Sadza ne nyama (Maisbrei mit Fleisch), das sehr schmackhaft sein kann. Besonders reichhaltig ist das Angebot an frischen Gemüsen; über 60 verschiedene Obst- und Gemüsesorten werden angebaut. Zimbabwe ist auch ein Paradies für Fleischesser. Neben riesigen Rindersteaks wird häufig Wild angeboten, das meist von Wildfarmen in der Umgebung Harares stammt. Die in Zimbabwe angebauten Weine haben inzwischen auch ein beachtliches Niveau erreicht.

Feiertage

Zusätzlich zu den international üblichen: **18. April,** Independence Day; **1. Mai,** Workers' Day; **25. Mai,** Africa Day; **2. August,** Defence Forces Day; **11. August,** Heroes' Day.

Fotografieren

von öffentlichen Gebäuden ist nicht erlaubt und bringt Ärger.

Geld und Banken

Anfang 1995 entsprachen 8,2 Zimbabwe $ 1 US-$. Ausländische Touristen müssen in Zimbabwe ihre Hotelrechnung nicht nur in ausländischer Währung (US-$), sondern auch einen höheren Preis als Einheimische (›residents‹) bezahlen.

Kreditkarten und Reiseschecks: American Express, Manica Travel Services, Shop 7, Ximex Mall, Angwa Street/G. Silundika Avenue, ✆ 72 56 37 oder 72 52 84; **Thomas Cook,** Vanguard Centre, Jason Moyo Avenue, ✆ 70 41 81, oder Pearl Branch, 5 Samora Machel Avenue, ✆ 72 89 61.

Gesundheitsvorsorge

In offenen Gewässern wegen **Bilharziosegefahr** bzw. wegen Krokodilen und Flußpferden nicht schwimmen! Die Region um Bulawayo gilt als malariafrei. **Malariaprophylaxe** ist in Zimbabwe allgemein oberhalb von 1200 m nicht erforderlich.

Zur **Aidsproblematik** siehe Themenkasten S. 365

Jagen

Die Trophäenjagd in Zimbabwe wird geregelt durch das Gesetz Nr. 14 über Wildhege und Nationalparks von 1975, in der ergänzten Fassung von 1990. Saison ist ganzjährig, am besten zwischen April und Oktober (= vor Ort Herbst/Winter/Frühjahr), die Jagd kann auf Privatfarmen oder auf Staatsland innerhalb konzessionierter Areale ausgeübt werden.

In Zimbabwe herrschen noch strengere jagdliche Regeln und Bestimmungen als in den Nachbarländern. Geschossen werden darf erst dann, wenn der begleitende Berufsjäger ein Stück zweifelsfrei angesprochen hat und freigibt. Auf Kleinwild ist das Kaliber 22 zugelassen, jedoch nur Laborierungen mit einer EO von mindestens 850 Joule; Kudu und Leopard erfordern Kaliber 7 mm bei mindestens 3000 Joule; Elen, Giraffe und Löwe dito, aber 4300 Joule. Für Büffel, Elefant und Flußpferd sind mindestens 9.2 mm und eine EO von 5300 Joule vorgeschrieben.

Wer einen deutschen Vermittler in Anspruch nimmt, genießt auch in Zimbabwe eine hohe Qualitätsgarantie, muß aber tief in die Brieftasche greifen: Bei der Jagd auf Elefant, Leopard und Löwe muß er mit Tagessätzen zwischen 850 und 1200 US-$ bei einem Mindestaufenthalt von 18 bis 21 Tagen rechnen, dazu mit Abschußgebühren von bis zu 10 000 US-$ für einen Elefanten, 1700 US-$ für einen Leoparden und 3000 US-$ für einen Löwen – die Vogeljagd ist dabei gratis.

Matthias P. Deltgen

Nationalparks

Wer nicht in den luxuriösen, aber meist teureren privaten Lodges übernachten will, muß Unterkunft in den staatlichen Camps zentral buchen über: **National Parks of Zimbabwe,** Central Booking Office, P. O. Box 8151, National Botanical Garden, Borrowdale Road/Sandringham Drive, Harare, ✆ 70 60 77; oder **Bulawayo Booking Agency,** P. O. Box 22 83, 140a Fife Street, Bulawayo, ✆ 6 36 46. In den festen Unterkünften sind Handtücher und Bettwäsche sowie Reinigung und Geschirrspülen durch örtliches Personal im Preis enthalten. Trinkgeld wird aber erwartet.

Öffnungszeiten

Läden: 8–17 Uhr, Samstagnachmittag und Sonntag geschlossen; **Büros:** 8.30–16.30 Uhr, samstags geschlossen.

Polizei

Notruf bei Überfällen ✆ 75 27 93.

Reisezeit und Kleidung

Während des Winters zwischen Mai und September – im südlichen Afrika liegt der Winter in der Zeit des europäischen Sommers und umgekehrt – liegen die Tagestemperaturen zwischen 20 und 25° C und die Nächte sind angenehm kühl. Zu dieser Zeit regnet es auch selten, während in der Zeit zwischen Oktober und Dezember häufig mit Regen zu rechnen ist.

Warme Kleidung ist besonders in den Wintermonaten von Mai bis August, also während der Trockenzeit, erforderlich. Bei morgendlichen und abendlichen Safarifahrten im offenen Geländewagen kann es aber auch im Sommer kalt werden. Zwischen Tag und Nacht gibt es große Temperaturunterschiede. Sonst ist luftige Baumwollkleidung zu empfehlen. Festes Schuhwerk (mit Gummisohle) ist für die bergigen Regionen (Matobo Hills,Eastern Highlands) vonnöten. Die Hotels verfügen in der Regel über einen preiswerten und schnellen Wäschereidienst.

Souvenirs

Batiken, Korbwaren, Stickereien und Häkelwaren sind die beliebtesten Reiseandenken

Sport

Zimbabwe ist ein Dorado für **Golfspieler,** es hat mit ca. 100 Golfplätzen die größte ›Golfdichte‹ des Kontinents, und die Green-Fees liegen extrem niedrig (Golfplätze in Harare s. S. 341). Ein besonderes Erlebnis ist eine Runde auf dem Elephant Hills Golfplatz in Victoria Falls, wo die Wasserhindernisse von Krokodilen bevölkert sind und Antilopen, Affen und Warzenschweine beim Abschlag zusehen. Am 15. Grün steht ein über 100-jähriger Baobab. Information: **Time for Africa,** ✆ (00 44 14 89) 87 85 93 oder ✆ (0 04 41 71) 2 40 75 85, Fax (00 44 14 89) 87 85 04. Spezialisiert auf Golfreisen nach Zimbabwe ist: **Safari Interlink,** 27/31 Jerdan Place, London SW6 1BE, ✆ 0 04 41-3 81 52 29/0.

Wildwasserfahrten s. Victoria Falls.

Sprache

Offizielle Landessprachen sind Englisch sowie Shona und Ndebele, das dem südafrikanischen Zulu nahesteht.

Telefonieren

Vorwahl nach Zimbabwe: 0 02 63 (nach Vorwahl die 0 der Ortsnetzkennzahl weglassen); Vorwahl von Zimbabwe nach Deutschland: 00 49; nach Österreich: 00 43; in der Schweiz: 00 41.

Unterkunft

Die **Hotels** in Zimbabwe berechnen für Ausländer höhere Preise. Das ist nicht nur erlaubt, sondern sogar gesetzlich vorgeschrieben. Trotzdem ist das Preisniveau im internationalen Vergleich verhältnismäßig niedrig. Die besten Hotels sind qualitativ gut, die Mittelklasse jedoch bereits mit Vorsicht zu genießen, die einfache und untere Kategorie häufig nur für Abenteuerlustige geeignet. In einigen Städten gibt es die sogenannten **rest houses**, die oft nur einen Schlafsaal (dormitory) zur Übernachtung bieten. **Camping** ist nur auf offiziellen Campingplätzen und auf Farmen mit Erlaubnis des Eigentümers zu empfehlen. Gut ausgestattete Campingplätze sind in allen größeren Orten und in den Nationalparks vorhanden. **Jugendherbergen** gibt es nur in Bulawayo und Harare.

Verkehrsmittel

Taxi

Taxis stehen an größeren Hotels, am African Unity Square/Baker Avenue, an der Jason Moyo Avenue/Third Street sowie in der Kaguvi Street in der Nähe des Civic Centre. Sie können auch telefonisch gerufen werden:
A1 Taxi Service, ✆ 70 69 96 oder 72 22 21; **Radiocabs,** ✆ 70 77 07; **Ace Minicabs,** ✆ 72 04 60; **Minifare,** ✆ 3 66 16/18 oder 3 58 83; **Taxi Cream Line,** ✆ 70 33 33 oder 72 71 11/12.

Taxis können auch tageweise angemietet werden (manchmal billiger als ein Mietwagen).

Auto

In Zimbabwe herrscht Linksverkehr. Trotzdem gilt an Kreuzungen ohne Vorfahrtsregelung rechts vor links. Die zulässige Höchstgeschwindigkeit beträgt 100 km/h außerhalb geschlossener Ortschaften auf asphaltierten Straßen, auf nichtasphaltierten Straßen 80 km/h, innerhalb geschlossener Ortschaften 60 km/h.

Wenn der Konvoi des Präsidenten oder anderer Partei- und Regierungsfunktionäre sich nähert, was in der Regel nicht überhörbar ist, gilt das Prinzip »Rette sich, wer kann!« Sofort rechts an den Straßenrand fahren und ruhig verhalten! In Harare kann es lebensgefährlich sein, im Halteverbot an der Zufahrt zum Präsidentenpalast zu stoppen. Die wachhabenden Soldaten schießen scharf, ohne Warnung.

Mietwagen

Reservierung in Deutschland bei **Avis,** ✆ (01 30) 77 33; **Europcar,** ✆ (01 30) 22 11 oder **Hertz,** ✆ (01 30) 21 21.
Mietwagenfirmen in Harare (Vorwahl 04): **Avis,** 5 Samora Machel Avenue, ✆ 72 03 51/52 oder 70 41 91, am Flughafen ✆ 5 01 21; **Celebrity Car Hire,** Pams House, 58 George Silundika Avenue, ✆ 79 12 83 oder 70 75 41; **Europcar/echo car hire,** 19 Samora Machel Avenue, ✆ 70 64 84/85, 70 64 89 oder 70 22 21, im Sheraton Hotel, ✆ 70 00 80; **Royal Car Hire,** Avon House, Queensway Shopping Centre, Airport Road, Hatfield, ✆ 5 20 29, 5 05 48 oder 5 03 66.

Eisenbahn

In der ersten Klasse mit der Eisenbahn reisen ist wegen des altertümlichen Wagenparks in Zimbabwe ein Erlebnis, das nicht nur Eisenbahn-Fans beeindruckt. Mutare, Bulawayo, Victoria Falls, Chiredzi sind täglich mit Harare verbunden. Verspätungen sind allerdings an der Tagesordnung.

Der internationale Luxuszug **Rovos Rail** – dem legendären Orient-Express vergleichbar – rollt inzwischen von Kapstadt über Bulawayo und Victoria Falls nach Daressalam in Tanzania (Buchung: Rovos Rail, P. O. Box 2837, Pretoria, ✆ (0 12) 3 23 60 52–54, Fax 3 23 08 43.

Bus

Es gibt zahlreiche Busverbindungen, so z. B. mit der **Zimbabwe Omnibus Company** täglich von Bulawayo nach Masvingo und Great Zimbabwe; mit **Hwange Special Express** von Bulawayo nach Hwange; mit **United Bus**

Company of Zambia ab Bulawayo nach Lusaka über Hwange (16 Std.).

Flugzeug

Air Zimbabwe bietet täglich Verbindungen zu den wichtigen Touristenzentren.
Fluggesellschaften in Harare: **Air Zimbabwe,** Third St./Speke Ave, ✆ 73 70 11; **Lufthansa German Airlines,** Meikles Hotel, Jason Moyo Ave/Third St., ✆ 79 38 61 oder 70 76 06/7; **British Airways**, Stanley House, 1st St./Jason Moyo Ave, ✆ 79 46 16; **South African Airways,** Takura House, 69/71 Union Ave, ✆ 73 89 22–26; **Air Botswana**, Cresta Jameson Hotel, Samora Machel Ave, ✆ 70 31 31.

SÜDAFRIKA
Adressen und Tips von Ort zu Ort

Arniston/Bredasdorp
Vorwahl 0 28 47
am südlichsten Punkt Afrikas

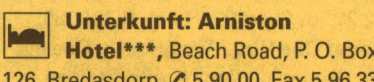 **Unterkunft: Arniston Hotel***,** Beach Road, P. O. Box 126, Bredasdorp, ✆ 5 90 00, Fax 5 96 33.

Augrabies
Vorwahl 05 44 72

Unterkunft: Augrabies Hotel, P. O. Box 34, ✆ 18.

Bathurst
Vorwahl 04 64

 Unterkunft: Pig and Whistle, ✆ 25 06 73, historisches Pub aus dem Jahre 1830.

Beaufort West
Vorwahl 02 01

 Unterkunft: Royal Hotel, Donkin Street, ✆ 32 41.

Bloemfontein
Vorwahl 0 51

 Information: Publicity Association, Hoffman Square, ✆ 4 05 89 11.

**Unterkunft: Bloemfontein
Hotel,** Sanlam Plaza, East Burger Street, ✆ 30 19 11, Fax 47 71 02.
**Holiday Inn Garden Court Naval
Hill**,** im Zentrum, ✆ 30 11 11, Fax
30 41 41. **Lala Dene Guesthouse,** 75
Pres. Reitz Laan, ✆ 48 92 05.

 Restaurant: Caroussel, C. R.
Swart Building, Elizabeth Street,
✆ 48 02 51.

Caledon
Vorwahl 02 81

 Unterkunft: De Overberger,
Nerina Avenue, P. O. Box 480,
✆ 4 12 71, Fax 4 12 70.

Citrusdal
Vorwahl 0 22

 **Unterkunft: Cedarberg
Hotel*,** 67 Voortrekker St.,
✆ 9 21 22 21, Fax 9 21 27 04.

Clanwilliam
Vorwahl 0 27

 **Unterkunft: Strassberger's
Hotel,** Main Street, ✆ 4 82 11 01,
Fax 4 82 26 78.

Constantia
Vorwahl 0 21

 Unterkunft: Alphen Hotel*,
Alphen Drive, P. O. Box 35,
✆ 7 94 50 11, Fax 7 94 57 10.
**The Cellars · Hohenort Country
House Hotel***,** 15 Hohenort Ave, P. O.
Box 270, ✆ 7 94 21 37/8, Fax 7 94 21 49.

Drakensberge

 Unterkunft: (Die großen Hotels
der Drakensberge sind besonders am Wochenende in den Sommermonaten ständig ausgebucht, daher
Buchung mehrere Monate im voraus zu
empfehlen.)
Cayley Lodge**, im Zentrum der Drakensberge, Winterton, ✆ und Fax (0 36)
4 88 12 22; mit herrlichem Ausblick.
Cathedral Peak Hotel***, 34 km von
Winterton, ✆ und Fax (0 36) 4 88 18 88;
in landschaftlich reizvoller Lage.
Champagne Castle Hotel**,
P. O. Box X8, Winterton, ✆ (0 36)
4 68 10 63, Fax 4 68 13 06; mit altmodischem Charme, nahem Golfplatz und
herrlichem Blick auf die Berge.
**Drakensberg Gardens Golf and
Leisure Resort**,** Private Bag X311,
Underberg, ✆ und Fax (0 33) 7 01 13 55.
Drakensberg Sun Hotel**, 30 km
von Winterton, Cathkin Park, P. O. Box
335, Winterton, ✆ (0 36) 4 68 10 00,
Fax 4 68 12 24.
Karos Mont-aux-Sources Hotel**,
von Bergville und Winterton aus zu erreichen, P. O. Box 1, Mont-aux-Sources
✆ und Fax (0 36) 4 38 10 35; ideal zum
Wandern, mit Blick auf das majestätische Amphitheater, das die Drakensberge hier bilden.
Sandfort Park Lodge**, am Fuß der
Drakensberge, P. O. Box 17, Bergville,
✆ (0 36) 4 48 10 01, Fax 4 48 10 47.
**Sani Pass Hotel and Leisure
Resort***,** wenige Kilometer hinter Himeville, P. O. Box 44, Sani Pass Road,
Himeville, ✆ (0 33) 7 02 13 20, Fax
7 02 02 20; bietet Ausflüge in die waldreiche Umgebung, insbesondere zu
dem landschaftlich so reizvollen Sani
Pass.

Durban

Vorwahl 0 31

 **Information: Durban Publi-
city Association,** Church
Square, P. O. Box 1044, ℰ 3 04 61 69.
Satour (Staatliche Tourismus-Organi-
sation), Southern Life Centre, 320 West
Street, ℰ 3 04 71 44.
Connex Travel Centre, Shell Build-
ing, 221 Smith Street, ℰ 3 10 29 10.

**Unterkunft: Royal Hotel Dur-
ban***,** 267 Smith Street,
P. O. Box 1041, ℰ 3 04 03 31, Fax
3 07 68 84; mitten im Zentrum von
Durban, gleich gegenüber dem Yachthafen, in der Vergangenheit mehrfach
als bestes Stadthotel ausgezeichnet;
außerordentlich gepflegt.
›Curries‹ und ›Chapati‹ im indischen Re-
staurant Ulundi sind so vortrefflich, daß
sie in Indien schwerlich besser sein
können.
**Holiday Inn Garden Court Durban-
North Beach,** 83/91 Snell Parade,
P. O. Box 10592, ℰ 32 73 61, Fax
37 04 58.
Holiday Inn Crowne Plaza***,
63 Snell Parade, P. O. Box 4094,
ℰ 37 13 21, Fax 32 55 27.
**Holiday Inn Garden Court Durban –
South Beach**,** 73 Marine Parade,
P. O. Box 10199, ℰ 37 22 31,
Fax 37 46 40.
**Holiday Inn Garden Court Durban –
Marine Parade**,** 167 Marine Parade,
P. O. Box 10809, ℰ 37 33 41,
Fax 32 98 85.
Seaboard Protea Hotel**, 577 Point
Road, P. O. Box 10555, ℰ und
Fax 37 36 01.
The Palace Protea Hotel**,
211 Marine Parade, P. O. Box 10539,
ℰ 32 83 51, Fax 32 83 07.

Restaurants: Queens Tavern,
16 Stamford Hill Road,
ℰ 3 09 40 17, s. S. 275.
Chatters, 32 Hermitage Street,
ℰ 3 06 18 96; französische Küche.
Colony, The Oceanic Harris Crescent,
ℰ 3 68 27 89.
Le St. Geran, 31 Aliwal Street,
ℰ 3 04 75 09; französische Küche.
Ulundi, im Royal Hotel, 267 Smith
Street; indische Küche (s. o.).

Bus: Zum internationalen Louis-
Botha-Flughafen (13 km außerhalb der Stadt) verkehrt ein Autobus
vom Air Terminal Smith Street/Aliwal
Street.

Sightseeing: Fahrkarten
für **Stadtrundfahrten** sowie
Halbtages- und Tagesausflüge in die
Umgebung sind beim Kiosk auf der
Marine Parade erhältlich.
Vom Pleasure Cruise Terminal, Gardi-
ner Street, starten **Hafenrundfahrten**
und Ausflüge aufs Meer.
Kreuzfahrten legen im Ocean Terminal an. Aus der Fülle der Veranstaltungen sind das berühmte Pferderennen **July Handicap** (im Juli) sowie die
Ngoma-Tänze der Zulu hervorzuhe-
ben; letztere werden jeden Sonntagvor-
mittag in der Ngoma-Tanzarena in den
Railway Recreation Grounds, Welling-
ton Road, gezeigt (Auskunft im Beach
Information Office, Marine Parade).
Das **Shembe-Fest** mit Stammes-
tänzen der Zulu findet im 35 km
entfernten Inanda an einem Sonntag
um den 25. Juli statt; ein kleineres Fest
gibt es im Januar.

**Aktivitäten: Golf: Durban
Country Club,** Walter Gilbert
Road, P. O. Box 1504, ℰ 23 82 82,
Fax 23 01 21.

East London
Vorwahl 04 31

 Information: East London Metropolitan Tourism Association, 35 Argyle Street, ✆ 2 60 15, Fax 43 50 91.

 Unterkunft: Holiday Inn Garden Court, Baille Road/Moore Street, am Strand, ✆ 43 72 60, Fax 43 73 60.

Fort Beaufort
Vorwahl 0 46 34

 Unterkunft: Savoy, P. O. Box 46, ✆ 3 11 46, Fax 3 20 82.
Yellowwoods*, außerhalb im Parkgelände, P. O. Box 486, ✆ (0 46) 6 84 07 08, Fax 6 84 07 01.
In Cradock: **New Masonic,** ✆ (04 81) 31 15.

Franschhoek
Vorwahl 0 22 12

 Unterkunft: Mountain Manor, Excelsior Road, ✆ 20 71, Fax 21 77.
Le Quartier Français, P. O. Box 237, ✆ 22 42 und 21 51.

 Restaurant: La Petite Ferme, ✆ 30 16.

George
Vorwahl 04 41

Unterkunft: King George III. Hotel, am Golfplatz von George, ✆ 74 76 59, Fax 74 76 64.
Fancourt Hotel and Country Club

Estate**, 10 km von George entfernt, Montague Street, P. O. Box 2266, ✆ 70 82 82, Fax 70 76 05 (kostenlose Reservierung in Deutschland: ✆ (01 30) 81 89 23); hauptsächlich von Golf-Touristen besucht.
Far Hills Protea Hotel**, an der N2 zwischen George und Wilderness am Fuß der Outenique-Berge, ✆ 71 12 95, Fax 71 19 51.

Graaff-Reinet
Vorwahl 04 91

 Unterkunft: Drostdy Hotel**, Church Street, ✆ 2 21 61, Fax 2 45 82; historisches Haus.

Grahamstown
Vorwahl 04 61

 Unterkunft: Cathcart Arms*, ✆ 2 71 11, historisches Hotel, das seit 1825 besteht.
Grand, High Street, ✆ 2 70 12; ebenfalls mehr als ein Jahrhundert alt, mit dem angeblich größten Weinkeller Südafrikas.
Graham Protea Hotel*, High Street, ✆ 2 23 24, Fax 2 24 24.
Settlers Inn, ✆ 2 73 13, Fax 2 49 51.

Hazyview (Osttransvaal)
Vorwahl 0 13 17

Unterkunft: Farmhouse Country Lodge***, (in Ortsnähe, 30 Min. vom Kruger Park), Ukuzwana Farm, P. O. Box 40, Kiepersol, ✆ 6 87 80, Fax 6 87 83.
Casa do Sol***, Portion 9, Farm Abele, P. O. Box 57, ✆ 6 81 11, Fax 6 81 66.

Hazyview Protea Hotel**, Burgers Hall, P. O. Box 105, ✆ 6 73 32, Fax 6 73 35.
Sabi River Sun**, am Kruger Park, Main Sabi Road, P. O. Box 13, ✆ 6 73 11, Fax 6 73 14.
Karos Lodge**, am Haupteingang zum Kruger Park, P. O. Box 54, Skuzuza, ✆ (0 13 11) 6 56 71, Fax 6 56 76.

Hluhluwe
Vorwahl 0 35

 Unterkunft: Bushlands Game Lodge**, P. O. Box 79, ✆ 5 62 01 44, Fax 5 62 02 05; ideal für den Besuch der Wildreservate von Umfolozi und Mkuzi,(Nashörner!).
Zululand Tree Lodge*, im Herzen von Maputaland, P. O. Box 116, ✆ 5 62 10 20, Fax 5 62 10 32.

Howick
Vorwahl 03 32

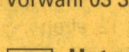 **Unterkunft: Old Haliwell Country Inn**, P. O. Box 201, ✆ 30 26 02, Fax 30 34 30.

Johannesburg
Vorwahl 0 11

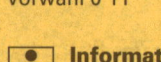 **Information: Johannesburg Publicity Association,** ✆ 3 36 49 61.

 Unterkunft (die wichtigsten Hotels): *im Zentrum:*
Carlton Hotel*** und **Carlton Court Hotel*****, Carlton Centre, Main Road, ✆ 3 31 89 11, Fax 3 31 35 55.
Downtown Holiday Inn, Plein St., ✆ 28 17 70.

Holiday Inn Garden Court Johannesburg**, Smal Street, P. O. Box 535, ✆ 3 36 70 11, Fax 3 36 05 15.
Karos Johannesburger Hotel**, Nähe Joubert Park, Twist Street/Wolmarans Street, P. O. Box 23566, ✆ 7 25 37 53, Fax 7 25 63 09.
außerhalb:
Gold Reef City Hotel, ✆ 4 96 16 26, Northern Parkway, ✆ 4 96 16 26.
Rosebank Hotel**, Tyrwhitt/Sturdee Ave, ✆ 4 47 27 00, Fax 4 47 32 76.
Sandton Intercontinental Hotel***, Alice Street/Fifth Street, Sandton, ✆ 7 80 50 00 oder 7 83 87 01, Fax 7 80 50 02.
Holiday Inn Garden Court Sandton**, Katherine Road/Rivonia Road, P. O. Box 783394, Sandton, ✆ 8 84 56 60, Fax 7 83 20 04.
Holiday Inn Crowne Plaza – Sandton***, Draystone Drive/Rivonia Road, P. O. Box 781743, Sandton, ✆ 7 83 52 62, Fax 7 83 52 89.
Karos Indaba Hotel**, Hartebeespoort Dam Road, Witkoppen, Fourways, P. O. Box 67129, Bryanston, ✆ 4 65 14 00, Fax 7 05 17 09.
am Flughafen:
Holiday Inn Garden Court Johannesburg-Airport, 6 Hulley Road, Isando, Private Bag 5, Kempton Park, ✆ 3 92 10 62, Fax 9 74 80 97.
Holiday Inn Johannesburg International Airport, Germiston-Pretoria Highway, P. O. Box 388, Kempton Park, ✆ 9 75 11 21, Fax 9 75 58 46.

 Restaurants: Linger Longer, 58 Weerda Road West, Sandton, ✆ 8 84 04 65.
Ciro at the Ritz, 17th Avenue/3rd Avenue, Parktown North, ✆ 3 31 89 11.

 Der **Jan-Smuth-Flughafen** von Johannesburg, 25 km östlich der

Stadt gelegen, ist der bedeutendste Flughafen des gesamten südlichen Afrika.

 Sehenswürdigkeiten: Das **Carlton Panorama** auf der 50. Etage des Carlton Centre ist täglich von 9 bis 23 Uhr geöffnet. Die **Johannesburg Stock Exchange,** Stock Exchange/Diagonal Street, ✆ 8 33 65 80, bietet Führungen Mo–Fr 11 und 14.30 Uhr.

Aktivitäten: Museen (die im Zentrum befindlichen Einrichtungen sind mit Nummern im Stadtplan des Reiseteils eingefügt):
Adler Museum of Medicine 11, Hospital Hill (Institute for Medical Research), ✆ 7 25 24 86 oder 7 25 17 93; Geschichte der Medizin, mit afrikanischem Herbarium und Praxis eines Medizinmannes, Mo–Fr 10–16 Uhr.
Africana Museum, im Gebäude der Public Library (5), ✆ 8 36 37 87; Geschichte der Stadt Johannesburg und der weißen Siedler.
Geological Museum, ebenfalls im Gebäude der Public Library 5, ✆ 8 36 37 87; Mineraliensammlung, einzigartige Ausstellung von Gold und goldhaltigem Gestein, Mo–Sa 9–17.30, So 14–17.30 Uhr.
Johannesburg Art Gallery 10, Joubert Park, ✆ 7 25 31 80, täglich 10–17 Uhr, außer Mo, Weihnachten und Karfreitag.
Museum of Rock Art, auf dem Gelände der Johannesburg Zoological Gardens, ✆ 6 46 20 00; prähistorische Felszeichnungen, tägl. 8.30–17.30 Uhr.
Planetarium, Yale Road, Braamfontein, ✆ 7 16 31 99.
Railway Museum, de Villiers Street, ✆ 7 73 91 18; alte Lokomotiven und Modelleisenbahnen.

South African Museum of Military History, östlich vom Zoo, ✆ 4 03 10 67; Militaria aus den Burenkriegen und beiden Weltkriegen, tägl. 9–16.30 Uhr.
Besichtigungen: Johannesburg Zoological Gardens, ✆ 6 46 20 00, tägl. von 8.30–17.30 Uhr.
Transvaal Snake Park, Halfway House, ✆ 8 05 31 16.
Gold Reef City, ✆ 4 96 14 00, Fax 4 96 12 49, tägl., außer Mo.
Kyalami Reiterzentrum (Lippizaner-Gestüt), M1 Richtung Kyalami, neben Kyalami Golfplatz, ✆ 7 02 21 03. Ende des Zweiten Weltkrieges gelangten Lippizaner-Pferde aus Österreich nach Südafrika; seit 1965 wird die hohe Schule der Reitdressur in Kyalami gezeigt; Vorstellung So 11 Uhr.

Die Public-Relations-Abteilung der **Chamber of Mines** in Johannesburg (in der Hollard Street, ✆ 8 38 82 11) arrangiert Besichtigungen von **Goldminen.** Auch eine **Diamantenmine** kann besichtigt werden: die *Premier Mine* in Cullinan, ✆ (0 12 13) 3 00 50.

Das **Market Theatre** hat sich in den letzten Jahren der Apartheid zu einem von der weißen Regierung geduldeten Zentrum für Anti-Apartheid-Künstler entwickelt. Das Gebäude Ecke Bree Street/Wolhuter Street, Newton, ✆ 83 21 46 41, umfaßt mehrere Theater und Galerien sowie **Kippie's Bar,** in dem gute Jazz-Orchester spielen. Der ganze Komplex soll bis zum Jahr 2005 umgebaut und erweitert werden.

Kapstadt
Vorwahl 0 21

Information: Captour, 3 Adderley Street, ✆ 4 18 52 02, Fax 4 18 52 27.

Unterkunft (die wichtigsten Hotels): **Mount Nelson Hotel***,** 76 Orange Street, ✆ 23 10 00, Fax 24 74 72; in Deutschland gebührenfreie Reservierungsnummer: (0130) 8189 23.

Ellerman House***, im Vorort Bantry Bay, P. O. Box 515, Sea Point, 180 Kloof Road, ✆ 4 39 91 82, Fax 4 34 72 57; Kinder und Jugendliche unter 18 Jahren nicht zugelassen; herrlicher Blick aufs Meer.

The Bay***, Victoria Road, Camp's Bay, ✆ 4 38 44 44, Fax 4 38 44 55.

Cape Sun Hotel**, Strand Street, ✆ 23 88 44, Fax 23 88 75; sehr geschäftiges Hotel unmittelbar im Zentrum, für Business und Shopping ideal.

Capetonian Protea Hotel**, Pier Place, Heerengracht, ✆ 21 11 50, Fax 25 22 15.

Holiday Inn Garden Court-Green-market Square**, in der Fußgängerzone, 10 Green Market Square, P. O. Box 3775 ✆ 23 20 40, Fax 23 36 64; mit schöner Terrasse.

Holiday Inn Garden Court-De Waal Drive**, Mill Street Gardens, P. O. Box 2793, ✆ 45 13 11, Fax 4 61 66 48.

City Lodge Victoria & Alfred Waterfront**, Dock Road/Alfred Road, P. O. Box 6025, Roggebaai, ✆ 4 19 94 50, Fax 4 19 04 60.

etwas außerhalb am Strand:

The Peninsula All-suite-Hotel**, 313 Beach Road, P. O. Box 17188, Sea Point, ✆ 4 39 88 88, Fax 4 39 88 86.

The Ambassador Hotel and Executive Suites**, 34 Victoria Road, Bantry Bay, P. O. Box 83, Sea Point, ✆ 4 39 61 70, Fax 4 39 63 36.

Panorama Guest House, im Vorort Newlands, 10 Orchard Heights, ✆ 6 83 41 58, Fax 6 83 44 57; am Waldrand mit schönem Blick auf Kapstadt; deutschsprachige Leitung.

Restaurants: *im Zentrum:* **Choice's,** Loopstreet.

Cycles on the Square, Greenmarket Square; Frühstücksbuffet mit Blick auf den Marktplatz.

Floris Smits Huis, 55 Church Street, Central, ✆ 23 34 13; sehr zu empfehlen, Pasta, Lamm marokkanisch mit Couscous.

Green Dolphin, Victoria and Alfred Waterfront, ✆ 21 74 71; Jazz.

Dockroad Cafe and Theatre, Victoria and Alfred Waterfront.

Etwas außerhalb: **Africa Cafe,** 213 Lower Main Road, Observatory, ✆ 47 95 53; afrikanische Küche.

Bismiellah, Malaienviertel, 2 Upper Whale Street, Schotsche Kloof, ✆ 23 08 50; traditionelle Kapmalaien-Küche.

Champers, Am Tafelberg, Deer Park Drive, Upper Vredehoek, ✆ 45 43 35; Gourmet-Lokal, französische Küche.

Rozenhof, 18 Kloof Street Gardens, ✆ 24 19 68; altes Haus im georgianischen Stil.

Shopping: Weine: Vaughan Johnson, Dock Road, Victoria Alfred Waterfront, ✆ 4 19 21 21.

Antiquitäten und Kunst: Fußgängerzone der Church Street.

PrimArt Gallery, Upper Mall, Cavendish Square, Claremont; moderne südafrikanische Kunst.

African Image, Church Street/Burg Street; traditionelle afrikanische Kunst.

Association of Arts, 35 Church Street; mit Geschenk-Shop und Galerie, Township Art.

Aktivitäten: Museen (Die im Zentrum befindlichen Einrichtungen sind mit Nummern im Stadtplan des Reiseteils eingefügt):

Castle, mit William-Fehr Collection of

Africana, Maritim- sowie Militärmuseum.

Kulturhistorisches Museum , 49 Adderley Street, ℘ 4 61 82 80; in der früheren Sklavenunterkunft von 1679. Entwicklung der Menschheit vom alten Ägypten an, Silber-, Waffen- und Porzellansammlungen, geöffnet tägl. außer Karfreitag und Weihnachten.

SA Maritime Museum, Dock Road, Table Bay Harbour, ℘ 4 19 25 06, 25 31 52, geöffnet Mo–So 10–17 Uhr außer Karfreitag und Weihnachten.

Jewish Museum in Südafrikas ältester Synagoge; Silber, Antiquitäten und Bücher zum Judentum in Südafrika.

Koopmans-de Wet House ⓲, 35 Strand Street, ℘ 24 24 73; in dem Haus, einem schönen Beispiel neoklassizistischer Kap-Architektur, sind außer der Original-Einrichtung vom Ende des 18. Jh. auch Glas- und Porzellansammlungen zu besichtigen. Geöffnet Mo–Fr 10–17 und Sa 10–16.30 Uhr, außer Karfreitag und Weihnachten.

Bertram House ⓳, Government Avenue, ℘ 24 93 81; rotes Ziegel-Gebäude aus der Georgianischen Periode in den Company's Gardens; original eingerichtetes Wohnhaus einer wohlhabenden englischen Familie des frühen 18. Jh., geöffnet Di–Sa 10–17 Uhr.

Boo-Kap-Museum ⓴, 17 Wale Street, ℘ 24 36 46; typisches Heim einer Malaienfamilie, geöffnet tägl. von 10–17 Uhr außer Mo, Karfreitag und Weihnachten.

Waterfront: Kapstadts alter Hafen, zum Einkaufs- und Freizeitzentrum ausgebaut, verfügt über Läden, die bis in den späten Abend geöffnet sind, sowie Restaurants, Cafés, Night-Clubs, Theater, ferner das größte Aquarium Afrikas, in dem ca. 5000 Fische ca. 300 verschiedener Arten zu sehen sind. Sie können durch ein riesiges Fenster beobachtet werden (siehe auch Seite 246).

Kimberley
Vorwahl 05 31

 Information: Old Main Street, City Hall, ℘ 2 72 98, Fax 2 72 11.

 Unterkunft: Holiday Inn Garden Court*, ℘ 3 17 51, Fax 2 18 14.

Diamond Protea Lodge, ℘ 81 12 81, Fax 81 12 84.

Pembury Lodge, Currystreet, ℘ 2 43 17; gute Küche.

King William's Town
Vorwahl 04 33

 Unterkunft: Grosvenor Lodge, 48 Taylor Street, ℘ 2 14 00, Fax 2 47 72.

Knysna
Vorwahl 04 45

 Information: Publicity Association, Main Street, ℘ 2 16 10, Fax 2 16 46.

Unterkunft: Belvedere House,** P. O. Box 1195, ℘ 87 10 55, Fax 87 10 59.

Portland Manor,** P. O. Box 9, Rheenendal, ℘ 48 04.

Knysna Protea Hotel,** ℘ 2 21 27, Fax 2 35 68.

Rutland Park Country House*, P. O. Box 2015, ℘ 82 54 01, Fax 82 52 65.

Kruger National Park

Information: National Parks Board Pretoria, P. O. Box 787,

Pretoria, ☎ (0 12) 3 43 19 91,
Fax 3 43 20 06; in Kapstadt: ☎ (0 21)
22 28 10, Fax 24 62 11.

 Unterkunft: Zu den Rattray
Reserves, deren Flaggschiff
Mala Mala*** ist, gehören im Bereich
des Kruger Park:
Kirkman's Camp**, im Stil der 20er
Jahre mit einfacherem Komfort.
Harry's*, mit einfachen Unterkünften,
aber einem kleinen Swimmingpool,
bietet Natur hautnah.
Buchung: **Rattray Reserves** (Mala
Mala*** und Mashatu Game Re-
serve***), P. O. Box 284, Hillcrest,
Natal, ☎ (0 31) 75 33 25, Fax 75 30 88;
P. O. Box 25 75, Randburg, Johannes-
burg, ☎ 7 89 26 77, Fax 8 86 43 82 und
London (0 71) 5 84 00 04, Fax
5 81 81 22.
    Weitere private Game Reserves im
Kruger Park:
Sabi-Sabi Private Game Reserve***,
P. O. Box 52665, Saxonwold, Johannesburg, ☎ (0 11) 4 83 39 39,
Fax 4 83 37 99; sein Gebiet bildet eine
ökologische Einheit mit dem Kruger
Park; hier herrscht eine etwas zwanglo-
sere Atmosphäre.
Lindbergh Lodge***, Reservierung
über P. O. Box 651687; Benmore,
☎ und Fax (0 11) 8 84 40 90; kein Großwild, dafür aber Safaris, auch zu Fuß
oder Pferde, mit Tennisplätzen, Swimmingpool und nahegelegenem Golfplatz.
Motswari Game Lodge**, Shuttle-Bus
zu Flügen von Phalaborwa und Nelspruit nach Johannesburg.
Motswari-M'bali Lodge***, Timbavati,
Reservierung über P. O. Box 67865,
Bryanston, ☎ (0 11) 4 63 19 90, Fax
4 63 19 92; Transfer im Flugzeug zum
Flughafen Phalaborwa; bekannt wegen
seiner Löwen; Motswari besteht aus

reetgedeckten Bungalows, M'bali aus
Unterkünften im Hemingway-Stil.
Londolozi Game Reserve***, P. O.
Box 1211, Sunnighill Park, ☎ (0 11)
8 03 84 21, Fax 8 03 18 10; weltberühmt
wegen seiner Leoparden.
Bongani Mountain Lodge**, in den
Lobombo-Bergen im Südwesten des
Parks, ☎ (03 15) 4 11 14, Fax 4 34 43.
Karos Lodge**, P. O. Box 54, Skuzuza,
☎ (0 13 11) 6 56 71, Fax 6 56 76.

Kuruman
Vorwahl 0 53 73

 Unterkunft: Eldorado Motel,
Main Road, ☎ und Fax 2 21 91.

Ladysmith
Vorwahl 03 61

 Unterkunft: Royal Hotel,
Murchison Street, ☎ 2 21 76.

Matjiesfontein
Vorwahl: 0 23 72

 **Unterkunft: Lord Milner
Hotel,** Logan Road, , ☎ 58 02.

Mooi River
Vorwahl 03 33

 **Unterkunft: Hartford Country
House**,** ☎ 3 10 81.

Mossel Bay
Vorwahl 04 44

 Unterkunft: Santos Protea Hotel**, etwas außerhalb der Stadt am Strand, ✆ 71 03, Fax 91 19 45. **Eight Bells Mountain Inn**,** P. O. Box 436, ✆ 95 15 44, Fax 95 15 48. **The Old Post Office Tree Guest House,** am Bartolomeu-Dias-Museum, ✆ 91 37 38, Fax 91 31 04.

Newcastle
Vorwahl 0 34 31

 Unterkunft: Holiday Inn Garden Court, ✆ 2 81 51, Fax 2 41 42. **Capricorna,** ✆ 2 70 21.

Oudtshoorn
Vorwahl 04 43

 Information: Marketing Association, Baron van Reede Street/Voortrekker Street, ✆ 22 22 21, Fax 22 50 07.

 Unterkunft: Oudtshoorn Holiday Inn Garden Court*, ✆ 22 22 01, Fax 22 30 03. **Rosenhof Country Lodge**,** an einer Ausfallstraße, P. O. Box 1190, 264 Baron v. Rede Street, ✆ (04 43) 22 22 32 oder 22 22 60, Fax 22 30 21; besonders geschmackvolles, kleines Hotel.

Paarl
Vorwahl 0 22 11

 Information: Publicity Information, Hoofstraat, ✆ 2 38 29, Fax 2 38 41.

 Unterkunft: Hotel Grande Roche***, 30 Min. Autobahn von Kapstadt am Rande von Paarl, Plantasiestreet, ✆ 63 27 27, Fax 63 22 20; strohgedeckte, komfortable Bungalows, Gourmet-Restaurant Bosman's im ehemaligen Gutshaus von 1707, Obstplantage , historische Kapelle, Transfer zu 18-Loch-Golfplatz. **Rodeberg Lodge,** 74 Main Street, ✆ 63 32 02, Fax 63 32 03.

Pietermaritzburg
Vorwahl 03 31

 Information: gegenüber vom Rathaus, ✆ 45 13 48, Fax 94 35 35.

 Unterkunft: Imperial, im Zentrum, ✆ 42 65 51, Fax 42 97 96.

Pietersburg
Vorwahl 01 52

 Unterkunft: Pietersburg Holiday Inn Garden Court**, ✆ 2 91 20 30, Fax 2 91 31 50. **Ranch*,** auf der N 1 bei Pietersburg, ✆ 2 93 71 80, Fax 2 92 71 88.

Pilgrim's Rest
Vorwahl 0 13 15

 Information: ✆ 8 12 11.

 Unterkunft: Royal Hotel ✆ 8 11 10. **Mount Sheba**,** 23 km westlich von Pilgrim's Rest; Reservierung über (0 11) 8 83 56 74.

Plettenberg
Vorwahl 0 44 57

 Unterkunft: The Plettenberg*, 40 Church Street, ℰ 3 20 30, Fax 3 20 74.
Formosa Inn, ℰ 3 20 60.
Hunter's Country House,** ℰ 78 18, Fax 78 78.

 Restaurants: Le Rendezvous, Main Street, ℰ 3 18 40.
The Med Seafood Bistro, Village Square, Main Street, ℰ 3 31 02.

Potgietersrus
Vorwahl 01 54

 Unterkunft: Protea Park Hotel,** in Parkumgebung, 1 Beitel Street, ℰ und Fax 31 01.

Port Alfred
Vorwahl 04 64

 Unterkunft: Kowie Grand Hotel, Grand Ave/Princes Ave, am Ufer des Kowie, ℰ und Fax 4 11 22.
Victoria Protea Hotel*, 7 Albany Road, ℰ 4 11 33, Fax 4 11 34.

Port Edward
Vorwahl 04 71

 Unterkunft: Wild Coast Sun Hotel and Casino,** am Meer, ℰ 5 91 11; mit schönem Golfplatz.

Port Elizabeth
Vorwahl 0 41

 Information: Informationstelephon (24 Std.), ℰ 56 07 73.

 Unterkunft: Marine Protea Hotel,** Marine Drive, P. O. Box 501, ℰ 53 21 01, Fax 53 20 76.
Holiday Inn Garden Court,** 3 km vom Flughafen entfernt, La Roche Drive, P. O. Box 13100, Humewood, ℰ 52 37 20, Fax 55 57 54.
Port Elizabeth City Lodge, P. O. Box 13352, Humewood, ℰ 56 33 22, Fax 56 33 74.
Beach Hotel*, Marine Drive, Humewood, ℰ und Fax 53 21 61.
Edward Hotel*, Belmont Terrace, P. O. Box 319, ℰ und Fax 56 20 56; altes Hotel im Zentrum.
Humewood Hotel*, 33 Beach Road, P. O. Box 13023, Humewood, ℰ und Fax 55 89 61.
außerhalb: **Shamwari Game Reserve***,** P. O. Box 7814, Newton Park, ℰ (0 42) 8 51 11 96, Fax 8 51 12 24.

 Restaurants: Keg and Fox, 31 Clyde Street, ℰ 55 45 47; südafrikanische Küche.
Sir Rufane Donkin Rooms, 5 George Street, ℰ 55 55 34; südafrikanische Küche.

Pretoria
Vorwahl 0 12

Information: Pretoria Tourist Bureau, Van der Walt Street, Munitoria, ℰ (0 12) 3 13 76 94.

Unterkunft: Holiday Inn Garden Court,** Van der Walt Street, ℰ 3 22 77 95 oder 3 22 75 00, Fax 3 22 94 29; liegt ruhig an der Peripherie der Innenstadt und gegenüber dem kleinen idyllischen Burgerspark; das Haus galt unter seinem früheren Namen Burgerspark Hotel als das beste Hotel der Hauptstadt.

Holidy Inn Crown Plaza**, Church Street/Beatrix Street, P. O. Box 40694, Arcadia, ✆ 3 41 15 71, Fax 3 41 46 41.
Karos Manhattan Hotel, Scheiding Street, ✆ 3 22 76 35, Fax 3 20 12 52.
Arcadia Hotel*, 515 Proes Street, P. O. Box 26104, Arcadia, ✆ 3 26 93 11, Fax 3 26 10 67.
Best Western Pretoria Hotel*, 230 Hamilton Street, P. O. Box 40663, Arcadia, ✆ 3 41 34 73, Fax 44 22 58.

 Restaurants: Gerard Moerdyk, 752 Parkstreet, Arcadia, ✆ 3 44 48 56.
La Madeleine, 258 Esselen Street, ✆ 44 60 76; So u. Mo geschlossen.

Queenstown
Vorwahl 04 51

 Unterkunft: Hexagon Hotel, ✆ 30 15, Fax 8 14 28.

Richards Bay
Vorwahl 03 51

 Unterkunft: Karos Richards Hotel**, Hibberd Drive, Meerensee, ✆ 3 13 01, Fax 3 23 34.

Shakaland

 Unterkunft: Shakaland Hotel, P. O. Box 103, Eshowe ,✆ (0 35 46) 9 12, Fax 8 24, oder ✆ (0 11) 48 41 71.

Sodwana Bay

Unterkunft: Sodwana Bay Lodge & Hotel Resort, Reser-

vierungen über P. O. Box 5478, Durban, ✆ (0 31) 3 04 59 77/3 05 76 93 oder Fax (0 31) 3 04 88 17.

Springbok
Vorwahl 02 51

 Unterkunft: Kokerboom Motel, ✆ 2 26 85, Fax 2 22 57.

Stellenbosch
Vorwahl 0 21

 Information: Tourist Bureau, Market Street, ✆ und Fax 8833584.

 Unterkunft: Lanzerac Hotel***, P. O. Box 4, ✆ 8 87 11 32, Fax 8 87 23 10.
Stellenbosch Hotel**, Dorp Street/Andringa Street, P. O. Box 500, ✆ (0 21 31) 8 87 36 44, Fax 8 87 36 73.
D'Ouwe Werf Herberg**, 30 Church Street, P. O. Box 3200, ✆ 8 87 46 08, Fax 8 87 46 26.
Guest House 110 Dorp Street*, 110 Dorp Street, ✆ und Fax 8 83 35 55.

 Restaurants: Doornbosch, Old Strand Road, ✆ 8 87 50 79.
De Volkskombuis, Aan die Wagenweg, ✆ 8 87 21 21, Fax 8 87 52 39.
Ralph's, 13 Andringa Street, ✆ 8 83 35 32.

Sun City
Vorwahl 0 14 65

Das Las Vegas des südlichen Afrika ist eine im wesentlichen nur aus Hotels bestehende Stadt in den Pilanesbergen im ehemaligen Homeland Bophutatswana, von Johannesburg und Pretoria aus bequem in eineinhalb Stunden Autofahrt zu erreichen, mit dem Flugzeug in 30 Min. Spielcasinos, ein 18-Loch-Golfplatz, Sportmöglichkeiten jeder Art machen den Ort zu einem Dorado weißer Südafrikaner, die dem heimischen Puritanismus entfliehen wollen. Eine Hochbahn verbindet das Cascade-Hotel mit dem Krokodilteich.

Sun City ist inzwischen durch das noch luxuriösere, einem versunkenen Palast nachempfundene **Lost City** erweitert worden, das über einen weiteren Golfplatz verfügt, zu dem ein Teich mit Krokodilen gehört.

 Unterkunft: The Palace of the Lost City*, P. O. Box 308, ✆ und Fax 7 31 11; eines der luxuriösesten Hotels der Welt.
Sun City Cascades Hotel**, P. O. Box 7, ✆ 2 10 00, Fax 2 14 83.
Sun City Cabanas*, P. O. Box 3, ✆ 2 10 00, Fax 7 42 27.
Bakubung Lodge, 6 km von Sun City im Pilanesberg National Park, P. O. Box 294, ✆ 2 16 21.

Swellendam
Vorwahl 02 91

 Unterkunft: Swellengrebel Hotel**, 91 Voortrek Street, P. O. Box 9, ✆ 4 11 44, Fax 4 24 53.

Tzaneen
Vorwahl 01 52

 Unterkunft: Karos Tzaneen Hotel, Danie Joubert Street, P. O. Box 1, ✆ 3 07 31 40.
The Coach House*, etwas außerhalb des Ortes, ✆ 3 07 36 41, Fax

3 07 14 66; eines der besten Hotels des Landes.
Magoebaskloof, zwischen Tzaneen und Haenertsburg, ✆ (01 52 76) 42 76, Fax 42 80; mit herrlichem Blick.

Tsitsikamma National Park

 Information: Parkverwaltung in Storms River, ✆ (0 42) 3 76 07; Information zum *Otter Trail* (Tour mehrere Monate zuvor buchen): ✆ (0 12) 3 43 19 91.

 Unterkunft: Tsitsikamma Forest Inn, Storms River, ✆ (0 42) 5 41 17 11, Fax 5 41 16 69.
Tsitsikamma Lodge, P. O. Box 10, Storms River, ✆ (0 42) 7 50 38 02, Fax 7 50 37 02.

Umhlanga Rocks
Vorwahl 0 31

 **Unterkunft/Restaurant: Beverley Hills Inn Hotel****, ✆ 5 61 22 11, Fax 5 61 37 11.
Oyster Box Hotel*, ✆ 5 61 22 33, Fax 5 61 40 72; etwas antiqiert, direkt am Leuchtturm.
Edge on the Sea, ✆ 5 61 13 41.

Restaurant: Razzmatazz, 10 Lagoon Drive, Cabana Beach, ✆ 5 61 23 71.

Aktivitäten: Nur wenige Kilometer entfernt, doch ohne eigenen Wagen schwer zu erreichen, liegt ein 18-Loch-Golfplatz im **Wegdecombe Country Club,** ✆ 59 53 30.

Umtata

Vorwahl 04 71

 Unterkunft: Holiday Inn Garden Court, National Road,
✆ 37 01 81, Fax 37 01 91.

Upington

Vorwahl 0 54

 Unterkunft: Oasis Protea Hotel, Schroder Street, ✆
31 11 25, Fax 2 22 32.

Warmbaths

 Unterkunft: Bronnehof. Floyd's Valhalla Motel.
New White House.
Mabula Game Lodge, 35 km westlich,
Renosterspruit Rd., Rooiberg Area,
✆ (0 11) 4 63 42 17, Fax 4 63 42 99; mit
großem Wildpark, Reit- und Wandermöglichkeit.

Welkom

Vorwahl 01 71

 Besichtigung der Goldminen.
✆ 2 12 51.

White River

Vorwahl 0 13 11

 Unterkunft: Cybele Forest Lodge**, P. O. Box 346,
✆ 50 55 11, Fax 3 28 39; im englischen
Landhausstil.
Hulala Lakeside Lodge**, P. O. Box
1382, ✆ und Fax 5 17 10.

Wilderness

Vorwahl 04 41

 Unterkunft: Wilderness Holiday Inn Garden Court**,
✆ 8 77 11 04, Fax 8 77 11 34; am Strand.
Karos Wilderness Hotel*, P. O. Box 6,
✆ 8 77 11 10, Fax 8 77 06 00.
Fairy Knowe Hotel, direkt an der Lagune, ✆ 8 77 11 00, Fax 8 77 03 64.

Wild Coast

 Information: Wild Coast Tourism and Central Reservations,
P. O. Box 103, Umtata, ✆ (0471)
31 28 85, Fax 31 28 87; **Wild Coast
Hotels Central Reservation,** ✆ (04 71)
2 53 44.

 Unterkunft: *Kei Mouth:*
Trennerys, an der Mündung
des Qolora, P. O. Box 31, ✆ (04 74)
32 93; mit Abenteuer-Golfplatz (Grüns
mit Stacheldraht umzäunt, um weidende Kühe abzuhalten).
Kei Mouth Beach Hotel, P. O. Box 8,
✆ (04 38) 88 00 88.
Seagulls Beach Hotel, P. O. Box 61,
✆ (04 74) 32 87.
Vincent: **Hole in the Wall,** 2 km vom
berühmten Hole-in-the-Wall (s. S. 268)
gelegen, P. O. Box 13135, ✆ (04 71)
2 53 44, ✆ und Fax (04 31) 31 27 15.
Coffee-Bay: **Ocean View Hotel,** unmittelbar am Strand, ✆ (04 71)
37 02 54, Fax 2 53 44; Golf-, Reit- und
Wandermöglichkeit.
Port St. Johns: **Second Beach Holiday
Resort,** P. O. Box 2, ✆ (04 75) 44 12 41;
für Selbstverpfleger.
Port Edward: **Wild Coast Sun****, P. O.
Box 23, ✆ (04 71) 5 91 11, Fax 5 29 24;
mit dem besten Golfplatz und Sportangebot der Region; Casino.

Südafrika: Reiseinfos von A–Z

Anreise

Die direkte Flugzeit von Deutschland aus beträgt 12 Std. Es fliegen Lufthansa und South African Airways nonstop (in der Regel nachts) nach Johannesburg, zum Teil auch direkt nach Kapstadt. Lufthansa bietet wöchentlich zehn, South African Airways 19 Verbindungen unter gemeinsamer Flugnummer zwischen Deutschland und Südafrika an.

South African Airways (SAA) fliegt ab Frankfurt, Hamburg, München und Düsseldorf, wobei einige Flüge von Johannesburg aus direkt weiter nach Kapstadt gehen (SAA, Bleichstr. 60–62, 60313 Frankfurt/Main, ✆ (0 69) 29 98 03/20).

Austrian Airlines fliegt von Wien, Swissair von Zürich, Sabena von Brüssel, KLM von Amsterdam aus. Die meisten Fluggesellschaften bieten unter bestimmten Bedingungen ermäßigte Tarife, z. B. billige Exkursion-Tickets (Mindestaufenthalt 14 Tage).

Lufthansa in Südafrika: Johannesburg, 22 Girton Road, ✆ 4 84 47 22; Flughafen ✆ 9 75 04 02, Reservierung ✆ 4 84 75 22.

Auskunft

… in Deutschland

South African Tourism Board (Satour), An der Hauptwache 11, 60313 Frankfurt/Main, ✆ (0 69) 9 29 12 90, Fax 28 09 50.

… in Österreich

South African Tourist Board (Satour), Stefan-Zweig-Platz 11, 1170 Wien, ✆ (02 22) 47 04 51 10, Fax 47 04 51 14.

… in der Schweiz

South African Tourism Board (Satour), Seestraße 40–42, 8802 Kilchberg/Zürich, ✆ (01) 7 15 18 15, Fax 7 15 18 89.

Devisen

Südafrikanische Rand können auch in Europa problemlos eingetauscht werden. Doch der Geldwechsel in Südafrika ist in der Regel vorzuziehen. Die deutschen Banken langen beim Handel mit sogenannten exotischen Währungen ungeniert zu: Die Dresdner Bank am Frankfurter Flughafen hat zum Beispiel beim Tausch Rand gegen DM einen Kurs zu Grunde gelegt, der – sage und schreibe – ein Viertel unter dem lag, der am nächsten Morgen in jeder südafrikanischen Bank zu haben war.

Diplomatische Vertretungen

… in Deutschland

Südafrikanische Botschaft: Auf der Hostert 3, 53173 Bonn, ✆ (02 28) 8 20 10, Fax 8 20 11 48; Außenstelle Berlin, Douglasstr. 9, 14193 Berlin, ✆ (0 30) 82 50 11, Fax 8 26 65 43.

Südafrikanisches Generalkonsulat:
Harvestehuderweg 37, 20149 Hamburg,
✆ (0 40) 4 50 12 00, Fax 44 80 98 78;
Sendlinger Tor Platz 5, 80336 München,
✆ (0 89) 2 31 16 30, Fax 23 11 63 63;
Ulmenstr. 37–39, 60325 Frankfurt/Main,
✆ (0 69) 7 19 11 30, Fax 72 63 39.

… in Österreich

Botschaft der Republik Südafrika,
Sandgasse 33, 1190 Wien, ✆ (02 22)
3 26 49 30, Fax 32 64 93 18.

… in der Schweiz

Botschaft der Republik Südafrika,
Jungfraustr. 1, Bern 3005, ✆ (0 31)
3 52 20 11, Fax 3 25 11 16.

… in Südafrika

Die Staatliche Fremdenverkehrsinstitution
Satour, die früher auch in Südafrika
örtliche Informationsbüros betrieben
hat, unterhält nur noch ihr Hauptbüro in
Pretoria (ohne Publikumsverkehr und
Auskunftsabteilung!).Statt dessen
haben in Städten und größeren Orten
regionale Organisationen und sogenannte ›Publicity Associations‹ die
Besucherinformation übernommen. Sie
sind meist zentral gelegen.

**Botschaft der Bundesrepublik
Deutschland,** 180 Blackwood Street,
Arcadia, Pretoria, ✆ (00 27 12)
3 44 38 54–59, Fax 3 43 94 01.
Postanschrift: P. O. Box 2023, Pretoria.
**Consulate General of the Federal
Republic of Germany,** P. O. Box 4551,
16 Kaptejnstreet, Johannesburg
✆ (0 11) 7 25 15 19, Fax 7 25 44 75.
**Consulate General of the Federal
Republic of Germany,** P. O. Box 4273,
825 St. Martini Gardens, Queen Victoria
Street, Cape Town, ✆ (0 21) 24 24 10,
Fax 24 94 03.
**Consulate General of the Federal
Republic of Germany,** P. O. Box 80,
Devonshire Place, Durban, ✆ (0 31)
3 05 56 77–79, Fax 3 05 56 79.
Österreichische Botschaft, 1109
Duncan Street, Momentum Office Park,
Brooklyn, P. O. Box 95572, Pretoria,
✆ (0 12) 46 33 61, 46 33 64, Fax 46 24 83.
Botschaft der Schweiz, 818 Ge-
orge Avenue, Arcadia, P. O. Box 2289,
Pretoria, ✆ (0 12) 43 67 07, 43 67 28, Fax
43 67 71.

Einreise

Staatsangehörige aus EU-Ländern
brauchen für Südafrika kein Visum,
sondern lediglich einen gültigen Reisepaß. Swaziland und Lesotho verlangen
für alle drei Nationalitäten ein Visum,
das man an der Grenze erhält. Hierfür
muß jedoch im Reisepaß hinreichend
Platz sein (pro Visum eine Seite veranschlagen).

Essen und Trinken

Kulinarisch kann Südafrika jeden Gau-
men befriedigen, sowohl den, der an
der heimischen mitteleuropäischen
Kost hängt, als auch den, der auf
exotische Genüsse aus ist. Gemessen
an europäischen Preisen ist das Essen
billig. Bessere Hotels bieten Buffets, an
denen der Gast sich zu einem Pauschalpreis beliebig bedienen kann.

In die südafrikanische Küche hat fast
jede in Südafrika lebende Volksgruppe
ihre eigenen Spezialitäten eingebracht.
Besonders weit verbreitet sind **indische
Curries,** bestehend aus Reis, Fladen-

brot (Chapati), Rind-, Lamm- oder Hühnerfleisch mit einer Vielzahl von mehr oder weniger scharfen Beilagen auf der Basis von Tomaten, Paprika, Bananen mit Joghurt, Grapefruits etc. Die besten Curries gibt es naturgemäß in der Provinz Natal, wo die meisten Inder leben.

Die **Küche der Kapmalaien** entspricht im wesentlichen der indonesischen, die wiederum stark von der indischen Küche beeinflußt ist.

Die **kapholländische Küche** bietet Karoo-Lamm, Venison (Springbock), Süßkartoffeln und Kürbis sowie eine Vielzahl von malaiischen Gerichten wie Sosaties (Fleischspießchen von Hammel und Rind), Bobotie (Auflauf aus Lammhackfleisch mit Curry) und Eintöpfe aus Fleisch und Gemüse (Bredie), die auch Paradegerichte der Afrikaaner-Küche sind, ebenso wie gegrilltes, mariniertes Fleisch (Braaivleis) mit in Folie gebackenen Kartoffeln sowie Wildgerichte und kräftig gewürzte Rindfleischwürste (Boerewors), die aus einer Mischung von Rind- und Schweinefleisch sowie Speck mit Koriander, Muskat, Pfeffer und Essig bestehen. Als Beilage nicht nur bei Schwarzen beliebt ist ein Maismehl-Brei (Putu oder Milie pap), der mit einer scharf gewürzten Tomatensauce (Sous) serviert wird.

Wesentlich bei der Herstellung dieser Gerichte ist der **Potjekos,** ein schwerer gußeiserner Dreifußtopf mit Henkel und Deckel, der auf das offene Feuer gestellt oder an einem eisernen Dreifuß über dem Feuer aufgehängt wird. Die ersten Treckburen hatten den Topf an ihrem Ochsenwagen hängen. Darin werden die Speisen in der Regel auf kleiner Flamme langsam gargekocht.

Beim **Bredie,** der keineswegs unbedingt im Potje zubereitet sein muß, sind der Phantasie keine Grenzen gesetzt.

Besonders pikant ist der Tomateneintopf (Tamatie bredie) und Waterblummetjebredie. Die süßduftenden weißen Wasserlilien (Aponogeton distachyos), die im Frühling im Kap blühen, geben dem Hammelfleisch würzig-grüne Frische.

Aus der Zeit der großen Trecks stammt auch **Biltong** (Trockenfleisch): Das Fleisch wurde in Streifen geschnitten, in gewürztem Essig mariniert und im Schatten eines Baumes zum Trocknen aufgehängt.

Die Weinrebe wurde von Jan van Riebeeck schon vor der Ankunft der Hugenotten eingeführt. Drei Jahrhunderte Erfahrung haben zur Folge, daß Südafrikas **Weine** ein außergewöhnlich hohes Niveau haben. Dabei sind sie ausgesprochen billig.

Heute werden in Südafrika über 3000 vorwiegend weiße Weine gekeltert. Davon gelten ca. 500 als hervorragend. Südafrikas Weine sind inzwischen von der Weltweinkarte nicht mehr wegzudenken. An Weißweinen werden angebaut: Cape Riesling, Chardonnay, Chenin Blanc, Colombard, Muscat d'Alexandrie und Sauvignon Blanc; an Rotweinen: Cinsault, Merlot, Pinot Noir, Pinotage – eine Kreuzung der Pinot Noir und Hermitagerebe –, Shiraz und Zinfandel. Als beste Rotweine gelten Cabernet Sauvignon und Shiraz.

Die wichtigsten Anbauregionen sind: Stellenbosch, Paarl, Constantia, Robertson und Worcester. Praktisch alle Weingüter stellen mehrere verschiedene Weine her. Lange Lagerzeiten sind in Südafrika weitgehend unbekannt, obwohl der Pinotage seinen vollen Geschmack erst nach mindestens zehn Jahren Flaschenlagerung erreicht.

In Südafrika gibt es mehr als 5000 Weinfarmer, die ungefähr 100 000 ha in der westlichen Kapprovinz bewirtschaf-

Aids in Afrika

Afrika südlich der Sahara weist weltweit über 80 % aller Aids-Infektionen auf. Nach Zentral- und Ostafrika manifestierte sich Aids in einer zweiten Phase mit einem anderen Erreger auch in Westafrika. In seiner dritten Phase hat es nunmehr auch Afrikas Süden erreicht, wo es am meisten bei der schwarzen Bevölkerung des Minengürtels verbreitet ist. Wegen der schlechten ärztlichen Versorgung ist die Lebenserwartung der Aids-Infizierten in Afrika wesentlich kürzer als in Europa. Nach Berechnungen von Experten wird sich dadurch die Kindersterblichkeit in Sambia und Zimbabwe bis zum Jahre 2010 verdreifachen.

Während der Infektionsgrad der Bevölkerung im Durchschnitt zwischen 7 und 10 % beträgt, wird er bei den ca. 370 000 Minenarbeitern Südafrikas, die meist ohne Familie aus den Nachbarländern – vor allem Lesotho und Mosambik – kommen, auf 15–20 % geschätzt. Ihr einziges Freizeitvergnügen besteht aus Besuchen in Bars und bei Prostituierten. Dabei benutzen nur ein Drittel von ihnen Präservative. In den Krankenhäusern der Minen sind fast ein Viertel der Betten mit Aids-Patienten belegt.

Gesundheitsexperten schätzen, daß in Zimbabwe fast ein Drittel der sexuell aktiven Bevölkerung infiziert ist.

ten. 357 davon sind private Produzenten, der Rest Kooperativen. Die größte von ihnen ist KWV (Kooperative Wijnbouwers Vereeniging van Zuid-Afrika) in Paarl. Allein im Umkreis von 12 km von Stellenbosch sind 21 Privatkellereien und fünf Kooperativen anzutreffen. Ungefähr 100 000 Menschen sind direkt oder indirekt in Südafrikas Weinindustrie tätig.

Feiertage

1. Januar, Neujahr; **6. April,** Founder's Day = Gründungstag; **Karfreitag,** Good Friday; **Ostermontag,** Family Day; **1. Mai,** Worker's Day; **10. Mai,** Tag des Amtsantritts der 1. allgemein gewählten Regierung; **Christi Himmelfahrt** (Ascension Day); **9. August,** Women's Day; **25. September,** Heritage Day; **25. und 26. Dezember,** Christmas Day and Day of Goodwill.

Gesundheitsvorsorge

Impfungen sind nicht vorgeschrieben, es sei denn, man käme aus einem Infektionsgebiet. **Malaria-Prophylaxe** empfiehlt sich im Kruger-Nationalpark, in den Wildparks von Natal und im Lowveld in Transvaal. **Leitungswasser** ist in der Regel trinkbar. In Restaurants und Hotels besserer Standards kann **Salat und ungeschältes Obst** meist bedenkenlos verzehrt werden.

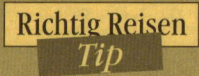

Richtig Reisen
Tip

Malariaschutz

Die feucht-heißen Regionen des Lowveld sind in hohem Maße malariaverseucht. Überträger der Malaria, die häufig als grippaler Effekt fehldiagnostiziert wird, ist die Anopheles-Mücke, die in Regionen mit feucht-heißem Klima lebt.

Symptome der Malaria, von der es verschiedene Arten – u. a. tödliche – gibt, sind hohes Fieber mit Kopfschmerzen und Entfärbung des Urins. Zittern, Schüttelfrost und Fieber treten auf, wenn die mit Parasiten infizierten Blutkörperchen platzen. Das Wechselfieber hat drei verschiedene Stadien: 1. Kälteschauer. 2. Hitzewellen mit bis zu 40,5° C Fieber. 3. Starkes Schwitzen.

Der beste Schutz gegen Malaria besteht darin zu verhindern, daß man gestochen wird. Moskitos stechen abends und nachts. Deshalb ist ein Moskitonetz über dem Bett sehr zu empfehlen. Anti-Malaria-Mittel (Resochin, Daraprim etc.), die die Erreger im Blut abtöten, sind angesichts der Gefährlichkeit der Krankheit unbedingt erforderlich.

Die Zeitspanne zwischen Mückenstich und dem Auftreten der ersten Symptome beträgt in der Regel ein bis zwei Wochen, kann aber auch bis zu einem Jahr dauern. Wichtig ist, daß das Mittel auch nach dem Aufenthalt in Malaria-Gebieten noch mindestens vier Wochen lang eingenommen wird.

Die Malaria ist inzwischen weltweit wieder auf dem Vormarsch, nachdem 49 der insgesamt 50 Anopheles-Arten gegen das Insektenvernichtungsmittel DDT resistent geworden sind. Auch die Malaria-Erreger selbst sind mancherorts bereits zu 90 % resistent gegen das Chinin-Medikament Chloroquin (Resochin), das bisher als zuverlässigste Vorbeugung gegen Malaria galt.

Hinweis: Ausländische Touristen müssen die Kosten **medizinischer Behandlung** an Ort und Stelle bezahlen. Öffentliche Krankenhäuser sind meist überfüllt.

Zur **Aidsproblematik** siehe Themenkasten S.365.

Jagen

Von allen Ländern südlich des Zambezi, in denen man jagen kann, hat die Republik Südafrika sicherlich die beste Infrastruktur und bietet als einzige die Jagd auf die ›Big Five‹ Löwe, Leopard, Büffel, Elefant und Nashorn. Da das letztere aber noch immer von der Ausrottung bedroht ist und sonst überall unter besonderem Schutz steht, sollte sich jeder waidgerechte Jäger fragen, ob der Abschuß auch vom hegerischen Gesichtspunkt aus gerechtfertigt ist, bevor er seine Entscheidung trifft.

Von Deutschland aus organisierte Großwildjagd enthebt den zahlungskräftigen Kunden zwar fast aller organisatorischen Probleme, aber bei umgerechnet rund 55 000 DM für 18 Tage Elefantenpirsch müssen doch die meisten Jäger passen. Für den, der direkten Kontakt mit einem der zahlreichen südafrikanischen Safari-Unternehmen aufnimmt, ist ein Jagderlebnis – vorzugsweise in der Provinz Transvaal – aber auch preiswerter zu haben, zumal wenn es nicht die Großen Fünf sein müssen, sondern auch mit plainsgame – Niederwild und Antilopen – vorliebgenommen wird.

Tim Otto Safaris (P. O. Box 820, Phalaborwa, ✆ [00 27 15 28] 3 20 85, Fax 3 21 72) bietet die Jagd auf ›ungefährliches‹ Wild für eine Grundgebühr von 400 US-$ – pro Tag, nichtjagende Begleiter zahlen 150 US-$. Die Skala reicht von der Giraffe (2700 US-$) bis zum Affen (50 US-$). Wer auch Leopard und Büffel strecken will, muß gemäß der Preisliste für ›gefährliches‹ Wild 600 US-$ pro Tag zahlen; ein Büffel kommt ihn dabei auf 5500 US-$ zu stehen, ein Leopard auf 3500 US-$. Eingeschlossen in diese Preise sind die Kosten für einen begleitenden Berufsjäger, für Unterbringung bei voller Verpflegung und freien Getränken sowie die Erstversorgung der Trophäen.

Saison ist wie in Zimbabwe ganzjährig, doch sind aus klimatischen Gründen eigentlich nur Herbst und Winter empfehlenswert, also die Monate April bis Oktober. Auch in Südafrika ist auf Großwild als Mindestkaliber 9.5 mm vorgeschrieben, und angeschweißte, aber nicht zur Strecke gekommene Stücke gelten als erledigt. Detaillierte Informationen über Abschußgebühren sowie Adressen von Jagdveranstaltern in Deutschland, Österreich und der Schweiz enthält die Broschüre ›Jagd und Hege in Südafrika‹, zu beziehen vom South African Tourism Board, Postfach 10 19 40 in 60019 Frankfurt/M., ✆ (0 69) 9 29 12 90, Fax 28 09 50, BTX: *21 72 96#.

Besondere Erfahrung mit Jagdreisen nach Südafrika haben:
CS-Jagdreisen, Balzholzerstr. 21, 72660 Beuren, ✆ (0 70 25) 50 26, Fax 73 08.
Hubertus-Int. Jagd-, Golf- & Touristik Reisen, Rotebühlstr. 83, 70178 Stuttgart, ✆ (07 11) 61 18 18, Fax 61 10 44.
Eduard Kettner Jagdreisen, Mathias Brüggen Str. 80, 50827 Köln, ✆ (02 21) 5 96 55, Fax 5 96 52 99.
Profi Jagd Reisen, Rennweg 43, 85435 Erding, ✆ (0 81 22) 50 47, Fax 44 85.
Saxonia Jagd Global Hunting Safaris, Auf der Höhe 1, 53797 Lohmar, ✆ (0 22 46) 49 41, Fax 88 43.

Matthias P. Deltgen

Kleidung

Zu Mahlzeiten und abendlichen Veranstaltungen (außer Grillabenden) mit Südafrikanern sind Krawatte und Jacket angebracht. Sonst reicht mitteleuropäische Sommerkleidung das ganze Jahr über, wenn es auch abends und nachts kühl werden kann. In der Kapprovinz ist zwischen Mai und August Übergangskleidung zu empfehlen, ebenso Regenschutz, der in den Küstengebieten allgemein von April bis November und im Landesinneren zwischen September und April notwendig sein kann.

Medien

Für den südafrikanischen Normalverdiener gehört ein *Buch* zu den Luxusartikeln. Die CNA (Central News Agency) Läden haben im Buch- und Zeitschriftenhandel eine Art von Monopol und sind relativ teuer.

Um der in der neuen Verfassung verankerten Mehrsprachigkeit zu entsprechen, sendet keiner der insgesamt drei *Fernsehkanäle* in einer einzigen Sprache. Daher muß sich der Zuschauer, der nur eine der offiziellen Sprachen versteht, in allen drei Kanälen umsehen und prüfen, ob und wann in seiner Sprache gesendet wird.

Die südafrikanische *Presse* ist nach Anzahl der Titel und nach Auflage die umfangreichste und auflagenstärkste Afrikas. Die bekanntesten englischsprachigen Tageszeitungen: The Argus, Business Day, Cape Times, The Citizen, The Star und The Sowetan, die größte Tageszeitung Südafrikas. Die wichtigsten afrikaanssprachigen Tageszeitungen: Beeld, Die Burger und Die Volksblad. Wochenzeitungen in Englisch: New Nation und The Weekly Mail; in Afrikaans: Rapport.

Nationalparks

Information: **National Parks Board Pretoria**, P. O. Box 787, Pretoria, ✆ (0 12) 3 43 19 91, Fax 3 43 20 06; in Kapstadt: ✆ (0 21) 22 28 19, Fax 24 62 11.

Der berühmteste Wildpark ist der Kruger-Nationalpark; daneben gibt es allein in Südafrika 15 National- und 118 Provinzialparks, die mit über 36 000 km² Gesamtfläche größer sind als Nordrhein-Westfalen. Alle Nationalparks sind ganzjährig geöffnet. Im südafrikanischen Sommer kann es jedoch mit über 40° C unangenehm heiß werden.

Folgende sind besonders zu empfehlen: Hluhluwe National Park (weißes Nashorn, Impala, Nyala, Kudu, Zebras); Umfolozi National Park (weißes Nashorn); Santa Lucia (Flußpferde und Krokodile, Fischadler); Addo Elephant National Park; Mountain Zebra National Park; Tsitsikamma Forest und Coastal National Park; Kalahari Gemsbok National Park; Bontebok National Park; Augrabies Falls National Park; Golden Gate Highlands National Park; Royal Natal National Park; Karoo National Park.

Der **Kruger-Park** ist durch Linien-Flugverbindungen von Johannesburg und Durban nach Skuzuza und Phalaborwa erreichbar. Malariaprophylaxe wird empfohlen.

Im Kruger-Park herrscht eine verhältnismäßig strenge Disziplin: Das Fahren ist auf die angegebenen Routen beschränkt, das Aussteigen fast überall untersagt. Doch im Gegensatz zu den Privatcamps, wo die Besucher geführt werden, kann man im eigenen Auto seine Route selbst wählen.

An der Einfahrt des Parks wird die Gebühr für den Besuch entrichtet. Dort kann auch die Unterkunft in den fast 20 staatlichen Lodges über Funk gebucht werden. In manchen Camps müssen auch die Mahlzeiten vorbestellt werden. Die Unterkunft in den **staatlichen Nationalparks** besteht meist in rustikalen, strohgedeckten Rundhütten (Rondavels), die mit Grillplatz und Kühlschrank ausgestattet sind. Einkaufsmöglichkeiten und Kochgelegenheiten sind vorhanden. Die größeren Camps verfügen über Restaurants. In fast allen Camps sind auch regelrechte Campingplätze zu finden.

Die Camps des ›**Natal Parks Board**‹ sind nur für Selbstversorger eingerichtet. Es gibt keine Restaurants, keine Einkaufsmöglichkeiten, aber eine zentrale Küche mit Personal, das auf Wunsch

die mitgebrachten Lebensmittel zubereitet.

Die schönsten Camps und Lodges

Zu buchen über *National Parks Board*,
s. o.: die siebzehn Camps im **Kruger
Nationalpark;** außerdem die Camps
im **Kalahari Gemsbok Nationalpark.**
Dort erwarten den Besucher rote Sanddünen, Steppe und Wüste mit Pisten,
meist in ausgetrockneten Flußbetten;
besondere Tiere des Gebiets: der große
Kalahari-Löwe, braune Hyäne. Im
Tsitsikamma Coastal Nationalpark
bietet sich eine Felsküste mit Unterwasserwelt für Schnorchler, für Wanderer
der 46 km lange Otter-Pfad (auf fünf
Tage berechnet), Buchung mindestens
ein Jahr im voraus.

Zu buchen über *Natal Parks Board*,
P. O. Box 662, Pietermaritzburg,
✆ (03 31) 5 12 21 oder 47 19 61, Fax
47 10 37: **Umfolozi Hluhluwe Game
Reserve,** viele Nashörner; **Mkuzi
Game Reserve,** Flußmündungsgebiet,
Vögel, Nashörner; **Ndumu Game
Reserve,** am Pongola River, mit vielen
Wasserlöchern, Antilopen, Krokodile,
Vögel; **Giant's Castle Game Reserve
and Royal Natal National Park,** an
der Grenze zu Lesotho, von Basaltsteil-
hängen der bis zu 3000 m hohen Dra-
kensberge umgeben.

Zu buchen über *Central Reservations
Phinda*, 4 Naivasha Road, Sunninghill
Park, ✆ (0 11) 8 03 84 21/86 16, Fax
8 03 18 10: **Phinda (Maputaland),** am
Indischen Ozean, Tauchen am Riff.

Zu buchen über *Rattray Reserves*,
Suite 4916, Carlton Centre, Johannesburg, ✆ (0 11) 7 89 26 77 und (0 13 11)
6 56 61: **Mala Mala,** privater Wildpark
am Rande des Kruger Parks.

Zu buchen über *Sabi Sabi Game
Lodge*, P. O. Box 52665, Saxonwold,
✆ (0 11) 8 80 48 40, Fax 4 47 20 19:
Sabi Sand Private Nature Reserve,
Großwildgebiet mit luxuriöser Unter-
bringung.

Zu buchen über *Motswari-M'Bali*,
P. O. Box 76037, Wendywood, ✆ (0 95)
32 13 24: **Timbavati Game Reserve,**
Großwildgebiet mit den seltenen weißen Löwen.

Zu buchen über *Pilanesberg National
Park*, P. O. Box 1201, Mogwase, ✆ (1 40)
81 26 80/81: **Pilanesberg,** in einem erloschenen Vulkankessel.

Zu buchen über *National Parks
Board*, P. O. Box 774, George, ✆ (04 41)
74 69 24, Fax 74 40 32: **Addo Elephants
Park,** Elefanten und Nashörner.

Öffnungszeiten

Behörden und Banken: 9–15.30 Uhr wochentags sowie 8.30 oder 9–11 Uhr
samstags. Die Läden öffnen im allgemeinen zwischen 9 und 10 Uhr morgens und schließen um 17 Uhr (samstags um 13 Uhr). Dann leeren sich die
Stadtzentren. Eine südafrikanische Spe-
zialität sind Einkaufszentren, die in den
Großstädten riesige Ausmaße annehmen: Dort haben manche Läden sogar
sonntags von 10–14 Uhr geöffnet. In
kleineren Orten sind die Läden wochentags meist auch mittags zwischen 13
und 14 Uhr geschlossen, während die
großen Einkaufszentren der Großstädte
auch samstags bis 18 Uhr geöffnet
sind.

Reisen in Südafrika

Pauschalreisen bieten alle großen europäischen Reiseveranstalter an, häufig

nach dem sogenannten Baustein-Prinzip, nach dem der Kunde sein individuelles Programm wählen kann. Wer unabhängig sein will, kann einen Wagen mieten. Wer gerne mit Führer reist, kann an einer Busrundreise oder gar einer Flugsafari teilnehmen. Auch Fahrten mit dem Blue Train oder dem Luxuszug Rovos Rail, ja Ballonsafaris und Rundreisen durch die Nachbarstaaten Namibia, Botswana und Zimbabwe können eingebaut werden.

Daneben gibt es eine Vielzahl von einheimischen Reiseunternehmen (›tours operators‹), die Programme jeder Art anbieten. Außerhalb der Weihnachtszeit, die in Südafrika die Hauptferienzeit ist, kann man aber auch problemlos auf eigene Faust reisen. Reiseveranstalter **Kuoni Travel,** P. O. Box 10733, Johannesburg, ✆ (0 11) 29 74 34, Fax 23 78 39; **Okavango Tours and Safaris,** P. O. Box 52900, Saxonwold, ✆ (0 11) 7 88 55 49, Fax 7 88 65 75; **Rovos Rail,** P. O. Box 2837, Pretoria, ✆ (012) 7 94 18 07, Fax 7 94 64 13; **Springbok Atlas,** P. O. Box 819, Cape Town, ✆ (0 21) 4 48 65 45, Fax 47 38 35; **Wilderness Safaris,** P. O. Box 651171, Benmore, ✆ (0 11) 8 84 14 58/59, Fax 8 83 62 55.

Sicherheit/No-go-Areas

Wer sich ins Zentrum einer südafrikanischen Großstadt begibt, sollte möglichst nicht als Tourist erkennbar sein. Wer Geld und Kamera in einer Aktentasche oder Plastiktüte verbirgt, kann als einheimischer Büroangestellter durchgehen, der nur das Notwendigste mit sich führt, und hat gute Chancen, nicht weiter von Dieben und Räubern behelligt zu werden.

Das Zentrum von Johannesburg gilt als heißes Pflaster, besonders die Gegend um das Carlton Hotel. In der Einkaufsstraße Smal Street Mall in Johannesburg gibt es inzwischen eine eigene Polizeieinheit, die Touristen beim Shopping begleitet.

In Kapstadt gilt das Malaienviertel unterhalb vom Signal Hill als gefährlich, aber auch die Gegend um das Cape Sun Hotel im Zentrum und das Rotlichtviertel um die Loop Street.

Besondere Vorsicht ist auch beim Besuch der Townships geboten. Am besten schließt man sich geführten Touren an, für Soweto z. B. **Face-to-Face-Tours,** ✆ (0 11) 3 31 61 09 oder 3 31 62 09, für die bei Kapstadt gelegenen Townships **Otherside Tours,** ✆ (0 21) 5 31 85 28. Die **Township Disco Tours** im Africa Travel Centre, Buitengracht/New Church Street 74, ✆ 23 55 55, veranstalten darüber hinaus sogar ab 8 Uhr abends Führungen durch schwarze Discos.

Souvenirs

Für europäische Besucher interessant, weil landesspezifisch, sind die Curio-Shops mit afrikanischen Handarbeiten sowie Möbel aus Pinewood, Yellow- und Stinkwood; ferner grundsätzlich empfehlenswert: Lederwaren (aus Straußen- und Büffelleder), Halbedelsteine, Pelze, bemalte und unbemalte Straußeneier, Tontöpfe der Venda, bunte Sisalmatten der Tonga, Antiquitäten, Gold, Edelsteine und alter Schmuck. Kleidung und Schuhe sind qualitativ gut und billiger als in Europa. Kreditkarten werden fast überall angenommen, außer an Tankstellen.

Sport

Südafrika ist ein Golfland; bereits 1886 wurde im Royal Cape Golf Club das erste Turnier gespielt. Anfang des folgenden Jahrhunderts entstanden die Royal Johannesburg und Royal Durban Golfclubs. Die Golfsaison geht in Südafrika über das ganze Jahr. Es gibt ungefähr 400 **Golfplätze**, allein in und um Johannesburg sind es sieben. Das Fancourt-Hotel in George verfügt über einen 27-Loch-Golfplatz, der von dem südafrikanischen Weltklassespieler Gary Player gebaut wurde. Die Golfclubs Park Board Skuzuza und Hans Merensky im oder nahe dem Kruger-Nationalpark bieten afrikanische Tierwelt als eindrucksvolle Kulisse beim Spiel: Warzenschweine, Antilopen und Affen laufen über die Fairways.

Der Milnerton Golf Club in Kapstadt, unmittelbar am Meer gelegen, dessen tosende Brandung eine imposante Geräuschkulisse bietet, liegt im Schatten des Tafelbergs und gilt als der einzige authentische Links-Platz in Südafrika. Im Royal Cape spenden uralte Eichen Schatten.

Die größte Dichte an Golfplätzen bietet die Küste südlich von Durban. Dort verfügt die Selbourne Country Lodge, ein Luxushotel, dessen Hauptgebäude aus dem 19. Jh. stammt, über einen eigenen Platz, der zu den Top Ten des Landes gehört.

Informationen: **South African Golfers Union,** P. O. Box 1537, Cape Town; **Fairway Safari Golf Tours,** P. O. Box 73618, Fairland, Fax (0 11) 3 10 10 25; **Selborne Country Lodge and Golf Club,** Country-House-Hotel bei Pennington (Südküste), ✆ (03 23) 5 11 33, Fax 5 18 11; **Fancourt Hotel,** P. O. Box 2266, George, ✆ (04 41) 70 82 82, Fax 70 76 05.

Stromversorgung

220 V Wechselstrom; Adapter für die landesüblichen Steckdosen können in Südafrika gekauft werden.

Telefonieren

Vorwahl nach Südafrika: 00 27 (nach Vorwahl die 0 der Ortsnetzkennzahl weglassen); Vorwahl von Südafrika nach Deutschland: 09 49; nach Österreich: 09 43; in die Schweiz: 09 41.

Trinkgeld

10–15 % des Rechnungsbetrages sind bei Kellnern, Zimmermädchen, Gepäckträgern und Taxifahrern üblich.

Unterkunft

Die Klassifzierung der **Hotels** erfolgt in Südafrika durch ein bis fünf Sterne. Daneben findet sich in der Regel einer der folgenden Hinweise: YYY = fully licensed = alkoholische Getränke jeder Art; YY = nur Bier und Wein; Y = Bier und Wein nur in Verbindung mit einer Mahlzeit.

Die südafrikanische Hotellandschaft, die einsame Höhen erreicht, ist seit einigen Jahren in Bewegung geraten. Die früher alles beherrschenden Sun- und Southern Sun-Gruppe ist in den Hintergrund getreten. Die Holiday Inn-Kette, die ihre besseren Häuser ›Garden Court‹ und ihre besten ›Crowne Plaza‹ nennt, ist in Südafrika besonders präsent. ›Crowne Plaza‹-Hotels sind in Durban, Johannesburg-Sandton und Pretoria. Weitere Ketten sind Karos und Protea. Besonders preisgünstig, weil

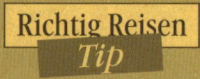

Die schönsten Eisenbahnfahrten

Der **Blue Train,** als Inbegriff des Reisekomforts Legende seiner selbst, verkehrt zwischen Pretoria/Johannesburg und Kapstadt. Zum Einstieg stellen die Stewards ein kleines Treppchen auf und breiten eine königsblaue Fußmatte mit einem schwungvollen goldenen B aus. Reservierungsanschrift: Blue Train, Private Bag X 47, Johannesburg, ✆ (0 11) 7 74 44 69/70, Fax 7 73 74 75. Das Unternehmen Orient-Hotels bietet eine Pauschalreise mit sechs Übernachtungen an, die auch einen Flug über die Viktoria-Fälle, eine Kreuzfahrt auf dem Sambesi sowie zwei Tage im Okavango-Delta umfaßt. Da alle Getränke im Preis eingeschlossen sind, ist die Bar im Aussichtswagen der beliebteste Treffpunkt. Täglich verkehrt auf der Strecke zwischen Pretoria und Kapstadt der Trans-Karoo-Express. Zwischen Durban und Johannesburg verkehrt der Trans-Natal-Express ebenfalls täglich.

Noch wesentlich luxuriöser als der Blue Train ist **Rovos Rail,** ein Unternehmen, das alte Züge restauriert und zu fahrenden Luxushotels umgebaut hat. Die Züge verkehren regelmäßig auch auf der Strecke von Kapstadt nach Pretoria mit einem Stopp in Kimberley, wo ein Ausflug zum Big Hole arrangiert wird. Ein weiterer Zwischenstopp ist in Matjiesfontein in der Großen Karoo vorgesehen. Reservierungsanschrift: P. O. Box 2387, Pretoria, ✆ (0 12) 3 23 60

praktisch ohne Service, sind die **City Lodges.** Hier die wichtigsten zentralen Buchungsadressen:

City Lodge Hotels, P. O. Box 782630, Sandton, ✆ (0 11) 8 84 53 27, ›
Fax 8 83 36 40.
Holiday Inn Hotels, P. O. Box 782553, Sandton, ✆ (0 11) 7 80 02 21,
Fax 7 80 01 06/7.
Karos Hotels, P. O. Box 87354, Houghton, ✆ (0 11) 4 84 16 41,
Fax 4 84 62 06.
Orient Express Hotels, P. O. Box 786432,Sandton, ✆ (0 11) 8 84 25 04,
Fax 8 84 31 59.
Protea Hotels, P. O. Box 6482, Roggebai, ✆ (0 21) 4 19 53 20, Fax 25 32 58.

Southern Sun Hotels, P. O. Box 782553, Sandton, ✆ (0 11) 7 80 01 00, Fax 7 80 01 06/7.
Sun International, P. O. Box 784487, Sandton, ✆ (0 11) 7 80 78 00, Fax 7 80 77 01.

Bei Satour (s. S. 362) erhält man den sog. ›National Accomodation Guide‹.

Als einziges Land Afrikas verfügt Südafrika auch über ein breites Angebot an Privatunterkünften in Form von **Guest Houses (Gästehäusern)** und **bed-and-breakfast**-Unterkünften, wie sie aus England bekannt sind (Liste bei Satour erhältlich). Südafrika ist in Afrika auch das einzige Land, das **Jugendherbergen** kennt, wie sie in Deutschland eine feste Institution sind.

52, Fax 3 23 08 43; in Deutschland: Feria Reisen, München, ☏ (0 89) 32 37 90, Fax 32 37 95 55. Rovos Rail befährt aber auch noch andere Strecken. Angeboten wird eine 24-Stunden- oder 4-Tage-Fahrt nach Hazyview in Ost-Transvaal, verbunden mit einer Übernachtung in der luxuriösen Londolozi Game Lodge.

An Bord des Zuges sind die Gäste in Suiten untergebracht. Der Speisewagen ist besonders prächtig – er stammt aus dem Jahre 1924 und ist mit holzgeschnitzten Säulen versehen. Die Küche bewegt sich auf entsprechend hohem Niveau. Zum Abendessen wird Abendkleidung erwartet. Nach den Mahlzeiten wird Kaffee in dem mit Panoramascheiben versehenen Aussichtswagen am Ende des Zuges serviert.

Der **Shongololo-Zug** (zu deutsch: der Tausendfüßler) bietet eine 16-tägige Rundtour Pretoria-Kruger Park – Durban-Gardenroute – Kapstadt. Er fährt nachts. Tagsüber können die Passagiere an organisierten Ausflügen teilnehmen Reservierungsanschrift: Jaka-

randa Tours, Eichenweg 7, 79189 Bad Krozingen, ☏ (0 76 33) 1 21 01.

Daneben verkehren auch auf kurzen Strecken Züge, mit denen zu fahren nicht nur für den Eisenbahn-Enthusiasten, sondern auch den Normaltouristen ein Erlebnis ist: Der **Outeniqua Choo-Tjoe,** eine Schmalspurverbindung von George nach Knysna und wieder zurück, ist nur einer von ihnen Reservierungsanschrift: Outeniqua Choo-Tjoe, George Station, ☏ (04 41) 73 82 88, Fax 73 82 86, oder Knysna (04 45) 2 13 61. Eine andere ist die Zugverbindung von George nach Oudtshorn, auf der die Eisenbahn auf den ersten 25 km auf 715 m ansteigt, bevor sie in die Kleine Karoo hinunterfährt.

Weitere Züge: **Apple Express** von Port Elizabeth nach Loerie, Reservierungsanschrift: Apple Express, Port Elizabeth Station, ☏ (0 41) 5 07 23 33, Fax 5 07 23 18 und **Champagne Express** von Franschhoek nach Paarl (Auskunft: Satour, s. S. 362).

Auch Caravanparks sind in Südafrika weit verbreitet. Satour übersendet auf Wunsch ein Informationsblatt mit einer Auswahl an **Campingplätzen**, auf denen der Besucher sowohl im Zelt als auch im Wohnmobil, aber auch in Chalets, Rundhütten (Rondavels) oder Zimmern übernachten kann. Sie sind im allgemeinen gut ausgestattet und verfügen meist sogar über Swimming-Pools.

Verkehrsmittel

Verkehrsvorschriften

Linksverkehr, Geschwindigkeitsbegrenzung auf Fernstraßen 120 km/h, auf

Landstraßen 100 km/h, in geschlossenen Ortschaften 60 km/h.

Taxi

In Südafrika verfügen Taxis über Taxameter (in Afrika nicht selbstverständlich) und sind verhältnismäßig billig.

Eisenbahn (Spoornet)

Südafrika ist eines der letzten Länder, in denen noch Dampflokomotiven im normalen kommerziellen Einsatz sind. Reservierungen: **Central Reservations Johannesburg,** ☏ 7 74 45 04. Spoornet bietet für Eisenbahnenthusiasten Reisen mit Dampflokomotiven durch das ganze Land an.

Dampflok-Safaris veranstaltet auch das **Transnet Museum,** P. O. Box 3753, Johannesburg, ✆ (0 11) 7 73 92 38, Fax 7 73 91 25, mit der ›Union Limited‹, dem renovierten Vorgänger des ›Blue Train‹.

Weitere Information über **Transnet**, P. O. Box 111, Johannesburg, ✆ (0 11) 7 73 29 44, Fax (0 11) 73 76 43.

Hubschrauberflüge

Rundflüge im Hubschrauber sind zwar teuer, aber sie können in den landschaftlich reizvollen Regionen zu einem unvergeßlichen Erlebnis werden. Von Johannesburg aus bietet **Court Helicopters,** P. O. Box 18115, Rand Airport, ✆ (0 11) 8 27 89 07, Fax 8 24 16 60, Rundflüge über die Stadt und Umgebung sowie Touren bis zu zwei Tagen nach Sun City, Pilgrim's Rest oder zu den privaten Wildparks am Kruger-Park.

Ferner: **Dragonfly Helicopter Adventures,** P. O. Box 1211, Sunninghill Park, Johannesburg, ✆ (0 11) 8 03 68 81, Fax 8 03 18 10.

Flugsafaris

Von Johannesburg aus gibt es Flüge nach Skuzuza im Kruger-Park und in die Wildreservate von Zululand, auch als Pauschalreisen. Nicht nur für Eisenbahn-, auch für Flug-Nostalgiker bietet Südafrika neuerdings Reizvolles: Flugsafaris mit der alten JU-52 organisiert das Reisebüro Kuoni GmbH, Kanzleistr. 18, 78462 Konstanz, ✆ (0 75 31) 2 70 55; in der Schweiz: Fabrikstr. 12, 9240 Urwil, ✆ (0 73) 51 71 22.

Bus

Komfortable **Greyhound-Busse** verkehren von Johannesburg nach Kapstadt, Durban, Port Elizabeth, Kimberley und Nelspruit (zentrale Reservierung für alle Städte): **Greyhound Citiliner,** P. O. Box 11229, Johannesburg, ✆ 8 39 30 37, Fax 8 30 15 27. Diese und weitere Zielorte bedienen auch **Intercape/Mainliner,** P. O. Box 618, Bellville, ✆ (0 21) 3 86 44 00, Fax 3 86 24 88 sowie **Translux Intercity,** P. O. Box 2383, Johannesburg, ✆ (0 11) 7 74 33 33, Fax 7 74 33 18.

Mietwagen

Mietwagenfirmen in Durban (Vorwahl 0 31): **City Rent,** P. O. Box 10002, Marine Parade, ✆ 3 68 10 13, Fax 37 58 85; **Tempest Car Hire,** P. O. Box 5696, ✆ 3 07 52 11, Fax 3 04 33 66.
In Kapstadt (Vorwahl 0 21): **Adelphi Rent-a-Car,** 94 Main Road, Sea Point, ✆ 4 39 61 44, Fax 4 39 50 93; **Cape Car Hire,** 217 Landsdowne Road, Claremont, ✆ 6 83 24 41, Fax 6 83 24 43; **Dolphin/ Europcar/Interrent,** P. O. Box 27262, ✆ 9 34 47 50, Fax 9 34 97 71; **HB Car Hire,** P. O. Box 26125, Hout Bay, ✆ 24 33 17, Fax 24 08 97.

Zeit

Die südafrikanische Zeit ist das ganze Jahr über mit der europäischen Sommerzeit identisch. Deshalb ist es im europäischen Winter in Südafrika eine Stunde später als in Europa.

LESOTHO
Adressen und Tips von Ort zu Ort

Maseru

 Information: Lesotho Tourist Board, Kingsway, P. O. Box 1378, ✆ 31 28 96, Fax 31 01 08.

 Unterkunft: Lesotho Sun*, Hilton Road, ✆ 31 31 11, Fax 31 01 04.
Maseru Sun Cabanas*, ✆ 31 24 34, Fax 31 01 58.
Lakeside Hotel, ✆ 31 36 46.
The Lancer's Inn, ✆ 32 21 14; Rundhütten.

Mafeteng

 Unterkunft: Hotel Mafeteng, 78 km südlich von Maseru, im Zentrum, P. O. Box 109, ✆ 70 02 36; 16 Doppelzimmer, 8 Rundhütten.
Hotel Mount Maluti, 125 km südlich von Maseru, P. O. Box 10, ✆ 78 52 24.

Mohale's Hoek

 Unterkunft: Maleala Lodge, 80 km südlich von Maseru, P. O. Box 4, ✆ 78 53 36; 5 Zimmer, Selbstverpflegung.

Molimo Nthuse
(nahe Roma)

Unterkunft: Molimo Nthuse Lodge, 60 km von Maseru,

etwas abseits der Straße nach Mantsonyane und Thaba Tseka, hinter der ersten Kette der Maluti-Berge, P. O. Box 212, ✆ 32 20 02/03, Telex 4 350 LO; Chalets, in ruhiger Lage.

Morija

 Unterkunft: Mophato Oa Morija (Morija Ecumenical Centre), 40 km südlich von Maseru, in der Nähe Dinosaurier-Fußabdrücke, P. O. Box 6, ✆ 36 02 19; als religiöses Zentrum in Form eines traditionellen Dorfes erbaut, bestehend aus einem Haus mit sieben Räumen, sieben Rundhütten und zwei kleineren Häusern.

Quacha's Nek

Unterkunft: Nthatuoa Hotel, am Fuße des Mount Souru, P. O. Box 13, ✆ 9 50 22 60; 16 Zimmer.

Oxbow

Unterkunft: New Oxbow Lodge, 192 km nordöstlich von Maseru in 3000 m Höhe, Buchung über Südafrika: ✆ (0 02 75 63) 34 34, Bungalows mit 2 Betten.

Auskunft

Lesotho Tourist Board Information Office, Kingsway, P. O. Box 1378, Maseru, ✆ 32 28 96 oder 32 37 60, Fax 31 01 08.

Diplomatische Vertretungen

... in Deutschland

Botschaft des Königreichs Lesotho, Godesberger Allee 50, 53175 Bonn, ✆ (02 28) 37 68 68/69 oder 37 68 60.

... in Lesotho

Deutsches Honorarkonsulat, 70c Maluti Road, P. O. Box 75, Maseru, ✆ 32 41 98, 31 33 12, Fax 31 00 58. Für Österreich und die Schweiz sind die jeweiligen Botschaften in Pretoria/Südafrika zuständig.

Einreise

Das notwendige Einreisevisum ist bei der Botschaft oder beim Konsulat zu beantragen.

Sport

Pony-Trekking bieten das Basotho Pony Project (5 Min. Autofahrt von der Molimo Nthuse Lodge), Buchungen: P. O. Box 1027, Maseru, ✆ 31 41 65, oder über Lesotho Tourist Board Information Office, s. o. und die Matelile Pony Owners Association (80 km von Maseru); auch von hier aus Ein- und Mehrtagesritte zu Wasserfällen. Die Preise sind bescheiden; übernachtet wird in traditionellen Rundhütten.

Abenteuerurlaub bietet Outward Bound, P. O. Box 367, Leribe, ✆ (05 63) 43 13, Fax (05 63) 43 19.

Telefonieren

Vorwahl nach Lesotho: 0 02 66 (die Rufnummer ist unmittelbar danach zu wählen); Vorwahl von Lesotho nach Deutschland: 00 49; nach Österreich: 00 43, in die Schweiz: 00 41.

SWAZILAND
Adressen und Tips von Ort zu Ort

Ezulwini

(das Ezulwini-Tal beginnt unmittelbar hinter Mbabane und erstreckt sich über 18 km bis hinter den Ort Lobamba)

 Unterkunft: Royal Swazi Sun Hotel**, ✆ 6 10 01 oder 6 14 50, Fax 6 18 59; mit Tennisanlage, Golfplatz und Reitstall.
Ezulwini Sun, Main Road, ✆ 6 12 01, Fax 6 16 15; mit Shuttle-Bus zum Royal Swazi Hotel.
Lugogo Sun Hotel, neben dem Royal Swazi, ✆ 6 11 01, Fax 6 11 11.
Happy Valley Motel, Main Road, ✆ 6 18 98 oder 6 19 39, Fax 6 10 50.

Manzini

 Unterkunft: The New George Hotel, P. O. Box 51, ✆ 5 20 61.

Mbabane

 Unterkunft: Jabula Inn, im Zentrum, Allister Miller Str., ✆ 4 24 06.
Mountain Inn, ca. 1 km südlich vom Zentrum, Princess Drive, ✆ 4 27 81, Fax 4 53 93; mit Blick aufs Ezulwini-Tal.

Swazi Inn*, ca. 3 km vom Zentrum auf der Straße ins Ezulwini-Tal, ✆ 4 22 35, Malagwane Hill, ✆ 4 22 35.
Tavern-Hotel, Allister Miller Street, ✆ 4 23 61/62, Fax 4 03 73; altes englisches Fachwerk in ruhiger Lage mit Swimmingpool.

Nhlangano

 Unterkunft: Nghlangano Sun Hotel, ca. 4 km außerhalb der Stadt, im Makosini-Tal, ✆ 7 82 11, Fax 7 84 02.

Pigg's Peak

 Unterkunft: Protea Pigg's Peak, 74 km von Mbabane und 10 km von Pigg's Peak, ✆ 7 11 04/05 oder 7 11 67.
Phophonyane Lodge, in den Bergen bei Pigg's Peak, 3 km von der Straße gelegen, 70 km südlich des Malelane Gate des Kruger Parks, ✆ und Fax 7 13 19 oder 4 45 22, Reservierung auch über Südafrika, P. O. Box Magoebaskloof, Transvaal, Fax (0 15 23) 2 02 05; malerische Lage in eigenem Naturreservat, Bademöglichkeit in natürlichem Felspool.

Swaziland: Reiseinfos

Anreise/Flugverbindungen

Täglich Flüge zwischen Johannesburg und Manzini. Royal Swazi Airlines fliegt auch direkt nach Durban, Maseru (Lesotho), Nairobi (Kenya), Maputo (Mosambik), Harare (Zimbabwe), Lusaka (Zambia), Daressalam (Tanzania) und Gaborone (Botswana).
Royal Swazi Airways in Johannesburg: ✆ (0 11) 3 31 94 67/9 75 88 14.

Auskunft

Informationsstellen

Swaziland Government Tourist Office, P. O. Box 451, Mbabane, ✆ 4 25 31; **The Swaziland Tourism Board,** 132 Jan Smuts Avenue, Parkwood, Johannesburg, ✆ (0 11) 7 88 07 42.

Reisebüros:
Eco Africa Safaris, P. O. Box 199, Pigg's Peak, Swaziland, ✆ und Fax (0 92 68) 7 13 19.

Einreise/ Diplomatische Vertretungen

Deutsche erhalten das notwendige Einreisevisum beim **Generalkonsulat von Swaziland** in 40211 Düsseldorf, Worringer Str. 59, ✆ (02 11) 35 08 66, Fax (0 2133) 7 33 51 (Di u. Do 8–13 Uhr); Schweizer in 8039 Zürich, Talstr. 58, ✆ (01) 2 11 52 03, Fax 2 11 50 86 (Mo–Fr 9–12 Uhr). Österreicher können sich an beide Stellen wenden. Wer mit einem in Südafrika gemieteten Auto einreisen möchte, sollte schon bei der Anmietung in Südafrika Swaziland als Reiseziel angeben. Er wird dann eine besondere Bescheinigung erhalten.
Deutsche Botschaft in Swaziland, 2nd floor, Dhlan'ubeka House, Mbabane, ✆ 4 31 74.
Für Österreich ist die Österreichische Botschaft in Pretoria sowie das Generalkonsulat in Johannesburg zuständig, endsprechend für die Schweiz.

Geld

Nationale Währung ist der **Lilangeni** (Mehrzahl: Emalangeni), der in fester Parität an den südafrikanischen Rand gebunden ist: 1 Lilangeni entspricht 1 Rand.

Klima

Im Lowveld ist das Klima fast tropisch, im Highveld gemäßigt. Für kühle Monate zwischen Mai und September ist abends ein Pullover erforderlich.

Telefonieren

Vorwahl nach Swaziland: 0 02 68 (die Rufnummer ist unmittelbar danach zu wählen); Vorwahl von Swaziland nach Deutschland: 00 49; nach Österreich: 00 43; in die Schweiz 00 41.

Abbildungsnachweis

Archiv für Kunst und Geschichte, Berlin S. 54, 193 (aus »»Le petit Journal««, 12. Jg., Paris 1901)

Hans-J. Aubert, Bonn S. 3 oben, 28, 71, 76, 82

Bodo Bondzio, Köln S. 5 unten, 37, 169, 216f.

Matthias Brenzinger, Köln S. 2 oben, 6 unten, 7 oben, 22 a–c, 41, 200, 204, 232, 256, 269 unten, 281

Don Edkins/laif, Köln S. 45, 286

Hartmuth Friedrichsmeier, Hamburg S. 38f., 48, 49, 58f., 60, 65 oben, 66, 73, 80, 85, 88f., 102, 212, 239, 242 oben und unten, 243 oben, 249, 310, hintere Umschlaginnenklappe

Horst Gössler, Johannesburg S. 2 unten, 3 unten, 14, 17, 26, 32, 98, 104f., 122, 123, 184, 186f., 209, 226, 233, 247, 285, 287

Gernot Huber/laif, Köln S. 6 o., 15, 43, 238, 246, 250, 259, 269 o., 275

Volkmar E. Janicke, München S. 115, 231, 261, 302f.

Cordula Kropke/laif, Köln S. 128f., 140f., 142, 147, 164f., 185

Frans Lanting/Save-Bild, Augsburg Titelbild, S. 4 oben, 24f., 118f., 120, 170

Andreas Möller, Düsseldorf S. 22d, 69, 199 unten, 243 unten

Gerhard Oberzill, Wien S. 196, 208, 220, 300, 301

Erhard Pansegau, Berlin S. 10

Christian Pehlemann, München S. 109, 110, 263, 266f.

Achim Remde, Bonn S. 16, 19, 27 oben und unten, 29, 30, 33, 50f., 56, 136, 146, 157, 158, 161, 171, 175, 176, 178, 180f., 183, 195, 224f., 240f., 244f., 272, 274, 277, 288f.

Satour (South African Tourism Board), Frankfurt/Main S. 35

Ullstein Bilderdienst, Berlin S. 55, 134, 135, 192, 198, 199 oben, 201, 206

Guenay Ulutuncok/laif, Köln S. 11, 65 unten, 90, 94f., 221, 278

Hans Weber, Lenzburg/Ch S. 5 oben, 12, 144, 152f., 155

Kurt-Michael Westermann, Hamburg, Wien/A S. 4 unten, 31, 111, 124

Martin Wiemers, Kapstadt S. 7 unten, 18, 20, 21, 47, 61, 100, 168, 227, 234f., 291, 293, 294, 295, 308, 309

Alle anderen Abbildungen entstammen den Archiven des Autors und des Verlags.

Kartographie: Berndtson & Berndtson, Fürstenfeldbruck

Register

Orte

Register

World's View (Zim)   177
Wuppertal (SA)   308

Zambezi River   16, 88, 108, 124, 130, 132, 154, **162 ff.**, 166, 167, 171, 172

Zambia   45, 133, 134, 163
Zimbabwe   14, 16, 26, 38, 40 f., 42, 44, 45, 46, 80, 108, **129 ff.**
Zululand (SA)   275, 278

Umschlagvorderseite: Elefanten im Chobe National Park
Umschlaginnenklappe: Die Waterfront in Kapstadt
Umschlagrückseite: Ovahimba-Frau in Namibia

Über den Autor: Dr. Achim Remde, geboren 1942, studierte Jura in Bonn, Köln, Lausanne und Rom; war als Wirtschaftsjournalist und danach als Diplomat in Nigeria und Algerien tätig. Lange Jahre arbeitete er als Reisekorrespondent für namhafte deutsche Zeitungen in Afrika und als Ministerialbeamter im neuen Bundesland Thüringen. Seit 1996 ist er als Redakteur in Bonn tätig.

Impressum

392

Fremde Kulturen kennenlernen und gastfreundlichen Menschen begegnen – wie sehr genießen wir das auf Reisen. Zu Hause bei uns jedoch wird mancher Ausländer von einer kleinen Minderheit beschimpft und sogar mißhandelt. Alle, die in fremden Ländern Gastrecht genossen haben, tragen hier besondere Verantwortung. Deshalb: Lassen Sie uns gemeinsam für die Würde des Menschen einstehen.

Verlagsleitung, Mitarbeiterinnen und Mitarbeiter des DuMont Buchverlages

© DuMont Buchverlag
2., aktualisierte Auflage 1996
Alle Rechte vorbehalten
Satz: Fotoastz Harten
Druck: Rasch, Bramsche
Buchbinderische Verarbeitung: Bramscher Buchbinder Betriebe

Printed in Germany   ISBN 3-7701-2758-7